SAMMLUNG TUSCULUM

Wissenschaftliche Beratung:

Karl Bayer, Manfred Fuhrmann, Fritz Graf
Erik Hornung, Rainer Nickel

PUBLIUS OVIDIUS NASO

IBIS
FRAGMENTE
OVIDIANA

Lateinisch–deutsch

Herausgegeben, übersetzt und erläutert
von Bruno W. Häuptli

ARTEMIS & WINKLER

Die Deutsche Bibliothek – CIP-Einheitsaufnahme

Ovidius Naso, Publius:
Ibis. Fragmente [u. a.]. Lateinisch-deutsch /
Ovid. Hrsg. Bruno W. Häuptli. -
Zürich ; Düsseldorf : Artemis und Winkler, 1996
(Sammlung Tusculum)
ISBN 3-7608-1690-8
NE: Häuptli, Bruno W. [Hrsg.];
Ovidius Naso, Publius: [Sammlung]

Artemis & Winkler Verlag Zürich/Düsseldorf
© 1996 Artemis Verlags AG, Zürich

Druck und Bindung: Pustet, Regensburg
Printed in Germany

INHALT

UXORI FILIOQUE CARIS ADIUTORIBUS

OVID

IBIS UND FRAGMENTE

IN IBIN

Tempus ad hoc lustris bis iam mihi quinque peractis
    omne fuit Musae carmen inerme meae;
nullaque, quae possit, scriptis tot milibus, extat
    littera Nasonis sanguinolenta legi;
nec quemquam nostri, nisi me, laesere libelli,   5
    artificis periit cum caput Arte sua.
unus, et hoc ipsum est iniuria magna, perennem
    candoris titulum non sinit esse mei.
quisquis is est, nam nomen adhuc utcumque tacebo,
    cogit inassuetas sumere tela manus.   10
ille relegatum gelidos aquilonis ad ortus
    non sinit exilio delituisse meo,
vulneraque immitis requiem quaerentia vexat,
    iactat et in toto nomina nostra foro,
perpetuoque mihi sociatam foedere lecti   15
    non patitur vivi funera flere viri;
cumque ego quassa meae complectar membra carinae,
    naufragii tabulas pugnat habere mei,
et, qui debuerat subitas extinguere flammas,
    hic praedam medio raptor ab igne petit.   20
nititur, ut profugae desint alimenta senectae –
    heu, quanto est nostris dignior ipse malis! –
di melius, quorum longe mihi maximus ille est,
    qui nostras inopes noluit esse vias.
huic igitur meritas grates, ubicumque licebit,   25
    pro tam mansueto pectore semper agam.

GEGEN IBIS

PROLOG

(1) Bis zu diesem Zeitpunkt – und ich habe jetzt schon zweimal fünf Lustren hinter mir – waren alle Gedichte meiner Muse harmlos: Keinen Buchstaben gibt es in all den vielen Schriften des Naso zu lesen, der blutrünstig wäre, und niemanden haben meine Büchlein bisher verletzt, nur mich selber – damals, als die Existenz eines Künstlers an der eigenen *Kunst* zugrunde ging. Ein einziger – und dies ist eben das große Unrecht – will mir den ewigen Ruf meiner Redlichkeit streitig machen. Mag das sein, wer es will – denn seinen Namen will ich jedenfalls noch verschweigen – er zwingt meine Hände, die das nicht gewohnt sind, zu den Waffen zu greifen. Er will es verhindern, daß ich, verwiesen in die eisige Gegend, woher der Nordwind kommt, mich an meinem Verbannungsort verberge.

(13) Erbarmungslos wühlt er in den Wunden, die nach Ruhe verlangen, und wirft auf dem ganzen Forum mit meinem Namen um sich. Er hindert sie, die in ewigem Bund der Ehe mit mir vereinigt bleibt, daran, das Begräbnis ihres noch lebenden Mannes zu beweinen, und während ich doch (nur) nach den gescheiterten Bestandteilen meines Schiffes greife, kämpft er darum, mir die Planken meines Wracks zu entreißen. Er, dieser Räuber, der verpflichtet gewesen wäre, die plötzlich hervorschießenden Flammen zu löschen, will mitten aus dem Feuer noch Beute herausholen. Er will erreichen, daß es mir jetzt im Alter in der Verbannung an Nahrung fehlt – ach, wieviel mehr würde er selber mein Unglück verdienen!

(23) Mögen dies die Götter verhindern, von denen für mich der weitaus größte der ist, der nicht wollte, daß mein Lebensweg mittellos sei. Ihm also will ich, wo immer es mir möglich ist, den verdien-

audiet hoc Pontus. faciet quoque forsitan idem,
    terra sit ut propior testificanda mihi.
at tibi, calcasti qui me, violente, iacentem,
    quod licet, hei, misero, debitus hostis ero.   30

desinet esse prius contrarius ignibus umor
    iunctaque cum luna lumina solis erunt,
parsque eadem caeli zephyros emittet et euros,
    et gelido tepidus flabit ab axe notus,
et nova fraterno veniet concordia fumo,   35
    quem vetus accensa separat ira pyra,
et ver autumno, brumae miscebitur aestas,
    atque eadem regio vesper et ortus erit,
quam mihi sit tecum positis, quae sumpsimus, armis
    gratia commissis, improbe, rupta tuis.   40
[quam dolor hic umquam spatio evanescere possit,
    leniat aut odium tempus et hora meum.]
pax erit haec nobis, donec mihi vita manebit,
    cum pecore infirmo quae solet esse lupis.
prima quidem coepto committam proelia versu,   45
    non soleant quamvis hoc pede bella geri.
utque petit primo plenum flaventis harenae
    nondum calfacti velitis hasta solum,
sic ego te ferro nondum iaculabor acuto,
    protinus invisum nec petet hasta caput,   50
et neque nomen in hoc nec dicam facta libello
    teque brevi, qui sis, dissimulare sinam.
postmodo si perges, in te mihi liber iambus
    tincta Lycambeo sanguine tela dabit.
nunc, quo Battiades inimicum devovet Ibin,   55
    hoc ego devoveo teque tuosque modo

ten Dank für sein so mildes Herz aussprechen. Hören wird dies der
Pontus. Auch wird derselbe (Gott) vielleicht dafür sorgen, daß ich
ein Land, das näher (bei Rom) ist, zum Zeugen (seiner Gnade) anru-
fen darf. Doch dir, du gewalttätiger Mensch, der du mich, da ich am
Boden liege, mit Füßen getreten hast, werde ich, so weit es mir, ach,
in meinem Unglück möglich ist, ein Feind sein, wie du es verdienst.

(31) Eher wird die Nässe aufhören, das Gegenteil des Feuers zu
sein, wird das Licht der Sonne mit dem Mond vereinigt sein, wird
dieselbe Himmelsrichtung Westwinde und Ostwinde entsenden,
wird der warme Südwind vom eisigen Pol wehen, wird es zu neuar-
tiger Eintracht beim Rauch der Brüder, den alter Haß (noch) auf ent-
zündetem Scheiterhaufen trennte, kommen, wird der Frühling mit
dem Herbst, der Sommer mit der Wintersonnenwende sich mischen
und werden West und Ost dieselbe Gegend sein, als daß ich mit dir,
wenn die Waffen, die wir ergriffen haben, abgelegt sind, wieder
Freundschaft schließe, die du, Verruchter, mit deinen Untaten gebrochen hast [als daß die Entfernung diesen Schmerz je auslöschen
könnte, der Ablauf der Zeit den Haß je besänftigen würde.].

(43) Unser Friede wird, solange mein Leben dauert, so sein wie
der der Wölfe mit den schwachen Schafen. Die ersten Gefechte werde ich zwar noch im begonnenen Versmaß austragen, obwohl man
Kriege sonst nicht mit diesem Versfuß führt, und wie die Lanze des
noch nicht erhitzten Leichtbewaffneten zuerst in einen Boden voll
gelbem Sand fährt, so werde ich noch nicht mit dem scharfen Eisen
auf dich schießen, noch wird die Lanze sogleich auf dein verhaßtes
Haupt zielen, noch werde ich deinen Namen in diesem Büchlein nennen, noch deine Taten und werde es dir noch kurze Zeit ermöglichen,
zu verheimlichen, wer du bist. Wenn du nachher aber fortfährst, wird
mir der freizügige Jambus die mit dem Blut des Lycambes getränkten Waffen gegen dich in die Hand geben.

(55) Jetzt aber verfluche ich dich und die Deinen so, wie der Battiade seinen Feind Ibis verflucht, und wie jener werde ich mein Ge-

utque ille historiis involvam carmina caecis,
    non soleam quamvis hoc genus ipse sequi.
illius ambages imitatus in Ibide dicar
    oblitus moris iudiciique mei: 60
et, quoniam qui sis nondum quaerentibus edo,
    Ibidis interea tu quoque nomen habe,
utque mei versus aliquantum noctis habebunt,
    sic vitae series tota sit atra tuae!
haec tibi natali facito Ianique kalendis,   65
    non mentituro quilibet ore legat.

di maris et terrae, quique his meliora tenetis
    inter diversos cum Iove regna polos,
huc, precor, huc vestras omnes advertite mentes,
    et sinite optatis pondus inesse meis.   70
ipsaque tu tellus, ipsum cum fluctibus aequor,
    ipse meas aether accipe summe preces,
sideraque et radiis circumdata solis imago,
    lunaque, quae numquam quo prius orbe micas,
noxque tenebrarum specie reverenda tuarum,   75
    quaeque ratum triplici pollice netis opus,
quique per infernas horrendo murmure valles
    imperiuratae laberis amnis aquae,
quasque ferunt torto vittatis angue capillis
    carceris obscuras ante sedere fores,   80
vos quoque, plebs superum, Fauni Satyrique Laresque
    Fluminaque et Nymphae semideumque genus,
denique ab antiquo divi veteresque novique
    in nostrum cuncti tempus adeste Chao.

dicht in dunkle Geschichten hüllen, obschon ich sonst selber diese Gattung nicht pflege. Soll man nur sagen, ich hätte die Rätsel in seinem *Ibis* nachgeahmt und meinen eigenen Stil und meinen guten Geschmack vergessen: Da ich denen, die es wissen wollen, noch nicht verrate, wer du bist, sollst du vorläufig ebenfalls den Namen Ibis haben, und wie meine Verse ziemlich dunkel wie die Nacht sein werden, so soll der ganze Verlauf deines Lebens schwarz sein! Laß dir den folgenden Text an deinem Geburtstag und an den Kalenden des Janus von einem beliebigen Menschen mit untrüglichem Munde vorlesen!

VERFLUCHUNG

Anrufung der Götter

(67) Ihr Götter des Meeres und der Erde und ihr, die ihr mit Jupiter zusammen das bessere Reich zwischen den Himmelspolen bewohnt, hierher, ich bitte euch, hierher richtet all eure Gedanken und sorgt dafür, daß meine Wünsche Gewicht haben, und du selbst, Erde, du selbst, Meer mit deinen Fluten, du selbst, allerhöchster Äther, erhört meine Bitten! Ihr Gestirne und du, strahlenbekränztes Bild der Sonne, du Mond, der du niemals mit der gleichen Scheibe leuchtest wie zuvor, du Nacht, die du mit dem Anblick deiner Dunkelheit Furcht einflößt, ihr, die ihr mit dreifachem Daumen das unabänderliche Werk spinnt, du Fluß, der du mit schrecklichem Grollen durch die höllischen Täler fließt, dessen Wasser keinen Meineid duldet, ihr Frauen, die ihr, wie es heißt, gewundene Schlangen ins Haar geflochten, vor den dunklen Toren des Kerkers sitzt, ihr auch, ihr Götterscharen in der oberen Welt, Faune, Satyrn, Laren, Flüsse, Nymphen, all ihr Halbgötter, ihr Götter schließlich, alte und neue, vom alten Chaos bis in unsere Zeit, kommt alle her!

carmina dum capiti male fido dira canuntur,   85
    et peragunt partes ira dolorque suas,
annuite optatis omnes ex ordine nostris,
    et sit pars voti nulla caduca mei.
quaeque precor fiant, ut non mea dicta, sed illa
    Pasiphaes generi verba fuisse putet.   90
quasque ego transiero poenas, patiatur et illas:
    plenius ingenio sit miser ille meo,
neve minus noceant fictum execrantia nomen
    vota, minus magnos commoveantve deos.

illum ego devoveo, quem mens intellegit Ibin,   95
    qui se scit factis has meruisse preces.
nulla mora est in me: peragam rata vota sacerdos.
    quisquis ades sacris, ore favete, meis.
quisquis ades sacris, lugubria dicite verba,
    et fletu madidis Ibin adite genis: 100
ominibusque malis pedibusque occurrite laevis,
    et nigrae vestes corpora vestra tegant.
tu quoque, quid dubitas ferales sumere vittas?
    iam stat, ut ipse vides, funeris ara tui.
pompa parata tibi est: votis mora tristibus absit: 105
    da iugulum cultris hostia dira meis.
terra tibi fruges, amnis tibi deneget undas,
    deneget afflatus ventus et aura suos.
nec tibi Sol calidus nec sit tibi lucida Phoebe,
    destituant oculos sidera clara tuos.   110
nec se Vulcanus nec se tibi praebeat aer,
    nec tibi det tellus nec tibi pontus iter.
exul inops erres alienaque limina lustres,
    exiguumque petas ore tremente cibum.

(85) Während das Fluchgedicht dem treulosen Haupt gesungen wird und Zorn und Schmerz ihre Rolle übernehmen, stimmt alle meinen Wünschen Punkt für Punkt zu, daß kein Teil meiner Flüche ins Leere falle. Was ich erflehe, geschehe, daß er nicht glaube, es seien nur meine Worte gewesen, sondern die Worte von Pasiphaës Schwiegersohn, und auch die Qualen, die ich übergehe, soll er erleiden. Schlimmer sei sein Unglück, als ich es mir ausdenken kann. Nicht weniger sollen ihm meine Flüche schaden, wenn sie nur einen erfundenen Namen verfluchen, nicht weniger sollen sie die großen Götter bewegen.

Opferung des Ibis

(95) Ihn verfluche ich nun, den ich mit «Ibis» meine, ihn, der weiß, daß er mit seinen Taten diese Verwünschungen verdient hat. An mir soll's nicht liegen: Sogleich will ich als Priester die wirksamen Wünsche aufzählen: All ihr Zeugen meiner heiligen Handlung, leiht mir hilfreich eure Stimme, all ihr Zeugen der heiligen Handlung, sprecht unheilvolle Worte und tretet mit tränenbenetzten Wangen zu Ibis heran! Eilt herzu mit Unheilssprüchen und linkem Fuß! Ein schwarzes Gewand bedecke euren Leib. Du auch, (Ibis,) was zögerst du noch, die (Opfer-)Binden zu nehmen? Schon steht, wie du selber siehst, der Altar für deine Bestattungsfeier da, das Grabgeleit steht für dich bereit, voran nun mit den unheilvollen Wünschen! Halt meinem Messer die Kehle hin, abscheuliches Schlachtopfer! *(Das schwarze Schaf wird geschlachtet.)*

(107) Möge die Erde dir ihre Frucht, der Fluß sein Wasser verweigern, Winde und Lüfte dir ihr Wehen versagen. Dir sei die Sonne nicht warm, nicht leuchtend der Mond, die hellen Sterne sollen sich deinen Augen entziehen. Weder Vulcanus noch Luft stelle sich dir zur Verfügung, weder Erde noch Meer biete dir einen Weg an. Verbannt, mittellos sollst du umherirren, in der Fremde von Schwelle zu Schwelle ziehen und mit zitterndem Mund um dürftige Speise bet-

nec corpus querulo nec mens vacet aegra dolore,   115
    noxque die gravior sit tibi, nocte dies.
sisque miser semper nec sis miserabilis ulli:
    gaudeat adversis femina virque tuis.
accedat lacrimis odium, dignusque puteris
    qui, mala cum tuleris plurima, plura feras.   120
sitque, quod est rarum, solito defecta favore
    fortunae facies invidiosa tuae.
causaque non desit, desit tibi copia mortis:
    optatam fugiat vita coacta necem.
luctatusque diu cruciatos deserat artus   125
    spiritus et longa torpeat ante mora.

evenient. dedit ipse mihi modo signa futuri
    Phoebus, et a laeva maesta volavit avis.
certe ego, quae voveo, superos motura putabo
    speque tuae mortis, perfide, semper alar.   130
[finiet illa dies, quae te mihi subtrahet olim,   130a
    finiet illa dies, quae mihi tarda venit.]   130b
et prius hanc animam, nimium tibi saepe petitam,
    auferet illa dies quae mihi sera venit,
quam dolor hic umquam spatio evanescere possit,
    leniat aut odium tempus et hora meum.

pugnabunt hasta dum Thraces, Iazyges arcu,   135
    dum tepidus Ganges, frigidus Hister erit,
robora dum montes, dum mollia pabula campi,
    dum Tiberis liquidas Tuscus habebit aquas,
bella geram tecum; nec mors mihi finiet iras,
    saeva sed in Manis Manibus arma dabo.   140

teln. Krank an Körper und Seele seist du von quälendem Schmerz verfolgt, die Nacht sei schlimmer für dich als der Tag, der Tag schlimmer als die Nacht. Elend sollst du immer sein, doch keinem bemitleidenswert. Freuen sollen sich Mann und Frau an deinem Unglück.

(119) Zu den Tränen trete der Haß hinzu: Man soll denken, daß du noch mehr verdienst, obschon du schon sehr viel ertragen hast, und, was selten ist, der Anblick deines Schicksals soll nicht das gewohnte Mitleid, sondern Haß erwecken. Nicht der Grund zu sterben, sondern die Möglichkeit dazu soll dir fehlen: Dein erzwungenes Leben soll vor dem erwünschten Tod fliehen. Nach langem Kampf soll dein Geist die gefolterten Glieder verlassen, doch zuvor soll er lange Zeit gelähmt sein. *(Pause: Der als Priester amtierende Sprecher wartet die Zeichen ab. Schwarzer Vogel von links:)*

(127) Es wird geschehen! Eben gab mir Phoebus einen Hinweis auf die Zukunft: Von links flog ein Unglücksvogel heran. Was ich wünsche, wird die Götter gewiß rühren, das weiß ich nun, und die Hoffnung auf deinen Tod, Treuloser, wird mich stets erquicken.

(130a) [Enden wird dieser Tag, der dich mir einstmals entzog, enden wird dieser Tag, der für mich zu spät kommt.] Und eher wird mir jener Tag, der für mich zu spät kommt, meine Seele, die du allzu oft bedroht hast, rauben, als daß mein Schmerz jemals durch den Abstand abklingen könnte oder Zeiten und Stunden meinen Haß besänftigten.

Spuk

(135) Solange die Thracer mit der Lanze kämpfen, die Jazygen mit dem Bogen, solange es den lauen Ganges, den frostigen Hister gibt, solange es in den Bergen Eichen, auf den Feldern weiches Futter gibt, solange der tuscische Tiber klares Wasser führt, werde ich mit dir Krieg führen, und auch der Tod wird meine Wut nicht beenden, sondern meinen Manen werde ich gegen deine Manen schreckliche Waf-

tum quoque, cum fuero vacuas dilapsus in auras,
    exanimis mores oderit umbra tuos.
tum quoque factorum veniam memor umbra tuorum,
    insequar et vultus ossea forma tuos.
sive ego, quod nollem, longis consumptus ab annis,   145
    sive manu facta morte solutus ero,
sive per immensas iactabor naufragus undas,
    nostraque longinquus viscera piscis edet,
sive peregrinae carpent mea membra volucres,
    sive meo tinguent sanguine rostra lupi,   150
sive aliquis dignatus erit supponere terrae,
    seu dare plebeio corpus inane rogo,
quicquid ero, Stygiis erumpere nitar ab oris,
    et tendam gelidas ultor in ora manus.
me vigilans cernes, tacitis ego noctis in umbris   155
    excutiam somnos visus adesse tuos.
denique quicquid ages, ante os oculosque volabo
    et querar, et nulla sede quietus eris.
verbera saeva dabunt sonitum nexaeque colubrae,
    conscia fumabunt semper ad ora faces.   160
his vivus Furiis agitabere, mortuus isdem:
    et brevior poena vita futura tua est.

nec tibi continget funus lacrimaeque tuorum;
    indeploratum proiciere caput,
carnificisque manu populo plaudente traheris,   165
    infixusque tuis ossibus uncus erit.
ipsae te fugient, quae carpunt omnia, flammae:
    respuet invisum iusta cadaver humus

fen in die Hand geben. Auch dann, wenn ich in die leeren Lüfte zerronnen bin, wird mein seelenloser Schatten deinen (üblen) Charakter hassen. Auch dann werde ich als Schatten deine Taten nicht vergessen und kommen, um als Skelett deine Blicke zu verfolgen.

(145) Ob ich nun, was ich nicht möchte, abgezehrt von langen Jahren, ob ich durch gewaltsamen Tod zugrunde gehe, ob ich schiffbrüchig durch die unermeßlichen Wellen treibe und ein fremdländischer Fisch meine Gedärme verzehrt, ob fremde Vögel an meinen Gliedern picken, ob Wölfe sich mit meinem Blut die Lefzen färben, ob einer mich unter dem Boden zu bestatten oder den vergänglichen Leib auf (wenn auch nur) plebejischen Holzstoß zu legen geruht – was ich auch sein werde, ich werde, wenn ich kann, den Ufern des Styx entfliehen und dir als Rächer meine eiskalten Hände ins Gesicht strecken.

(155) Wenn du wach bist, wirst du mich erblicken, in den schweigenden Schatten der Nacht werde ich dich aus dem Schlaf schrecken, weil du meinst, ich erscheine dir. Schließlich, was immer du tun wirst, werde ich vor deinem Gesicht und deinen Augen umherfliegen und klagen, und an keinem Ort wirst du Ruhe (vor mir) haben. Scharfe Peitschenhiebe werden sausen und verschlungene Schlangen zischen; Fackeln werden dir stets vor dem schuldbewußten Gesicht rauchen. Solange du lebst, werden dich diese Furien jagen und ebenso, wenn du tot bist, und kürzer als die Strafe wird dein Leben sein.

Im Tartarus

(163) Kein Begräbnis, keine Tränen wirst du von den Deinen bekommen – wegwerfen wird man dich, ein unbeweintes Haupt. Von der Hand des Henkers wirst du unter dem Beifall des Volkes geschleift werden, und der Haken wird sich in deine Knochen eingraben. Selbst die Flammen, die alles verzehren, werden dich meiden, ausspeien wird der gerechte Boden deinen verhaßten Kadaver, mit

unguibus et rostro tardus trahet ilia vultur,
    et scindent avidi perfida corda canes.   170
deque tuo fiet (licet hac sis laude superbus)
    insatiabilibus corpore rixa lupis.
in loca ab Elysiis diversa fugabere campis,
    quasque tenet sedes noxia turba, coles.
Sisyphus est illic saxum volvensque petensque,   175
    quique agitur rapidae vinctus ab orbe rotae,
quaeque gerunt umeris perituras Belides undas,
    exulis Aegypti, turba cruenta, nurus;
iugeribusque novem summus qui distat ab imo   181
    visceraque assiduae debita praebet avi.   182
poma pater Pelopis praesentia quaerit et idem   179
    semper eget liquidis, semper abundat aquis;   180
hic tibi de Furiis scindet latus una flagello,   183
    ut sceleris numeros confiteare tui,
altera Tartareis sectos dabit anguibus artus,   185
    tertia fumantes incoquet igne genas.
noxia mille modis lacerabitur umbra, tuasque
    Aeacus in poenas ingeniosus erit.
in te transcribet veterum tormenta reorum,
    sontibus antiquis causa quietis eris: 190
Sisyphe, cui tradas revolubile pondus, habebis;
    versabunt celeres nunc nova membra rotae.
hic et erit ramos frustra qui captet et undas,
    hic inconsumpto viscere pascet avis.
nec mortis poenas mors altera finiet huius,   195
    horaque erit tantis ultima nulla malis.
inde ego pauca canam, frondes ut siquis ab Ida
    aut summam Libyco de mare carpat aquam.
nam neque, quot flores Sicula nascantur in Hybla,
    quotve ferat, dicam, terra Cilissa crocos,   200

Krallen und Schnabel wird der bedächtige Geier deine Eingeweide
herauszupfen und hungrige Hunde das treulose Herz zerreißen, und
um deinen Leichnam wird, magst du auch stolz sein auf dieses Lob,
ein Gerangel unter den unersättlichen Wölfen entstehen.

(173) Man wird dich in die Gegend treiben, die das Gegenteil der
elysischen Felder darstellt, und du wirst den Ort bewohnen, den die
Schar der Sünder bewohnt: Sisyphus ist dort, den Stein wälzend und
wieder anpackend, dann der, der an das Rund des raschen Rades gefesselt gedreht wird, und die Beliden, die auf ihren Schultern das zer-
rinnende Wasser tragen, die Schwiegertöchter des vertriebenen Aegyptus, die blutige Schar; (181) er auch, der von oben bis unten neun
Ackerlängen mißt und seine Eingeweide den aufsässigen Vögeln hin-
halten muß. (179) Nach Äpfeln vor seinen Augen hascht der Vater
des Pelops, und zugleich mangelt es ihm stets an klarem Wasser, und
stets hat er reichlich davon. (183) Hier wird dir die eine von den Furien mit der Peitsche die Flanken aufreißen, damit du die Unzahl deiner Verbrechen bekennst, die zweite wird den Schlangen des Tartarus
die Glieder, die sie dir abschneidet, (zu fressen) geben, die dritte wird
deine rauchgeschwärzten Wangen im Feuer braten.

(187) Auf tausend Arten wird der schuldige Schatten zerfleischt
werden, und Aeacus wird erfindungsreich Strafen für dich ausdenken. Auf dich wird er die Analen der alten Büßer überschreiben, für
die alten Sünder wirst du Anlaß zur Ruhe sein: Sisyphus, du wirst ein
Opfer haben, dem du die zurückrollende Last abtreten kannst; das
rasche Rad wird jetzt neue Glieder drehen. *Er* wird es sein, der vergeblich nach Ästen und Wellen hascht, *er* wird die Vögel uner-
schöpflich mit dem Eingeweide füttern. Kein zweiter Tod wird die
Qualen *dieses* Todes beenden, und keine letzte Stunde wird es für solche Leiden geben.

(197) Davon will ich nur weniges verkünden, wie wenn jemand
Blätter vom Ida pflückte oder Wasser von der Oberfläche des libyschen Meeres abschöpfte. Denn weder könnte ich sagen, wie viele

nec, cum tristis hiems aquilonis inhorruit alis,
    quam multa fiat grandine canus Athos,
nec mala voce mea poterunt tua cuncta referri,
    ora licet tribuas multiplicata mihi.
tot tibi vae misero venient talesque ruinae,   205
    ut cogi in lacrimas me quoque posse putem.
illae me lacrimae facient sine fine beatum:
    dulcior hic risu tum mihi fletus erit.

natus es infelix, ita di voluere, nec ulla
    commoda nascenti stella levisve fuit.   210
non Venus affulsit, non illa Iuppiter hora,
    Lunaque non apto Solque fuere loco.
nec satis utiliter positos tibi praebuit ignes
    quem peperit magno lucida Maia Iovi.
te fera nec quicquam placidum spondentia Martis   215
    sidera presserunt falciferique senis.
lux quoque natalis, nequid nisi triste videres,
    turpis et inductis nubibus atra fuit:
haec est, in fastis cui dat gravis Allia nomen;
    quaeque dies Ibin, publica damna tulit.   220
qui simul impura matris prolapsus ab alvo
    Cinyphiam foedo corpore pressit humum,
sedit in adverso nocturnus culmine bubo,
    funereoque graves edidit ore sonos.
protinus Eumenides lavere palustribus undis,   225
    qua cava de Stygiis fluxerat unda vadis,
pectoraque unxerunt Erebeae felle colubrae
    terque cruentatas increpuere manus,
gutturaque inbuerunt infantia lacte canino:
    hic primus pueri venit in ora cibus.   230

Blüten im sizilischen Hybla sprießen, wie viele Krokusse das Land Cilicien hervorbringt, von wieviel Hagel der Athos weiß wird, wenn der schreckliche Winter unter den Flügeln des Nordwinds erschauert, noch werde ich mit meiner Stimme all deine Übel aufführen können, auch wenn man mir meinen Mund vervielfachen würde. Wehe dir! So viel und so schlimmes Unglück wird dich treffen, daß selbst ich, denke ich, zu Tränen gezwungen werden könnte. Diese Tränen werden mich ewig glücklich machen. Dieses Weinen wird mir süßer sein als das Lachen.

Geburt des Ibis

(209) Geboren bist du unglücklich, so wollten es die Götter, und kein Stern war dir bei deiner Geburt gewogen oder gnädig. Nicht Venus, nicht Jupiter funkelten zu jener Stunde, nicht Mond, nicht Sonne waren an geeigneter Stelle, und auch er, den die leuchtende Maia dem großen Jupiter gebar, bot dir keine besonders günstige Stellung seines Lichtes. Auf dir lasteten die grausamen, nichts Friedliches versprechenden Gestirne des Mars und des sicheltragenden Greises. Auch der Tag deiner Geburt war, um dich nur Unerfreuliches sehen zu lassen, trüb und dunkel von heraufziehenden Wolken: Dies ist der Tag, dem im Kalender die unselige Allia den Namen gibt; und der Tag, der Ibis hervorbrachte, brachte allen Verderben.

(221) Als er aus dem unreinen Schoß der Mutter hervorglitt und mit seinem abstoßenden Körper auf den cinyphischen Boden fiel, saß auf dem Dachfirst gegenüber eine Nachteule und stieß dumpfe Laute aus dem unheilvollen Schnabel aus. Sogleich wuschen die Eumeniden ihn mit fauligem Wasser, dort, wo das Wasser aus den stygischen Gewässern in ein Becken geflossen war, rieben die Brust mit der Galle erebeïscher Schlangen ein, klatschten dreimal in die blutbesudelten Hände und tränkten die Kehle des Säuglings mit Hundemilch: Diese gelangte als erste Nahrung in den Mund des Knaben.

perbibit inde suae rabiem nutricis alumnus,
    latrat et in toto verba canina foro.
membraque vinxerunt tinctis ferrugine pannis,
    a male deserto quos rapuere rogo,
et, ne non fultum nuda tellure iaceret,   235
    molle super silices imposuere caput.
iamque recessurae viridi de stipite factas
    admorunt oculis usque sub ora faces.
flebat ut est fumis infans contactus amaris:
    de tribus est cum sic una locuta soror: 240
'tempus in immensum lacrimas tibi movimus istas,
    quae semper causa sufficiente cadent.'
dixerat: at Clotho iussit promissa valere,
    nevit et infesta stamina pulla manu,
et, ne longa suo praesagia diceret ore,   245
    'fata canet vates qui tua', dixit 'erit'.
ille ego sum vates: ex me tua vulnera disces,
    dent modo di vires in mea verba suas;
carminibusque meis accedent pondera rerum,
    quae rata per luctus experiere tuos.   250

neve sine exemplis aevi cruciere prioris,
    sint tua Troianis non leviora malis.
quantaque clavigeri Poeantius Herculis heres,
    tanta venenato vulnera crure geras.
nec levius doleas, quam qui bibit ubera cervae   255
    armatique tulit vulnus, inermis opem,
quique ab equo praeceps in Aleïa decidit arva,
    exitio facies cui sua paene fuit.

Damit saugt der Säugling die Tollwut seiner Amme ein und läßt sein Hundegebell auf dem ganzen Forum ertönen. Die Glieder wickelten sie in blutgetränkte Lappen, die sie von dem mit Flüchen verlassenen Scheiterhaufen gerissen hatten, und damit das zarte Haupt nicht ohne Kissen auf dem nackten Boden liege, legten sie einen Kiesel darunter.

(237) Schon waren sie daran aufzubrechen, da hielten sie ihm noch längere Zeit aus grünem Holz verfertigte Fackeln nahe an seinem Gesicht unter die Augen. Als der Säugling, vom beißenden Rauch belästigt, weinte, sagte eine von den drei Schwestern folgendes: «Bis in unermeßliche Zeiten haben wir für deine Tränen gesorgt, die dank ausreichendem Grund immer fließen werden.» So hatte sie gesprochen. Aber Clotho bestimmte, daß das Orakel gelte, und spann mit feindlicher Hand den dunklen Faden, und um nicht lange Prophezeiungen mit eigenem Mund auszusprechen, sagte sie: «Es wird einen Dichter geben, der dein Schicksal dir singen wird.» Ich bin jener Dichter! Von mir wirst du erfahren, welche Wunden man dir schlägt, wenn meinen Worten nur die Götter ihre Macht verleihen; das Gewicht der Tatsachen wird meine Verse stützen, die du in deinem Elend als wirksam erfahren wirst.

Mythische und historische Exempla

(251) Du sollst nicht ohne die Beispiele der Vorzeit gefoltert werden: Deine Leiden seien nicht leichter als die der Trojaner. Die Wunden an deinem vergifteten Bein sollen so schlimm sein, wie sie der Sohn des Poean hatte, der Erbe des keulentragenden Hercules. Nicht weniger sollst du leiden als der, welcher an den Zitzen der Hindin trank und die Wunde von einem Bewaffneten erhielt, doch unbewaffnet Hilfe brachte, und der, der kopfüber vom Pferd auf die aleïschen Felder stürzte und dem sein Aussehen beinahe zum Verhängnis wurde.

id quod Amyntorides videas trepidumque ministro
    praetemptes baculo luminis orbus iter.   260
nec plus aspicias, quam quem sua filia rexit,
    expertus scelus est cuius uterque parens;
qualis erat, postquam est iudex de lite iocosa
    sumptus, Apollinea clarus in arte senex,
qualis et ille fuit, quo praecipiente columba   265
    est data Palladiae praevia duxque rati,
quique oculis caruit, per quos male viderat aurum,
    inferias nato quos dedit orba parens;
pastor ut Aetnaeus, cui casus ante futuros
    Telemus Eurymides vaticinatus erat;   270
ut duo Phinidae, quibus idem lumen ademit,
    qui dedit; ut Thamyrae Demodocique caput.
sic aliquis tua membra secet, Saturnus ut illas
    subsecuit partes, unde creatus erat.
nec tibi sit tumidis melior Neptunus in undis,   275
    quam cui sunt subitae frater et uxor aves,
sollertique viro, lacerae quem fracta tenentem
    membra ratis Semeles est miserata soror.
vel tua, ne poenae genus hoc cognoverit unus,
    viscera diversis scissa ferantur equis.   280
vel quae, qui redimi Romano turpe putavit,
    a duce Puniceo pertulit, ipse feras.
nec tibi subsidio praesens sit numen, ut illi,
    cui nihil Herceï profuit ara Iovis.
utque dedit saltus de summa Thessalus Ossa,   285
    tu quoque saxoso praecipitere iugo.
aut velut Eurylochi, qui sceptrum cepit ab illo,
    sint artus avidis anguibus esca tui.
vel tua maturet, sicut Minoïa, fata
    per caput infusae fervidus umor aquae.   290

(259) Sehen sollst du, was der Sohn des Amyntor sah und, des Augenlichts beraubt, mit Hilfe eines Stocks zitternd den Weg ertasten. Nicht mehr sollst du sehen als der, den seine Tochter führte, dessen Verbrechen beide Eltern zum Opfer fielen. Wie jenem Greis soll es dir gehen, der in der Kunst Apollos berühmt war, nachdem man ihn zum Richter in einem scherzhaften Streit bestellt hatte; wie es jenem ergangen war, auf dessen Anweisung die Taube dem Schiff der Pallas als Führerin vorausflog; wie dem, der die Augen verlor, mit denen er zu seinem Unheil Gold gesehen hatte und welche die ihres Sohnes beraubte Mutter als Totengabe für den Sohn spendete; wie dem Hirten am Aetna, dem Telemus, Sohn des Eurymus, sein künftiges Unheil geweissagt hatte; wie den beiden Söhnen des Phineus, denen derselbe das Augenlicht raubte, der es ihnen gegeben hatte; wie dem Haupt des Thamyras und des Demodocus.

(273) So soll dir jemand die Glieder abschneiden, wie Saturnus jene Teile unten abschnitt, von denen er gezeugt worden war. Neptun sei dir nicht gnädiger auf den hoch gehenden Wellen als ihm, dem der Bruder und die Gattin plötzlich in Vögel verwandelt wurden, nicht gnädiger als dem schlauen Mann, den Semeles Schwester rettete, als er sich an die Trümmer seines gescheiterten Schiffes klammerte. Oder deine Eingeweide sollen, damit nicht nur einer diese Art von Strafe erfährt, von auseinandergetriebenen Pferden zerrissen werden. Oder du sollst selbst ertragen, was vom punischen Fürsten der ertrug, der es als schändlich für einen Römer erachtete, losgekauft zu werden.

(283) Auch die Gegenwart des Gottes soll dir wie jenem nichts helfen, dem der Altar des Jupiter Hercëus nichts nützte. Wie der Thessalier vom Gipfel des Ossa sprang, sollst auch du dich vom felsigen Gipfel stürzen. Oder wie die Glieder des Eurylochus, welcher das Szepter von jenem übernahm, sollen die deinen den gefräßigen Schlangen als Futter dienen. Oder dein Schicksal soll, wie das des Minos, mit einem kochenden Wasserschwall, der dir über das Haupt ge-

utque parum mitis, sed non impune Prometheus
    aërias volucres sanguine fixus alas.
aut ut Echecratides, magno ter ab Hercule quintus,
    caesus in immensum proiciare fretum.
aut ut Amyntiaden turpi dilectus amore   295
    oderit et saevo vulneret ense puer.
nec tibi fida magis misceri pocula possint,
    quam qui cornigero de Iove natus erat.
more vel intereas capti suspensus Achaei,
    qui miser aurifera teste pependit aqua.   300
aut ut Achilliden cognato nomine clarum
    opprimat hostili tegula iacta manu;
nec tua quam Pyrrhi felicius ossa quiescant,
    sparsa per Ambracias quae iacuere vias;
nataque ut Aeacidae iaculis moriaris adactis: 305
    non licet hoc Cereri dissimulare sacrum;
utque nepos dicti nostro modo carmine regis
    cantharidum sucos dante parente bibas.
aut pia te caeso dicatur adultera, sicut
    qua cecidit Leucon vindice, dicta pia est.   310
inque pyram tecum carissima corpora mittas,
    quem finem vitae Sardanapallus habet.
utque Iovis Libyci templum violare parantes
    acta noto vultus condat harena tuos.
utque necatorum Dareï fraude secundi,   315
    sic tua subsidens devoret ora cinis.
aut ut olivifera quondam Sicyone profecto
    sit frigus mortis causa famesque tuae.
aut ut Atarnites, insutus pelle iuvenci,
    turpiter ad dominum praeda ferare tuum.   320

gossen wird, beschleunigt werden. Und wie der allzu unbeugsame, jedoch zur Strafe angekettete Prometheus sollst du mit deinem Blut die Vögel in der Luft ernähren.

(293) Oder wie Echecratides, der fünfzehnte im Stammbaum nach dem großen Hercules, sollst du umgebracht und ins unermeßliche Meer geworfen werden. Oder wie den Sohn des Amyntas soll ein Knabe, geliebt in schändlicher Liebe, dich hassen und dich wütend mit dem Schwert durchbohren. Kein weniger heimtückisches Getränk soll man dir mischen können als dem, der vom hörnertragenden Jupiter abstammte. Oder du sollst umkommen, aufgehängt wie der gefangene Achaeus, der elend dahing, wofür das goldführende Wasser Zeugnis ablegt. Oder wie den durch Namensverwandtschaft berühmten Achilliden soll ein von feindlicher Hand geworfener Ziegel dich erschlagen. Nicht friedlicher sollen deine Knochen ruhen als die des Pyrrhus, die auf den Straßen Ambracias zerstreut umherlagen, und wie die Tochter des Aeaciden sollst du im Hagel der Wurfspieße sterben – dieses Opfer darf man der Ceres nicht verhehlen; und wie der Enkel des eben in unserem Gedicht erwähnten Königs sollst du Säfte der Canthariden trinken, die dir die Mutter reicht.

(309) Oder fromm werde die Ehebrecherin, wenn sie dich ermordet hat, genannt, so wie die fromm genannt wurde, deren Rache Leucon zum Opfer fiel. Und auf den Scheiterhaufen sollst du mit dir zusammen deine dir liebsten Menschen setzen und so dein Leben wie Sardanapallus enden. Und wie die, welche den Tempel des libyschen Jupiter verwüsten sollten, soll der vom Südwind hergewehte Sand dein Antlitz begraben. Und wie das der Opfer des hinterlistigen Darëus des Zweiten soll auch dein Gesicht von der darunter befindlichen Asche verschlungen werden. Oder wie für den, der einst das olivenreiche Sicyon verließ, sollen Kälte und Hunger Ursache deines Todes sein. Oder wie den Mann aus Atarneus, eingenäht in eine Kalbshaut, soll man dich zur Schande als Beute zu deinem Herrn tragen.

inque tuo thalamo ritu iugulere Pheraei,
    qui datus est leto coniugis ense suae.
quosque putas fidos, ut Larisaeus Aleuas,
    vulnere non fidos experiare tuo.
utque Milo, sub quo cruciata est Pisa tyranno,   325
    vivus in occultas praecipiteris aquas.
quaeque in Adimantum Phialesia regna tenentem
    a Iove venerunt, te quoque tela petant.
aut ut Amastriacis quondam Lenaeus ab oris
    nudus Achillea destituaris humo.   330
utque vel Eurydamas ter circum busta Thrasylli
    est Larisaeis raptus ab hoste rotis,
vel qui quae fuerat tutatus moenia saepe
    corpore lustravit non diuturna suo,
utque novum passa est genus Hippomeneïa poenae   335
    tractus et Actaea fertur adulter humo,
sic, ubi vita tuos invisa reliquerit artus,
    ultores rapiant turpe cadaver equi.
viscera sic aliquis scopulus tua figat, ut olim
    fixa sub Euboico Graia fuere sinu;   340
utque ferox periit et fulmine et aequore raptor,
    sic te mersuras adiuvet ignis aquas.
mens quoque sic Furiis vecors agitetur, ut illi
    unum qui toto corpore vulnus habet,
utque Dryantiadae Rhodopeïa regna tenenti,   345
    in gemino dispar cui pede cultus erat;
ut fuit Oetaeo quondam generoque draconum
    Tisamenique patri Callirhoësque viro.
nec tibi contingat matrona pudicior illa,
    qua potuit Tydeus erubuisse nuru,   350
quaeque sui venerem iunxit cum fratre mariti
    Locris in ancillae dissimulata nece.

(321) In deinem Schlafgemach schneide man dir die Kehle durch wie dem Pheräer, der den Tod erlitt durch das Schwert seiner Gattin. Und die du für treu hältst, sollst du, wie der Aleuade von Larissa, an deiner Wunde als untreu erkennen. Und wie Milo, unter dessen Tyrannis Pisa gequält wurde, sollst du lebendig ins unterirdische Wasser geworfen werden. Und die Geschosse, die Jupiter auf Adimantus, den Machthaber von Phialia, entsandte, sollen auch dich treffen. Oder wie einst Lenaeus, fern von der Küste von Amastris, sollst du hilflos auf dem Boden Achills zurückgelassen werden.

(331) Und wie Eurydamas dreimal von seinem Feind an larissaeischen Rädern um das Grab des Thrasyllus geschleift wurde, oder wie der, welcher die Mauern, die er oft verteidigt hatte, die aber nicht mehr lange halten sollten, mit seiner Leiche umkreiste, und wie die Tochter des Hippomenes eine neuartige Strafe erlitt und ihr ehebrecherischer Liebhaber über actaeischen Boden geschleift worden sein soll, so sollen, wenn dein verhaßtes Leben deine Glieder verlassen hat, Pferde zur Rache deinen entstellten Leichnam schleifen. So soll eine Klippe deine Eingeweide durchbohren, wie einst die grajischen am Fuß der euböischen Bucht durchbohrt wurden, und wie der gewalttätige Schänder vom Blitz getroffen im Meer zugrunde ging, so soll auch bei dir das Feuer mithelfen, dich im Meer zu versenken.

(343) Auch werde dein Sinn so verstört und so von den Furien gehetzt wie jenem, der am ganzen Körper nur eine einzige verwundbare Stelle hat, und wie dem Dryantiaden, Herrscher von Rhodope, der nicht an beiden Beinen gleich bekleidet war; wie es einst dem Oetaeer erging und dem Schwiegersohn der Drachen und dem Vater des Tisamenus und dem Gatten Callirhoës.

(349) Und du sollst keine keuschere Frau finden als jene, der sich als Schwiegervater Tydeus schämen konnte, und als jene Frau aus Locris, die sich in Liebe mit dem Bruder ihres Gatten verband und dies mit dem Tod ihrer (locrischen?) Dienerin verheimlichte. Geben

tam quoque di faciant possis gaudere fideli
    coniuge quam Talai Tyndarëique gener,
quaeque parare suis letum patruelibus ausae   355
    Belides assidua colla premuntur aqua.
Byblidos et Canaces, sicut facis, ardeat igne
    nec nisi per crimen sit tibi fida soror.
filia si fuerit, sit quod Pelopea Thyestae,
    Myrrha suo patri Nyctimeneque suo.   360
neve magis pia sit capitique parentis amica
    quam sua vel Pterelae, vel tibi, Nise, fuit,
infamemque locum sceleris quae nomine fecit,
    pressit et inductis membra paterna rotis.

ut iuvenes pereas, quorum fastigia vultus   365
    membraque Pisaeae sustinuere foris,
ut qui perfusam miserorum saepe procorum
    ipse suo melius sanguine tinxit humum;
proditor ut saevi periit auriga tyranni,
    qui nova Myrtoae nomina fecit aquae,   370
ut qui velocem frustra petiere puellam,
    dum facta est pomis tardior illa tribus,
ut qui tecta novi formam celantia monstri
    intrarunt caecae non redeunda domus,
ut quorum Aeacides misit violentus in altum   375
    corpora cum senis altera sena rogum,
ut quos obscuri victos ambagibus oris
    legimus infandae Sphinga dedisse neci,
ut qui Bistoniae templo cecidere Minervae,
    propter quos facies nunc quoque tecta deae est,   380
ut qui Threicii quondam praesepia regis
    fecerunt dapibus sanguinolenta suis,
Therodamanteos ut qui sensere leones
    quique Thoanteae Taurica sacra deae,

es die Götter, daß du dich einer so treuen Gattin erfreuen kannst wie
die Schwiegersöhne des Talaus und des Tyndareus, wie die Beliden,
welche ihren Vettern den Tod zu bereiten sich erfrechten und denen
darum unablässig das Wasser auf ihrem Nacken lastet.

(357) Vom Feuer der Byblis und der Canace soll deine Schwester
brennen, wie du es tust, und treu sei sie dir nur auf verpönte Weise.
Solltest du eine Tochter haben, sei sie das, was Pelopea dem Thyestes
war, was Myrrha, was Nyctimene ihrem Vater; und sie sei nicht an-
hänglicher und dem Leben des Vaters nicht freundlicher gesinnt, als
es dem Pterelas oder dir, Nisus, die eigene Tochter war, und als die,
welche mit dem Namen des Verbrechens den Ort in Verruf brachte,
indem sie die Glieder des Vaters mit den Rädern, die ihn überfuhren,
zermalmte.

(365) Wie die Jünglinge sollst du zugrunde gehen, deren Köpfe
und Glieder hoch oben am Tor von Pisa hingen, wie der, welcher den
Boden, der oft vom Blut der unglücklichen Freier benetzt worden
war, jetzt selbst mit mehr Recht mit dem eigenen färbte, wie der verräterische Wagenlenker des grausamen Tyrannen umkam, der dem
Gewässer den neuen Namen gab, den des «myrtoischen»; wie die,
welche vergeblich dem flinken Mädchen nachliefen, bis es von drei
Äpfeln gehemmt wurde; wie die, welche die Räume des dunklen
Hauses, aus dem es keine Rückkehr gab, betreten hatten, in denen
sich die Gestalt eines neuartigen Ungeheuers verbarg.

(375) Wie die, deren Leichen der gewalttätige Aeacide auf den hohen Scheiterhaufen warf, zweimal sechs; wie die, denen, wie wir ge-
lesen haben, die Sphinx einen schrecklichen Tod bereitet hat, wenn
sie von den Irrwegen des rätselhaften Mundes besiegt waren; wie die,
welche im Tempel der bistonischen Minerva umkamen, derentwegen
die Augen der Göttin auch jetzt noch geschlossen sind; wie die, welche einst die Krippen des thrëicischen Königs mit Blut bespritzten,
als sie dort zum Fraße dienten; wie die, welche die Löwen des Therodamas, und die, welche die taurischen Opfer für die Göttin des Thoas
zu spüren bekamen.

ut quos Scylla vorax Scyllaeque adversa Charybdis   385
  Dulichiae pavidos eripuere rati,
ut quos demisit vastam Polyphemus in alvum,
  ut Laestrygonias qui subiere manus,
ut quos dux Poenus mersit putealibus undis,
  et iacto canas pulvere fecit aquas;   390
sex bis ut Icaridos famulae periere procique
  inque caput domini qui dabat arma procis;
ut iacet Aonio luctator ab hospite fusus,
  qui – mirum – victor, cum cecidisset, erat,
ut quos Antaei fortes pressere lacerti   395
  quosque ferae morti Lemnia turba dedit,
ut qui post longum, sacri monstrator iniqui,
  elicuit pluvias victima caesus aquas;
frater ut Antaei, quo sanguine debuit, aras
  tinxit et exemplis occidit ipse suis;   400
ut qui terribiles pro gramen habentibus herbis
  impius humano viscere pavit equos,
ut duo diversis sub eodem vindice caesi
  vulneribus Nessus Dexamenique gener;
ut pronepos, Saturne, tuus, quem reddere vitam   405
  urbe Coronides vidit ab ipse sua,
ut sus et Sciron et cum Polypemone natus
  quique homo parte sui, parte iuvencus erat,
quique trabes pressas ab humo mittebat in auras
  aequoris aspiciens huius et huius aquas,   410
quaeque Ceres laeto vidit pereuntia vultu
  corpora Thesea Cercyonea manu.
haec tibi, quem meritis precibus mea devovet ira,
  evenient aut his non leviora malis.
qualis Achaemenidae, Sicula desertus in Aetna   415
  Troica cum vidit vela venire, fuit,

(385) Wie die Verängstigten, welche die gefräßige Scylla und, Scylla gegenüber, Charybdis dem dulichischen Schiff entriß; wie die, welche Polyphem in seinen weiten Bauch herunterschlang; wie die, welche in die Hand der Laestrygonen fielen; wie die, welche der punische Feldherr im Wasser des Brunnens ertränkte, wonach er das Wasser mit darüber geschüttetem Sand klärte; wie die zweimal sechs Mägde und die Freier der Tochter des Icarius umkamen und der, welcher den Freiern die Waffen gegen das Leben des Herrn beschaffte.

(393) Wie der Ringer, vom aonischen Gast niedergestreckt, am Boden liegt, der – ein Wunder – siegreich war, als er gefallen war; wie die, welche die starken Arme des Antaeus erdrückten; wie die, denen die lemnische Schar einen grausamen Tod bereitete; wie der, welcher nach langer Zeit, als Lehrer grausamen Opferbrauchs, selber als Opfer geschlachtet Regenwasser hervorlockte; wie des Antaeus Bruder, der den Altar, wie er es verdiente, mit seinem Blut färbte und nach seinem eigenen Beispiel selber starb; wie der, welcher ruchlos die schrecklichen Pferde, statt sie auf grasreichen Wiesen zu weiden, mit Menschenfleisch fütterte; wie die beiden, die von der Hand desselben Rächers entgegengesetzten Wunden erlagen, Nessus und der Schwiegersohn des Dexamenus.

(405) Wie dein Urenkel, o Saturn, den der Sohn der Coronis von seiner eigenen Stadt aus sein Leben hingeben sah; wie die Sau und Sciron und der Sohn Polypemons und dieser selbst und der, welcher teils Mensch, teils junger Stier war; und wie der, welcher die Baumstämme, die er niederdrückte, vom Boden in die Lüfte schnellen ließ, mit dem Blick auf das Wasser des einen und des anderen Meeres; wie der Leib des Cercyon, den Ceres fröhlichen Blickes von der Hand des Theseus hinsterben sah. All das wird dir, den mein Zorn mit berechtigten Gebeten verflucht, widerfahren oder was nicht weniger schlimm ist als diese Übel!

(415) Wie das Schicksal des Achaemenides war, als er, verlassen am sizilischen Aetna, die troischen Segel kommen sah, und wie

qualis erat nec non fortuna binominis Iri
    quique tenent pontem, quae tibi maior erit.
filius et Cereris frustra tibi semper ametur
    detineatque suas usque petitus opes.   420
utque per alternos unda labente recursus
    subtrahitur presso mollis harena pedi,
sic tua nescio qua semper fortuna liquescat
    lapsaque per medias effluat usque manus.
utque pater solitae varias mutare figuras   425
    plenus inextincta conficiare fame.
nec dapis humanae tibi erunt fastidia, quaque
    parte potes, Tydeus temporis huius eris.
atque aliquid facies, a vespere rursus ad ortus
    cur externati Solis agantur equi.   430
foeda Lycaoniae repetes convivia mensae
    temptabisque cibi fallere fraude Iovem.
teque aliquis posito temptet vim numinis opto:
    Tantalides tu sis Tereidesque puer.

et tua sic latos spargantur membra per agros,   435
    tamquam quae patrias detinuere vias.
aere Perilleo veros imitere iuvencos
    ad formam tauri conveniente sono,
utque ferox Phalaris, lingua prius ense resecta,
    more bovis Paphio clausus in aere gemas.   440
dumque redire voles aevi melioris in annos,
    ut vetus Admeti decipiare socer.
aut eques in medii mergare voragine caeni,
    dum modo sint facti nomina nulla tui.
atque utinam pereas, veluti de dentibus orti   445
    Sidonia iactis Graia per arva manu.
et quae Pytheïdes fecit fraterque Medusae
    eveniant capiti vota sinistra tuo,

das des Irus mit den beiden Namen und das derer, die unter der
Brücke wohnen – ein Glück, das für dich zu groß sein wird. Auch
sollst du vergeblich unablässig den Sohn der Ceres verehren; stets angerufen soll er dir dennoch seine Schätze vorenthalten. Und wie,
wenn die Welle hin- und zurückwogt, der weiche Sand unter dem
Tritt deiner Füße weggeschwemmt wird, so soll auch dein Glück unmerklich sich verflüssigen und dir ständig durch die Hände rinnen
und entgleiten.

(425) Und wie der Vater des Mädchens, das verschiedene Gestalten anzunehmen pflegte, sollst du, obschon satt, dich in unstillbarem
Hunger verzehren. Auch vor Menschenfleisch wirst du keinen Ekel
haben und wirst, wenigstens in diesem Punkt kannst du das, der Tydeus unserer Zeit sein. Und du wirst etwas tun, das dazu führt, daß
die Pferde des Sonnengottes voll Entsetzen von Westen nach Osten
zurücklaufen. Das scheußliche Mahl an der Tafel Lycaons wirst du
wiederholen und wirst versuchen, Jupiter mit der trügerischen Speise zu täuschen. Und ich wünsche dir, daß dich selber einer auftischt,
um die Macht eines Gottes zu prüfen, daß du ein Tantalide bist, daß
du der kleine Sohn des Tereus bist.

(435) Und deine Glieder sollen so über die weiten Felder zerstreut
werden wie die, welche den Vater vom Weg abhielten. Im Erzbild des
Perillus sollst du echte Stiere nachahmen mit dem Ton, der zur Gestalt des Stieres paßt, und wie der grimmige Phalaris, dem mit dem
Schwert die Zunge abgehauen wurde, sollst du, in paphisches Erz
eingeschlossen, brüllen wie ein Stier. Und während du zu den Jahren
eines besseren Lebensalters zurückzukehren wünschst, sollst du wie
der alte Schwiegervater Admets betrogen werden. Oder als Reiter
sollst du im Abgrund, der voll von Schlamm ist, versinken, vorausgesetzt, daß von deiner Tat kein Name haften bleibt.

(445) Und wenn du doch zugrunde gingst wie die, welche den von
sidonischer Hand auf grajische Fluren geworfenen Zähnen entspros-
sen. Und dein Haupt sollen die üblen Verwünschungen, die der Py-

et quibus exiguo volucris devota libello est,
   corpora proiecta quae sua purgat aqua.   450

vulnera totque feras, quot dicitur ille tulisse,
   cuius ab inferiis culter abesse solet.
attonitusque seces, ut quos Cybeleïa mater
   incitat, ad Phrygios vilia membra modos,
deque viro fias nec femina nec vir, ut Attis,   455
   et quatias molli tympana rauca manu,
inque pecus subito Magnae vertare Parentis,
   victor ut est celeri victaque versa pede.
solaque Limone poenam ne senserit illam,
   et tua dente fero viscera carpat equus.   460
aut ut Cassandreus, domino non mitior illo,
   saucius ingesta contumuleris humo.
aut ut Abantiades aut ut Cycneïus heros
   clausus in aequoreas praecipiteris aquas.
victima vel Phoebo sacras macteris ad aras,   465
   quam tulit a saevo Theudotus hoste necem.
aut te devoveat certis Abdera diebus
   saxaque devotum grandine plura petant.

aut Iovis infesti telo feriare trisulco
   ut satus Hipponoo Dexitheaeque pater,   470
ut soror Autonoes, ut cui matertera Maia,
   ut temere optatos qui male rexit equos,
ut ferus Aeolides, ut sanguine natus eodem,
   quo genita est, liquidis quae caret Arctos aquis,
ut Macelo rapidis icta est cum coniuge flammis,   475
   sic precor aetherii vindicis igne cadas.
praedaque sis illis, quibus est Latonia Delos
   ante diem rapto non adeunda Thaso,

theïde und die der Bruder Medusas aussprach, treffen, und (ebenso
die Flüche), mit denen in einem bescheidenen Büchlein der Vogel
verflucht wurde, der seinen Leib mit eingespritztem Wasser purgiert.

(451) Und so viele Wunden sollst du davontragen, wie der da-
vongetragen haben soll, von dessen Totenopfern Messer fernzublei-
ben pflegen. Und in Verzückung sollst du wie die, welche die Mutter
Cybele anstachelt, zu phrygischen Weisen die Schamteile abschneiden, und aus einem Mann sollst du weder Frau noch Mann werden
wie Attis und mit verweichlichter Hand die dumpfe Trommel
rühren. Und in das Tier der Großen Mutter sollst du plötzlich verwandelt werden, wie der Sieger im raschen Lauf und die Besiegte verwandelt wurden. Und damit Limone nicht allein jene Strafe erleide,
soll ein Pferd auch deine Eingeweide mit wildem Biß zerfleischen.

(461) Oder wie der Cassandreer, der nicht weniger grausam war
als jener (andere) Herrscher, sollst du verwundet und mit Erde über-
schüttet begraben werden. Oder wie der Abantiade oder wie der cyc-
neïsche Held sollst du eingesperrt und in die Gewässer des Meeres
geworfen werden. Oder als Opfertier schlachte man dich dem Phoebus an seinen heiligen Altären, ein Tod, den Theudotus von Seiten
des grausamen Feindes erlitt. Oder es verfluche dich Abdera an bestimmten Tagen und verfolge den Verfluchten mit einem größeren
Hagel von Steinen.

(469) Oder du werdest getroffen vom dreifach gespaltenen Ge-
schoß des feindlichen Jupiter wie der Sohn des Hipponous und der
Vater der Dexithea, wie Autonoës Schwester, wie der, dessen Tante
mütterlicherseits Maja war, wie der, welcher schlecht die Pferde lenkte, die er leichtfertig gewünscht hatte, wie der grimmige Aeolide, wie
der, welcher aus demselben Blute stammt, aus dem auch Arctos geboren wurde, welche das klare Wasser scheut, wie Macelo mit ihrem
Gatten von den raschen Flammen getroffen wurde, so, bitte ich,
sollst du vom Feuer des aetherischen Rächers fallen. Und sei die Beute von jenen, denen das latonische Delos seit dem vorzeitigen Tod des

quique verecundae speculantem labra Dianae,
    quique Crotopiaden diripuere Linum.   480
neve venenato levius feriaris ab angue,
    quam senis Oeagri Calliopesque nurus,
quam puer Hypsipyles, quam qui cava primus acuta
    cuspide suspecti robora fixit equi.
neve gradus adeas Elpenore cautius altos,   485
    vimque feras vini, quo tulit ille modo.
tamque cadas domitus, quam quisquis ad arma vocantem
    iuvit inhumanum Thiodamanta Dryops,
quam ferus ipse suo periit mactatus in antro
    proditus inclusae Cacus ab ore bovis,   490
quam qui dona tulit Nesseo tincta veneno
    Euboïcasque suo sanguine tinxit aquas.
vel de praecipiti venias in Tartara saxo,
    ut qui Socraticum de nece legit opus,
ut qui Theseae fallacia vela carinae   495
    vidit, ut Iliaca missus ab arce puer,
ut teneri nutrix eadem et matertera Bacchi,
    ut cui causa necis serra reperta fuit,
Lindia se scopulis ut virgo misit ab altis,
    dixerat Invicto quae mala verba Deo.   500
feta tibi occurrat patrio popularis in arvo
    sitque Phalaeceae causa leaena necis.
quique Lycurgiden letavit et arbore natum
    Idmonaque audacem, te quoque rumpat aper.
isque vel exanimis faciat tibi vulnus, ut illi,   505
    ora super fixi quem cecidere suis.
atque idem, simili pinus quem morte peremit
    Phrygia, venator sis Berecyntiades.
si tua contigerit Minoas puppis harenas,
    te Corcyraeum Cresia turba putet.   510

Thasos nicht zugänglich ist und die den zerrissen, welcher das Bad
der schamhaften Diana erspähte, und den Crotopiaden Linus.

(481) Und nicht weniger schlimm sollst du von einer giftigen
Schlange gebissen werden als die Schwiegertochter des alten Oeagrus
und der Calliope, als der Knabe der Hypsipyle, als der, welcher als
erster mit scharfer Lanzenspitze das hohle Holz des verdächtigen
Pferdes durchbohrte. Und nicht weniger unvorsichtig als Elpenor
sollst du die hohen Stufen betreten und die Wirkung des Weins so
spüren, wie jener sie spürte. Und fallen sollst du so besiegt wie alle
Dryoper, die dem knauserigen Thiodamas halfen, als er sie zu den
Waffen rief, wie der grimmige Cacus in der eigenen Höhle zugrunde
ging, verraten von der Stimme des eingeschlossenen Rindes, wie der,
welcher das mit dem Gift des Nessus getränkte Geschenk über-
brachte und mit seinem eigenen Blut die euböischen Gewässer färbte.

(493) Oder stürze von einem steilen Felsen in den Tartarus, wie
der, welcher das sokratische Werk über den Tod las, wie der, welcher
die trügerischen Segel des Schiffs des Theseus erblickte, wie der Knabe, der von der Burg von Ilion geworfen wurde, wie die Amme und
gleichzeitig Tante mütterlicherseits des kleinen Bacchus, wie der,
dem die Erfindung der Säge zum Verhängnis wurde, wie sich die
Jungfrau von Lindos, die den Unbesiegbaren Gott mit bösen Worten
geschmäht hatte, von den hohen Klippen stürzte.

(501) Möge dir eine Löwin, die eben geworfen hat, begegnen, das
Tier, das in deinem Vaterland verbreitet ist, und Ursache deines Todes sein wie im Falle des Phalaecus. Und der Eber, der den Sohn des
Lycurgus tötete sowie den von einem Baum Geborenen und den
kühnen Idmon, zerreiße auch dich. Und der (Eber) soll, obwohl
schon tot, dir eine (tödliche) Wunde schlagen wie dem, auf den der
aufgehängte Schädel eines Wildschweins herabfiel. Und ebenso sollst
du der berecyntische Jäger sein, dem eine phrygische Föhre einen
ähnlichen Tod brachte. Wenn dein Schiff die minoïsche Küste erreicht, soll dich das cresische Volk für einen Corcyräer halten.

lapsuramque domum subeas, ut sanguis Aleuae,
    stella Leoprepidae cum fuit aequa viro.
utque vel Euenus torrenti flumine mersus
    nomina des rapidae, vel Tiberinus, aquae.
Astacidaeque modo defixa cadavera trunco   515
    digna feris, hominis sit caput esca tuum.
quodque ferunt Brotean fecisse cupidine mortis,
    des tua succensae membra cremanda pyrae.
inclususque necem cavea patiaris, ut ille
    non profecturae conditor historiae.   520

utque repertori nocuit pugnacis iambi,
    sic sit in exitium lingua proterva tuum.
utque parum stabili qui carmine laesit Athenin,
    invisus pereas deficiente cibo.
utque lyrae vates fertur periisse severae,   525
    causa sit exitii dextera laesa tui.
utque Agamemnonio vulnus dedit anguis Orestae,
    tu quoque de morsu virus habente cadas.
sit tibi coniugii nox prima novissima vitae:
    Eupolis hoc periit et nova nupta modo.   530
utque coturnatum periisse Lycophrona narrant,
    haereat in fibris fixa sagitta tuis.
aut lacer in silva manibus spargare tuorum,
    sparsus ut est Thebis angue creatus avo.
perque feros montes tauro rapiente traharis,   535
    ut tracta est coniunx imperiosa Lyci.
quodque suae passa est paelex invita sororis:
    excidat ante pedes lingua resecta tuos.
conditor ut tardae, laesus cognomine, Zmyrnae
    urbis in innumeris inveniare locis.   540

(511) Und ein Haus, das bald einstürzt, sollst du betreten, wie damals die Sippe des Aleuas, als ein Sternbild dem Sohn des Leoprepes gewogen war. Und wie Euenus oder wie Tiberinus sollst du, ertrunken in den Wirbeln des Flusses, dem reißenden Wasser den Namen geben. Nach dem Beispiel des Astaciden sei dein Leichnam, an einen Baumstamm geheftet, den wilden Tieren überlassen, dein Haupt sei Speise eines Menschen. Und was Broteas aus Todessehnsucht getan haben soll: Bette deine Glieder zum Verbrennen auf einen angezündeten Scheiterhaufen. Eingesperrt in einen Käfig sollst du den Tod erleiden wie jener Verfasser einer Geschichte, die ihm nichts helfen sollte.

(521) Und wie dem Erfinder des streitbaren Jambus (seine Erfindung) schadete, so soll auch dir deine freche Zunge den Untergang bringen. Und wie der, welcher Athenis mit zu wenig standfesten Versen beleidigte, sollst du verhaßt an Nahrungsmangel zugrunde gehen. Und wie der Dichter der strengen Lyra umgekommen sein soll, sei die verletzte Rechte auch die Ursache deines Todes. Und wie Orestes, dem Sohn Agamemnons, eine Schlange eine Wunde schlug, so sollst auch du an einem giftigen Biß sterben. Die erste Nacht deiner Ehe sei die letzte deines Lebens: Eupolis starb so und seine junge Braut.

(531) Und wie Lycophron, der Dichter des Kothurns, umgekommen sein soll, soll der Pfeil dich treffen und in deiner Leber stecken bleiben. Oder du sollst von der Hand der Deinen zerfetzt und im Wald zerstreut werden, wie der zerstreut wurde, der als Enkel einer Schlange in Theben gezeugt wurde. Und durch die wilden Berge sollst du von einem rasenden Stier geschleift werden, wie die herrische Gattin des Lycus geschleift wurde. Und was die unfreiwillige Rivalin ihrer Schwester erlitt: Vor deine Füße falle dir die abgeschnittene Zunge. Wie den Verfasser der bedächtigen *Zmyrna*, der aufgrund seines Beinamens erschlagen wurde, soll man dich an unzähligen Stellen der Stadt auflesen.

inque tuis opifex, vati quod fecit Achaeo,
　　noxia luminibus spicula condat apis.
fixus et in duris carparis viscera saxis,
　　ut cui Pyrrha sui filia fratris erat.
ut puer Harpagides referas exempla Thyestae　　　545
　　inque tui caesus viscera patris eas.
trunca geras saevo mutilatis partibus ense,
　　qualia Mamerci membra fuisse ferunt.
utve Syracosio praestricta fauce poetae,
　　sic animae laqueo sit via clausa tuae.　　　　550

nudave direpta pateant tua viscera pelle,
　　ut Phrygium cuius nomina flumen habet.
saxificae videas infelix ora Medusae,
　　Cephenum multos quae dedit una neci.
Potniadum morsus subeas, ut Glaucus, equarum　　555
　　inque maris salias, Glaucus ut alter, aquas;
utque duobus idem dictis modo nomen habenti
　　praefocent animae Gnosia mella viam.
sollicitoque bibas, Anyti doctissimus olim
　　imperturbato quod bibit ore reus.　　　　　560
nec tibi, si quid amas, felicius Haemone cedat,
　　utque sua Macareus, sic potiare tua.
vel videas, quod, iam cum flammae cuncta tenerent,
　　Hectoreus patria vidit in urbe puer.
sanguine probra luas, ut avo genitore creatus,　　565
　　per facinus soror est cui sua facta parens.
ossibus inque tuis teli genus haereat illud,
　　traditur Icarii quo cecidisse gener.
utque loquax in equo est elisum guttur acerno,
　　sic tibi claudatur pollice vocis iter.　　　　570

(541) Und eine emsige Biene soll, was sie dem achaeischen Seher (dem Dichter Achaeus) antat, ihren schädlichen Stachel in deine Augen senken. Und an harte Felsen geschmiedet sollst du deine Eingeweide abgefressen sehen wie der, dessen Bruder Pyrrha zur Tochter hatte. Wie der kleine Sohn des Harpagus sollst du dem Beispiel des Thyestes folgen und geschlachtet in den Bauch deines Vaters hinuntersteigen. Verstümmelte Glieder sollst du haben, wenn mit grausamem Schwert deine Körperteile zerstückelt worden sind, wie es die des Mamercus gewesen sein sollen. Oder wie dem Dichter von Syracus, als ihm die Kehle zugeschnürt war, so sei auch deinem Atem mit einer Schlinge der Weg versperrt.

(551) Oder deine Eingeweide sollen entblößt daliegen, da die Haut weggerissen ist, wie bei dem, dessen Namen ein phrygischer Fluß trägt. Du sollst, Unglücklicher, das Antlitz der versteinernden Medusa erblicken, das allein vielen Cephenen den Tod gab. Den Bissen der Stuten von Potniae sollst du, wie Glaucus, erliegen und wie der andere Glaucus in die Meeresfluten springen; und wie dem, der denselben Namen wie die beiden eben Genannten hatte, soll gnosischer Honig deine Atemwege ersticken. Und trinken sollst du mit zitternden Lippen, was einst das hochgelehrte Opfer der Anklage des Anytus mit unerschütterlichem Munde trank.

(561) Und nicht besser soll es dir ergehen, falls du etwa liebst, als Haemon, und wie Macareus die Seine, so sollst auch du die Deine bekommen. Oder du sollst sehen, was das Kind Hectors, als die Flammen schon alles erfaßt hatten, in der Stadt seiner Väter sah. Sühnen sollst du deine Verbrechen mit deinem Blut wie der, den als Vater sein Großvater zeugte, dem seine Schwester durch eine Schandtat seine Mutter wurde. Und in deinen Knochen hafte jene Art von Waffe, an welcher der Schwiegersohn des Icarius gestorben sein soll. Und wie die geschwätzige Kehle im Pferd aus Ahornholz erdrosselt wurde, so soll auch dir mit dem Daumen der Weg der Stimme verschlossen werden.

aut, ut Anaxarchus, pila minuaris in alta
  ictaque pro solitis frugibus ossa sonent.
utque patrem Psamathes condat te Phoebus in ima
  Tartara, quod natae fecerat ille suae.
inque tuos ea Pestis eat, quam dextra Coroebi   575
  vicit opem miseris Argolicisque tulit.
utque nepos Aethrae Veneris moriturus ob iram
  exul ab attonitis excutiaris equis.
propter opes magnas ut perdidit hospes alumnum,
  perdat ob exiguas te tuus hospes opes.   580

utque ferunt caesos sex cum Damasichthone fratres,
  intereat tecum sic genus omne tuum.
addidit ut fidicen miseris sua funera natis,
  sic tibi sint vitae taedia iusta tuae.
utve soror Pelopis saxo dureris oborto,   585
  ut laesus lingua Battus ab ipse sua.
aëra si misso vacuum iaculabere disco,
  quo puer Oebalides ictus ab orbe cadas.
si qua per alternos pulsabitur unda lacertos,
  omnis Abydena sit tibi peior aqua.   590

comicus ut liquidis periit dum nabat in undis,
  et tua sic Stygius strangulet ora liquor.
aut, ubi ventosum superaris naufragus aequor,
  contacta pereas ut Palinurus humo.
utque coturnatum vatem tutela Dianae,   595
  dilaniet vigilum te quoque turba canum.
aut ut Trinacrius salias super ora Gigantis,
  plurima qua flammas Sicanis Aetna vomit.

(571) Oder du sollst wie Anaxarchus in einem tiefen Mörser zerstampft werden und, statt des Korns wie sonst üblich, sollen deine
zermalmten Knochen ertönen. Und wie den Vater Psamathes soll
Phoebus dich zuunterst im Tartarus begraben, wie jener es seiner
Tochter angetan hatte. Und jene Pestis wüte gegen die Deinen, die
von der Hand des Coroebus besiegt wurde, womit er den armen Argoliern Hilfe brachte. Und wie der Enkel Aethras wegen des Zorns
der Venus sterben sollte, sollst du in der Verbannung von wild gewordenen Pferden (aus dem Wagen) herausgeschleudert werden.
Wie wegen seiner großen Schätze ein Gastgeber seinen Zögling um-
brachte, soll dich dein Gastgeber wegen deiner geringen Schätze umbringen.

(581) Und wie Damasichtho und seine sechs Brüder ermordet
worden sein sollen, so gehe mit dir dein ganzes Geschlecht unter. Wie
der Saitenspieler seinen eigenen Tod zu dem seiner unglücklichen
Kinder hinzufügte, soll auch dir mit Recht dein Leben verleidet sein.
Und wie die Schwester des Pelops sollst du zu einem neu entstehen-
den Felsen erstarren, wie Battus auch, der selbst Opfer seiner eigenen
Zunge wurde. Wenn du den Diskus durch die leeren Lüfte schleu-
derst, sollst du, von der Scheibe getroffen, fallen wie der kleine Sohn
des Oebalus. Wenn du mit wechselndem Schlag deiner Arme irgend-
welche Wogen durchpflügst, sei jedes Wasser für dich schlimmer als
das von Abydos.

(591) Wie der Komödiendichter schwimmend in den klaren
Wogen unterging, soll auch deinen Mund das stygische Wasser ersticken. Oder sobald du als Schiffbrüchiger dem stürmischen Meer
entkommen bist, sollst du wie Palinurus sterben, wenn du das Land
betrittst. Und wie den Dichter mit dem Kothurn die Wache der
Diana soll auch dich die Meute der Wachhunde zerfleischen. Oder
wie der Mann aus Trinacria sollst du über den Mund des Giganten
springen, woraus der Aetna in großer Fülle Flammen über die Sica-
ner ausspeit. Und mit ihren verzückten Krallen sollen die strymo-

diripiantque tuos insanis unguibus artus
  Strymoniae matres Orpheos esse ratae.   600
natus ut Althaea flammis absentibus arsit,
  sic tuus ardescat stipitis igne rogus.
ut nova Phasiaca comprensa est nupta corona
  utque pater nuptae cumque parente domus,
ut cruor Herculeos abiit diffusus in artus,   605
  corpora pestiferum sic tua virus edat.
qua sua Pentheliden proles est ulta Lycurgum,
  haec maneat teli te quoque plaga novi.
utque Milo robur diducere fissile temptes
  nec possis captas inde referre manus.   610
muneribusque tuis laedaris, ut Icarus, in quem
  intulit armatas ebria turba manus.
quodque dolore necis patriae pia filia fecit,
  vincula per laquei fac tibi guttur eat.
obstructoque famem patiaris limine tecti,   615
  ut legem poenae cui dedit ipsa parens.
illius exemplo violes simulacra Minervae,
  Aulidis a portu qui leve vertit iter.
Naupliadaeve modo poenas pro crimine ficto
  morte luas nec te non meruisse iuvet.   620

Aethalon ut vita spoliavit Isindius hospes,
  quem memor a sacris nunc quoque pellit Ion,
utque Melantea tenebris a caede latentem
  prodidit officio luminis ipsa parens,
sic tua coniectis fodiantur viscera telis,   625
  sic precor auxiliis impediare tuis.

qualis equos pacto, quos fortis agebat Achilles,
  acta Phrygi timido est, nox tibi talis eat.

nischen Mütter deine Glieder zerreißen, in der Meinung, es handle sich um die des Orpheus.

(601) Wie der Sohn Althaeas in weit entfernten Flammen brannte, so soll sich auch dein Scheiterhaufen am Brand eines Holzklotzes entzünden. Wie die junge Braut von der phasischen Krone erfaßt wurde, wie der Vater der Braut und mit dem Vater das Haus, wie das Blut sich in alle Glieder des Hercules allmählich verbreitete, so verzehre das todbringende Gift deinen Leib. Eine von einer neuartigen Waffe geschlagene Wunde, mit der den Pentheliden Lycurgus der eigene Nachkomme bestrafte, erwarte auch dich. Und wie Milo sollst du das gespaltene Holz auseinanderzuziehen versuchen und die gefangenen Hände nicht mehr daraus zurückziehen können.

(611) Opfer deiner eigenen Geschenke sollst du werden wie Icarus, gegen den der betrunkene Haufe die bewaffneten Hände erhob. Und was die anhängliche Tochter aus Trauer über den Tod des Vaters tat: Sorge dafür, daß du deine Kehle in eine Seilschlinge steckst. Und Hunger sollst du leiden, wenn die Schwelle des Hauses versperrt ist, wie der, dem die Mutter selbst das Strafmaß festgelegt hat. Nach dem Beispiel dessen sollst du das Götterbild Minervas schänden, der die leichtsinnige Fahrt vom Hafen von Aulis aus unternahm. Oder du sollst wie der Sohn des Nauplius mit dem Tod für ein erfundenes Verbrechen büßen, und es soll dir nichts helfen, daß du ihn nicht verdient hast.

(621) Und wie Aethalos von seinem isindischen Gastgeber des Lebens beraubt wurde, so daß ihn Ion auch jetzt noch in Erinnerung daran von seinen Opfern vertreibt, und wie der, der sich in der Dunkelheit verbarg, um nicht vom Melantiden ermordet zu werden, und den die Mutter selber verriet, da sie für Licht zu sorgen hatte, so soll deine Brust von Wurfgeschossen durchbohrt, so sollst du, darum bete ich, von deinen Helfern behindert werden.

(627) Eine solche Nacht sollst du erleben wie der feige Phryger sie verbrachte, dem die Pferde versprochen waren, die der tapfere Achil-

nec tu quam Rhesus somno meliore quiescas,
    quam comites Rhesi tum necis, ante viae,   630
quam quos cum Rutulo morti Rhamnete dederunt
    impiger Hyrtacides Hyrtacidaeque comes.

Cliniadaeve modo circumdatus ignibus atris
    membra feras Stygiae semicremata neci.
utque Remo muros auso transire recentes   635
    noxia sint capiti rustica tela tuo.
denique Sarmaticas inter Geticasque sagittas
    his, precor, ut vivas et moriare locis.

haec tibi tantisper subito sint missa libello,
    immemores ne nos esse querare tui: 640
pauca quidem, fateor; sed di dent plura rogatis
    multiplicentque suo vota favore mea.
postmodo plura leges et nomen habentia verum,
    et pede quo debent acria bella geri.

les mitführte, und keinen besseren Schlaf sollst du haben als Rhesus, als die Gefährten des Rhesus, damals Gefährten des Todes, zuvor des Kriegszuges, als die, welchen mit dem Rutuler Rhamnes der wackere Sohn des Hyrtacus und der Begleiter des Hyrtaciden den Tod gebracht hat.

(633) Oder wie der Sohn des Clinias, umgeben von qualmendem Feuer, sollst du deine halbverbrannten Glieder zum stygischen Tode tragen. Und wie dem Remus, der frech über die neuen Mauern sprang, soll deinem Haupt ein bäuerliches Gerät schädlich sein. Schließlich, darum bete ich, sollst du mitten unter sarmatischen und getischen Pfeilen hier in dieser Gegend leben und sterben!

EPILOG

(639) Dies sei dir vorläufig gesandt in einem rasch verfertigten Büchlein, damit du dich nicht beklagst, ich hätte dich vergessen; weniges ist es zwar nur, ich gebe es zu, doch mögen die Götter mehr verleihen, als ich erbeten habe, und mit ihrer Gunst meine Wünsche vervielfachen. Später wirst du noch mehr lesen und mit deinem wahren Namen, und in dem Versfuß, in dem hitzige Gefechte ausgetragen werden müssen.

MEDICAMINA FACIEI FEMINEAE

Discite, quae faciem commendet cura, puellae,
  et quo sit vobis forma tuenda modo.
cultus humum sterilem Cerealia pendere iussit
  munera, mordaces interiere rubi;
cultus et in pomis sucos emendat acerbos   5
  fissaque adoptivas accipit arbor opes.
culta placent: auro sublimia tecta linuntur;
  nigra sub imposito marmore terra latet.
vellera saepe eadem Tyrio medicantur aëno;
  sectile deliciis India praebet ebur.   10
forsitan antiquae Tatio sub rege Sabinae
  maluerint quam se rura paterna coli,
cum matrona premens altum rubicunda sedile
  assiduo durum pollice nebat opus
ipsaque claudebat, quos filia paverat, agnos,   15
  ipsa dabat virgas caesaque ligna foco.
at vestrae matres teneras peperere puellas:
  vultis inaurata corpora veste tegi,
vultis odoratos positu variare capillos,
  conspicuam gemmis vultis habere manum;   20
induitis collo lapides oriente petitos
  et quantos onus est aure tulisse duos.
nec tamen indignum: sit vobis cura placendi,
  cum comptos habeant saecula nostra viros:
feminea vestri potiuntur lege mariti   25
  et vix ad cultus nupta, quod addat, habet. [...]

SCHÖNHEITSMITTEL FÜR FRAUEN

Pflege veredelt

Lernt, welche Pflege euer Gesicht verschönert, ihr Mädchen,
    und auf welche Art ihr eure Schönheit bewahrt!
Pflege ließ unfruchtbaren Boden die Gaben der Ceres
    spenden, und es verschwand stachliges Dornengewächs.
Pflege veredelt ferner beim Obstbaum die bitteren Säfte,
    Schätze von fremdem Stamm trägt nach dem Pfropfen der Baum.
Pflege gefällt: Mit Gold überzieht man die Dächer in Lüften,
    und der schwärzliche Grund liegt unter Marmor verdeckt.
Mehrfach färbt man dieselbe Wolle in tyrischem Kessel,
    Elfenbein, schneidbar zum Prunk, bietet uns Indien an.
Möglich, die alten Sabinerinnen zu Tatius' Zeiten
    wollten der Väter Feld lieber bestellen als sich,
als noch die Hausfrau im hohen Stuhl saß, gebräunt von der Sonne,
    und mit dem Daumen voll Fleiß spann – ein beschwerliches Werk! –,
selbst noch die Lämmer einschloß, die die Tochter zur Weide getrieben,
    selber ins Feuer hinein Reisig und Spaltholz noch schob.
Eure Mütter jedoch haben zarte Mädchen geboren:
    Goldfäden wollt ihr im Kleid, das euren Körper verhüllt,
duftend wollt ihr das Haar, und bald so bald anders frisiert sein,
    reich mit Juwelen geschmückt wollt eure Hände ihr sehn;
Um den Nacken legt ihr euch Perlen, im Osten gewonnen,
    von einer Größe, daß zwei allzusehr lasten im Ohr.
Doch das ist keine Schande: Bemüht euch nur zu gefallen,
    denn zu unserer Zeit sind auch die Männer gepflegt.
Eure Gatten bemächtigen sich des weiblichen Vorrechts,
    kaum weiß die Ehefrau noch, wie sie den Mann übertrumpft. [...]

se sibi quaeque parant nec, quos venentur amores,
   refert. munditiae crimina nulla merent.
rure latent finguntque comas; licet arduus illas
   celet Athos, cultas altus habebit Athos.   30
est etiam placuisse sibi cuicumque voluptas:
   virginibus cordi grataque forma sua est.
laudatas homini volucris Iunonia pennas
   explicat et forma muta superbit avis.
sic potius iungetur amor quam fortibus herbis,   35
   quas maga terribili subsecat arte manus:
nec vos graminibus nec mixto credite suco
   nec temptate nocens virus amantis equae.
nec mediae Marsis finduntur cantibus angues
   nec redit in fontes unda supina suos;   40
et quamvis aliquis Temesaea removerit aera,
   numquam Luna suis excutietur equis.
prima sit in vobis morum tutela, puellae:
   ingenio facies conciliante placet.
certus amor morum est; formam populabitur aetas,   45
   et placitus rugis vultus aratus erit;
tempus erit, quo vos speculum vidisse pigebit
   et veniet rugis altera causa dolor.
sufficit et longum probitas perdurat in aevum
   perque suos annos hinc bene pendet amor. [...]   50

'dic age, cum teneros somnus dimiserit artus,
   candida quo possint ora nitere modo!'
hordea, quae Libyci ratibus misere coloni,
   exue de palea tegminibusque suis;

Lob weiblicher Gepflegtheit und Sittlichkeit

Jede pflegt sich für sich; nicht nach welchem Geliebten man angelt,
  spielt eine Rolle. Wer wird tadeln, wenn jemand sich pflegt!
Auch fernab auf dem Lande kämmt sie sich; mag sie der schroffe
  Athos verbergen, sie bleibt hoch auf dem Athos gepflegt.
Ein Vergnügen sogar ist's allen, sich selbst zu gefallen.
  Mädchen freuen sich gern an ihrer eignen Gestalt.
Junos Vogel entfaltet vor uns, sobald wir ihn loben,
  stolz sein Gefieder und trägt wortlos die Schönheit zur Schau.
Lieber schließt man den Liebesbund so als mit wirksamen Kräutern,
  die einer Zauberin Hand schneidet mit schauriger Kunst.
Glaubt nicht an Kräuter und glaubt nicht an die Mischung von Säften,
  braucht den schädlichen Schleim brünstiger Stuten auch nicht!
Auch nicht der Marser Gesang vermag Schlangen inmitten zu spalten,
  und zur Quelle hinauf fließt keine Welle zurück.
Mag man mit temesaeischem Erz auch noch so sehr rasseln,
  Luna wirft man doch nie von ihrem Pferdegespann.
Guter Charakter sei zuerst euer Schutzgeist, ihr Mädchen;
  es gefällt ein Gesicht, wenn es der Geist uns empfiehlt.
Sitten bewahren die Liebe, die Schönheit verwüstet das Alter,
  und das Gesicht, das gefiel, ist dann von Falten durchfurcht.
Einmal ist es so weit, da schaut ihr vergrämt in den Spiegel;
  daß ihr Runzeln bekommt, habt ihr noch mehr Grund: den Gram.
Redlichkeit aber genügt und kann die Zeit überdauern,
  Liebe hängt von ihr ab alle die Jahre hindurch. [...]

Mittel für glatte Haut

«Sag nun doch, wie man es macht, wenn der Schlaf entweicht aus den zarten
  Gliedern, daß das Gesicht sauber und makellos strahlt!»
Gerste, welche zu Schiff die libyschen Siedler uns sandten,
  sondere von der Spreu, dann zieh die Hülsen ihr ab.

par ervi mensura decem madefiat ab ovis;   55
    sed cumulent libras hordea nuda duas.
haec, ubi ventosas fuerint siccata per auras,
    lenta iube scabra frangat asella mola.
et quae prima cadent vivaci cornua cervo,
    contere in haec: solidi sexta fac assis eat.   60
iamque ubi pulvereae fuerint confusa farinae,
    protinus innumeris omnia cerne cavis;
adice narcissi bis sex sine cortice bulbos,
    strenua quos puro marmore dextra terat;
sextantemque trahat gummi cum semine Tusco;   65
    huc novies tanto plus tibi mellis eat.
quaecumque afficiet tali medicamine vultum,
    fulgebit speculo levior ipsa suo.

nec tu pallentes dubita torrere lupinos,
    et simul inflantes corpora frige fabas: 70
utraque sex habeant aequo discrimine libras,
    utraque da nigris comminuenda molis;
nec cerussa tibi nec nitri spuma rubentis
    desit et Illyrica quae venit iris humo:
da validis iuvenum pariter subigenda lacertis;   75
    sed iustum tritis uncia pondus erit.
addita de querulo volucrum medicamina nido
    ore fugant maculas: alcyonea vocant.
pondere, si quaeris, quo sim contentus in illis:
    quod trahit in partes uncia secta duas.   80
ut coeant apteque lini per corpora possint,
    adice de flavis Attica mella favis.

Nimm gleich viel Linsen und laß sie mit zehn Eiern befeuchten;
doch die Gerste geschält wiege gerade zwei Pfund.
Hast du's in frischem Wind getrocknet, dann bring es zum Müller,
daß es mit schartigem Stein störrisch das Eselchen mahlt.
Was der zählebige Hirsch an Stangen im ersten Jahr abwirft,
schabe hinein: Vom As füge ein Sechstel hinzu.
Und sobald dies dann mit stäubendem Mehle vermengt ist,
streiche das Ganze sogleich durch ein feinlöchriges Sieb.
Füge Narzissenzwiebeln hinzu, zweimal sechs, ohne Schale,
in reinem Marmorgefäß stampf sie mit kräftiger Hand.
Gummi wiege ein Sechstel mit tuscischem Dinkel zusammen;
Honig sei weiter noch beigemengt neunmal so viel.
Wenn eine Frau ihren Teint mit diesem Mittel behandelt,
wird nicht ihr Spiegel einmal makellos glänzen wie sie.

Mittel gegen Flecken

Ferner versäume nicht, die bleichen Lupinen zu dörren;
Bohnen rüste zugleich, welche den Körper dir blähn.
Beides sollte genau sechs Pfund ohne Unterschied wiegen;
schwarzen Mühlstein laß beides zerreiben zu Mehl.
Weder Bleiweiß laß aus noch den Schaum von rötlichem Natron;
nimm auch Iris dazu, die aus Illyrien kommt.
Gib das jungen Männern mit kräftigen Armen zu stampfen;
doch von dem Mehl ist genau recht einer Unze Gewicht.
Füg noch ein Mittel hinzu vom zwitschernden Neste von Vögeln –
Flecken vertreibt's vom Gesicht – Eisvogelschwamm wird's genannt.
Fragst du, mit wieviel Gewicht ich mich bei diesem begnüge:
Was eine Unze wiegt, die in zwei Teile man teilt.
Daß sich das alles verbindet und gut auf die Haut läßt verstreichen,
füge aus gelber Wab' attischen Honig hinzu.

quamvis tura deos irataque numina placent,
  non tamen accensis omnia danda focis.
tus ubi miscueris radenti corpora nitro,   85
  ponderibus iustis fac sit utrimque triens.
parte minus quarta dereptum cortice gummi,
  et modicum e murris pinguibus adde cubum.
haec ubi contrieris, per densa foramina cerne;
  pulvis ab infuso melle premendus erit.   90
profuit et marathos bene olentibus addere murris –
  quinque trahant marathi scripula, murra novem –
arentisque rosae quantum manus una prehendat
  cumque Ammoniaco mascula tura sale;
hordea quem faciunt, illis affunde cremorem;   95
  aequent expensas cum sale tura rosas.
tempore sint parvo molli licet illita vultu,
  haerebit toto nullus in ore color.

vidi, quae gelida madefacta papavera lympha
  contereret, teneris illineretque genis. [...]   100

Vide fragmenta 16.7–9.

Mittel zur Entfernung von Schminke

Mag auch der Weihrauch die zürnenden Götter und Geister versöhnen,
    sei er dennoch nicht nur auf den Altären verbrannt.
Wenn du Weihrauch mischst mit körpersäubernder Soda,
    mach, daß beides vom Pfund grade ein Drittel dann wiegt.
Gummi füg bei, um ein Viertel gekürzt, von der Rinde gewonnen,
    ölige Myrrhe auch; davon ein Würfelchen nur.
Ist das zerstampft, dann streich's durch die engen Maschen des Siebes,
    gieße Honig dazu, binde das Pulver damit. –
Nützlich ist auch eine Mischung von Fenchel zur duftenden Myrrhe –
    Fenchel braucht es fünf Gramm, Myrrhe jedoch braucht es neun –;
trockene Rosen füg bei, wieviel in *einer* Hand Platz hat,
    Weihrauch der männlichen Art, ferner ammonisches Salz.
Gieße darüber den Schleim, den du aus Gerste gewonnen;
    stimme Weihrauch mit Salz ab auf der Rosen Gewicht.
Ist dies auch kurz nur auf deinem zarten Antlitz verstrichen,
    wird aus dem ganzen Gesicht jegliche Schminke getilgt.

Mittel für ...

Eine Frau sah ich Mohn mit kaltem Wasser befeuchten,
    dann zerreiben, und dies strich sie ins zarte Gesicht. [...]

Weiteres s. Fragmente 16.7–9.

HALIEUTICA

. . . .
accepit mundus legem. dedit arma per omnes
admonuitque sui. vitulus sic namque minatur,
qui nondum gerit in tenera iam cornua fronte,
sic dammae fugiunt, pugnant virtute leones
et morsu canis et caudae sic scorpius ictu,   5
concussisque levis pennis sic evolat ales.
omnibus ignotae mortis timor, omnibus hostem
praesidiumque datum sentire et noscere teli
vimque modumque sui. sic et scarus arte sub undis,
si n   10
decidit assumptaque dolos tandem pavet esca,
non audet radiis obnixa occurrere fronte.
aversus crebro vimen sub verbere caudae
laxans subsequitur tutumque evadit in aequor.
quin etiam si forte aliquis, dum praenatat, arto   15
mitis luctantem scarus hunc in vimine vidit,
aversi caudam morsu tenet atque ita tandem
liber servato, quem texit, cive resultat.
sepia tarda fugae, tenui cum forte sub unda
deprensa est – iamiamque manus timet illa rapacis – ,   20
inficiens aequor nigrum vomit illa cruorem
avertitque vias oculos frustrata sequentis.
clausus rete lupus, quamvis immitis et acer,
dimotis cauda submissus sidit harenis
. . . . in auras   25
emicat atque dolos saltu deludit inultus.
et muraena ferox, teretis sibi conscia tergi,

FISCHFANG

Waffen der Meerestiere

... Die Welt empfing ihr Gesetz. Waffen vergab (Gott? die Natur?) an alle und verwies sie auf sich selbst. So droht nun das Kälblein, das jetzt auf der zarten Stirn noch keine Hörner trägt, so fliehen die Rehe, so kämpfen die Löwen mit ihrer Stärke, (5) der Hund mit Bissen, und so der Skorpion mit dem Stich seines Schwanzes, so schlägt der Vogel die Flügel und fliegt beschwingt davon. Alle haben Angst vor dem unbekannten Tod, und allen ist es gegeben zu merken, wer Feind ist und wer Beschützer, und Wirkung und Art der eigenen Waffe zu erkennen.

So kann auch der Papageifisch geschickt unter Wasser, (10) wenn er ... (Wenn er aber) hineingeraten ist, den Köder verzehrt hat und sich schließlich vor der Falle fürchtet, wagt er nicht, kopfvoran gegen die Speichen (der Reuse) zu schwimmen. Rückwärts schwimmend erweitert er unter wildem Schlagen des Schwanzes das Weidengeflecht, schiebt sich nach und entwischt ins Meer in Sicherheit. (15) Ja sogar, wenn zufällig ein freundlicher Papageifisch beim Vorbeischwimmen diesen in dem engen Geflecht zappeln sieht, packt er mit dem Maul den Schwanz des abgewandten Fisches, rettet so schließlich, selber frei, den Artgenossen, den er beschützt hat, und springt rückwärts.

Wenn der langsam flüchtende Tintenfisch zufällig in klarem Wasser (20) ertappt wird – gerade fürchtet er noch die räuberischen Hände –, speit er schwarzen Saft aus und färbt das Meer, täuscht die Augen des Verfolgers und schwimmt davon. – Der Seebarsch, im Netz gefangen, obschon unbändig und bissig, schiebt mit dem Schwanz den Sand beiseite und verkriecht sich im Boden (solange das Netz über ihn hinweggeht) ..., (25) dann schnellt er empor in die Lüfte und verhöhnt mit seinem Sprung ungestraft die Fallen. – Und die wilde

ad laxata magis conixa foramina retis
tandem per multos evadit lubrica flexus.
exemploque nocet: cunctis iter invenit una.   30
at contra scopulis crinali corpore segnis
polypus haeret et hac eludit retia fraude
et sub lege loci sumit mutatque colorem
semper ei similis, quem contegit, atque ubi praedam
pendentem saetis avidus rapit, hic quoque fallit,   35
elato calamo cum demum emersus in auras
bracchia dissolvit populatumque exspuit hamum.
at mugil cauda pendentem everberat escam
excussamque legit. lupus acri concitus ira
discursu fertur vario fluctusque ferentes   40
prosequitur quassatque caput, dum vulnere saevus
laxato cadat hamus et ora patentia linquat.
nec proprias vires nescit muraena nocendi
auxilioque sui morsu nec comminus acri
deficit aut animos ponit captiva minacis.   45
anthias his tergi, quae non videt, utitur armis,
vim spinae novitque suae versoque supinus
corpore lina secat fixumque intercipit hamum.

cetera quae densas habitant animalia silvas,
aut vani quatiunt semper lymphata timores   50
aut trahit in praeceps non sana ferocia mentis.
ipsa sequi natura monet vel comminus ire.
impiger ecce leo venantum sternere pergit
agmina et adversis infert sua pectora telis,
quomque venit fidens magis et sublatior ardet   55

Muräne, in Kenntnis ihres glatten Rückens, stemmt sich durch die erweiterten Maschen des Netzes, schlüpfrig, wie sie ist, entwischt sie schließlich mit vielen Drehungen (30) und schadet mit ihrem Beispiel: Eine findet den Weg für alle.

An Riffen hingegen hängt mit haarähnlichem Leib träge der Polyp und weicht mit dieser Täuschung den Netzen aus, nimmt die Farbe an und ändert sie jeweils nach der Beschaffenheit des Ortes, immer dem ähnlich, worauf er liegt, und wenn er die Beute, (35) die an der Angel hängt, gierig packt, täuscht er auch hier, indem er erst, wenn er an der gehobenen Rute aus dem Wasser in die Luft emportaucht, die Arme löst und den geplünderten Haken herausspeit.

Die Meeräsche jedoch peitscht mit dem Schwanz den hängenden Köder weg und schnappt sich den weggehauenen Brocken. – Der Seebarsch, erbittert in heftigem Zorn, (40) schwimmt zappelnd hin und her, folgt der reißenden Strömung und schüttelt den Kopf, bis der grausame Haken aus der erweiterten Wunde gleitet und das aufgesperrte Maul losläßt. – Auch die Muräne kennt genau ihre eigenen Mittel zu schaden, verzichtet, um sich selbst zu helfen, im Nahkampf nicht auf heftiges Beißen (45) und leistet in Gefangenschaft trotzigen Widerstand. – Der Glanzfisch braucht die Waffe auf dem Rücken, die er selber nicht sieht, er kennt die Wirkung seiner Rückenflosse, dreht sich auf den Rücken, um das Garn durchzuschneiden und schleppt den festsitzenden Haken mit sich fort.

Waffen der Landtiere

Was sonst an Tieren in dichten Wäldern haust, (50) schüttelt entweder ständig grundlose Angst, so daß sie wie besessen sind, oder maßlose Wildheit des Gemüts reißt sie zu überstürztem Verhalten hin. Ihre Natur selber bewegt sie dazu, sich zu fügen oder handgreiflich zu werden. Siehe, der wackere Löwe läßt nicht davon ab, Scharen von Jägern niederzustrecken, er hält den feindlichen Geschossen seine Brust entgegen, (55) und wenn er noch kühner daherkommt, noch

concussitque toros et viribus addidit iram:
procidit atque suo properat sibi robore letum.
foedus Lucanis provolvitur ursus ab antris:
quid nisi pondus iners stolidaeque ferocia mentis?
actus aper saetis iram denuntiat hirtis,   60
et ruit oppositi nitens in vulnera ferri,
pressus et emisso moritur per viscera telo.
altera pars fidens pedibus dat terga sequenti,
ut pavidi lepores, ut fulvo tergore dammae
et capto fugiens cervus sine fine timore.   65
hic generosus honos et gloria maior equorum,
nam cupiunt animis palmam gaudentque triumpho.
seu septem spatiis circo meruere coronam,
nonne vides, victor quanto sublimius altum
attollat caput et vulgi se venditet aurae?   70
celsave cum caeso decorantur terga leone,
quam tumidus quantoque venit spectabilis actu
conquassatque solum generoso concita pulsu
ungula sub spoliis graviter redeuntis opimis!
quae laus prima canum, quibus est audacia praeceps   75
venandique sagax virtus viresque sequendi,
quae nunc elatis rimantur naribus auras
et nunc demisso quaerunt vestigia rostro
et produnt clamore feram dominumque vocando
increpitant: quam, si collatis effugit armis,   80
insequitur tumulosque canis camposque per omnis....

noster in arte labor positus, spes omnis in illa.
nec tamen in medias pelagi te pergere sedes

wütender einherstolziert, seinen feisten Nacken schüttelt und seine
Kräfte mit seiner Wut noch steigert, stürzt er (desto rascher) hin und
beschleunigt nur mit seiner Stärke seinen Tod. – Der garstige Bär
wälzt sich hervor aus den lukanischen Höhlen: Was ist er anderes als
plumpe Masse und stumpfsinnige Wildheit? – (60) Der gehetzte Eber
verkündet seinen Zorn mit gesträubten Borsten, stürzt wuchtig los
auf die entgegengehaltenen Spieße, die ihn verwunden, und stirbt,
von den ausgesandten Geschossen in die Weichen getroffen.

Eine andere Gruppe (von Tieren) verläßt sich auf ihre Füße und
kehrt dem Verfolger den Rücken zu, wie die furchtsamen Hasen, wie
die Rehe mit dem braunen Rücken (65) und der Hirsch, der endlos
flieht, wenn ihn einmal Furcht erfaßt hat. – Darin besteht die edle
Ehre und der größere Ruhm der Pferde, denn eifrig streben sie nach
der Siegespalme und freuen sich über ihren Triumph. Sei es daß sie in
sieben Runden im Zirkus den Kranz errungen haben: Siehst du nicht,
wieviel stolzer dann der Sieger (70) das hohe Haupt erhebt und sich
der Gunst der Masse anpreist? Oder daß sein hoher Rücken mit dem
(Fell eines) erlegten Löwen geschmückt wird: Wie stolz kommt es
daher, wie prächtig ist der Anblick seiner Bewegung, mit welch ed-
lem Schlag klopft der Huf erregt auf den Boden, wenn es feierlich
zurückkehrt unter der Last der glanzvoll erbeuteten Rüstung! – (75)
Dies ist das größte Lob für die Hunde, die über ungehemmte Kühn-
heit, Spürsinn für die Jagd und die Kräfte zur Verfolgung verfügen,
die bald mit erhobenen Nüstern in der Luft schnuppern, bald mit ge-
senkter Schnauze die Spuren wittern, mit Gebell das Wild verraten
und den Herrn (80) herbeikläffen; ist das Wild aber im Handgemen-
ge entkommen, setzt der Hund ihm nach über alle Hügel und
Felder...

Ratschläge für Fischer
Unsere Arbeit beruht auf Fachkenntnis, alle Aussicht auf Erfolg
beruht darauf. Doch warne ich dich, dich mitten hinaus auf die See

admoneam vastique maris temptare profundum:
inter utrumque loci melius moderabere funem.   85
. . . .
aspera num saxis loca sint – nam talia lentos
deposcunt calamos, at purum retia litus –,
num mons horrentes demittat celsior umbras
in mare – nam varie quidam fugiuntque petuntque –,
num vada subnatis imo viridentur ab herbis   90
obiectetque moras et molli serviat algae.
discripsit sedes varie natura profundi
nec cunctos una voluit consistere pisces.

nam gaudent pelago quales scombrique bovesque,
hippuri celeres et nigro tergore milvi   95
et pretiosus helops, nostris incognitus undis,
ac durus xiphias, ictu non mitior ensis,
et pavidi magno fugientes agmine thynni,
parva echenais – at est, mirum, mora puppibus ingens –
tuque, comes ratium tractique per aequora sulci,   100
qui semper spumas sequeris, pompile, nitentes,
cercyrosque ferox, scopulorum fine moratus,
cantharus ingratus suco, tum concolor illi
orphos, caeruleaque rubens erythinus in unda,
insignis sargusque notis, insignis iulis,   105
et super aurata sparulus cervice refulgens
et rutilus phager et fulvi synodontes et ex se
concipiens channe, gemino sibi functa parente,
tum viridis squamis parvo saxatilis ore
et rarus faber et pictae mormyres et auri   110
chrysophrys imitata decus, tum corporis umbrae
liventis rapidique lupi percaeque tragique,
quin laude insignis caudae melanurus et ardens

zu begeben und die Tiefe des weiten Meeres aufzusuchen: (85) Besser ist es, du wirfst das Garn zwischen den beiden Möglichkeiten aus. [...] (Es kommt darauf an,) ob die Gegend rauh ist von Felsen – denn eine solche verlangt biegsame Ruten, die flache Küste hingegen Netze –, ob ein höherer Berg düstere Schatten ins Meer wirft – denn nicht alle meiden und erstreben dasselbe –, (90) ob das Wasser sich grün färbt von Pflanzen, die vom Boden emporwachsen, ob es (so) Schlupfwinkel bietet und die geschmeidigen Algen wuchern läßt. Die Natur verteilte die Wohnsitze der Tiefe in mannigfaltiger Weise und wollte nicht, daß alle Fische am gleichen Ort leben.

Tiefseefische

Denn es gibt Fische, die das hohe Meer lieben, wie die Makrelen und die Hornrochen, (95) die raschen Roßschwänze und die Seeweihe mit dem schwarzen Rücken, der kostbare Sterlet, der in unseren Gewässern unbekannt ist, und der zähe Schwertfisch, nicht sanfter als ein Schwertstoß, die furchtsamen Thunfische, die in großen Schwärmen dahineilen, der kleine Igelfisch – doch ist dieser erstaunlicherweise für Schiffe ein großes Hindernis –, (100) und du, Begleiter der Schiffe und der durchs Meer gezogenen Furche, der du stets den glitzernden Schaumkronen folgst, Pilotfisch! Und der grimmige Schwanzfisch, der an der Kante von Klippen lebt, die Schwarzbrasse mit ihrem unangenehmen Geschmack, dann der ihr farblich ähnliche Schwarzfisch, die im blauen Wasser purpurne Rotbrasse, (105) der Hornhecht mit den auffälligen Flecken, der auffällige Meerjunker, die über dem Nacken golden leuchtende Brasse, die rotgelbe Rotbrasse, die gelblichen Zahnfische, der sich selbst begattende Zackenbarsch, der sich selber als Elternpaar dient, dann der grün geschuppte Felsenfisch mit dem kleinen Maul, (110) der ungesellige Sonnenfisch, die bunten Marmorbrassen, die den Goldglanz nachahmende Goldbrasse, die Schattenfische mit dem blaugrauen Leib, die raschen Seebarsche, Sägebarsche und Bockfische, natürlich auch die

auratis muraena notis merulaeque virentes
immitisque suae conger per vulnera genti,   115
et captus duro nociturus scorpios ictu
ac numquam aestivo conspectus sidere glaucus.

at contra herbosa pisces laetantur harena
ut scarus, epastas solus qui ruminat escas,
fecundumque genus maenae lamirosque smarisque   120
atque immunda chromis, merito vilissima salpa,
atque avium phycis nidos imitata sub undis
et squamas tenui suffusus sanguine mullus,
fulgentes soleae candore et concolor illis
passer et Hadriaco mirandus litore rhombus.   125
tunc epodes lati, tum molles tergore ranae,
extremi pareuc † . . . .
. . . .
. . . .
lubricus et spina nocuus non gobius una   130
et nigrum niveo portans in corpore virus
lolligo durique sues sinuosaque caris
et tam deformi non dignus nomine asellus
tuque, peregrinis acipenser nobilis undis.
. . . .

wegen ihres Schwanzes viel gelobte Brandbrasse, die Muräne mit den goldschimmernden Flecken, die grünlichen Meeramseln, (115) der grausame Meeraal, der seine eigene Art verwundet, der Seeskorpion, der sich in Gefangenschaft mit seinem heftigen Stich zu wehren sucht, und der niemals unter sommerlichem Gestirn sichtbare Blaufisch.

Küstenfische

Es gibt jedoch auch Fische, die den pflanzenreichen Strand lieben, wie der Papageifisch, der als einziger die aufgefressenen Speisen wiederkäut, (120) die fruchtbare Gattung der Sprotten, die Lamyren, die Laxierfische und der schmutzige Mönchsfisch, die mit Recht äußerst verachtete Goldstrieme, der Lippfisch, der unter Wasser Vogelnester nachbaut, die Meerbarbe mit ihren zart blutunterlaufenen Schuppen, die weiß schimmernden Schollen, der ihnen farblich ähnliche (125) Seespatz und der bewundernswerte Steinbutt an der adriatischen Küste. Ferner die breiten Epoden (?), dann die Seeteufel mit dem zarten Rücken, die äußersten ... (130) und der schlüpfrige, mit seinen vielen Gräten gefährliche Gründling, der in seinem schneeweißen Körper schwarzes Gift tragende Tintenfisch, die zähen Meerschweine, die Krabbe mit den krummen Scheren, der Meeresel, der seinen häßlichen Namen nicht verdient, und du, Stör, berühmt in fremden Gewässern...

TESTIMONIA

1

Plinius, Nat. hist. 32, index auctorum

Medicinae ex aquatilibus. Ex auctoribus (Romanis) [...]
OVIDIO poeta.

2

Plinius, Nat. hist. 32, 11–13

(11) Mihi videntur mira et quae OVIDIUS prodidit piscium
ingenia in eo volumine, quod *Halieuticon* inscribitur: scarum
inclusum nassis non fronte erumpere nec infestis viminibus
caput inserere, sed aversum caudae ictibus crebris laxare fores
atque ita retrorsum repere, quem luctatum eius, si forte alius
scarus extrinsecus videat, apprehensa mordicus cauda adiuva-
re nisus erumpentis; lupum rete circumdatum harenas arare
cauda atque ita condi, dum transeat rete.

(12) muraenam maculas appetere ipsas consciam teretis ac
lubrici tergi, tum multiplici flexu laxare, donec evadat; poly-
pum hamos appetere brachiisque complecti, non morsu, nec
prius dimittere, quam escam circumroserit, aut harundine le-
vatum extra aquam. scit et mugil esse in esca hamum insidias-
que non ignorat, aviditas tamen tanta est, ut cauda verberan-
do excutiat cibum.

(13) minus in providendo lupus sollertiae habet, sed magnum robur in paenitendo, nam si haesit in hamo, tumultuoso
discursu laxat volnera, donec excidant insidiae. muraenae amplius devorant quam hamum, admovent dentibus lineas atque

1

Heilmittel aus Wassertieren. (Quellen:) Römische Autoren: (u. a.)
der Dichter Ovid.

2

(11) Mir erscheint auch bemerkenswert, was Ovid in dem Buch,
das *Halieutica* betitelt ist, vom Instinkt der Fische berichtet hat:
Wenn der Papageifisch (*scarus*) sich in einer Reuse verfange, breche
er nicht frontal aus und stecke seinen Kopf nicht in das verhängnis-
volle Flechtwerk, sondern drehe sich um, erweitere durch häufiges
Schlagen mit dem Schwanz die Öffnung und schlüpfe so rückwärts
hindurch; wenn ein anderer Papageifisch von außen zufällig dieses
Ringen sehe, packe er ihn mit dem Maul am Schwanz und helfe den
Bemühungen des Ausbrechenden nach. Wenn der Seebarsch (*lupus*)
von einem Netz eingekreist sei, pflüge er mit dem Schwanz den Sand
auf und verberge sich so, solange das Netz über ihn hinweggehe.
(12) Die Muräne gehe gerade auf die Maschen los, da sie sich über
ihren glatten und schlüpfrigen Rücken im klaren sei, dann erweitere
sie sie mit vielfacher Krümmung, bis sie entwischen könne. Der
Polyp steuere auf die Haken los und umfasse sie mit seinen Armen,
ohne zuzubeißen, und lasse erst los, wenn er den Köder ringsum ab-
genagt habe oder mit der Angelrute aus dem Wasser gehoben sei.
Auch die Meeräsche (*mugil*) weiß, daß es einen Haken im Köder gibt,
und kennt die Falle genau, doch ist ihre Gier so groß, daß sie den Köder durch Schlagen mit dem Schwanz wegschlägt.
(13) Der Seebarsch zeigt weniger Geschick, wenn es um Vorsicht
geht, aber große Kraft, wenn er (sein Tun) bereut, denn wenn er am
Haken hängt, erweitert er mit wildem Zappeln die Wunden, bis der
Haken herausfällt. Die Muränen verschlingen noch mehr als nur den

ita erodunt. anthias tradit idem infixo hamo invertere se, quoniam sit in dorso cultellata spina, eaque lineam praesecare.

3
Plinius, Nat. hist. 32, 152–153
(152) His adiciemus ab OVIDIO posita nomina, quae apud
neminem alium reperiuntur, sed fortassis in Ponto nascentia,
ubi id volumen supremis suis temporibus inchoavit: bovem,
cercyrum in scopulis viventem, orphum rubentemque erythi-
num, iulum, pictas mormyras aureique coloris chrysophryn,
praeterea percam, tragum et placentem cauda melanurum,
epodas lati generis.

(153) praeter haec insignia piscium tradit: channen ex se ip-
sam concipere, glaucum aestate numquam apparere, pompi-
lum, qui semper comitetur navium cursus, chromin, qui nidi-
ficet in aquis. helopem dicit esse nostris incognitum undis, ex
quo apparet falli eos, qui eundem acipenserem existimaverint.

4
Plinius, Nat. hist. 31, index auctorum
Medicinae ex aquatilibus. Ex auctoribus (Romanis) [...]
OVIDIO.

Haken, schnappen mit den Zähnen die Schnur und nagen sie so durch. Derselbe (Autor) berichtet, daß der Glanzfisch (*anthias*), wenn der Haken festsitze, sich umdrehe, weil er nämlich auf dem Rücken eine messerförmige Flosse habe, und mit der schneide er die Angelschnur durch.

3

(152) Diesen Namen fügen wir nun noch die von Ovid aufgeführten hinzu, die man bei keinem anderen (Autor) findet, die aber vielleicht im Pontus leben, wo er dieses Buch in seinen letzten Jahren begann: den Hornrochen (*bos*), den an Klippen lebenden Schwanzfisch (*cercyrus*), den Schwarzfisch (*orphos*) und die Rotbrasse (*erythinus*), den Meerjunker (*iulus*), die bunten Marmorbrassen (*mormyrae*) und die goldfarbene Goldbrasse (*chrysophrys*), außerdem den Sägebarsch (*perca*), den Bockfisch (*tragus*), die wegen ihres Schwanzes beliebte Brandbrasse (*melanurus*) und die Epoden (? – *epodes*), die zu den breiten Arten zählen.

(153) Außerdem berichtet er über folgende Seltsamkeiten bei Fischen: Der Zackenbarsch (*channe*) begatte sich selbst, der Blaufisch (*glaucus*) erscheine niemals im Sommer, der Pilotfisch (*pompilus*) sei der, welcher die Schiffe immer auf ihrer Fahrt begleite, der Mönchsfisch (*chromis*) der, welcher im Wasser ein Nest baue. Der Sterlet (*helops*), sagt er (Ovid), sei in unseren Gewässern unbekannt, woraus hervorgeht, daß sich diejenigen täuschen, die gemeint haben, es sei derselbe Fisch wie der Stör (*acipenser*).

4

Heilmittel aus Wassertieren. (Quellen:) Römische Autoren: (u. a.) Ovid.

FRAGMENTA ET TESTIMONIA
OPERUM DEPERDITORUM

I DECLAMATIONES

Seneca, Contr. 2,2,1.8–12
Iusiurandum mariti et uxoris.

(1) (*Thema:*) Vir et uxor iuraverunt, ut, si quid alteri obtigisset, alter moreretur. vir peregre profectus misit nuntium ad uxorem, qui diceret decessisse se. uxor se praecipitavit. recreata iubetur a patre relinquere virum. non vult. abdicatur. [...]

(8) Hanc controversiam memini ab OVIDIO NASONE declamari apud rhetorem Arellium Fuscum, cuius auditor fuit. nam Latronis admirator erat, cum diversum sequeretur dicendi genus. habebat ille comptum et decens et amabile ingenium. oratio eius iam tum nihil aliud poterat videri quam solutum carmen. adeo autem studiose Latronem audit, ut multas illius sententias in versus suos transtulerit. in armorum iudicio dixerat Latro: '*Mittamus arma in hostis et petamus*'. NASO dixit (*Met. 13,121–122*):

'*Arma viri fortis medios mittantur in hostis.*
inde iubete peti.'

et alium ex illa suasoria sensum aeque a Latrone mutuatus est. memini Latronem in praefatione quadam dicere, quod scholastici quasi carmen didicerunt: '*Non vides, ut immota fax torpeat, ut exagitata reddat ignes? mollit viros otium, fer-*

FRAGMENTE UND ZEUGNISSE
VERLORENER WERKE

I VORTRÄGE

Eid von Gatte und Gattin.

(1) *Thema:* Mann und Frau schwören, daß, wenn dem einen etwas zustoße, der andere auch sterben solle. Der Mann geht auf Reisen und schickt der Frau einen Boten, der ihr ausrichten soll, er sei gestorben. Die Frau stürzt sich in die Tiefe. Als sie wieder zu sich kommt, befiehlt ihr der Vater, den Mann zu verlassen. Sie will nicht. Der Vater verstößt sie. [...]

(8) Ich erinnere mich, daß Ovidius Naso die folgende *Controversia* beim Rhetor Arellius Fuscus, bei dem er studierte, vortrug. Er war nämlich ein Bewunderer des (Porcius) Latro, obschon er einer anderen Stilrichtung folgte. Er hatte eine gefällige, freundliche, liebenswürdige Wesensart. Schon damals machte seine Rede den Eindruck eines Gedichtes in Prosa. Latros Vorträge hörte er so eifrig an, daß er viele von dessen Formulierungen in seine Verse übertrug. Im Streit um die Waffen (Achills) hatte Latro gesagt: *(Aias:)* «*Laßt uns die Waffen unter die Feinde werfen und sie dort holen!*» Naso sagte:

> «*Werfen wir doch die Waffen des Helden unter die Feinde!*
> *Laßt sie uns holen von dort!*»

Und einen anderen Satz aus jener *Suasoria* entlieh er ebenfalls bei Latro. Ich erinnere mich, daß Latro in einer Einleitung etwas sagte, was seine Studenten wie ein Gedicht auswendig lernten: «*Siehst du nicht, wie die Fackel unbewegt erlischt, wie sie geschwungen Feuer*

rum situ carpitur et rubiginem ducit, desidia dedocet.' NASO
dixit *(Am. 1,2,11–12):*

> 'Vidi ego iactatas mota face crescere flammas
>   et rursus nullo concutiente mori.'

(9) Tunc autem, cum studeret, habebatur bonus declama-
tor. hanc certe controversiam ante Arellium Fuscum decla-
mavit, ut mihi videbatur, longe ingeniosius ipso, excepto eo,
quod sine certo ordine per locos discurrebat. haec illo dicen-
te excepta memini:

Controversia
'Quicquid laboris est, in hoc est, ut uxori virum et uxorem
viro diligere concedas. necesse est deinde iurare permittas, si
amare permiseris. – quod habuisse nos iusiurandum putas? tu
nobis religiosum nomen fuisti: si mentiremur, illa sibi iratum
patrem invocavit, ego socerum. parce, pater: non peieravimus.
– ecce obiurgator nostri quam effrenato amore fertur! queritur quemquam esse filiae praeter se carum. quid est quod illam
ab indulgentia sua avocet? (10) di boni, quomodo hic amavit
uxorem! amat filiam et abdicat! dolet periclitatam esse et ab eo
abducit, sine quo negat se posse vivere! quaerit periculum

fängt? Muße verweichlicht die Männer, Eisen wird beim langen Lie-gen angegriffen und setzt Rost an, Trägheit läßt verlernen.» Naso sagte:

> *« Wachsen sah ich die lodernde Flamme beim Schwenken*
> *der Fackel,*
> *und wenn sie niemand mehr schwang, wie sie dann wieder*
> *erstarb.»*

(9) Damals jedenfalls, als er studierte, galt er als guter Vortrags-redner. Die folgende *Controversia* hielt er vor Arellius Fuscus, mei-ner Meinung nach weitaus einfallsreicher als dieser selbst, abgesehen davon, daß er ohne klare Ordnung von einem Punkt zum andern sprang. Daß das folgende, als er seine Rede hielt, mit Beifall aufge-nommen wurde, weiß ich noch:

Controversia

(*Rede des Ehegatten:*) «Das einzige Problem liegt darin, daß du (Schwiegervater) einer Frau erlaubst, daß sie ihren Mann, und einem Mann, daß er seine Frau liebt. Dann mußt du auch gestatten zu schwören, wenn du zu lieben erlaubst. – Was meinst du, bei wem wir unseren Eid geleistet haben? Du warst der Name, auf den wir uns ehrfürchtig berufen haben: Für den Fall, daß wir unser Wort nicht hielten, rief sie den Zorn des Vaters auf sich herab, ich den des Schwiegervaters. Schone uns, Vater: Wir haben nicht falsch ge-schworen! – Sieh da, unser Kritiker, von welch hemmungsloser Lie-be läßt er sich hinreißen! Er beklagt sich darüber, daß seine Tochter auch noch jemanden anders lieb hat außer ihm! Was hat er für einen Grund, sie von ihrer Nachsicht abzuhalten? (10) Ihr guten Götter, wie liebte der denn seine Frau?! Er liebt seine Tochter und verstößt sie! Es schmerzt ihn, daß sie in Todesgefahr geriet und schleppt sie von dem weg, ohne den sie nicht leben zu können behauptet! Er

eius, qua paene caruit, hic, qui amare caute iubet! – facilius in
amore finem impetres quam modum. tu hoc obtinebis, ut ter-
minos, quos tu adprobaveris, custodiant, ut nihil faciant nisi
considerate, nihil promittant nisi tutius facturi, omnia verba
ratione et fide ponderent? senes sic ament. –

Pauca nosti, pater, crimina: et litigavimus aliquando et decidimus et, quod fortasse non putas, peieravimus! quid ad patrem pertinet, quod amantes iurant? si vis credere: nec ad deos
pertinet. – (11) non est quod tibi displiceas, uxor, tamquam
prima peccaveris: perit aliqua cum viro, perit aliqua pro viro;
illas tamen omnis aetas honorabit, omne celebrabit ingenium.
fer, socer, felicitatem tuam: magnum tibi quam parvo constat
exemplum! – in reliquum, ut iubes, diligentiores facti sumus,
errorem nostrum confitemur: exciderat iurantibus esse terti-
um, qui magis amaret. sic, di, sit semper. – perseveras, socer?
recipe filiam: ego qui peccavi, poena dignus sum: quare uxori
notae causa sim, socero orbitatis? discedam e civitate, fugiam,
exulabo, utcumque potero, desiderium misera et crudeli pati-
entia perferam: morerer, si solus moriturus essem!'

(12) Declamabat autem NASO raro controversias, et nonnisi ethicas; libentius dicebat suasorias: molesta illi erat omnis
argumentatio. verbis minime licenter usus est, non ut in car-
minibus, in quibus non ignoravit vitia sua, sed amavit. mani-
festum potest esse ex eo, quod rogatus aliquando ab amicis
suis, ut tolleret tres versus, invicem petiit, ut ipse tres excipe-

bringt (damit) die in Lebensgefahr, die er beinahe verloren hätte, er, der vorsichtig zu lieben befiehlt! – Leichter kann man der Liebe ein Ende setzen als ein Maß. Und du willst erreichen, daß sie die Grenzen beachten, die du abgesegnet hast, daß sie nur überlegt handeln, nur versprechen, was sie nachher gefahrlos ausführen können, daß sie alle Worte vernünftig und gewissenhaft abwägen? Alte Leute lieben wohl so. –

Wenig weißt du von unseren Verbrechen, Vater: Wir haben auch schon einmal gestritten, uns dann wieder versöhnt, und, was du wahrscheinlich nicht glaubst, auch noch falsch geschworen! Was geht das nun den Vater an, was Verliebte einander schwören? Ehrlich gesagt: Auch die Götter geht's nichts an. – (11) Du hast keinen Grund zu Selbstvorwürfen, Frau, als ob du als erste gesündigt hättest: Die eine stirbt mit dem Mann, die andere für ihn; diese (Frauen) wird jedoch jedes Zeitalter rühmen, jeder Dichter preisen. Nimm, Schwiegervater, dein Glück auf dich: Wie wenig kostet es dich, ein berühmtes Beispiel zu sein! – In Zukunft sind wir, wie du befiehlst, vorsichtiger, wir geben unseren Irrtum zu: Den Schwörenden war entgangen, daß es noch einen Dritten gab, der noch mehr liebte (als wir). So soll es, bei den Göttern, immer sein! – Bleibst du hart, Schwiegervater? Nimm die Tochter wieder auf: Ich bin der Sünder, ich habe die Strafe verdient. Warum sollte ich für meine Frau Anlaß schmählicher Behandlung sein, für meinen Schwiegervater Anlaß des Verlusts seines Kindes? Ich verlasse die Stadt, fliehe, gehe ins Exil, so gut ich kann, ertrage ich die Sehnsucht mit jammervoller und grausamer Geduld: Ich würde sterben, wenn ich allein sterben dürfte!»

(12) Naso trug aber selten Controversien vor, und wenn, dann nur psychologische (wie diese); lieber waren ihm die Suasorien. Lästig war ihm jede Art von Argumentation. In der Wortwahl war er durchaus streng, nicht wie in den Gedichten, wo er seine Fehler ganz genau kannte, aber auch liebte. Das wird daraus ersichtlich, daß er, als seine Freunde einmal von ihm verlangten, er solle drei Verse strei-

ret, in quos nihil illis liceret. aequa lex visa est. scripserunt illi,
quos tolli vellent, secreto, hic quos tutos esse vellet. in utris-
que codicillis idem versus erant; ex quibus primum fuisse nar-
rabat Albinovanus Pedo, qui inter arbitros fuit *(Ars 2,24)*:

   '*semibovemque virum semivirumque bovem*';

secundum *(Am. 2,11,10)*:

'*et gelidum Borean egelidumque Notum*'.

   ex quo apparet summi ingenii viro non iudicium defuisse
ad compescendam licentiam carminum suorum, sed animum.
aiebat interim decentiorem faciem esse, in qua aliquis naevos
esset.

2 GIGANTOMACHIA

  Ov. Am. 2,1,11–16
ausus eram, memini, caelestia dicere bella
    centimanumque Gygen, et satis oris erat,
cum male se Tellus ulta est ingestaque Olympo
    ardua devexum Pelion Ossa tulit.
in manibus nimbos et cum Iove fulmen habebam,
    quod bene pro caelo mitteret ille suo.

chen, seinerseits verlangte, daß er drei davon ausnehmen dürfe, gegen die sie nicht einschreiten dürften. Alle waren mit diesem Verfahren einverstanden. *Sie* schrieben im geheimen die auf, die sie getilgt haben wollten, *er* die, die er unangetastet haben wollte; auf beiden Zetteln standen nun die gleichen Verse, von denen der erste nach dem Bericht des Albinovanus Pedo, der einer der Schiedsrichter war, gewesen sei:

«Wesen, halb Stier und halb Mann, Wesen, halb Mann und
halb Stier»;

der zweite:

«weht doch der Nordwind so kühl, weht doch der Südwind
so schwül».

Daraus geht hervor, daß es dem hochbegabten Mann nicht an Urteilsfähigkeit gefehlt hat, um die Freizügigkeit seiner Verse zu bändigen, sondern an der Bereitschaft dazu. Gelegentlich pflegte er zu sagen, ein Gesicht sei hübscher, wenn ein Muttermal darin sei.

2 GIGANTOMACHIE

Ich hatte gewagt, ich erinnere mich, himmlische Kriege zu besingen und den hundertarmigen Gyges –, und meine Stimme versagte nicht – damals als sich die Erde arg rächte und auf den Olympus geschichtet der steile Ossa den gebirgigen Pelion trug.
In den Händen hielt ich mit Jupiter Wolken und seinen Blitz,
daß er ihn, um seinen Himmel zu schützen, wirkungsvoll werfe.

3 MEDEA

3.1
Quint. Inst. 8,5,6
Nam, cum sit rectum, 'nocere facile est, prodesse difficile',
vehementius apud OVIDIUM Medea dicit:

'servare potui: perdere an possim, rogas?'

3.2
Seneca, Suas. 3,5–7
Thema: Deliberat Agamemnon, an Iphigeniam immolet
negante Calchante aliter navigari posse.
(5) Solebat autem ex Virgilio (Arellius) Fuscus multa tra-
here, ut Maecenati imputaret. totiens enim, pro beneficio nar-
rabat, in aliqua se Vergiliana descriptione placuisse; sicuti in
hac ipsa suasoria dixit: 'cur iste inter eius ministerium placuit?
cur hoc os deus elegit? cur hoc sortitur potissimum pectus,
quod tanto numine impleat?' aiebat se imitatum esse Vergili-
anum 'plena deo'.

(6) Solet autem Gallio noster hoc aptissime ponere. memini una nos ab auditione Nicetis ad Messallam venisse. Nicetes
suo impetu valde Graecis placuerat. quaerebat a Gallione
Messalla, quid illi visus esset Nicetes. Gallio ait: 'plena deo'.
quotiens audierat aliquem ex his declamatoribus, quos scholastici caldos vocant, statim dicebat: 'plena deo.' ipse Messalla
numquam aliter illum ab novi hominis auditione venientem
interrogavit, quam ut diceret: 'numquid plena deo?' itaque
hoc ipsi iam tam familiare erat, ut invito quoque excideret.

3 MEDEA

3.1

Denn während die direkte Formulierung lautet: «Schaden ist leicht, nützen schwer», sagt Medea bei Ovid eindringlicher:

«Ich konnte retten. Fragst du mich, ob ich vernichten kann?»

3.2

Thema: Agamemnon überlegt, ob er Iphigenie opfern solle, da Calchas behauptet, man könne sonst nicht abfahren.

(5) (Arellius) Fuscus indes pflegte vieles aus Vergil heranzuziehen, um Maecenas einen Gefallen zu erweisen. Gar oft nämlich, erzählte er stolz, habe er mit einer vergilischen Charakterisierung Erfolg gehabt; so sagte er in der genannten Suasorie: «Weshalb fand dieser in dessen Dienst Anerkennung? Warum wählte der Gott gerade diesen Mund aus? Warum erwählte er gerade diese Brust, um sie mit einer so bedeutenden Gottheit zu erfüllen?» Er sagte dann, er habe das vergilische «gotterfüllt» imitiert.

(6) Nun aber pflegt unser Freund (Junius) Gallio diesen Ausdruck sehr pointiert anzubringen. Ich erinnere mich, wie wir miteinander von einer Vorlesung des Nicetes zu Messalla kamen. Nicetes hatte mit seinem Pathos die Griechen sehr beeindruckt. Messalla wollte von Gallio wissen, was er von Nicetes für einen Eindruck habe. Gallio sagte: «Gotterfüllt.» Sooft er einen von den Deklamatoren gehört hatte, die die Fachleute «hitzige» nennen, sagte er auf der Stelle: «Gotterfüllt.» Messalla selbst fragte ihn (Gallio), wenn er von der Vorlesung eines Neulings kam, nie anders als mit den Worten: «Etwa auch gotterfüllt?» Darum war ihm das schon so geläufig, daß es ihm auch unfreiwillig entfuhr.

(7) Apud Caesarem (Augustum) cum mentio esset de ingenio Hateri, consuetudine prolapsus dixit (Iunius Gallio): 'et
ille erit plena deo.' quaerenti deinde, quid hoc esse vellet, ver-
sum Vergilii rettulit et quomodo hoc semel sibi apud Messallam excidisset et numquam postea non potuisset excidere. Tiberius ipse Theodoreus offendebatur Nicetis ingenio, itaque
delectatus est fabula Gallionis.

Hoc autem dicebat Gallio NASONI suo valde placuisse; itaque fecisse illum, quod in multis aliis versibus Vergilii fecerat,
non subrupiendi causa, sed palam mutandi, hoc animo, ut vellet agnosci; esse autem in tragoedia eius (Ovidi)

'feror huc illuc, vae, plena deo.'

3.3
Tac. Dial. 12,6
Nec ullus Asinii aut Messallae liber tam illustris est quam
Medea OVIDII aut Varii *Thyestes*.

3.4
Quint. Inst. 10,1,98
OVIDII *Medea* videtur mihi ostendere, quantum ille vir
praestare potuerit, si ingenio suo imperare quam indulgere
maluisset.

3.5
Ov. Am. 2,18,13–14
sceptra tamen sumpsi curaque Tragoedia nostra
    crevit et huic operi quamlibet aptus eram.

(7) Als bei Caesar (Augustus) vom Stil des Haterius (Agrippa) die Rede war, sagte (Gallio) aus lauter Gewohnheit: «Auch er wird wohl gotterfüllt sein.» Als jener darauf fragte, was das heißen solle, zitierte er den Vers Vergils und wie ihm das einstmals bei Messalla entfahren war und ihm seither immer auf der Zunge liege. Tiberius, der selber ein Anhänger des Theodorus war, ging der Stil des Nicetes auf die Nerven, deshalb amüsierte ihn die Anekdote Gallios.

Das aber, sagte Gallio öfters, habe seinem Freund Naso sehr gefallen; deshalb habe er damit gemacht, was er mit vielen anderen Versen Vergils gemacht habe, nicht im Sinne eines Diebstahls, sondern einer offensichtlichen Anleihe, in der Absicht, es erkennbar zu machen. So heiße es denn in seiner Tragödie (Medea):

«Hierhin und dorthin stürz' ich, wehe, gotterfüllt.»

3.3

Denn kein Buch des Asinius (Pollio) oder des Messalla (Corvinus) ist so berühmt wie die *Medea* Ovids oder der *Thyestes* des Varius.

3.4

Ovids *Medea* scheint mir zu zeigen, wie viel jener Mann hätte leisten können, wenn er seine Begabung lieber hätte beherrschen als ihr nachgeben wollen.

3.5

Dennoch griff ich zum Szepter, dank meiner Bemühung wuchs die Tragödie, und ich war für diese Arbeit gar nicht so ungeschickt.

3.6
Ov. Am. 3,1,29–30.63–64.67–70
(29) nunc habeam per te, Romana Tragoedia, nomen!
    implebit leges spiritus iste meas [...]
(63) altera me sceptro decoras altoque cothurno:
    iam nunc contacto magnus in ore sonus [...]

(67) exiguum vati concede, Tragoedia, tempus;
    tu labor aeternus, quod petit illa, breve est. –
mota dedit veniam. teneri properentur *Amores*,
    dum vacat; a tergo grandius urguet opus.

3.7
Ov. Am. 3, 15, 17–19
corniger increpuit thyrso graviore Lyaeus:
    pulsanda est magnis area maior equis.
Imbelles elegi, genialis Musa, valete!

3.8
Ov. Trist. 2, 553–554
et dedimus tragicis sceptrum regale tyrannis,
    quaeque gravis debet, verba cothurnus habet.

4 EPIGRAMMATA ET LUDICRA

4.1
Priscianus, Inst. gramm. 5,13, Gramm. Lat. 2,149,13 Keil
    Lar: quando significat κατοικίδιον θεόν, 'laris' facit geni-
tivum, sin autem imperatorem Veientorum, 'Lartis', quem
mactavit Cossus; est testis OVIDIUS in *Epigrammatis*:

3.6

(29) Nun möchte ich, die Römische Tragödie, durch dich einen Namen erhalten! Dein Geist wird meine Gesetze erfüllen [...].

(63) Du schmückst mich mit Szepter und hohem Kothurn: Schon jetzt ist in meinem (von dir) berührten Mund ein erhabener Klang [...].

(67) Räume dem Dichter, Tragoedia, nur noch ein wenig Zeit ein; *du* bedeutest ewige Arbeit, was *jene* (Elegie) verlangt, ist nur kurz. – Gerührt gab sie die Erlaubnis. Ihr zarten *Amores*, beeilt euch, solange es noch Zeit ist; im Rücken drängt ein gewaltigeres Werk.

3.7

Der hörnertragende Lyaeus (Bacchus) mit seinem ernsteren Thyrsus hat mich gescholten: Auf größerem Feld mußt du mit großen Pferden nun traben. Ihr unkriegerischen Elegien, du heitere Muse, lebt wohl!

3.8

Auch gab ich den Tyrannen der Tragödie das königliche Szepter, und der ernste Kothurn verfügt über die Worte, die er haben muß.

4 EPIGRAMME UND SCHERZGEDICHTE

4.1

«Lar»: wenn der Hausgott gemeint ist, lautet der Genetiv «laris», wenn der Feldherr der Veienter, den Cossus hingemetzelt hat, «Lartis»; bezeugt ist das bei Ovid in den *Epigrammata*:

'Larte ferox caeso Cossus opima tulit.'

4.2
Quint. Inst. 9,3,69–70

(69) Aliter quoque voces aut eaedem diversa in significatione ponuntur aut productione tantum vel corruptione mutatae; quod etiam in iocis frigidum equidem tradi inter praecepta miror eorumque exempla vitandi potius quam imitandi gratia pono. (70) 'amari iucundum est, si curetur, ne quid insit amari', 'avium dulcedo ad avium ducit' et apud OVIDIUM ludentem:

'cur ego non dicam, Furia, te furiam?'

4.3
Quint. Inst. 8,6,31–33

(31) Onomatopoeia quidem, id est fictio nominis, Graecis inter maximas habita virtutes, nobis vix permittitur [...]. (32) deinde, tamquam consummata sint omnia, nihil generare audemus ipsi, cum multa cotidie ab antiquis ficta moriantur. vix illa, quae πεποιημένα vocant, quae ex vocibus in usum receptis quocumque modo declinantur, nobis permittimus [...], (33) at οἶνοι᾽ ἀγαθοῖο ferimus in Graecis. OVIDIUS hoc '-oeo' ludit:

'vinoeo bonoeo'.

«Als der mutige Cossus den Lars erschlug, nahm er ihm die prächtige Rüstung ab.»

4.2

(69) Noch auf andere Weise kann man entweder die gleichen Wörter in verschiedener Bedeutung einsetzen oder solche, die nur durch Dehnung oder Kürzung verändert sind; das ist auch in Späßen geistlos – es wundert mich nur, daß das jeweils in den Lehrbüchern erscheint, und ich führe Beispiele dafür eher zur Abschreckung als zur Nachahmung an. (70) «Geliebt werden (*amari*) ist schön, wenn man dafür sorgt, daß nichts Unliebsames (*amari*) dabei ist», «Der Vögel (*avium*) Reiz führt ins Abseits (*avium*)» und bei Ovid im Spaß:

«Warum nenne ich nicht, Furia, Furie dich?»

4.3

(31) Onomatopoiie, d. h. die Erfindung eines Wortes, von den Griechen zu den größten Vorzügen gezählt, ist uns (Römern) kaum gestattet [...]. (32) Als ob alle Möglichkeiten ausgeschöpft wären, wagen wir selber nichts neu zu bilden, obgleich vieles, was die Alten gebildet haben, täglich ausstirbt. Wir erlauben uns kaum noch das, was man Neologismen nennt, die dem alltäglichen Wortschatz entnommen, aber irgendwie abgewandelt sind [...], (33) dagegen nehmen wir im Griechischen «oinoi' agathoio» (guten Weines) hin. Ovid spielt mit diesem «-oeo»:

«vinoeo bonoeo» (feines Weines).

4·4
Quint. Inst. 12,10,75
Ubi vero quid exquisitius dictum accidit auribus imperi-
torum, qualecumque id est, quod modo se ipsi posse despe-
rent, habet admirationem, neque immerito, nam ne illud quidem facile est. sed evanescunt haec atque emoriuntur
comparatione meliorum, ut

'lana tincta fuco'

citra purpuras placet,

'at si contuleris eam Lacaenae,
conspectu melioris obruatur.'

– ut OVIDIUS ait.

4·5
Martial. 2,41,1–5
'ride, si sapis, o puella, ride!'
Paelignus, puto, dixerat poeta.
sed non dixerat omnibus puellis,
verum ut dixerit omnibus puellis,
non dixit tibi: tu puella non es …

4.6
Priapeum 3
Obscure poteram tibi dicere 'da mihi, quod tu
　　des licet assidue, nil tamen inde perit.
da mihi, quod cupies frustra dare forsitan olim,
　　cum tenet obsessas invida barba genas,
quodque Iovi dederat, qui raptus ab alite sacra　　　　5
　　miscet amatori pocula grata suo,

4.4

Wenn aber eine gesuchtere Formulierung den Ungebildeten zu
Ohren kommt, ob gut oder schlecht, wenn sie nur denken, das selber
nie zu können, findet sie Bewunderung, nicht zu Unrecht, denn auch
das ist nicht einfach. Doch das verfliegt und verblaßt im Vergleich mit
Besserem, wie

«mit gewöhnlichem Rot gefärbte Wolle»

ohne Vergleich mit Purpurwolle gefällt,

«doch wenn du sie mit lakonischer Wolle vergleichen wolltest,
dürfte sie beim Anblick der besseren verblassen»

– wie Ovid sagt.

4.5

«Lache, wenn du Vernunft hast, Mädchen, lache!»
sagte einst der Paeligner Dichter, glaub ich.
Doch er sagte es nicht zu allen Mädchen,
aber sagte er es zu allen Mädchen,
hat er's dir nicht gesagt: Du bist kein Mädchen ...

4.6

Verschlüsselt könnte ich dir sagen: «Biete mir, was du mir
ständig bieten kannst, ohne daß damit etwas verloren geht.
Biete mir, was du dereinst vielleicht vergeblich zu bieten wünschst,
wenn der mißgünstige Bart deine Wangen überwuchert hat,
und was der dem Jupiter bot, der geraubt vom heiligen Vogel
seinem Liebhaber willkommene Becher mischt,

quod virgo prima cupido dat nocte marito,
    dum timet alterius vulnus inepta loci.'
simplicius multo est 'da paedicare' Latine
    dicere: quid faciam? crassa Minerva mea est.   10

4.7
Seneca, Contr. 1,2,22
Sacerdos prostituta.
(1) *Thema:* Quaedam virgo a piratis capta veniit; empta a
lenone et prostituta est. venientes ad se exorabat stipem. mili-
tem, qui ad se venerat, cum exorare non posset, colluctantem
et vim inferentem occidit. accusata et absoluta remissa ad suos
est; petit sacerdotium. contradicitur. [...]

(8) Obscoene, quemadmodum Murredius rhetor, qui dixit:
unde scimus, an cum convenientibus pro virginitate alio libi-
dinis genere deciderit? ... Novimus, inquit, istam maritorum
abstinentiam, qui, etiamsi primam virginibus timidis remise-
re noctem, vicinis tamen locis ludunt. audiebat illum Scaurus,
non tantum disertissimus homo, sed venustissimus, qui nulli-
us umquam impunitam stultitiam transire passus est. statim
OVIDIANUM illud,

    'dum timet alterius vulnus inepta loci.'

    et ille excidit nec ultra dixit.

was in der ersten Nacht die Jungfrau dem geilen Gatten bietet,
wenn sie vor der Wunde an anderer Stelle töricht sich fürchtet.»
Viel einfacher ist es, echt lateinisch zu sagen: «Laß dich von hinten!»
Was soll ich tun? Grobschlächtig ist meine Minerva (Bildung).

4.7
Seneca, Contr. 1, 2, 22
Priesterin als Prostituierte

(1) *Thema:* Eine Frau, noch jungfräulich, wird von Piraten geraubt und verkauft, von einem Zuhälter gekauft und feilgeboten. Wer
zu ihr kam, ließ sich überreden, (zu verzichten und) ein Almosen zu
geben. Als ein Soldat, der zu ihr kam, sich nicht überreden ließ, sondern sie umschlang und vergewaltigen wollte, brachte sie ihn um. Sie
wurde angeklagt, freigesprochen und nach Hause geschickt. Sie
möchte Priesterin werden. Es wird Einspruch erhoben. [...]

(8) Schamlos, wie der Redner Murredius darauf einging, indem er
sagte: 'Woher wissen wir, ob sie den Besuchern anstelle der Jung-
fräulichkeit nicht eine andere Art von Lust geboten hat? ... Wir kennen, sagte er, diese Art von Abstinenz bei Ehemännern, die, auch
wenn sie in der ersten Nacht ihre spröde Jungfrau noch geschont haben, dennoch in benachbarter Gegend ihr Spiel treiben!' Das hörte
(Mamercus Aemilius) Scaurus, ein nicht nur sehr beredter, sondern
auch sehr feiner Mann, der keinem ungestraft eine Dummheit durch-
gehen zu lassen pflegte. Sogleich zitierte er den bekannten Ovidvers
(Priap. 3,8):

«wenn sie vor der Wunde an anderer Stelle töricht sich fürchtet.»

Da wurde der andere kleinlaut und sagte nichts mehr.

5 LIBER IN MALOS POETAS

Quint. Inst. 6,3,96-97

(96) Adiuvant urbanitatem et versus commode positi, seu toti ut sunt – quod adeo facile est, ut OVIDIUS ex tetrastichon (Pompei) Macri carmine librum *In malos poetas* composuerit – [...] (97) seu verbis ex parte mutatis [...] seu ficti notis versibus similes, quae παρῳδία dicitur.

6 PHAENOMENA

6.1

Probus ad Verg. Georg. 1,138

Pleiades ... quarum mentionem facit OVIDIUS in *Phaenomenis* dicens de Perseo:

'Pliades ante genus septem radiare feruntur,
sex tamen apparent, sub opaca septima nube est.'

6.2

Lactant. Div. Inst. 2,5,24

Quanto igitur NASO prudentius quam illi, qui sapientiae studere se putant, qui sensit a deo lumina illa, ut horrorem tenebrarum depellerent, instituta. is (Naso) eum librum, quo *Phainomena* (Arati) breviter comprehendit, his tribus versibus terminavit:

'Tot numero talique deus simulacra figura
imposuit caelo perque atras sparsa tenebras
clara pruinosae iussit dare lumina nocti.'

5 GEGEN SCHLECHTE DICHTER

(96) Zum Witz tragen auch geschickt eingesetzte Verse bei, sei es ganz so, wie sie sind – was so leicht ist, daß Ovid aus (Pompeius) Macers Gedichtband *Tetrasticha* (Vierzeiler) sein Buch *Gegen schlechte Dichter* zusammengestellt hat – [...] (97) sei es mit teilweiser Änderung des Wortlauts [...], sei es unter Nachbildung bekannter Verse, was man Parodie nennt.

6 PHAENOMENA (GESTIRNE)

6.1

Die Pliaden erwähnt Ovid in den *Phaenomena,* wo er von Perseus spricht:

«Vor seinem (des Perseus) Knie leuchten, so heißt es, die sieben Pliaden, doch es erscheinen nur sechs, der siebte liegt hinter dunklem Gewölk.»

6.2

Wieviel klüger also äußert sich Naso als jene, die sich um Weisheit zu bemühen glauben, wenn er erkannte, daß jene Lichter von Gott dazu eingerichtet wurden, den Schauder vor der Dunkelheit zu vertreiben. Dieser (Naso) beendete das Buch, in dem er die *Gestirne* (des Arat) kurz zusammenfaßte, mit folgenden drei Versen:

«So viele Bilder in solcher Gestalt versetzte die Gottheit an den Himmel, zerstreute sie in finsterem Dunkel und bestimmte sie dazu, der taufeuchten Nacht helles Licht zu schenken.»

6.3
Schol. Bern. ad. Verg. Ecl. 3,105
'Dic, quibus in terris – et eris mihi magnus Apollo –
tris pateat caeli spatium non amplius ulnas'.

Item caeli spatium OVIDIUS NASO (putei) 'orificium' ait,
quia tantum caelum patere videtur, quantum orificium patet.

7 HYMENAEOS (EPITHALAMIUM) MARCIAE ET PAULLO Q. F. FABIO MAXIMO DICATUS

Ov. Pont. 1,2,131–132
ille ego, qui duxi vestros Hymenaeon ad ignes
et cecini fausto carmina digna toro...

8 ACTA CAESARIS AUGUSTI

8.1
Ov. Trist. 2,61–66
quid referam libros illos quoque, crimina nostra,
    mille locis plenos nominis esse tui?
inspice maius opus, quod adhuc sine fine tenetur,
    in non credendos corpora versa modos.
invenies vestri praeconia nominis illic,
    invenies animi pignora multa mei.

8.2
Ov. Trist. 2,335–342
divitis ingenii est immania Caesaris acta
    condere, materia ne superetur opus.

6.3

«Sag mir, wo auf der Welt – dann bist du der grosse Apollo –
unseres Himmels Raum nicht mehr als drei Ellen sich weitet.»

Ebenso nennt Ovidius Naso den Himmelsraum (Brunnen-)
‹Schacht›, weil der Himmel nur so weit offen zu sein scheint, wie ein
Schacht offen steht.

7 HYMENAIOS (EPITHALAMIVM) FÜR MARCIA UND PAULLUS FABIUS MAXIMUS, SOHN DES QUINTUS

Ich, der zu euerem Fest den Hymenaios gedichtet
    und zum glücklichen Bund passende Verse euch sang ...

8 TATEN DES KAISERS AUGUSTUS

8.1

Was erwähn ich die Bücher, auch jene, die man mir vorwirft?
    Tausendfach findet sich dort rühmend dein Name genannt.
Schau in das größere Werk, dem jetzt das Ende noch fehlt –
    Wesen, die ihre Gestalt wandeln, unglaublich ist dies:
Finden wirst du dort die Verherrlichung eueres Namens,
    finden gar manchen Beweis meiner Gesinnung auch dort.

8.2

Reichtum an Geist braucht's, will man des Kaisers gewaltige Taten
    schildern, das Werk wird sonst gar noch vom Stoff überragt.

et tamen ausus eram; sed detrectare videbar,
  quodque nefas, damno viribus esse tuis.
ad leve rursus opus, iuvenilia carmina, veni,
  et falso movi pectus amore meum.
non equidem vellem: sed me mea fata trahebant
  inque meas poenas ingeniosus eram.

9 TRIUMPHUS TIBERI EX PANONNIS DALMATISQUE

9.1
Ov. Pont. 2, 1 passim: vide editiones

9.2
Ov. Pont. 2,5,25–34

dum tamen in rebus temptamus carmina parvis,   25
  materiae gracili sufficit ingenium.
nuper, ut huc magni pervenit fama triumphi,
  ausus sum tantae sumere molis opus.
obruit audentem rerum gravitasque nitorque
  nec potui coepti pondera ferre mei.   30
illic quam laudes, erit officiosa voluntas,
  cetera materia debilitata iacent.
qui si forte liber vestras pervenit ad auris,
  tutelam, mando, sentiat ille tuam.

9.3
Ov. Pont. 3,4,3–6.53–54.79–80.83–86

utque suo faveas, mandat, Rufine, *Triumpho*,
  in vestras venit si tamen ille manus.

Dennoch hatt' ich's gewagt; doch ich schien dein Verdienst nur zu
                                                        schmälern,
schadete – frevelhaft war's – gar deiner Macht, wie es schien.
Wieder zurück zu leichtem Werk, den Gedichten der Jugend,
    da bewegte mein Herz Liebe, die selbst ich erfand.
Meine Absicht war's nicht: Mich verführte jedoch das Verhängnis;
Strafen auf mich zu ziehn, war ich nur allzu geschickt.

9 TRIUMPH DES TIBERIUS ÜBER PANNONIEN UND DALMATIEN

9.1
Brief an Germanicus: Schilderung des Triumphes des Tiberius
(s. Ausgaben).

9.2

(25) Doch solange ich Dichtungen in kleinem Rahmen versuche,
reicht mein Talent für den hübschen Stoff aus. Neulich, als der Ruhm
des großen Triumphes hierher gelangte, wagte ich's, eine Arbeit von
solchem Gewicht auf mich zu nehmen. Doch erdrückten mich, der
ich's wagte, Wucht und Glanz der Ereignisse, (30) und ich konnte die
Last meines Unternehmens nicht tragen. Was du daran loben kannst,
wird der geschäftige Wille sein, alles übrige wird vom Stoff gelähmt
und niedergedrückt. Falls dieses Buch etwa zu deinen Ohren gelangt,
dann empfehle ich dir, es deinen Schutz genießen zu lassen.

9.3

(3) ... und (Ovid) bittet dich, Rufinus, seinen *Triumphus* wohl-
wollend aufzunehmen, wenn dieser überhaupt in deine Hände ge-

est opus exiguum vestrisque paratibus impar:
    quale tamen cumque est, ut tueare, rogo. [...]

cetera certatim de magno scripta triumpho
    iam pridem populi suspicor ore legi. [...]
ut desint vires, tamen est laudanda voluntas:
    hac ego contentos auguror esse deos. [...]
res quoque tanta fuit, quantae subsistere summo
    Aeneidos vati grande fuisset onus.
ferre etiam molles elegi tam vasta triumphi
    pondera disparibus non potuere rotis.

10 TRIUMPHUS TIBERI DE GERMANIS

Ov. Pont. 3,4,87–88
quo pede nunc utar, dubia est sententia nobis;
    alter enim de te, Rhene, triumphus adest.

11 EPICEDION IN M. VALERIUM MESSALLAM CORVINUM (ELEGIA IN MORTEM MESSALLAE)

Ov. Pont. 1,7,27–30
nec tuus est genitor nos infitiatus amicos,
    hortator studii causaque faxque mei,
cui nos et lacrimas, supremum in funere munus,
    et dedimus medio *scripta canenda* foro.

langt. Schmal ist das Werk und eurem Aufwand nicht angemessen, dennoch, wie klein es auch ist, bitte ich dich, es in deine Obhut zu nehmen.

(53) Andere um die Wette geschriebene Dichtungen über den großen Triumph werden vermutlich schon längst überall vorgelesen.

(79) Wenn es an Kräften fehlt, so ist doch der Wille zu loben; damit werden, so ahne ich, die Götter zufrieden sein ...

(83) Auch war der Stoff so groß, daß selbst für den erhabensten der Sänger, den der *Aeneis*, die Last zu groß gewesen wäre, um ihr gewachsen zu sein. Auch konnten die weichen Elegien das gewaltige Gewicht eines Triumphes auf zweierlei Rädern nicht tragen.

10 TRIUMPH DES TIBERIUS ÜBER GERMANIEN

Welchen Versfuß ich jetzt verwenden soll, darüber bin ich noch im Zweifel, denn ein zweiter Triumph, der über dich, Rhein, ist schon fällig. *(Danach Schilderung des künftigen Triumphs.)*

11 EPICEDION AUF MARCUS VALERIUS MESSALLA CORVINUS (ELEGIE AUF DEN TOD MESSALLAS)

Auch dein Vater leugnete nicht, daß wir Freunde geblieben,
    er, welcher Ansporn der Kunst, Anlaß und Leuchte mir war,
dem ich Tränen, das letzte Geschenk beim Begräbnis, gewidmet
    und eine Dichtung geschenkt, die auf dem Forum man sang.

12 EPICEDION IN PRINCIPIS AUGUSTI MORTEM

12.1
Ov. Pont. 4,6,15–18

coeperat Augustus deceptae ignoscere culpae;
    spem nostram terras deseruitque simul.
quale tamen potui, de caelite, Brute, recenti
    vestra procul positus *carmen* in ora dedi.

12.2
Ov. Pont. 4,8,63–64

et modo, Caesar, avum, quem virtus addidit astris,
    sacrarunt aliqua *carmina* parte tuum.

12.3
Ov. Pont. 4,9,131–132

perveniant istuc et *carmina* forsitan illa,
    quae de te misi caelite facta novo.

13 TIBERI AUGUSTI FAMILIAE LAUDES
GETICO SERMONE

Ov. Pont. 4,13,17–36

nec te mirari, si sint vitiosa, decebit
    carmina, quae faciam paene poeta Getes.
a, pudet, et Getico scripsi sermone libellum
    structaque sunt nostris barbara verba modis.   20
et placui – gratare mihi! – coepique poetae
    inter inhumanos nomen habere Getas.

12 EPICEDION AUF DEN TOD DES KAISERS AUGUSTUS

12.1

Augustus hatte die allmählich vergessene Schuld zu verzeihen begonnen, da entschwand er der Erde und meine Hoffnung mit ihm. Doch so gut ich es vermochte, Brutus, sandte ich euch, obgleich in die Ferne versetzt, ein Gedicht über die neue Gottheit zum Lesen.

12.2

Auch hat vor kurzem, Caesar (Germanicus), (mein) Gedicht deinen Großvater (Augustus), den seine Leistungen zu den Sternen gesellen, auf seine Art zur Gottheit erhoben.

12.3

Bis dort hinauf ist vielleicht auch jenes Gedicht gedrungen, das ich über dich (Augustus) schrieb, als du neu zur Gottheit aufstiegst.

13 LOBGEDICHT AUF DIE FAMILIE DES KAISERS TIBERIUS, IN GETISCHER SPRACHE

(17) ... und du brauchst dich nicht zu wundern, wenn die Gedichte fehlerhaft sind, die ich als beinahe getischer Dichter verfasse. Ach, es ist peinlich, auch in getischer Sprache habe ich ein Büchlein geschrieben und die barbarischen Worte in unsere Versmaße gefaßt! Und ich bekam Beifall – beglückwünsche mich! –, ich gewann unter den ungebildeten Geten den Ruf eines Dichters.

materiam quaeris? *laudes de Caesare* dixi.
   adiuta est novitas numine nostra dei.
nam patris Augusti docui mortale fuisse   25
   corpus, in aetherias numen abisse domos,
esse parem virtute patri, qui frena rogatus
   saepe recusati ceperit imperii,

esse pudicarum te Vestam, Livia, matrum,
   ambiguum, nato dignior anne viro,   30
esse duos iuvenes, firma adiumenta parentis,
   qui dederint animi pignora certa sui.
haec ubi non patria perlegi scripta Camena,
   venit et ad digitos ultima charta meos,
et caput et plenas omnes movere pharetras,   35
   et longum Getico murmur in ore fuit.

14 HALIEUTICA

Plinius, Nat. hist.: v. supra.

15 FASTORUM LIBRI I (EDITIO PRIOR), VII, VIII

15.1
Ov. Trist. 2,549–552
sex ego Fastorum scripsi totidemque libellos
   cumque suo finem mense volumen habet
idque tuo nuper scriptum sub nomine, Caesar,
   et tibi sacratum sors mea rupit opus.

(23) Das Thema willst du wissen? *Lob auf den Caesar* (Tiberius) habe ich gedichtet. Meine Unerfahrenheit erhielt Hilfe von der Macht eines Gottes (Augustus). Denn des Vaters Augustus Leib, so lehrte ich, sei sterblich gewesen, zu den Behausungen im Aether sei er als Gottheit entschwunden. Dem Vater an Tüchtigkeit gleich sei Er, der die Zügel der Herrschaft ergriff, um die er oft gebeten wurde, die er aber oft zurückgewiesen hatte.

(29) Du, Livia, seist die Vesta der züchtigen Mütter, unklar, ob des Sohnes würdiger oder ihres Mannes (Augustus). Es gebe zwei Jünglinge, feste Stützen des Vaters, die schon klare Beweise ihres Mutes erbracht hätten.

(33) Als ich diesen von keiner Camena aus der Heimat eingegebenen Text verlesen hatte und mir das letzte Blatt in die Finger kam, nickten sie alle mit dem Kopf und schüttelten ihre vollen Köcher, und lange schwatzten sie miteinander in getischer Sprache.

14 HALIEUTICA (FISCHFANG)

Fragmente und Zeugnisse im vorhergehenden Abschnitt.

15 FASTI (FESTKALENDER), BUCH I (ERSTAUSGABE), 7 UND 8

15.1

Sechs Bücher *Fasten* habe ich geschrieben und ebenso viele weitere, und jeder Band geht mit dem jeweiligen Monat zu Ende. Und dieses Werk, das ich neulich unter deinem Namen, Caesar (Augustus), geschrieben und dir geweiht habe, hat mein Schicksal nun unterbrochen.

15.2
Fast. 1,3-4
excipe pacato, Caesar Germanice, voltu
hoc opus et timidae derige navis iter.

15.3
Fast. 1,285–286
pax erat et vestri, Germanice, causa triumphi:
   tradiderat famulas iam tibi Rhenus aquas.

15.4
Ov. Fast. 3,149–150
denique quintus ab hoc fuerat Quintilis, et inde
   incipit, a numero nomina quisquis habet.

15.5
Ov. Fast. 5,147–148
quo feror? Augustus mensis mihi carminis huius
   ius habet. interea Diva canenda Bona est.

15.6
Ov. Fast.3,199–200
festa para Conso: Consus tibi cetera dicet
   illo facta die, cum sua sacra canes.

15.7
Ov. Fast. 3,57–58
vester honos veniet, cum Larentalia dicam,
   acceptus geniis illa December habet.

15.2

Nimm mit friedlichem Blick, Caesar Germanicus, dieses Werk an, und lenke die Fahrt des ängstlichen Schiffes.

15.3

Frieden war da und Grund für deinen Triumph, Germanicus: Der Rheingott hatte dir nun seine dienstbaren Gewässer übergeben.

15.4

Schließlich war der fünfte nach ihm (dem März) der Quintilis gewesen, und da beginnt die Reihe der Monate, die nach Zahlen benannt sind.

15.5

Wohin schweife ich ab? Erst der Monat August gibt mir das Recht für diesen Gesang (über den Genius des Herrschers). Vorerst muß ich die Bona Dea besingen.

15.6

Bereite dem Consus ein Fest: Die weiteren Ereignisse wird dir Consus an dem Tag erzählen, wo du seine Feier besingst.

15.7

Euere Ehrung wird kommen, wenn ich die Larentalien bespreche; dieses Fest liegt im Dezember, der den Genien willkommen ist.

15.8
Servius auctus ad Verg. Georg. 1,43
Quintilis et Sextilis mutati sunt postea in honorem Iulii Caesaris et Augusti: unde sunt Iulius et Augustus. sic OVIDIUS in *Fastis*.

15.9
(Ps.-) Ovid, Fast. 7,1–4
si novus a Iani sacris numerabitur annus,
    Quintilis falso nomine dictus erit.
si facis, ut fuerant, primas a Marte Kalendas,
    tempora constabunt ordine ducta suo.

16 INCERTAE SEDIS FRAGMENTA

16.1
Servius auctus ad Verg. Georg. 4,495
(Eurydice:) 'en iterum crudelia retro fata vocant'.

OVIDIUS:

'bis rapitur vixitque semel.'

16.2
De dubiis nominibus, Gramm. Lat. 5,576,6 Keil
'crystallum': generis neutri ut OVIDIUS:

'currus crystallo lucidus albo.'

15.8

Quintilis und Sextilis wurden später umbenannt zu Ehren von Julius Caesar und Augustus, daher heißen sie jetzt Juli und August. So Ovid in den *Fasti*.

15.9

Wenn man das neue Jahr mit dem Opfer an Janus beginnt, ist der Quintilis mit dem falschen Namen benannt. Wenn man es macht, wie es früher war, und die ersten Kalenden mit dem Mars beginnen läßt, wird der Ablauf der Zeiten mit der richtigen Ordnung übereinstimmen.

16 FRAGMENTE UNBEKANNTER ZUGEHÖRIGKEIT

16.1

(Rede Eurydices:) «Siehe, mich ruft das grausame Schicksal wieder zurück.»
Ovid:

«zweimal wird sie entrafft und lebte nur einmal».

16.2

«crystallum»: neutrum, z. B. Ovid:

«ein Wagen, leuchtend von weißem Kristall».

16.3
De dubiis nominibus, Gramm. Lat. 5,592,27 Keil
'vehes': generis masculini ut Ovidius:

'innumerosque vehes'.

sed et genere femineo dicitur.

16.4
Paulus Festi Epit., p. 437,6 Lindsay, p. 327,4 M.
Salaciam dicebant deam aquae, quam putabant salum ciere, hoc est mare movere. unde Ovidius:

'nymphaeque salaces'.

16.5
Charisius, Ars grammatica. Excerpta Bobiensia, Gramm. Lat. 1,550,17 Keil
viscera: Ovidius singulariter:

'viscere diviso'.

16.6
Porphyrio ad Hor. Carm. 2,5,20
Gyges: de huius pueri pulchritudine etiam Ovidius locutus est.

16.7
Plinius, Nat. hist. 30,33
Anginis felle anserino cum elaterio et melle citissime succurritur, cerebro noctuae, cinere hirundinis ex aqua calida poto. huius medicinae auctor est Ovidius poeta.

16.3

«vehes»: masculinum, z. B. Ovid:

«zahllose Wagenladungen».

Doch wird das Wort auch als Femininum gebraucht.

16.4

Salacia nannte man eine Wassergöttin, von der man annahm, sie errege die Salzflut, d. h. sie bewege das Meer, daher sagt Ovid:

«und die scharfen Nymphen».

16.5

«viscera» (Eingeweide): bei Ovid im Singular:

«als das Eingeweide zerteilt war».

16.6

Gyges: über die Schönheit dieses Knaben hat sich auch Ovid geäußert.

16.7

(Heilmittel aus Tieren:) Bei Halsentzündungen hilft sehr rasch Gänsegalle mit Eselsgurkensaft und Honig, mit dem Gehirn eines Steinkauzes und der Asche einer Schwalbe in warmem Wasser getrunken. Dieses Rezept ist belegt beim Dichter Ovid.

16.8
Plinius, Nat. hist. 18, index auctorum
Naturae frugum. Ex auctoribus (Romanis) [...] OVIDIO.

16.9
Plinius, Nat. hist. 29, index auctorum
Medicinae ex animalibus. Ex auctoribus (Romanis) [...]
OVIDIO poeta.

17 DUBIA ET SPURIA

17.1
Primasius, Comment. Epist. ad Hebr. 11
Saecula vero, ut OVIDIUS NASO dicit, dicuntur a se-
quendo, eo quod sese sequantur atque revolvantur, teste Var-
rone.

17.2
Philoxenus qui dicitur G l L 2,22,40; 2,151 Lindsay
Atellani: σκηνικοί, ἀρχαιολόγοι, ὡς δὲ Ὀβοίδιος
ὁμηριστὰς δηλοῖ σὺν χορῶι.

17.3
Suet. Aug. 70, 1
Cena quoque eius secretior in fabulis fuit, quae vulgo
δωδεκάθεος vocabatur; in qua deorum dearumque habitu
discubuisse convivas et ipsum pro Apolline ornatum non An-
toni modo epistulae singulorum nomina amarissime enume-
rantis exprobrant, sed et sine auctore notissimi versus:

16.8

Wesen der Feldfrüchte. (Quellen:) Römische Autoren: (u. a.) Ovid.

16.9

Heilmittel aus Tieren. (Quellen:) Römische Autoren: (u. a.) der Dichter Ovid.

17 ZWEIFELHAFTES UND UNTERSCHOBENES

17.1

Saecula (Jahrhunderte) aber kommt, wie Ovidius Naso sagt, von *sequi* (folgen), weil sie aufeinanderfolgen und abrollen, nach dem Zeugnis von Varro.

17.2

Atellanen: Bühnenleute, altertümlich sprechende Schauspieler, wie aber Ovidius darlegt, Homer-Schauspieler mit Chor.

17.3

Auch ein ziemlich geheimes Gelage, das allgemein als Zwölf-göttermahl bezeichnet wurde, war Tagesgespräch; dabei hätten die Gäste im Aufzug von Göttern und Göttinnen zu Tische gelegen, er selbst als Apollo verkleidet. Das wirft ihm nicht nur Antonius in seinen Briefen vor, der ganz gehässig die Namen der einzelnen aufzählt, sondern auch die allbekannten anonymen Verse:

cum primum istorum conduxit mensa choragum,
   sexque deos vidit Mallia sexque deas,
impia dum Phoebi Caesar mendacia ludit,
   dum nova divorum cenat adulteria:
omnia se a terris tunc numina declinarunt,
   fugit et auratos Iuppiter ipse thronos.

Als jene Runde der Zecher ihn zum Choregen bestellte,
   und sechs Götter und sechs Göttinnen Mallia (Landgut?) sah,
Caesar verlogen und frech in der Rolle des Phoebus sein Spiel trieb
   und beim Gelage erneut göttlichen Ehbruch beging,
wandten die Götter allesamt der Erde den Rücken,
   Jupiter selber verließ seinen vergoldeten Thron.

OVIDIANA

GEDICHTE AUS OVIDS UMKREIS

SABINI EPISTULAE

I ULIXES PENELOPAE

Pertulit ad miserum tandem tua casus Ulixen,
  Penelope, chartis verba notata piis.
agnovi caramque manum gemmasque fideles;
  solamen longis illa fuere malis.
arguis ut lentum: mallem quoque forsitan esse   5
  quam tibi quaeque tuli dicere quaeque feram.
non hoc obiecit mihi Graecia, cum mea fictus
  detinuit patrio litore vela furor,
sed thalamis nec velle tuis nec posse carere;
  causaque fingendae tu mihi mentis eras.   10
nil tibi rescribam curas properemque venire;
  dum propero, adversi vela tulere noti.
non me Troia tenet Graiis odiosa puellis;
  iam cinis et tantum flebile Troia solum.
Deïphobusque iacet, iacet Asius et iacet Hector,   15
  et quicumque tui causa timoris erat.
evasi et Thracum caeso duce proelia Rheso
  in mea captivis castra revectus equis.
tutus et e media Phrygiae Tritonidos arce
  fatalis palmae pignora capta tuli.   20
nec timui commissus equo, male sedula quamvis
  clamabat vates: «urite, Troes, equum!
urite! mendaci celantur robore Achivi
  et Phrygas in miseros ultima bella ferunt.»

BRIEFE DES SABINUS

I ULIXES AN PENELOPE

Endlich brachte der Zufall dem armen Ulixes die Worte,
    die du, Penelope, zärtlich ihm schriebst auf Papier.
Ich erkannte die liebe Hand und das Siegel der Treue;
    nach langjähriger Not diente mir beides zum Trost.
Langsamkeit wirfst du mir vor: Ich wollte wohl lieber, so wär es,
    lieber, als daß ich dir sag, was ich ertrug und ertrag.
Dies war es nicht, was mir Griechenland vorwarf, als meine Segel
    mein erheuchelter Wahn festhielt am heimischen Strand,
sondern ich wolle und könne dein ehliches Lager nicht missen.
    Für den verstellten Sinn warst du tatsächlich der Grund.
Schreiben soll ich dir nichts, so willst du's, doch eilen zu kommen;
    während ich eilte, verschlug nordwärts der Südwind das Schiff.
Nicht mehr in Troja verweil ich, dem grajischen Frauen verhaßten;
    Asche ist Troja schon, bloß tränenbenetztes Geländ.
Auch Deïphobus fiel, es fiel Asius und es fiel Hector,
    und wer immer für dich Anlaß gewesen zur Angst.
Rhesus erschlug ich, den Führer der Thracer, entging so dem Kampfe,
    kehrte ins Lager zurück mit dem geraubten Gespann.
Aus der Burg von Phrygiens Tritonis bracht ich die Beute
    unbehelligt herbei, Pfand des verderblichen Siegs.
Furchtlos war ich, als ich im Pferd saß, auch wenn gar geschäftig
    draußen die Seherin rief: «Troer, verbrennt dieses Pferd!
Brennt es nieder! Im hölzernen Trugbild versteckt sind Achiver,
    bringen entscheidenden Krieg, ach, übers phrygische Volk.»

perdiderat tumuli supremum munus Achilles,   25
    sed Thetidi est umeris redditus ille meis.
nec laudem Danai tanto renuere labori:
    erepti pretium corporis arma tuli.
quid refert? pelago sunt obruta. non mihi classes,
    non socii superant: omnia pontus habet.   30
solus adhuc mecum, qui me tot casibus unus
    duravit: patiens ad mala perstat Amor.
illum non avidis canibus Niseïa virgo
    fregit, non tumidis torta Charybdis aquis;
non ferus Antiphates nec in uno corpore discors   35
    Parthenope blandis insidiosa modis;
non quod Colchiacas Circe tentaverit herbas,
    non quod sollemnes altera diva toros.
utraque se nobis mortalia demere fila
    spondebat, Stygias utraque posse vias;   40
te tamen hac etiam spreta mercede petivi
    passurus terra tot mala totque mari.
sed tu femineo nunc forsan nomine tacta
    non secura leges cetera verba mea.
quaeque mihi Circe, quae sit mihi causa Calypso,   45
    iamdudum ignoto sollicitere metu.
certe ego cum Antinoum Polybum Amphimedontaque legi,
    heu toto sanguis corpore nullus erat!
tot iuvenes inter, tot vina liquentia semper –
    ei mihi! quo credam pignore casta manes?   50
curve placent ulli, si sunt in fletibus, ora?
    deperit et lacrimis non decor iste tibi?
pacta quoque es thalamo, nisi mendax tela moretur
    et coeptum revoces callida semper opus.
ars pia, sed quoties oculos frustrabere lana,   55
    successum toties ars dabit ista tibi?

Schon war Achilles beraubt der letzten Ehre des Grabes,
    auf meinen Schultern jedoch bracht ich ihn Thetis zurück.
Solcher Leistung versagten die Danaer denn auch den Lohn nicht:
    Da ich den Leichnam entriß, fielen die Waffen mir zu.
Aber was hilft's? Die Tiefe verschlang sie. Ich hab keine Schiffe,
    keine Gefährten mehr: Alles besitzt nun die See.
Einzig harrt bei mir aus, der allein mich in all diesen Leiden
    stählte: Amor, der Gott, duldsam in Elend und Not.
Ihn bezwang kein niseïsches Mädchen mit gierigen Hunden
    und auch Charybdis nicht, wirbelnd in schäumender Flut;
nicht der wilde Antiphates, nicht unstimmigen Leibes
    tückisch Parthenope mit ihrem schmeichelnden Lied;
weder daß Circe bei mir es mit colchischen Kräutern versuchte,
    noch daß die andere Göttin ein Ehebett bot.
Beide versicherten mir, sie könnten den sterblichen Faden,
    ja sie könnten den Weg gar mir ersparen zur Styx.
Doch ich verschmähte solchen Gewinn und sehnte nach dir mich,
    manches zu leiden bereit, manches zu Land und zur See.
Aber nun wirst du vielleicht, gereizt durch die Nennung von Frauen,
    sorgenvoll lesen, was hier weiter an Worten noch steht.
Was eine Circe mir soll, was als Hemmschuh eine Calypso,
    fragst du dich ruhelos schon längstens und bange wie nie.
Ich aber, als ich Antinous, Polybus, Amphimedon las,
    ach, wie schwand mir da aus allen Adern das Blut!
Rings junge Männer um dich, und Wein fließt immer in Strömen –
    weh mir! Wer bürgt mir dafür, daß deine Keuschheit du wahrst?
Doch warum soll dein verweintes Gesicht noch jemand gefallen?
    Schwindet denn nicht dein Reiz unter den Tränen dahin?
Fest steht die Hochzeit, verschöbe sie nicht das Lügengewebe,
    löstest du nicht wieder auf stets das begonnene Werk.
Frommer Betrug, doch wenn mit der Wolle die Augen du täuschest,
    bringt deine List dir dann künftig auch immer Erfolg?

ah melius, Polypheme, tuo superatus in antro
    finissem ingratos ad mala tanta dies!
Threïcio melius cecidissem milite victus,
    Ismaron errantes cum tenuere rates!   60
crudelemve illo satiassem tempore Ditem,
    quo redii Stygiis fata moratus aquis,
vidi ubi, nequiquam quod me tua littera celat,
    sospes digresso quae mihi mater erat!
rettulit illa domus eadem mala meque querentem   65
    fugit ab amplexu ter resoluta meo.
Phylaciden vidi: contemptis sortibus ille
    primus in Hectoreas intulit arma domos.
felix laudata cum coniuge: laeta per umbras
    illa suum fortes it comitata virum.   70
necdum illi Lachesis dictos numeraverat annos,
    sed iuvat ante suum sic cecidisse diem.
vidi – nec lacrimas oculi tenuere cadentes –
    deformem Atriden, ei mihi, caede nova.
illum Troia virum non laeserat, ille furentem   75
    Nauplion Euboicos transieratque sinus.
quid refert? animam per vulnera mille profudit
    iam Reduci solvens debita vota Iovi.
Tyndaris has illi laeso pro foedere poenas
    struxerat externos ipsa secuta viros.   80
ah, mihi quid prodest, captivas Teucridas inter
    cum staret coniunx Hectoris atque soror,
defectis Hecuben potius legisse sub annis,
    ne tibi suspectus paelicis esset amor?
prima meis omen metuendum puppibus illa   85
    fecit: non membris ipsa reperta suis
latratu miseras finivit maesta querelas
    et stetit in rabidam protinus acta canem.

Ach, wär ich dir, Polyphem, in der Höhle zum Opfer gefallen,
    wären die Tage vorbei, die mir nur Unheil gebracht!
Wär ich doch besser den threïcischen Kriegern erlegen,
    als auf der Irrfahrt uns einst Ismaros fiel in die Hand!
Hätt ich doch damals dem grausamen Dis Genüge geleistet,
    als ich, entronnen dem Los, heimkam vom stygischen Fluß,
wo ich, was mir dein Brief vergeblich verheimlicht, die Mutter
    traf, die gesund noch war, als ich die Heimat verließ!
Übles erzählte auch sie von zu Hause; jedoch, als ich klagte,
    floh sie, und dreimal entwand meiner Umarmung sie sich.
Den Phylaciden erblickte ich dort: Das Orakel mißachtend
    griff er gegen das Haus Hectors als erster zum Speer.
Glücklich mit der gepriesenen Frau: Durch die tapferen Schatten
    wandelt sie selig dahin, Seite an Seite mit ihm.
Noch hatte Lachesis nicht erfüllt, was an Jahren ihr zukam,
    doch ihr ist es nur recht, daß sie so vorzeitig starb.
Auch erblickte ich dort – meinen Augen entstürzten die Tränen –
    den Atriden, entstellt, weh mir, von greulichem Mord.
Heil aus Troja kam er zurück und war glücklich entronnen
    Nauplius' grimmiger Wut und der euböischen Bucht.
Aber was hilft's? Aus tausend Wunden verströmt er die Seele,
    hat die Gelübde er auch Jupiter Redux erfüllt.
Tyndareus' Tochter ersann ihm die Strafe für die gebrochne
    Treue, sie, die ja selbst auch einem Fremden gefolgt.
Ach, was nützt es mir, daß, als bei den Teucrerinnen gefangen
    mit dessen Schwester sich Hectors Gemahlin befand,
ich trotz ihrem gebrechlichen Alter Hecuba wählte,
    daß du nicht dächtest, ich sei in eine andre verliebt?
Sie gab zuerst meinen Schiffen ein bedrohliches Zeichen:
    Plötzlich sah man sie selbst ohne den eigenen Leib,
in Gebell verwandelte sich der Trauernden Klage,
    Hündin geworden, stand rasend sie plötzlich vor uns.

prodigio tali placidum Thetis abstulit aequor,
    Aeolus infusis incubuitque notis.   90
pervagus hinc toto non felix differor orbe,
    et quocumque vocat fluctus et aura, feror.
sed si Tiresias tam laeti providus augur,
    quam verax vates in mala nostra fuit,
et terra et pelago, quicquid mihi triste canebat,   95
    emensus fato iam meliore vagor.
iam mihi nescioquo comitem se in litore iungit
    Pallas et hospitibus per loca tuta trahit:
nunc primum Pallas versae post funera Troiae
    visa mihi; medium temporis ira tulit.   100
quicquid Oïlides commiserat, omnibus unus
    peccavit; Danais omnibus ira nocens.
nec te, Tydide, cuius modo moverat arma,
    eximit – errato tu quoque ab orbe venis –
non Telamone satum capta de coniuge Teucrum,   105
    non ipsum, pro quo mille fuere rates.
felix Plisthenide, quacumque in sorte fuisti,
    coniuge cum cara: non gravis illa fuit;
seu venti fecere moras sive aequora vobis,
    ad nulla est vester damna retentus amor.   110
oscula nec venti certe tenuere nec undae
    promptaque in amplexus bracchia semper erant.
sic utinam errarem: faceres tu mollia, coniunx,
    aequora; te socia nil mihi triste foret.
nunc quoque Telemacho tecum mihi sospite lecto   115
    omnia sunt animo iam leviora mala.
quem tamen infestas rursus queror ire per undas
    Herculeam Sparten Nestoreamque Pylon.
ingrata est pietas, cui tanta pericula subsunt,
    nam male commissus fluctibus ipse fui.   120

Nach diesem Wunder versagte uns Thetis die ruhige Seefahrt,
    Aeolus stürmte heran mit seiner Südwinde Schwall.
Unglücklich schweife ich seither ziellos umher auf dem Erdkreis,
    und wohin Wogen und Wind rufen, da treibe ich hin.
Doch wenn Tiresias auch als Freudenbote so viel taugt,
    wie sich sein Unkenruf schon als wahrhaftig erwies,
hab ich zu Wasser und Land, was an Unheil er mir prophezeite,
    hinter mir, und meine Fahrt steht unter besserem Stern.
Schon schließt sich mir zur Begleitung, wer weiß an welchem Gestade,
    Pallas an, führt mich durchs Land, Fremden gefahrlos, hindurch.
Jetzt sah ich Pallas erstmals nach Trojas Fall und Zerstörung
    wieder; es hatte seitdem Zorn gegen uns sie erfaßt.
Was des Oïleus Sohn beging, das tat einer für alle,
    alle Danaer traf darum zusammen ihr Zorn.
Dich auch, Tydide, dem noch eben die Waffen sie lenkte,
    nimmt sie nicht aus – auch du kehrst erst nach Irrfahrten heim –,
Teucer nicht, Sohn des Telamon von der erbeuteten Gattin,
    ihn nicht, für den sich zur See tausendfach Schiffe gewagt.
Glücklich bist du, Plisthenide, dein Los mochte sein, wie es wollte,
    mit der geliebten Frau: Du hattest sie ja nicht satt;
mochten die Winde euch verzögern oder die Meere,
    euch zum Schaden doch nicht wurde die Liebe gehemmt.
Küsse konnten gewiß weder Winde noch Wellen verhindern,
    und zu umschlingen bereit, waren die Arme stets auch.
So wär ich gern unterwegs: Du würdest die Meere erweichen,
    Gattin; denn wärst du bei mir, nichts wäre traurig für mich.
Jetzt, wo ich las, auch Telemachus sei mit dir mir erhalten,
    ist mir schon leichter ums Herz, Unsegen hin oder her.
Doch wie verfehlt, daß durchs feindliche Meer er das Festland besuchte,
    Sparta, des Hercules Stadt, Pylos, das Nestor beherrscht.
Unerwünscht ist die Liebe der Kinder bei solchen Gefahren,
    denn ich vertraute selbst übel den Fluten mich an.

sed labor in fine est; occursum in litore vates
　　dixit: in amplexus, care, ferere tuos.
noscendus soli veniam tibi; tu preme sollers
　　laetitiam et tacito gaudia conde sinu!
non vi certandum nec aperta in bella ruendum:　　　　　　　125
　　sic cecinit laurus ille monere suas.
forsitan ante dapes interque vacantia vina
　　ultoris pharetris utile tempus erit;
et modo despectum subito mirentur Ulixen.
　　hinc precor, ut properet ille venire dies,　　　　　　　130
antiqui renovet qui laetus foedera lecti,
　　et tandem incipias coniuge, cara, frui!

Doch meine Not ist vorbei; der Seher weissagte, am Strande
    fändest du mich: Du drückst, Lieber, mich bald an dein Herz.
Komme ich dann, darfst nur du mich erkennen; geschickt unterdrücke
    Wonne und Freude und birg sie in verschwiegener Brust!
Nicht mit Gewalt soll ich streiten, in offenen Kampf mich nicht stürzen:
    So, nach des Sehers Spruch, sei des Orakels Gebot.
Vor dem Mahle vielleicht, wenn beim Wein sich alle entspannen,
    ist für des Rächers Pfeil grade die richtige Zeit;
plötzlich bestaunen sie dann den zuvor geschmähten Ulixes.
    Daher, drum bete ich nun, sei jener Tag bald erreicht,
welcher den Bund des früheren Lagers freudig erneuert,
    daß du, Geliebte, dich endlich des Gatten erfreust.

2 DEMOPHOON PHYLLIDI

Phyllidi Demophoon patria haec dimittit ab urbe
    et patriam meminit muneris esse tui.
nec face Demophoon alia nec coniuge captus,
    sed tam non felix, quam tibi notus erat.
Thesea – quo socero nequiquam, Phylli, timebas,   5
    impulerit ne ignes forsitan ille tuos –
turpe pati nobis, regno ferus expulit hospes.
    hunc illi finem longa senecta dedit,
qui modo peltiferas fudit Maeotidas armis,
    Alcidae magni, non minor ipse, comes,   10
qui socerum Minoa gravi sibi fecit ab hoste
    mirantem monstri cornua victa sui.
arguor exilii – quis credat? – causa fuisse,
    nec tacitum frater me sinit esse reum.
'dum thalamos', inquit, 'dilectae Phyllidos urges   15
    et tuus externo cessat in igne furor,
fluxere interea pede tempora lapsa fugaci
    praevenitque tuas flebilis hora moras.
forsitan aut nondum factis occurrere rebus
    aut poteras factis utilis esse tamen,   20
cum potiora tibi Rhodopeïa regna fuere
    atque magis regnis cara puella fuit.'
intonat his Acamas, eadem mox obicit Aethra,
    infelix functae iam prope sortis anus;
et quod non condant nati sua lumina palmae,   25
    fecisse haec nostras arguit usque moras.
non equidem infitior: multum clamavit uterque,
    staret Threïciis cum mihi puppis aquis:
'poscunt Demophoon – quid cessas? – carbasa venti;
    Demophoon, patrios respice, dure, deos!   30

2 DEMOPHOON AN PHYLLIS

Demophoon schickt Phyllis dies aus der Stadt seiner Väter;
    nie vergißt er, daß du ihm einst zur Heimat verhalfst.
Ledig ist Demophoon und an keine Geliebte gebunden,
    unglücklich jedoch so sehr, wie er dir treu war zuvor.
Theseus – den du als Schwäher, Phyllis, vergeblich gefürchtet,
    weil deiner Liebe zu mir er vielleicht hinderlich sei –,
schändliche Unbill für uns, stieß ein frecher Fremdling vom Throne.
    Das erlebte er noch, bitteres Ende für ihn,
der die maeotischen Schildträgerinnen einst schlug mit den Waffen,
    als dem Alciden er half – selbst nicht geringer als der –,
er, der Minos aus bitterem Feind zum Schwäher sich machte,
    als er staunend besiegt sah seines Untiers Gehörn.
Schuld am Exil – wer würde das glauben? – soll *ich* sein, so heißt es,
    und mit offenem Wort wirft mir mein Bruder dies vor:
«Während du», sagt er, «im Bett der geliebten Phyllis dich tummelst
    und bei dem fremden Schwarm lang deine Liebe verweilt,
flossen inzwischen die Zeiten dahin mit flüchtigem Fuße,
    und der traurige Tag kam deinem Säumen zuvor.
Als es noch nicht so weit war, da konntest du's wohl noch verhüten
    oder dich wenigstens noch nützlich erweisen danach,
damals, als du das Reich an der Rhodope wichtiger fandest
    und die Geliebte dir mehr als ein Königreich galt.»
So fährt mich Acamas an, und bald schilt mich deshalb die Greisin
    Aethra, die glücklose Frau, die fast ihr Los schon erfüllt,
und daß nicht die Hände des Sohnes die Augen ihr schlössen,
    daran sei, rügt sie mich stets, meine Verzögerung schuld.
Und ich leugne es nicht: Die beiden riefen und schrien,
    als vor Anker mein Schiff lag am threïcischen Strand:
«Demophoon, der Wind – was wartest du? – schwellt schon die Linnen,
    grausamer Demophoon, denk an die Götter daheim!

respice et exemplum, qua gaudes, Phyllida sume:
    sic amat, ut terra nolit abire sua;
utque manere velis, non ut comitetur euntem,
    te rogat et praefert barbara regna tuis.'
me tamen haec inter tacitum convicia saepe   35
    adversis memini vota tulisse notis,
saepe abitura tuo ponentem bracchia collo
    gavisum in fluctus aequora mota truces.
nec metuam hoc ipso coram genitore fateri –
    libertas meritis est mihi facta tuis –   40
dicens: 'non duro dilectam Phyllida liqui
    pectore nec praeceps vela ferenda dedi.
et flevi et flentem solando saepe remansi,
    cum staret cursus iam mihi certa dies.
denique Threïcia veni rate: non dare Phyllis   45
    quam potuit, iussit tardius ire ratem.'
ignoscet fasso: memor est Minoidos ipse,
    antiquus necdum pectore cessit amor,
et quoties oculos circumstant sidera, dixit:
    'quae fulget caelo, nostra puella fuit.'   50
illum dilecta Bacchus sibi cedere iussit
    coniuge; desertae crimen at ille subit;
exemploque patris periurus dicor et ipse,
    nec quaeris causas, Sithoni dura, morae
nec satis ampla putas redituri pignora, si me   55
    non amor alterius, non amor ullus habet.
nullane fama tibi turbatos, Phylli, penates
    Theseos et miserae rettulit acta domus?
non laqueos audis carae me flere parentis? –
    flebilior laqueis, heu mihi, causa subest –   60
non fratrem Hippolytum? cecidit miserabilis ille
    praeceps attonitis per freta raptus equis.

Denk dran und nimm dir deine geliebte Phyllis zum Vorbild:
    Ihre Liebe ist so, daß sie ihr Land nicht verläßt.
Daß du bei ihr bleibst, nicht daß sie dich auf der Reise begleitet,
    wünscht sie; dem deinigen zieht sie ihr Barbarenreich vor.»
Oft aber sandt ich bei diesem Gezänk zum Südwind Gebete,
    schweigend, ich weiß es noch gut, daß er entgegen uns blies.
Oft auch schlang ich zum Abschied um deinen Hals meine Arme,
    freute mich, daß das Meer anschwoll zu tückischer Flut.
Scheuen würd ich mich nicht, dies dem Vater offen zu sagen –
    freimütig haben mich deine Verdienste gemacht –,
so etwa: «Nicht hartherzig verließ ich meine Geliebte
    Phyllis, und nicht überstürzt setzt ich die Segel zur Fahrt.
Beide weinten wir, ich aber blieb noch und blieb, sie zu trösten,
    als der Tag meiner Fahrt schon von mir festgelegt war.
Spät kam ich dann auf threïcischem Schiff; das mir Phyllis verweigern
    durfte, das Schiff: Sie befahl, daß es nicht allzu rasch fuhr.»
Wenn ich bekenne, verzeiht er: Er denkt an die Tochter des Minos,
    noch ist die Liebe von einst nicht aus dem Herzen verbannt,
und er sagt, sooft seinen Blick die Sterne umkreisen:
    «Die dort am Himmel strahlt, meine Geliebte war sie.»
Ihn hieß Bacchus einst, ihm seine teure Gefährtin
    abzutreten, doch ihm warf man dann Untreue vor!
Wortbrüchig nennst du auch mich nun nach dem Vorbild des Vaters,
    fragst nach dem Grund des Verzugs, harte Sithonierin, nicht,
hältst die Gewähr für die Rückkehr für allzu gering, wo ich weder
    in eine andre verliebt bin, noch verliebt überhaupt.
Hast du denn gar nichts gehört von den Wirrnissen, Phyllis, in Theseus'
    Hause, und was dort geschah mit dem unglücklichen Stamm?
Hörtest du nicht, wie ich litt, als die liebe Mutter am Strick hing? –
    Schlimmer ist noch als der Strick, weh mir, der heimliche Grund!
Nicht vom Bruder Hippolytus? Jämmerlich stürzt er zu Tode,
    und dem Meere entlang schleift ihn das scheue Gespann.

non tamen excuso reditus, licet undique fata
    accumulent causas: tempora parva peto.
Thesea, quod superest, patrem tumulabimus ante;   65
    succedat tumulo non sine honore decens.
da spatium veniamque, peto; non perfidus absum
    nec mihi iam terra tutior ulla tua est.
quicquid mite fuit post diruta Pergama, quicquid
    aut belli aut pelagi distinuere morae,   70
sola fuit Thrace. patria quoque iactor in ipsa:
    auxilium superes casibus una meis.
si modo mens eadem, nec, quod non iam mihi dives
    regia, Cecropia nec moror arce, movet,
nec patris offendunt casus nec crimina matris   75
    nec iam non felix omine Demophoon.
quid, si Phoebeam peterem te coniuge Troiam
    perque annos sequerer bella gerenda decem?
Penelopen audis: toto laudatur in orbe,
    exemplum fidi non leve facta tori.   80
illa piae, sic rumor ait, mendacia telae
    struxit et instantes distulit arte procos,
cum properata palam revocaret stamina noctu
    atque iterum in lanas omne rediret opus.
at tua ne fugiant spreti conubia Thraces,   85
    Phylli, times: ulli nubere, dura, potes?
estque tibi pectus cuiusquam accedere taedas?
    obstat perfidiae nec metus iste tuae?
o, tibi quantus erit facti rubor, ah, tibi quantus
    tum dolor, adspicies cum mea vela procul!   90
damnabisque tuos sero temeraria questus;
    'Demophoon', dices, 'ei mihi, fidus erat.
Demophoon rediit et saevos forsitan euros
    passus et hibernas, dum modo currat, aquas.

Doch um die Rückkehr drück ich mich nicht, mag das Schicksal auch allseits
    Gründe anhäufen dafür: Nur etwas Zeit laß mir noch!
Theseus, das bleibt noch zu tun, den Vater, will ich bestatten;
    ehrenvoll, wie's ihm gebührt, steig er hinunter ins Grab.
Gönne mir bitte Nachsicht und Zeit; nicht treulos verweil ich,
    denn kein Land bietet jetzt mehr als das deine mir Schutz.
Was ich an Freundlichkeit fand nach dem Fall von Pergama, alles,
    was an Seesturm und Krieg mir mein Verweilen erspart:
Thrace verdank ich das nur. Man plagt mich sogar in der Heimat:
    Hilfe bist du mir allein und überwindest die Not.
Bleibst du nur gleichen Sinnes und stört's dich nicht, daß ich kein Prachtschl
    habe und Wohnsitz nicht mehr auf der cecropischen Burg,
nimmst du nicht Anstoß am Schicksal des Vaters, der Untat der Mutter,
    auch nicht, daß Demophoon nunmehr ein Unstern verfolgt.
Denk dir, du wärst meine Gattin, ich zög ins phoebeïsche Troja,
    und durch zehn Jahre hindurch wär ich beschäftigt im Krieg!
Von Penelope hörst du: Gelobt allenthalben auf Erden
    wird sie als leuchtendes Bild ehlicher Treue bekannt.
Sie, so geht das Gerücht, wob fromm ihr Lügengewebe,
    hielt sich dank ihrer Kunst lästige Freier vom Leib,
da sie die eilige Arbeit vom Tage des Nachts wieder löste
    und das gesamte Werk wieder zu Wolle verkam.
Du aber fürchtest, verschmäht verschmähten die Thracer die Ehe,
    Phyllis, mit dir: Du reichst, Harte, dort einem die Hand?
Hast du das Herz, mit einem von diesen die Ehe zu schließen?
    Steht dir die Angst nicht im Weg, wenn du den Treubruch begehst?
O, wie wirst du dich schämen der Tat, ach, wie groß wird dein Schmerz sein,
    wenn aus der Ferne du auf meine Segel hinblickst!
Zu spät wirst du, Leichtsinnige, deine Klagen verwünschen,
    «Demophoon», sagst du dann, «weh mir, er blieb mir ja treu!
Demophoon kam zurück, geplagt wohl vom rasenden Ostwind
    und vom stürmischen Meer, falls er zur See jetzt noch fährt.

ah, cur nescio quam properavimus, ei mihi, culpam,   95
    rupi, quam ruptam sum mihi questa, fidem?'
sic tamen, ah, potius, sic perstes, quam mihi de te
    ulterior tangat pectora, Phylli, dolor!
quos tibi – me miserum! – laqueos, quae fata minaris?
    et nimis audaces gens habet ista manus.   100
parce, precor, famamque domus mihi crimen habentis
    perfidiae gemina ne preme, dura, nota!
accuset patrem saxis si forte relicta
    Gnosis: non merui, cur ferar ipse nocens.
nec venti mea verba ferant, qui vela tulerunt!   105
    est animus reditus, sed pia causa tenet.

Ach, was beging ich, weh mir, so unversehens den Fehltritt,
    klagte, er breche den Bund, welchen ich selber nun brach?»
Bleib so indessen, ach, bleib lieber so, als daß deinetwegen
    ein noch ärgerer Schmerz, Phyllis, die Brust mir durchzuckt!
Welchen Strick – mir graut es! – drohst du dir an, welches Schicksal?
    Allzu hemmungslos greift ja dein Volk zur Gewalt.
Schone uns bitte, belaste mir nicht den Ruf unsres Hauses,
    welches man wortbrüchig schilt, Harte, mit doppelter Schmach!
Falls den Vater die Gnosierin etwa, am Felsstrand verlassen,
    angeklagt: Ungerecht ist's, gelte als schuldig auch ich.
Möge der Wind meine Worte mir nicht wie die Segel entführen!
    Meine Rückkehr steht fest; fromm ist die Pflicht, die mich hält.

3 PARIS OENONAE

Quae satis apta tibi tam iuste, nympha, querenti
    rescribam, fateor quaerere verba manum.
quaerit nec subeunt: sentit sua crimina tantum;
    solvere, quae sentit, non sinit alter amor.
si levat hoc iras, ipso me iudice damnor.   5
    quid refert? causa tu meliore cares;
damnatumque tibi me sub sua iura Cupido
    retrahit; alterius sic quoque praeda sumus.
prima meis es pacta toris iutusque iuventa
    te primum accepta est coniuge noster amor.   10
nondum tantus eram – quo me genitore superbum
    arguis, hic dominis tunc reticendus eram –
non ego Deïphobum sperabam aut Hectora fratrem,
    cum pastos agerem te comitante greges;
reginamque Hecuben non matris nomine noram   15
    et fueras illi digna manere nurus.
sed non est rationis amor. te consule, nympha:
    laesa es, sed laesam scribis amare tamen;
cumque petant satyri conubia, cum tua Panes,
    reiectae memor es tu tamen usque facis.   20
adde, quod hic fatis amor est adiutus et illum
    praescia venturi viderat ante soror.
nondum Tyndaridos nomen mihi sederat aure,
    me cecinit Graios illa vocare toros.
omnia vera vides: superant mea vulnera tantum,   25
    utque tuam supplex poscere cogar opem.
te penes arbitrium nostrae vitaeque necisque;
    victuri iam nunc pectora sume tibi!
flevisti, memini, tamen hac in voce canentis
    et 'mala', dixisti, 'sint, precor, ista procul,   30

3 PARIS AN OENONE

Was sie dir, Nymphe, die Grund hat zu klagen, als Antwort wohl schreibe,
  ich gesteh's, meine Hand sucht nach dem passenden Wort.
Sucht und findet es nicht: Sie fühlt nur, was sie verschuldet;
  daß sie verwirft, was sie fühlt, läßt neue Liebe nicht zu.
Wenn deinen Zorn das beschwichtigt, verdamm ich als Richter mich selber.
  Aber was hilft's? Du verlierst aussichtslos deinen Prozeß.
Werd ich von dir auch verdammt, zieht Cupido mich doch unter seine
  Fittiche; denn auch so fing eine andre mich ein.
Du hast als erste mein Lager geteilt, und die Jugend beschwingte
  unsere Liebe, als du erstmals zum Gatten mich nahmst.
Unbekannt war ich da noch – wenn du stolz mich schiltst auf den Vater:
  mich zu verschweigen galt's damals dem Herrscherpaar noch,
nicht Deïphobus und nicht Hector erträumt ich als Bruder,
  als zusammen mit dir Herden zur Weide ich trieb.
Königin Hecuba kannte ich nicht unterm Namen der Mutter:
  Schwiegertochter zu sein hattest du dennoch verdient.
Doch geht die Liebe nicht aus vom Verstand. Frag dich selber doch, Nymphe:
  Du bist gekränkt, doch gekränkt liebst du noch stets, wie du schreibst.
Und wenn dich Satyrn, wenn Pane dich auch zur Gattin begehren,
  daß ich die Ehe verschmäht, bleibt dir doch immer im Sinn.
Nimm hinzu, daß das Schicksal die jetzige Liebe begünstigt
  und meine Schwester sie hellsichtig ahnte voraus.
Nie war der Name von Tyndareus' Tochter zuvor mir erklungen,
  doch sie verkündete, mich reize ein grajisches Bett.
Alles traf ein, wie du siehst: Nur meine Wunde besteht noch,
  daß ich gezwungen bin, Hilfe von dir zu erflehn.
Nun liegt bei dir der Entscheid, ob ich lebe oder bald sterbe;
  jetzt schon, lebe ich fort, nimm meine Dankbarkeit hin!
Weintest du doch, ich weiß es noch gut, bei der Seherin Wahrspruch.
  «Ferne», sprachst du, «sei dir, bitte, dies üble Geschick!

nec sic fata ferant, tulerint sic cetera quamvis,
    ut possim Oenone perdere laesa Parin!'
tot superare metus qui me, nec cedere cogit –
    ignoscas! – idem te quoque fallit Amor.
imperat ille deus: cum vult, in cornua tauri,   35
    cum vult, in pennas instruit ille Iovem.
non foret in terris tanto miranda decore
    Tyndaris – heu flammis nata puella meis! –
si sua non cycno mutasset Iuppiter ora.
    fluxerat in Danaës aureus ante sinus;   40
piniferamque Iden falsus lustraverat ales,
    inter Agenoreas constiteratque boves.
victorem Alciden dominae quis pensa tenere
    crederet? at lanas nere coegit Amor.
dicitur et Coa sedisse in veste puellae;   45
    illa Cleonaeo tecta leone fuit.
te memini Phoebum, Oenone – mea crimina dico –
    fugisse et nostros praeposuisse toros.
non ego praestabam Phoebo; sed tela Cupido
    his in te voluit legibus ire sua.   50
consolere tamen digna tua paelice damna:
    quam tibi praetulimus, nata puella Iove est.
sed quod nata Iove est, minimum me tangit in illa;
    quod non est facies pulchrior ulla, nocet.
atque utinam formae iudex incallidus essem   55
    creditus Idaeis, Pegasi nympha, iugis,
non mihi Iunonis nec obesset Pallados ira,
    laudata est oculis quod Cytherea meis.
dividit haec aliis flammas celeresque paresque,
    ut libitum est, nati temperat ipsa faces.   60
non tamen evaluit vitare domestica tela,
    quos aliis arcus, et sibi dura tulit.

Treffe nur dies nicht ein, mag das Schicksal das übrige bringen,
    daß ich, Oenone, gekränkt Paris zu töten vermöcht!»
Der mich so vielen Ängsten zu trotzen und niemals zu weichen
    zwingt – verzeih mir! –, das ist Amor, der dich auch betrügt.
Er ist der herrschende Gott: Wenn er will, setzt er Hörner des Stiers auf,
    will er, ins Federkleid hüllt er gar Jupiter ein.
Nicht auf Erden weilte, von solch unsäglicher Schönheit,
    Tyndareus' Tochter – o weh! wie dies Geschöpf mich verzehrt! –,
hätte nicht Jupiter in die Gestalt eines Schwans sich verwandelt.
    Golden jedoch zuvor floß er in Danaës Schoß.
Idas Fichtenwälder durchspäht er im Vogelgefieder.
    Zu des Agenor Vieh trat er in Stiergestalt hin.
Gar der Alcide, der Held, hielt der Herrin den Wollkorb, wer kann das
    glauben? Wolle jedoch spinnen war Amors Befehl.
Und da saß er nun, heißt es, im coïschen Kleid der Geliebten,
    ins cleonaeische Löwenfell eingehüllt sie!
Phoebus, ich weiß es, Oenone – nun red ich von meinem Vergehen –,
    miedest du, und mein Bett zogst du dem seinigen vor.
Nicht daß ich besser wäre als Phoebus, sondern Cupido
    schoß seine Pfeile ab, daß sie so wirkten auf dich.
Tröste dich nur über deinen Verlust, die Rivalin verdient es:
    Der ich den Vorzug gab, Jupiters Tochter ist sie.
Daß sie von Jupiter stammt, berührt mich an ihr überhaupt nicht;
    daß es kein Antlitz gibt schöner als ihres, ist schuld.
Hätte man mich nicht als Richter der Schönheit für tauglich gehalten,
    Nymphe von Pegasa, dort auf des Idas Gebirg,
niemals würde der Zorn von Juno und Pallas mir schaden,
    weil meinen Blicken so sehr dort Cytherea gefiel.
Flammen, welche schnell sind und wirksam, verteilt sie an andre,
    wie es ihr paßt, und selbst lenkt sie die Waffen des Sohns.
Doch sie konnte den Waffen aus eigenem Haus nicht entgehen,
    Pfeile, für andre gedacht, trafen die Harte nun selbst.

deprensam coniunx illam in Mavorte dolebat;
   testibus hic divis cum Iove questus erat.
iam dolet et Mavors. terras utroque relicto   65
   praetulit Anchisen haec habitura suum.
Anchisen propter voluit formosa videri
   visaque postlatum decipit ulta deum.
quid mirum est, potuisse Parin succumbere Amori,
   immunis sub quo non fuit ipsa parens?   70
quam laesus Menelaus amat, non laesus amavi;
   adice, non laeso quod comes ipsa fuit.
et magnos, video, cogit mihi rapta tumultus
   armataeque petunt Pergama mille rates.
non vereor, belli ne non sit causa probanda: 75
   est illi facies digna movere duces.
si mihi nulla fides, armatos respice Atridas:
   quam sibi sic repetunt, sic retinenda mihi est.
quod si vertendae spem mentis concipis huius:
   cur cessant herbae carmina curve tua?   80
nam te nec Phoebi sollertior artibus ulla est
   Phoebeaeque Hecates somnia vera vides.
te cum sideribus caelo deducere lunam
   nubibus et memini surripuisse diem.
pascebam tauros interque armenta leones   85
   obstipui placidos vocibus ire tuis.
quid retro Xanthum, retro Simoënta vocatum
   adiciam cursus non tenuisse suos?
ipse pater Cebren, natae male tutus ab ore,
   cantatas quoties restitit inter aquas!   90
nunc locus Oenonae est, nunc illam ostende! parabis
   sive tuos ignes pellere, sive meos.

Daß er sie bei Mavors ertappt, nimmt ihr Gatte ihr übel;
  Göttern, ja Jupiter selbst klagt er als Zeugen die Schmach.
Traurig ist Mavors jetzt auch. Denn beide verließ sie; die Erde
  wählte sie, um im Besitz ihres Anchises zu sein.
Nur noch ihrem Anchises versuchte sie schön zu erscheinen;
  dies gelingt; sie betrügt – dies ihre Rache – den Gott.
Ist's zu verwundern, daß Paris von Amor besiegt werden konnte,
  dem selbst die Mutter nicht zu widerstehen vermag?
Die Menelaus gekränkt liebt, liebte ich, denn ich gefiel ihr.
  Zudem: Sie zierte sich nicht, kam vielmehr freiwillig mit.
Großes Getümmel zieht nun die Geraubte mir zu, wie ich sehe,
  tausend Schiffe, bewehrt, steuern auf Pergama zu.
Doch mir bangt nicht, man werde den Anlaß des Krieges verwerfen:
  Ihre Gestalt ist so schön, daß sie auch Helden betört.
Wenn du's nicht glaubst, dann sieh, wie sich die Atriden gerüstet:
  Wie sie bereit sind zum Kampf, so muß ich kämpfen um sie.
Doch wenn die Hoffnung du hegst, meinen Sinn noch ändern zu können:
  Weshalb bringst du nicht bald Kräuter und Sprüche dann her?
Denn es ist keine geschickter als du in den Künsten des Phoebus,
  siehst (sie ist Phoebus verwandt) Hecates Wahrträume auch.
Wie du mit den Gestirnen den Mond vom Himmel herabzogst,
  wie du mit Wolken den Tag scheuchtest, das weiß ich noch gut.
Stiere weidete ich und staunte, wie unter der Herde
  ich auf dein Wort hin zahm Löwen einherwandeln sah.
Soll ich berichten, daß du den Xanthus und den Simoeis
  rückwärts beschworst, daß ihr Lauf nicht mehr wie bisher verlief?
Cebren, dein Vater selbst, nicht gefeit vor den Sprüchen der Tochter,
  wie oft stand dieser still, wenn du sein Wasser verhext!
Jetzt ist Oenone gefordert, jetzt zeig, was du kannst! Denn ersticken
  wirst du dein Feuer ja bald oder das meinige sonst.

[OVIDIUS]
NUX

Nux ego iuncta viae, cum sim sine crimine vitae,
    a populo saxis praetereunte petor.
obruere ista solet manifestos poena nocentes,
    publica cum lentam non capit ira moram:
nil ego peccavi, nisi si peccare docetur   5
    annua cultori poma referre suo.

at prius arboribus, tum cum meliora fuerunt
    tempora, certamen fertilitatis erat;
tum domini memores sertis ornare solebant
    agricolas fructu proveniente deos: 10
saepe tuas igitur, Liber, miratus es uvas,
    mirata est oleas saepe Minerva suas,
pomaque laesissent matrem, nisi subdita ramo
    longa laboranti furca tulisset opem.
quin etiam exemplo pariebat femina nostro   15
    nullaque non illo tempore mater erat.
at postquam platanis sterilem praebentibus umbram
    uberior quavis arbore venit honor,
nos quoque frugiferae – si nux modo ponor in illis –
    coepimus in patulas luxuriare comas.   20
nunc neque continuos nascuntur poma per annos
    uvaque laesa domum laesaque baca venit;
nunc uterum vitiat, quae vult formosa videri,
    raraque in hoc aevo est, quae velit esse parens.

PSEUDO-OVID
DER NUSSBAUM

Prolog

(1) Ich, der Nußbaum, nahe der Straße, obgleich von untadligem Lebenswandel, werde vom vorbeigehenden Volk mit Steinen beworfen. Eine solche Strafe pflegt offensichtliche Verbrecher zu treffen, wenn der Volkszorn keinen langen Aufschub duldet: Ich habe nichts verbrochen, es sei denn, es gelte die Ansicht, es sei sündhaft, Jahr für Jahr seinem Bauern Früchte zu bringen.

Früher und heute

(7) Doch früher, als die Zeiten noch besser waren, gab es unter den Bäumen einen Wettstreit um den größeren Ertrag. Damals pflegten die Besitzer, wenn die Früchte reif waren, die ländlichen Götter dankbar mit Kränzen zu schmücken. Oft hast du denn, Liber, deine Trauben bewundert, bewundert hat Minerva oft ihre Ölbäume, und die Früchte hätten ihre Mütter beschädigt, wenn nicht, unter die Äste geschoben, diesen in ihrer Not eine lange Gabel Hilfe gebracht hätte. Ja, die Frauen gebaren sogar Kinder nach unserem Vorbild, und keine war zu jener Zeit nicht Mutter. Doch seit die Platanen, die unfruchtbaren Schatten bieten, reichlicher Ehre genossen als sonst irgendein Baum, begannen auch wir fruchtbaren Bäume – falls ich als Nußbaum überhaupt zu denen zähle – uns zu weitem Laubwerk üppig auszuwachsen.

(21) Jetzt wachsen nicht mehr Jahr für Jahr Früchte, und beschädigt werden die Trauben, beschädigt die Oliven nach Hause gebracht. Jetzt treibt ihre Leibesfrucht die ab, die schön aussehen will, und selten findet sich eine in unserer Zeit, die Mutter sein will. Ich wäre jedenfalls sicherer, wenn ich nie geboren hätte – diese Klage

certe ego, si numquam peperissem, tutior essem: 25
    ista Clytaemestra digna querela fuit.
si sciat hoc vitis, nascentes supprimet uvas
    orbaque, si sciat hoc, Palladis arbor erit.
hoc in notitiam veniat maloque piroque,
    destituent silvas utraque poma suas.   30
audiat hoc cerasus, bacas exire vetabit;
    audiat hoc ficus, stipes inanis erit.

non equidem invideo: numquid tamen ulla feritur,
    quae sterilis sola conspicienda coma est?
cernite sinceros omnes ex ordine truncos,   35
    qui modo nil, quare percutiantur, habent.
at mihi saeva nocent mutilatis vulnera ramis
    nudaque deiecto cortice ligna patent.
non odium facit hoc, sed spes inducta rapinae:
    sustineant aliae poma, querentur idem.   40

sic reus ille fere est, de quo victoria lucro
    esse potest: inopis vindice facta carent.
sic timet insidias qui se scit ferre viator
    cur timeat: tutum carpit inanis iter.
sic ego sola petor, solam quia causa petendi est;   45
    frondibus intactis cetera turba viret.
nam quod habent frutices aliquando proxima nostris
    fragmina, quod laeso vimine multa iacent,
non istis sua facta nocent: vicinia damno est.
    excipiunt ictu saxa repulsa meo.   50

idque fide careat, si non, quae longius absunt,
    nativum retinent inviolata decus.

wäre einer Clytaemestra würdig! Wenn die Rebe das wüßte, sie würde die wachsenden Trauben unterdrücken, und kinderlos wäre, wüßte er das, der Baum der Pallas. Gelangte das dem Apfelbaum und dem
Birnbaum zu Ohren, würden beide Obstbäume ihre Gärten verlassen. Hörte das der Kirschbaum, würde er den Früchten verbieten,
ans Licht zu kommen. Hörte das der Feigenbaum, wäre er ein un-
fruchtbarer Klotz.

Ungerecht behandelt

(33) Ich beneide sie nicht, nur: Wird denn irgendein Baum beworfen, wenn er unfruchtbar ist und sich nur wegen seines Laubwerks sehen lassen kann? Schaut doch all die tadellosen Bäume an,
einer neben dem andern – es gibt eben keinen Anlaß, daß man auf sie
schießt! Doch mir schaden die heftigen Wunden an den verstümmel-
ten Ästen, und wo die Rinde abgeplatzt ist, kommt das nackte Holz
zum Vorschein. Nicht der Haß bewirkt das, sondern die Hoffnung
auf Beute, zu der ich Anlaß gebe – sollten andere Bäume Früchte tragen, werden sie sich über dasselbe zu beklagen haben.

(41) So wird eben nur der zum Angeklagten, dessen Niederlage
Gewinn bringen kann: Die Taten eines Armen bleiben unbestraft. So
fürchtet der Wanderer den Überfall, wenn er weiß, daß er etwas bei
sich hat, worum er fürchten muß: Wer nichts hat, macht eine Reise
gefahrlos. So werde ich allein angegriffen, weil ich allein Anlaß zum
Angriff gebe. Die anderen Bäume bleiben grün, da ihr Laub un-
berührt bleibt. Denn wenn manchmal die Stämme in der Nähe des
meinen Splitter abbekommen, die nach der Verletzung der Rinde
zahlreich herumliegen: Nicht ihre eigenen Taten schaden ihnen, die
Nachbarschaft wird ihnen zum Verhängnis. Sie fangen die Steine ab,
die von mir, wenn ich getroffen werde, abprallen.

(51) Denn das kann ich versichern: Was weiter weg ist, bewahrt
unversehrt seine angeborene Zierde. Wenn sie also denken und ihre

ergo si sapiant et mentem verba sequantur,
    devoveant umbras proxima quaeque meas.
quam miserum est, odium damnis accedere nostris   55
    meque ream nimiae proximitatis agi!

sed, puto, magna mea est operoso cura colono:
    inveniat, dederit quid mihi praeter humum.
sponte mea facilis contempto nascor in agro
    parsque loci, qua sto, publica paene via est.   60
me, sata ne laedam, – quoniam et sata laedere dicor –
    imus in extremo margine fundus habet.
non mihi falx nimias Saturnia deputat umbras,
    duratam renovat non mihi fossor humum.
sole licet siccaque siti peritura laborem,   65
    irriguae dabitur non mihi sulcus aquae.

at cum maturas fisso nova cortice rimas
    nux agit, ad partes pertica saeva venit.
pertica dat plenis immitia vulnera ramis,
    ne possim lapidum verbera sola queri.   70
poma cadunt mensis non interdicta secundis
    et condit lectas parca colona nuces.

has puer aut certo rectas dilaminat ictu
    aut pronas digito bisve semelve petit.
quattuor in nucibus, non amplius, alea tota est,   75
    cum sibi suppositis additur una tribus.
per tabulae clivum labi iubet alter et optat,
    tangat ut e multis quaelibet una suam.

Gedanken auch in Worte fassen könnten, würden alle hier in der Nähe meinen Schatten verfluchen. Wie elend ist es doch, daß zu meinem Schaden noch der Haß hinzukommt und ich wegen der allzu nahen Nachbarschaft als Sünder(in) behandelt werde!

Anspruchslos

(57) Doch der geschäftige Landmann hat, denke ich, große Sorgen mit mir: Er soll herausfinden, was er mir gegeben hat außer dem (nackten) Boden. Von selbst sprieße ich pflegeleicht empor auf verachtetem Ackerland, und ein Teil des Platzes, auf dem ich stehe, ist beinahe eine öffentliche Straße. Damit ich die Ernte nicht schädige – denn man sagt mir nach, daß ich die Ernte schädige –, stehe ich am untersten Ende, am äußersten Rande des Feldes. Keine saturnische Sichel beschneidet meinen allzu großen Schatten, kein Bauer lockert mit der Hacke den verhärteten Boden. Auch wenn ich unter der Sonne leide und vor brennendem Durst fast vergehe, vergönnt man mir keine Rinne, die mir Wasser zuführen würde.

(67) Doch wenn die frischen Nüsse beim Platzen der Rinde die Furchen ihrer Reife zeigen, kommt die grausame Stange zum Zug. Die Stange schlägt den (von Früchten) vollen Zweigen erbarmungslose Wunden, damit ich mich nicht nur über Steinwürfe beklagen kann. Die Früchte, die als Nachspeise beliebt sind, fallen herunter, und die sparsame Bäuerin liest sie auf und lagert sie.

Spiele mit Nüssen

(73) Diese spaltet der Knabe, wenn sie aufrecht stehen, mit sicherem Klingenhieb entzwei, oder er versucht einmal oder zweimal, wenn sie auf der Seite liegen, sie mit dem Finger zu knacken. Auf vier Nüssen und nicht mehr beruht das ganze Glücksspiel, wenn man eine einzige zu dreien, die unter ihr liegen, hinzufügt. Ein anderer heißt sie über ein schiefes Brett rollen und wünscht, daß eine von den vielen, gleichgültig welche, auf die seine trifft. Ein anderer soll sagen,

est etiam, par sit numerus, qui dicat, an impar,
    ut divinatas auferat augur opes.   80
fit quoque de creta, qualem caeleste figuram
    sidus et in Graecis littera quarta gerit.
haec ubi distincta est gradibus, quae constitit intus,
    quot tetigit virgas, tot capit ipsa nuces.
vas quoque saepe cavum spatio distante locatur,   85
    in quod missa levi nux cadat una manu.

felix, secreto quae nata est arbor in arvo
    et soli domino ferre tributa potest:
non hominum strepitus audit, non illa rotarum,
    non a vicina pulverulenta via est.   90
illa suo, quaecumque tulit, dare dona colono
    et plenos fructus adnumerare potest.
at mihi maturos numquam licet edere fetus
    ante diemque meae decutiuntur opes,
lamina mollis adhuc tenero est dum lacte, quod intra est,   95
    nec mala sunt ulli nostra futura bono:
iam tamen invenio, qui me iaculentur et ictu
    praefestinato munus inane petant.
si fiat rapti, fiat mensura relicti,
    maiorem domini parte, viator, habes.   100
saepe aliquis, foliis ubi nuda cacumina vidit,
    esse putat boreae triste furentis opus;
aestibus hic, hic me spoliatam frigore credit;
    est quoque, qui crimen grandinis esse putet.
at mihi nec grando, duris invisa colonis,   105
    nec ventus fraudi solve geluve fuit:
fructus obest, peperisse nocet, nocet esse feracem,
    quaeque fuit multis, ei mihi, praeda malo est.

ob die Zahl gerade oder ungerade ist, damit er, als Wahrsager, die erratenen Schätze davonträgt. Auch macht man aus Kreide eine Figur, wie sie ein himmlisches Gestirn hat und bei den Griechen der vierte Buchstabe. Wenn diese (Figur) in Stufen unterteilt ist, schnappt die (Nuß), die innerhalb des Dreiecks stehen bleibt, so viele Nüsse, wie sie Streifen berührt hat. Oft stellt man auch in gewissem Abstand ein hohles Gefäß auf, in das eine mit leichter Hand geworfene Nuß fallen soll.

Opfer der Habgier

(87) Glücklich der Baum, der in abgeschiedener Flur aufwuchs und nur seinem Herrn den Tribut abliefern kann. Nicht den Lärm der Leute hört er, nicht den der Räder, nicht staubig ist er von der nahen Straße. Er kann alle Gaben, die er hervorbringt, seinem eigenen Bauern abliefern und ihm den ungeschmälerten Ertrag auszahlen. Doch ich darf niemals reife Früchte abgeben, vorzeitig werden meine Schätze heruntergeschlagen, solange die Haut noch weich ist von der zarten Milch, die sich innerhalb befindet, und meine Leiden werden niemandem von Nutzen sein.

(97) Schon finden sich jedoch Leute, die mich bewerfen und mit voreiligem Wurf an ein Geschenk kommen wollen, das ihnen nichts nützt. Wenn man die Menge der Beute und die Menge des Rests abmessen wollte, dann ist der Anteil, den du hast, Wanderer, größer als der des Herrn. Oft denkt einer, wenn er den Wipfel von Blättern entblößt sieht, es handle sich um das betrübliche Werk des rasenden Boreas. Der eine glaubt, ich sei von der Hitze, der andere, ich sei von der Kälte (des Laubwerks) beraubt. Es gibt auch solche, die meinen, es sei die Schuld des Hagels. Doch mir hat weder der den abgehärteten Bauern verhaßte Hagel geschadet noch Wind, noch Sonne, noch Frost: Die Früchte schaden mir, es schadet, geboren zu haben, es schadet, fruchtbar zu sein, und was schon vielen zum Verhängnis wurde, weh mir, ist es mir: die (Aussicht auf) Beute.

praeda malo, Polydore, fuit tibi; praeda nefandae
    coniugis Aonium misit in arma virum.   110
Hesperii regis pomaria tuta fuissent,
    una sed immensas arbor habebat opes.
at rubus et sentes tantummodo laedere natae
    spinaque vindicta cetera tuta sua est.
me, quia nec noceo nec obuncis vindicor hamis,   115
    missa petunt avida saxa proterva manu.

quid, si non aptas solem vitantibus umbras,
    finditur Icario cum cane terra, darem?
quid, nisi suffugium nimbos vitantibus essem,
    non expectata cum venit imber aqua?   120
omnia cum faciam, cum praestem sedula cunctis
    officium, saxis officiosa petor.
haec mihi perpessae domini patienda querela est:
    causa habeor, quare sit lapidosus ager;
dumque repurgat humum collectaque saxa remittit,   125
    semper habent in me tela parata viae.

ergo invisa aliis uni mihi frigora prosunt:
    illo me tutam tempore praestat hiems.
nuda quidem tunc sum, nudam tamen expedit esse,
    non spolium, de me quod petat, hostis habet.   130
at simul induimus nostris sua munera ramis,
    saxa novos fructus grandine plura petunt.

forsitan hic aliquis dicat 'quae publica tangunt,
    carpere concessum est: hoc via iuris habet'.
si licet hoc, oleas destringite, caedite messes;   135
    improbe, vicinum carpe, viator, holus.

(109) Beute wurde dir zum Verhängnis, Polydorus; Beute sandte den aonischen Mann der verruchten Gattin in den Krieg. Die Obstgärten des hesperischen Königs wären nicht bedroht gewesen, doch ein einziger Baum hatte unermeßliche Schätze. Aber Brombeerstauden und Dornbüsche, die nur gewachsen sind, um zu verletzen, und das übrige Dornengestrüpp sind sicher dank ihrer eigenen Abwehr. Mich aber, die ich weder schade noch mit krummen Haken mich räche, treffen von gieriger Hand geworfene freche Steine.

Sommer und Winter

(117) Wie, wenn ich denen, welche die Sonne meiden, den geeigneten Schatten nicht mehr spendete, zu der Zeit, wo die Erde vom icarischen Hund zerklüftet wird? Wie, wenn ich denen, die die Wolken meiden, nicht Zuflucht gäbe, sobald ein Regenguß mit unerwartetem Wasser kommt? Auch wenn ich all dies tue, auch wenn ich beflissen allen meinen Dienst leiste, zielt man, so pflichtbewußt ich auch bin, mit Steinen auf mich. Dies erdulde ich alles und muß dazu noch die Klage des Herrn hinnehmen: Er hält mich für den Grund, weshalb der Acker mit Steinen übersät ist. Und wenn er den Boden säubert und die gesammelten Steine zurückwirft, liegen auf der Straße immer Geschosse gegen mich bereit.

(127) Darum nützt die Kälte, die den andern verhaßt ist, mir allein: Zu dieser Zeit sorgt der Winter für meine Sicherheit. Ich bin dann zwar nackt, dennoch hilft es, nackt zu sein: Der Feind hat dann keine Beute, die er bei mir holen könnte. Doch sobald ich meinen Ästen ihre eigenen Gaben anziehe, fliegen noch mehr Steine – es hagelt nur so – auf die neuen Früchte.

Friedensreich des Augustus

(133) Vielleicht sagt hier jemand: «Was öffentlichen Grund berührt, darf man pflücken. Dieses Recht gilt für die Straße.» Wenn man das darf, dann sammelt Oliven ein, schneidet das Korn. Frecher

intret et urbanas eadem petulantia portas
    sitque tuis muris, Romule, iuris idem:
quilibet argentum prima de fronte tabernae
    tollat et ad gemmas quilibet alter eat;   140
auferat hic aurum, peregrinos ille lapillos,
    et, quascumque potest tangere, tollat opes.
sed neque tolluntur nec, dum regit omnia Caesar,
    incolumis tanto praeside raptor erit.
at non ille deus pacem intra moenia finit;   145
    auxilium toto spargit in orbe suum.

quid tamen hoc prodest, media si luce palamque
    verberor et tutae non licet esse nuci?
ergo nec nidos foliis haerere nec ullam
    sedibus in nostris stare videtis avem.   150
at lapis, in ramo sedit quicumque bifurco,
    haeret et ut capta victor in arce manet.
cetera saepe tamen potuere admissa negari
    et crimen nox est infitiata suum:
nostra notat fusco digitos iniuria suco   155
    cortice contactas inficiente manus.
ille cruor meus est, illo maculata cruore
    non profectura dextra lavatur aqua.
o, ego, cum longae venerunt taedia vitae,
    optavi quotiens arida facta mori!   160
optavi quotiens aut caeco turbine verti
    aut valido missi fulminis igne peti!
atque utinam subitae raperent mea poma procellae,
    vel possem fructus excutere ipsa meos!
sic, ubi detracta est a te tibi causa pericli,   165
    quod superest, tutum, Pontice castor, habes.

Wanderer, hol dir den Kohl nebenan! Dieselbe Unverschämtheit soll auch durch die Tore der Stadt einziehen, und in deinen Mauern, Romulus, herrsche dasselbe Recht. Wer will, soll von der Auslage des Geschäfts Silber wegnehmen, ein anderer, wenn's ihm paßt, auf die Gemmen losgehen. Der soll Gold wegtragen, jener exotische Steine, und soll so viele Schätze abschleppen, wie er mitnehmen kann. Doch wird nichts abgeschleppt, noch wird, solange Caesar alles leitet, ein Räuber ungeschoren bleiben unter einem so fähigen Herrscher. Doch jener Gott beschränkt den Frieden nicht auf die Stadtmauern: Seine Hilfe verteilt er auf die ganze Welt.

Lebensüberdruß

(147) Doch was nützt mir das, wenn ich mitten am Tag und unverhohlen geprügelt werde und es einem Nußbaum nicht möglich ist, sicher zu sein? Darum gibt es, wie ihr seht, keine Nester in meinem Laub, und kein Vogel bleibt auf meinen Nistplätzen. Doch wenn ein Stein in die Gabelung eines Astes zu liegen kommt, dann sitzt er dort fest und bleibt wie ein Sieger in der eroberten Burg. Andere Vergehen können indessen oft geleugnet werden, und auch die Nacht streitet ihr Verbrechen ab. Das an mir begangene Unrecht zeichnet die Finger mit dunklem Saft, da die Rinde die Hände färbt, die sie berühren. Das ist mein Blut; wenn dieses Blut die Hand befleckt, dann kann man sie lange mit Wasser waschen – es hilft nichts.

(159) O, wie oft, wenn mir der Ekel an einem langen Leben kam, wünschte ich zu verdorren und zu sterben! Wie oft wünschte ich von einem finsteren Wirbelsturm umgerissen oder vom starken Feuer eines geschleuderten Blitzes getroffen zu werden! Und wenn doch ein plötzlicher Sturm all meine Früchte wegrisse, oder könnte ich selber meine Früchte abschütteln! So hast du, pontischer Biber, wenn du dir selbst die Ursache deiner Gefährdung entzogen hast, das in Sicherheit, was noch übrig ist. Wie ist mir dann zumute, wenn der Wande-

quid mihi tunc animi est, ubi sumit tela viator
    atque oculis plagae destinat ante locum?

nec vitare licet moto fera vulnera trunco,
    quem sub humo radix curvaque vincla tenent.   170
corpora praebemus plagis, ut saepe sagittis,
    quem populus manicas deposuisse vetat,
utve gravem candens ubi tolli vacca securim
    aut stringi cultros in sua colla videt.
saepe meas vento frondes tremuisse putastis,   175
    sed metus in nobis causa tremoris erat.
si merui videorque nocens, imponite flammae
    nostraque fumosis urite membra focis;
si merui videorque nocens, excidite ferro
    et liceat miserae dedoluisse semel.   180
si, nec cur urar nec cur excidar, habetis,
    parcite: sic coeptum perficiatis iter.

rer zur Waffe greift und mit den Augen zuvor die Stelle der Wunde bestimmt?

Epilog: Bitte um Schonung

(169) Denn ich kann ja die schlimmen Wunden nicht vermeiden, indem ich den Stamm bewege, den unter dem Boden die Wurzel mit ihren gewundenen Fesseln festhält. Ich halte den Körper den Schlägen hin wie den Pfeilen jeweils derjenige, dem das Volk die Handschellen abzulegen verbietet; oder wie die weiße Kuh, die das schwere Beil erhoben oder das Messer auf ihren Hals gezückt sieht. Oft habt ihr geglaubt, mein Laubwerk habe wegen des Windes gezittert, doch war die Angst in mir die Ursache des Zitterns.

(177) Wenn ich es verdient habe und schuldig scheine, dann legt mich ins Feuer und verbrennt meine Glieder auf rauchender Brandstätte. Wenn ich es verdient habe und schuldig scheine, haut mich um mit dem Eisen und laßt mich in meinem Elend nicht mehr länger leiden. Wenn ihr keinen Grund habt, mich zu verbrennen noch mich umzuhauen, dann schont mich: So sollt ihr die begonnene Reise zu Ende führen!

[OVIDIUS]
CONSOLATIO AD LIVIAM
VEL EPICEDION DRUSI

Visa diu felix, 'mater' modo dicta 'Neronum',
   iam tibi dimidium nominis huius abest.
iam legis in Drusum miserabile, Livia, carmen,
   unum, qui dicat iam tibi 'mater', habes;
nec tua te pietas distendit amore duorum   5
   nec posito fili nomine dicis 'uter?'
et quisquam leges audet tibi dicere flendi?
   et quisquam lacrimas temperat ore tuas?
ei mihi, quam facile est, quamvis hic contigit omnes,
   alterius luctu fortia verba loqui: 10
'scilicet exiguo percussa es fulminis ictu,
   fortior ut possis cladibus esse tuis.'
occidit exemplum iuvenis venerabile morum;
   maximus ille armis, maximus ille toga.
ille modo eripuit latebrosas hostibus Alpes   15
   et titulum belli dux duce fratre tulit.
ille genus Suevos acre indomitosque Sicambros
   contudit inque fugam barbara terga dedit,
ignotumque tibi meruit, Romane, triumphum,
   protulit in terras imperiumque novas.   20

solvere vota Iovi fatorum ignara tuorum,
   mater, et armiferae solvere vota deae

PSEUDO-OVID
TROSTGEDICHT AN LIVIA
ODER TRAUERGEDICHT AUF DRUSUS

KLAGE

Klage des Dichters

(1) Lange schienst du glücklich zu sein, eben noch hießest du «Mutter der Neronen», nun ist dir die Hälfte dieses Namens abhanden gekommen. Nun liest du, Livia, das Trauergedicht auf Drusus, hast nur noch einen, der zu dir «Mutter» sagen kann, deine Zuneigung zerreißt dich nicht mehr in Liebe zu beiden, und wenn der Name des Sohnes (Nero) fällt, fragst du nicht mehr: «Welcher von beiden?» Wagt es jemand, dich auf die gesetzlichen Vorschriften für die Trauer hinzuweisen? Und hemmt jemand die Tränen auf deinem Antlitz? Weh mir, wie leicht ist es, obschon dieser Schlag alle getroffen hat, bei der Trauer eines anderen tapfere Worte zu sprechen:

(11) «Du bist ja nur von einem leichten Blitzschlag getroffen worden, damit du tapferer sein kannst bei weiteren Schicksalsschlägen.» Gestorben ist ein junger Mann, der ein verehrungswürdiges Vorbild der Lebensführung war: Großartig war er im Krieg, großartig war er im Frieden. Vor kurzem entriß er den Feinden die Alpen mit ihren Schlupfwinkeln und machte sich als Feldherr einen Namen, während der Bruder gleichzeitig Feldherr war. Er schlug die Sueven, jenes wilde Volk, und die ungezähmten Sicambrer und führte die Flucht der Barbaren herbei. Für dich, Römer, errang er einen (zuvor) unbekannten Triumph und dehnte deine Herrschaft auf neue Länder aus.

Zerstörte Hoffnungen

(21) Ohne dein Unglück zu ahnen, wolltest du, Mutter, Jupiter dein Gelübde erfüllen, wolltest der waffenbewehrten Göttin dein

Gradivumque patrem donis implere parabas
    et quoscumque coli est iusque piumque deos.
maternaque sacros agitabas mente triumphos,   25
    forsitan et curae iam tibi currus erat.
funera pro sacris tibi sunt ducenda triumphis
    et tumulus Drusum pro Iovis arce manet.
fingebas reducem praeceptaque mente fovebas
    gaudia et ante oculos iam tibi victor erat: 30
'iam veniet, iam me gratantem turba videbit,
    iam mihi pro Druso dona ferenda meo.
obvia progrediar felixque per oppida dicar
    collaque et os oculosque illius ore premam.
talis erit, sic occurret, sic oscula iunget;   35
    hoc mihi narrabit, sic prior ipsa loquar.'
gaudia magna foves: spem pone, miserrima, falsam;
    desine de Druso laeta referre tuo.
Caesaris illud opus, voti pars altera vestri,
    occidit: indignas, Livia, solve comas.   40

quid tibi nunc mores prosunt actumque pudice
    omne aevum et tanto tam placuisse viro?
quidque pudicitia tantum cumulasse bonorum,
    ultima sit laudes inter ut illa tuas?
quid, tenuisse animum contra sua saecula rectum,   45
    altius et vitiis exseruisse caput?
nec nocuisse ulli et fortunam habuisse nocendi
    nec quemquam nervos extimuisse tuos?
nec vires errasse tuas campove forove
    quamque licet citra constituisse domum?   50

nempe per hos etiam Fortunae iniuria mores
    regnat et incerta est hic quoque nixa rota.

Gelübde erfüllen, den Vater Gradivus mit Gaben überschütten und alle Götter, welche Recht und Frömmigkeit zu verehren gebieten. Im mütterlichen Geist stelltest du dir den feierlichen Triumph vor, dachtest vielleicht besorgt auch schon an den (Triumph-)Wagen. Statt des feierlichen Triumphs hast du nun das Trauergeleit zu geben, und statt Jupiters Burg erwartet Drusus das Grab. Du stelltest dir vor, er kehre zurück, hegtest im voraus Freude im Herzen, und schon stand er dir als Sieger vor Augen:

(31) «Bald wird er kommen, bald wird das Volk mich Glückwünsche überbringen sehen, bald werde ich für meinen Drusus (Opfer-)Gaben darbringen müssen. Entgegengehen werde ich ihm, glücklich wird man mich in der Stadt nennen, und mit diesem Mund werde ich seinen Nacken, seinen Mund und seine Augen küssen. So wird er sein, so mir entgegenkommen, so mir Küsse geben; dies wird er mir erzählen, so werde ich selbst zuerst sprechen.» Große Freuden hegst du: Gib, du Ärmste, deine falschen Hoffnungen auf! Hör auf, Fröhliches über deinen Drusus zu erzählen! Jenes Werk des Caesar (Augustus), die eine Hälfte eurer (Lebens-)Hoffnung, ist tot: Löse, Livia, dein schuldloses Haar!

(41) Was hilft dir nun deine edle Gesinnung, daß du dein ganzes Leben sittsam verbracht und einem so bedeutenden Mann so gefallen hast? Und was hilft es, daß du mit deiner Sittsamkeit so viele Verdienste aufgehäuft hast, daß diese unter deinen Vorzügen der geringste ist? Was hilft es, eine rechte Gesinnung gegen den eigenen Zeitgeist bewahrt und weit über die Laster empor das Haupt erhoben zu haben? Und daß du niemandem geschadet hast, wo du doch die Macht zu schaden hattest, und daß niemand deinen Einfluß gefürchtet hat? Und daß du deine Macht weder aufs Schlachtfeld noch aufs Forum ausgeweitet, sondern, wie es sich gehört, aufs eigene Haus beschränkt hast?

(51) Ja, auch bei diesen (edlen) Menschen herrscht Fortunas Ungerechtigkeit, und auch hier steht sie auf unsicherem Rad. Auch hier

hic quoque sentitur: ne quid non improba carpat,
    saevit et iniustum ius sibi ubique facit.
scilicet immunis si luctus una fuisset   55
    Livia, Fortunae regna minora forent.
quid si non habitu sic se gessisset in omni,
    ut sua non essent invidiosa bona?

Caesaris adde domum, quae certe, funeris expers,
    debuit humanis altior esse malis.   60
ille vigil, summa sacer ipse locatus in arce,
    res hominum ex tuto cernere dignus erat,
nec fleri ipse suis nec quemquam flere suorum
    nec, quae nos patimur vulgus, et ipse pati.
vidimus erepta maerentem stirpe sororis: 65
    luctus, ut in Druso, publicus ille fuit.
condidit Agrippam quo te, Marcelle, sepulcro,
    et cepit generos iam locus ille duos.
vix posito Agrippa tumuli bene ianua clausa est,
    percipit officium funeris ecce soror.   70
ecce ter ante datis iactura novissima Drusus
    a magno lacrimas Caesare quartus habet.
claudite iam, Parcae, nimium reserata sepulcra,
    claudite: plus iusto iam domus ista patet.
cedis et incassum tua nomina, Druse, vocantur;   75
    ultima sit fati summa querela tui.
iste potest implere dolor vel saecula tota
    et magni luctus obtinuisse locum.
multi in te amissi, nec tu, tot turba bonorum,
    omnis cui virtus contigit, unus eras,   80
nec genetrice tua fecundior ulla parentum,
    tot bona per partus quae dedit una duos.

bekommt man sie zu spüren: Um alles zu erfassen, wütet sie maßlos und verschafft sich überall ihr ungerechtes Recht. Wenn Livia als einzige frei von Trauer geblieben wäre, wäre Fortunas Macht ja eingeschränkt! Wie erst, wenn sie (Livia) sich nicht in jeder Lage so verhalten hätte, daß ihre Vorzüge nicht Neid auslösen konnten?

Augustus

(59) Denke ferner an Caesars Haus, das gewiß, von Todesfällen verschont, über menschliches Unheil hätte erhaben sein sollen! Er, unser verehrter Wächter, der selbst auf der hohen Burg wohnt, hätte es verdient, das Tun der Menschen aus sicherem Hort zu betrachten und weder von den Seinen beweint zu werden noch einen von den Seinen zu beweinen, noch auch selber das zu erleiden, was wir, das gemeine Volk, erleiden. Wir sahen ihn trauern, als der Nachkomme seiner Schwester dahingerafft wurde: Wie bei Drusus herrschte damals allgemeine Trauer. Im gleichen Grab wie dich, Marcellus, begrub er Agrippa, und nun barg jene Stätte zwei Schwiegersöhne. Kaum war Agrippa beigesetzt und die Tür der Grabstätte gut verschlossen, siehe, erhielt seine Schwester die Riten der Bestattung. Siehe, nach dreimaliger Trauer erhält nun als jüngstes Opfer Drusus als vierter Tränen vom großen Caesar. Schließt nun, ihr Parzen, das allzu oft entriegelte Grabmal, schließt es: Öfter als recht steht dieser Bau nun schon offen.

(75) Du gehst, und vergebens wird dein Name, Drusus, gerufen: Die letzte Klage über dein Schicksal möge die letzte überhaupt sein. Der Schmerz um dich kann ja alle Zeiten erfüllen und den Rang einer großen Trauer einnehmen. Viele gehen an dir verloren, und du warst nicht der einzige, dem eine solche Fülle an Fähigkeiten, dem die Gesamtheit der Tugend zuteil wurde. Denn keine Mutter war fruchtbarer als die deine, die allein mit zwei Geburten so viele Tugenden hervorbrachte.

heu, par illud ubi est totidem virtutibus aequum
    et concors pietas nec dubitatus amor?
vidimus attonitum fraterna morte Neronem   85
    pallida promissa flere per ora coma,
dissimilemque sui, vultu profitente dolorem:
    ei mihi, quam toto luctus in ore fuit!
tu tamen extremo moriturum tempore fratrem
    vidisti, lacrimas vidit et ille tuas,   90
affigique suis moriens tua pectora sensit
    et tenuit vultu lumina fixa tuo,
lumina caerulea iam iamque natantia morte,
    lumina fraternas iam subitura manus.

at miseranda parens suprema neque oscula legit   95
    frigida nec fovit membra tremente sinu;
non animam apposito fugientem excepit hiatu
    nec sparsit caesas per tua membra comas.
raptus es absenti, dum te fera bella morantur,
    utilior patriae quam tibi, Druse, tuae.   100

liquitur, ut quondam zephyris et solibus ictae
    solvuntur tenerae vere tepente nives;
te queritur casusque malos irrisaque vota
    accusatque annos ut diuturna suos.
talis in umbrosis, mitis nunc denique, silvis   105
    deflet Threïcium Daulias ales Ityn;
alcyonum tales ventosa per aequora questus
    ad surdas tenui voce sonantur aquas;
sic plumosa novis plangentes pectora pinnis
    Oeniden subitae concinuistis aves;   110
sic flevit Clymene, sic et Clymeneïdes, alte
    cum iuvenis patriis excidit ictus equis.

Tiberius

(83) Wehe, wo ist dieses Paar, das sich in so vielen Fähigkeiten ebenbürtig war, einmütig in der Zuneigung, von unerschütterlicher Liebe? Wir sahen Nero (Tiberius) erschüttert vom Tod seines Bruders, die Tränen rannen ihm über das bleiche Gesicht, mit strähnigem Haar, nicht mehr er selbst, aus seinem Blick sprach der Schmerz, weh mir, wie sehr lag Trauer auf seinem ganzen Antlitz! Du jedoch hast in seinen letzten Stunden den todgeweihten Bruder gesehen, und er hat deine Tränen gesehen. Sterbend fühlte er, wie deine Brust sich an seine drängte, und hielt seinen Blick auf deine Augen geheftet, seine Augen, die demnächst im schwarzen Tod zu brechen drohten, die Augen, auf die sich bald des Bruders Hände legen sollten.

Livia

(95) Doch die bedauernswerte Mutter gab ihm nicht die letzten Küsse noch wärmte sie die kalten Glieder am zitternden Busen, sie fing nicht die entschwebende Seele auf, indem sie ihren geöffneten Mund an den deinen drückte, noch streute sie die abgeschnittenen Haare über deine Glieder. Entrissen wurdest du ihr in ihrer Abwesenheit, als grimmige Kriege dich fernhielten, nützlicher deinem Vaterland, Drusus, als dir selber.

(101) Sie schmilzt dahin, wie von Zephyr und Sonne getroffen jeweils der zarte Schnee im lauen Frühling sich auflöst. Dich beklagt sie, den bösen Zufall und die eitlen Wünsche, und klagt über ihr Alter, da sie zu lange gelebt habe. So beweint in den schattigen Wäldern der nun endlich friedliche daulische Vogel den threïcischen Itys. Solche Klagen ertönen über das windgepeitschte Meer von den Eisvögeln mit zarter Stimme auf den tauben Wellen. So habt ihr, mit den neuen Flügeln die gefiederte Brust schlagend, des Oeneus Sohn besungen, ihr plötzlich entstandenen Vögel. So weinte Clymene und so Clymenes Töchter, als der Jüngling vom väterlichen Gespann abgeworfen von der Höhe herabfiel.

congelat interdum lacrimas duratque tenetque
   suspensasque, oculis fortior, intus agit:
erumpunt iterumque lavant gremiumque sinusque   115
   effusae gravidis uberibusque genis.
in vires abiit flendi mora: plenior unda
   defluit, exigua siqua retenta mora.

tandem ubi per lacrimas licuit, sic flebilis orsa est
   singultu medios impediente sonos: 120
'nate, brevis fructus, duplicis sors altera partus,
   gloria confectae, nate, parentis, ubi es?
sed neque iam "duplicis" nec iam "sors altera partus",
   gloria confectae nunc quoque matris, ubi es?
heu, modo tantus ubi es? tumulo portaris et igni.   125
   haec sunt in reditus dona paranda tuos?
sicine dignus eras oculis occurrere matris?
   sic ego te reducem digna videre fui?
Caesaris uxori si talia dicere fas est,
   iam dubito, magnos an rear esse deos.   130

nam quid ego admisi? quae non ego numina cultu,
   quos ego non potui demeruisse deos?
hic pietatis honos? artus amplector inanes
   et vorat hos ipsos flamma rogusque sinus.
tene ego sustineo positum scelerata videre?   135
   tene meae poterunt ungere, nate, manus?
nunc ego te infelix summum teneoque tuorque
   effingoque manus oraque ad ora fero?
nunc primum aspiceris consul victorque parenti?
   sic mihi, sic miserae nomina tanta refers?   140

(113) Bisweilen bringt sie die Tränen zum Trocknen, zum Stocken, hält sie zurück, tapferer als ihre Augen, unterdrückt sie die quellenden Tränen. Doch sie brechen hervor, benetzen wieder Schoß und Busen, strömen hervor aus den vollen, überquellenden Lidern. Die Verzögerung hat die Kräfte der Tränen verstärkt: Voller fließt der Strom herab, wenn er für eine kurze Zeitspanne gehemmt worden ist.

Livias Klage

(119) Schließlich, wenn es die Tränen erlaubten, begann sie jammernd, wobei ihr Schluchzen die Rede immer wieder unterbrach:

(121) «O Sohn, du kurze Freude, du halbes Los zweifacher Geburt, du Ruhm deiner gebrochenen Mutter, o Sohn, wo bist du? – Doch nicht mehr ‹zweifacher Geburt› und nicht mehr ‹halbes Los›, du, auch jetzt noch der Ruhm deiner gebrochenen Mutter, wo bist du? Weh mir, wo bist du, der du eben noch so groß warst? Zum Grabhügel wirst du getragen, zum Scheiterhaufen. Sind dies die Gaben, die für deine Rückkehr darzubringen waren? Hast du es verdient, so der Mutter unter die Augen zu treten? Habe ich es verdient, dich so zurückkehren zu sehen? Wenn der Gattin Caesars gestattet ist, so etwas zu sagen: Jetzt zweifle ich, ob ich glauben soll, daß es große Götter gibt.

(131) Denn was habe ich begangen? Welche Gottheiten, welche Götter habe ich nicht mit meiner Verehrung für mich gewinnen können? Ist dies der Lohn der Frömmigkeit? Hinfällige Glieder umarme ich. Meinen Busen hier verzehrt das Feuer des Scheiterhaufens. Halte ich es aus, ich Verfluchte, dich hier aufgebahrt zu sehen? Waren meine Hände fähig, o Sohn, dich zu salben? Ist es zum letztenmal, daß ich Unglückliche dich halte, dich betrachte, deine Hände streichle, meinen Mund an den deinen drücke? Jetzt erblickt deine Mutter dich zum erstenmal als Konsul und als Sieger? So bringst du mir, so der Unglücklichen solch großartige Titel heim?

quos primum vidi fasces, in funere vidi,
  et vidi eversos indiciumque mali.
quis credat? matri lux haec carissima venit,
  qua natum in summo vidit honore suum!
iamne ego non felix? iam pars mihi rapta Neronum,   145
  materni celeber nomine Drusus avi?
iamne meus non est nec me facit ille parentem?
  iamne fui Drusi mater et ipse fuit?
nec cum victorem referetur adesse Neronem,
  dicere iam potero "maior an alter adest?"   150

ultima contigimus: ius matris habemus ab uno,
  unius est munus, quod tamen orba negor.
me miseram, extimui frigusque per ossa cucurrit:
  nil ego iam possum certa vocare meum.
hic meus ecce fuit: iubet hic de fratre vereri;   155
  omnia iam metuo: fortior ante fui.
sospite te saltem moriar, Nero: tu mea condas
  lumina et excipias hanc animam ore pio.
atque utinam Drusi manus altera et altera fratris
  formarent oculos comprimerentque meos.   160
quod licet, hoc certe, tumulo ponemur in uno,
  Druse, neque ad veteres conditus ibis avos;
miscebor cinerique cinis atque ossibus ossa:
  hanc lucem celeri turbine Parca neat.'
haec et plura refert: lacrimae sua verba sequuntur   165
  oraque nequiquam per modo questa fluunt.

quin etiam corpus matri vix vixque remissum
  exequiis caruit, Livia, paene suis.

(141) Die Rutenbündel, die ich erstmals (bei dir) sah, sah ich erstmals beim Begräbnis und sah sie umgedreht, als Zeichen des Unglücks. Wer würde es glauben? Nun ist dieser Tag gekommen, der liebste für eine Mutter, wenn sie ihren Sohn auf der höchsten Stufe der Ehre erblickt hat! Bin ich nun nicht mehr glücklich? Ist mir nun ein Teil der Neronen entrissen, Drusus, berühmt durch den Namen seines Großvaters mütterlicherseits? Ist er nun nicht mehr mein, und macht er mich nicht mehr zur Mutter? Bin ich jetzt die Mutter des Drusus gewesen, und er selbst, ist er wirklich tot? Und wenn man berichten wird, daß der siegreiche Nero da sei, werde ich noch sagen können: ‹Ist der ältere oder der andere da?›

(151) Ich bin ans Ende gelangt: Das Recht der Mutter habe ich von dem einen, Geschenk dieses einen ist es, daß ich dennoch nicht als kinderlos gelte. Ich Arme bin erschrocken, und Kälte lief durch mein Gebein: Nichts kann ich mehr mit Sicherheit als mein bezeichnen. Siehe, er war der meine. Dieser veranlaßt mich, um den Bruder zu fürchten. Alles fürchte ich jetzt, früher war ich tapferer. Ich möchte wenigstens sterben, solange du noch lebst, (Tiberius) Nero. Du sollst meine Augen schließen und mit liebevollem Mund meine Seele auffangen. Würde doch eine Hand des Drusus und eine Hand seines Bruders meine Augen schließen und streicheln!

(161) Was möglich ist, und dies gewiß: Wir werden im gleichen Grabmal beigesetzt werden, Drusus, und du wirst nicht zu deinen früheren Ahnen ins Grab gehen. Meine Asche wird sich mit deiner, meine Gebeine sich mit deiner vereinen. Die Parze möge mit rascher Drehung diesen Tag spinnen!» Dies und mehr spricht sie. Tränen folgen ihren Worten und fließen über ihren Mund, der eben noch vergeblich geklagt hat.

Überführung der Leiche
(167) Ja, beinahe wäre sein Leichnam nicht zur Mutter zurückgebracht worden, beinahe hätte er, Livia, nicht das richtige Begräbnis

quippe ducem arsuris exercitus omnis in armis,
   inter quae periit, ponere certus erat: 170
abstulit invitis corpus venerabile frater
   et Drusum patriae quod licuitve dedit.
funera ducuntur Romana per oppida Drusi,
   (heu facinus) per quae victor iturus erat,
per quae deletis Raetorum venerat armis: 175
   ei mihi, quam dispar huic fuit illud iter.

consul init fractis maerentem fascibus urbem:
   quid faceret victus, sic ubi victor init?
maesta domus plangore sonat, cui figere laetus
   parta sua dominus voverat arma manu.   180
urbs gemit et vultum miserabilis induit unum –
   gentibus adversis forma sit illa, precor!

incerti clauduntque domos trepidantque per urbem,
   hic illic pavidi clamque palamque dolent.
iura silent mutaeque tacent sine vindice leges;   185
   aspicitur toto purpura nulla foro.
dique latent templis neque iniqua ad funera vultus
   praebent nec poscunt tura ferenda rogo:
obscuros delubra tenent; pudet ora colentum
   aspicere invidiae, quam meruere, metu.   190

atque aliquis de plebe pius pro paupere nato
   sustulerat timidas sidera ad alta manus,
iamque precaturus «quid ego autem credulus» inquit
   'suscipiam in nullos irrita vota deos?
Livia non illos, pro Druso Livia movit: 195
   nos erimus magno maxima cura Iovi!'

bekommen. Das ganze Heer war nämlich entschlossen, seinen Führer in den Waffen, in denen er gestorben war, zu verbrennen und bei-
zusetzen. Der Bruder nahm ihnen gegen ihren Willen den ver-
ehrungswürdigen Leichnam weg und brachte Drusus – oder was er
von ihm bringen konnte – in die Heimat zurück. Der Leichenzug des
Drusus zieht durch die römischen Städte, durch die er, wie schreck-
lich!, als Sieger ziehen wollte, durch die er nach der Vernichtung des
Räterheeres gekommen war. Weh mir, wie verschieden war diese
Reise von jener!

(177) Als Konsul zieht er in die mit zerbrochenen Rutenbündeln
trauernde Hauptstadt ein: Was hätte er wohl als Besiegter getan,
wenn er schon so als Sieger einzieht?! Traurig von Klagen ertönt der
Palast, an den er als Hausherr freudig die mit eigener Hand erbeuteten Waffen anzuheften gelobt hatte. Die Hauptstadt seufzt, und die
bejammernswerte trägt nur noch eine einzige Miene zur Schau. Möge
es doch den gegnerischen Völkern, ich bete darum, gleich ergehen
(wie uns)!

(183) In Ungewißheit verschließt man die Häuser und irrt durch
die Stadt; verängstigt trauert man hier wie dort, heimlich und offen.
Das Recht ist verstummt und still schweigen die Gesetze ohne Richter. Keine Purpurstreifen erblickt man auf dem ganzen Forum. Die
Götter verbergen sich in den Tempeln, lassen sich nicht sehen bei
dem ungerechten Begräbnis und verlangen keinen Weihrauch, der
nun für den Scheiterhaufen benötigt wird. Sie bleiben im Dunkel der
Heiligtümer; sie schämen sich, die Gesichter der Verehrer anzu-
blicken, aus Angst vor dem Haß, den sie verdient haben.

(191) Und einer aus dem Volk hatte fromm für seinen armen Sohn
zu den hohen Sternen furchtsam die Hände erhoben, wollte eben be-
ten und sagte: «Was soll ich nun aber leichtgläubig nutzlose Gelübde bei Göttern ablegen, die es nicht gibt? Livia konnte sie nicht
rühren, Livia für Drusus! Da werde ich ja wohl für den großen Jupiter gerade die wichtigste Sorge sein!» Sprach's und verzichtete zor-

dixit et iratus vota insuscepta reliquit
   duravitque animum destituitque preces.

obvia turba ruit lacrimisque rigantibus ora
   consulis erepti publica damna refert.   200
omnibus idem oculi, par est concordia flendi:
   funeris exequiis adsumus omnis eques;
omnis adest aetas, maerent iuvenesque senesque,
   Ausoniae matres Ausoniaeque nurus.
auctorisque sui praefertur imagine maesta   205
   quae victrix templis debita laurus erat.
certat onus lecti generosa subire iuventus
   et studet officio sedula colla dare.
et voce et lacrimis laudasti, Caesar, alumnum,
   tristia cum medius rumperet orsa dolor.   210
tu letum optasti, dis aversantibus omen,
   par tibi, si sinerent te tua fata mori.
sed tibi debetur caelum, te fulmine pollens
   accipiet cupidi regia magna Iovis.
quod petiit, tulit ille, tibi ut sua facta placerent,   215
   magnaque laudatus praemia mortis habet.
armataeque rogum celebrant de more cohortes:
   has pedes exequias reddit equesque duci.
te clamore vocant iterumque iterumque supremo;
   at vox adversis collibus icta redit.   220

ipse pater flavis Tiberinus adhorruit undis,
   sustulit et medio nubilus amne caput.
tum salice implexum muscoque et harundine crinem
   caeruleum magna legit ab ore manu

nig auf das Gelöbnis, bevor er es ausgesprochen hatte, verhärtete seinen Sinn und gab die Gebete auf.

Bestattungsfeier

(199) Entgegen strömt die Masse und berichtet mit tränenüberströmtem Gesicht vom öffentlichen Unglück, daß ihr der Konsul entrissen ist. Gleich sind die Augen aller, gleich ist ihre Einmütigkeit im Weinen. Wir Ritter sind alle zugegen bei der Totenfeier, alle Altersstufen sind zugegen, es trauert jung und alt, die ausonischen Mütter und die ausonischen Töchter. Vorangetragen wird mit der Trauerbüste der Siegeslorbeer dessen, der ihn errungen hat, der Lorbeer, der dem Tempel geschuldet war. Die vornehme Jugend streitet sich darum, die Last der Bahre zu tragen, und bemüht sich eifrig, den Nacken für diese Aufgabe hinzuhalten.

(209) Mit deinem Wort und unter Tränen hast du, Caesar, deinen Zögling gelobt, wobei immer wieder der Schmerz die Trauerrede unterbrach. Du hast dir einen gleichen Tod gewünscht – die Götter mögen das verhindern! –, falls dein Schicksal dich sterben lasse. Doch du bist für den Himmel bestimmt, dich wird der große Palast des wohlwollenden Jupiter, der mächtig ist dank seinem Blitz, aufnehmen. Was jener wollte, erreichte er: Daß dir seine Taten gefielen. Mit deinem Lob erhält er große Genugtuung für seinen Tod. Die bewaffneten Kohorten erweisen dem Scheiterhaufen die gebührende Ehre. Diese Totenfeier für ihren Feldherrn begehen Fußvolk und Reiterei. Dich rufen sie wieder und wieder mit dem letzten Ruf, doch der Ruf wird von den gegenüberliegenden Hügeln zurückgeworfen.

Exkurs: Tiber und Mars

(221) Vater Tiberinus selbst erschauderte in seinen braungelben Wellen und hob mitten aus dem Fluß finster sein Haupt empor. Darauf streicht er mit seiner großen Hand das mit Weiden, Moos und Schilf verflochtene blauschwarze Haar aus dem Gesicht und läßt aus

uberibusque oculis lacrimarum flumina misit: 225
   vix capit adiectas alveus altus aquas.
iamque rogi flammas extinguere fluminis ictu,
   corpus et intactum tollere certus erat:
sustentabat aquas cursusque inhibebat ad aequor,
   ut posset toto proluere amne rogum.   230
sed Mavors, templo vicinus et accola Campi,
   tot dixit siccis verba neque ipse genis:
'quamquam amnes decet ira, tamen, Tiberine, quiescas:
   non tibi, non ullis vincere fata datur.
iste meus periit: periit arma inter et enses   235
   et dux pro patria: funera causa levet.
quod potui tribuisse, dedi: victoria parta est.
   auctor abit operis, sed tamen extat opus.

quondam ego tentavi Clothoque duasque sorores,
   pollice quae certo pensa severa trahunt,   240
ut Remus Iliades et frater conditor urbis
   effugerent aliqua stagna profunda via.
de tribus una mihi "partem accipe, quae datur" inquit
   "muneris; ex istis quod petis alter erit.
hic tibi, mox Veneri Caesar promissus uterque: 245
   hos debet solos Martia Roma deos."

sic cecinere deae: nec tu, Tiberine, repugna,
   irrite nec flammas amne morare tuo,
nec iuvenis positi supremos destrue honores.
   vade age et immissis labere pronus aquis!'   250
paret et in longum spatiosas explicat undas
   structaque pendenti pumice tecta subit.

den übervollen Augen Ströme von Tränen fließen. Kaum faßt das tiefe Flußbett das zusätzliche Wasser. Und schon war er entschlossen, die Flammen des Scheiterhaufens mit einem Wasserschwall zu löschen und den unversehrten Leichnam zu entführen: Er hielt das Wasser zurück und hemmte seinen Lauf zum Meer, um mit dem ganzen Fluß den Scheiterhaufen wegspülen zu können.

(231) Doch Mavors mit seinem Tempel in der Nähe und Anwohner des (Mars-)Feldes, auch er selbst nicht mit trockenen Wangen, sprach folgende Worte: «Obschon der Zorn zu Flüssen paßt, sollst du, Tiberinus, dennoch ruhig bleiben. Nicht dir, nicht anderen ist es verliehen, das Schicksal zu überwinden. Dieser hier, mein Verehrer, ist gestorben. Gestorben ist er unter Waffen und Schwertern und als Feldherr für das Vaterland. Die Ursache möge (dir) das Begräbnis erträglich machen. Was ich verleihen konnte, habe ich verliehen: Der Sieg ist errungen. Der Schöpfer des Werkes entschwindet, doch das Werk bleibt.

(239) Einst versuchte ich bei Clotho und ihren beiden Schwestern, die mit sicherem Daumen streng ihre Fäden spinnen, zu erreichen, daß Ilias Sohn Remus und sein Bruder, der Gründer unserer Stadt auf irgendeinem Weg dem tiefen Gewässer (der Unterwelt) entkämen. Eine von den dreien sagte mir: ‹Nimm den Teil des Geschenkes, der dir gegeben wird. Von diesen wird der eine das sein, was du wünschst. Dieser ist *dir* versprochen, der Venus aber sind es später die beiden Caesares: Das sind die einzigen Götter, die Rom, der Stadt des Mars, bestimmt sind.›

(247) So sangen die Göttinnen. Auch du, Tiberinus, wehre dich nicht dagegen, hemme nicht vergeblich mit deinem Fluß die Flammen und zerstöre nicht die letzten Ehren für den aufgebahrten jungen Mann. Auf, geh und fließe eilends mit zügiger Strömung dahin!» Er gehorcht, zieht die breiten Fluten in die Länge und betritt sein aus gewölbtem Bimsstein gebautes Haus.

flamma diu cunctata caput contingere sanctum
    erravit posito lenta sub usque toro.
tandem ubi complexa est silvas alimentaque sumpsit,   255
    aethera subiectis lambit et astra comis,
qualis in Herculeae colluxit collibus Oetae,
    cum sunt imposito membra cremata deo.
uritur heu decor ille viri generosaque forma
    et facilis vultus, uritur ille vigor   260
victricesque manus facundaque principis ora
    pectoraque, ingenii magna capaxque domus.
spes quoque multorum flammis uruntur in isdem;
    iste rogus miserae viscera matris habet.

facta ducis vivent operosaque gloria rerum: 265
    haec manet, haec avidos effugit una rogos.
pars erit historiae totoque legetur in aevo
    seque opus ingeniis carminibusque dabit.
stabis et in rostris tituli speciosus honore
    causaque dicemur nos tibi, Druse, necis.   270

at tibi ius veniae superest, Germania, nullum:
    postmodo tu poenas, barbare, morte dabis.
aspiciam regum liventia colla catenis
    duraque per saevas vincula nexa manus
et tandem trepidos vultus inque illa ferocum   275
    invitis lacrimas decidere ora genis.
spiritus ille minax et Drusi morte superbus
    carnifici in maesto carcere dandus erit.
consistam lentisque oculis laetusque videbo
    strata per obscenas corpora nuda vias.   280

Bestattungsfeier (Fortsetzung)

(253) Die Flamme zögerte lange, das heilige Haupt zu berühren und züngelte noch immer langsam unter der aufgestellten Bahre. Als sie schließlich das Holz erfaßte und Nahrung erhielt, leckte sie den Aether und die Sterne mit emporschießenden Zungen, wie sie auf den Hügeln des herculeischen Oeta damals leuchtete, als die Glieder des aufgebahrten Gottes verbrannt wurden. Verbrannt wird, o weh, die Anmut des Mannes, seine edle Gestalt und sein freundliches Antlitz, verbrannt werden die Kraft, die siegreichen Hände, der redegewandte Mund des Fürsten und die Brust, das große, geräumige Haus seines Geistes. Auch die Hoffnungen vieler verbrennen in denselben Flammen. Dieser Scheiterhaufen birgt der unglücklichen Mutter Fleisch und Blut.

Nachruhm, Rache, Verlust

(265) Die Taten des Feldherrn werden leben und der hart errungene Ruhm seiner Taten: Dieser bleibt bestehen, dieser allein entgeht dem gefräßigen Scheiterhaufen. Er wird ein Stück Geschichte sein, zu allen Zeiten wird man von ihm lesen, für Denker und Dichter wird er sich als Thema eignen. Und auf der Rostra wirst du stehen, ruhmreich dank der Ehreninschrift, und wir (Römer) werden als Ursache deines Todes, Drusus, genannt werden.

(271) Doch für dich, Germania, wird es kein Recht auf Gnade mehr geben: Du wirst, Barbar, künftig mit dem Tode büßen. Erblicken werde ich die von Ketten blutunterlaufenen Nacken von Königen, die harten, um ihre Hände geschlungenen Fesseln und schließlich ihre furchtsamen Blicke, und wie gegen ihren Willen ihnen, den grimmigen Männern, die Tränen über die Wangen laufen. Jener trotzige Geist, der über den Tod des Drusus jubelt, ist im düsteren Kerker dem Henker zu übergeben. Ich will hingehen und mit ruhigem Blick und freudig zusehen, wie die nackten Leichen, ein grauenhafter Anblick, auf den Straßen umherliegen. Möge die taufeuchte Au-

hunc Aurora diem spectacula tanta ferentem
    quam primum croceis roscida portet equis!
adice Ledaeos, concordia sidera, fratres
    templaque Romano conspicienda foro.
quam parvo numeros implevit principis aevo,   285
    in patriam meritis occubuitque senex!
nec sua conspiciet, miserum me, munera Drusus
    nec sua prae templi nomina fronte leget.
saepe Nero illacrimans summissa voce loquetur:
    'cur adeo fratres heu sine fratre deos?'   290
certus eras numquam nisi victor, Druse, reverti;
    haec te debuerant tempora: victor eras.
consule nos, duce nos, duce iam victore caremus:
    invenit tota maeror in urbe locum.
at comitum squalent immissis ora capillis,   295
    infelix, Druso sed pia turba suo.
quorum aliquis tendens in te sua bracchia dixit:
    'cur sine me, cur sic incomitatus abis?'

quid referam de te, dignissima coniuge Druso
    atque eadem Drusi digna parente nurus?   300
par bene compositum: iuvenum fortissimus alter,
    altera tam forti mutua cura viro.
femina tu princeps, tu filia Caesaris illi
    nec minor es magni coniuge visa Iovis.
tu concessus amor, tu solus et ultimus illi,   305
    tu requies fesso grata laboris eras.
te moriens per verba novissima questus abesse
    et mota in nomen frigida lingua tuum.

rora möglichst bald den Tag, der ein solches Schauspiel bietet, mit ihren safranfarbigen Pferden heraufführen!

(283) Denke auch an das Brüderpaar, die Söhne Ledas, die einträchtigen Sterne, und ihren Tempel, der auf dem Forum zu sehen ist! In welch jugendlichem Alter erfüllte er alle Aufgaben eines Fürsten und starb nun, bei seinen Verdiensten für das Vaterland (geradezu) ein Greis! So wird Drusus, weh mir, nun weder seine Stiftung erblicken, noch wird er an der Tempelfront seinen Namen lesen. Oft wird (Tiberius) Nero unter Tränen mit leiser Stimme sagen: «Warum suche ich, der ich, o weh, ohne Bruder bin, die göttlichen Brüder auf?»

(291) Du warst entschlossen, Drusus, erst als Sieger zurückzukehren. Unsere Zeit hatte dich benötigt: Du warst Sieger. Als Konsul, als Feldherr, als schon siegreichen Feldherrn entbehren wir dich nun. Trauer hat die ganze Hauptstadt erfaßt. Doch das Antlitz deiner Kameraden ist von zerzausten Haaren entstellt, eine unglückliche, aber ihrem Drusus treue Schar. Einer von ihnen streckte seine Hände nach dir aus und sagte: «Warum gehst du ohne mich, warum so ohne Begleiter weg?»

Klage um Antonia

(299) Was soll ich von dir berichten, die du wahrlich Drusus als Gatten verdientest und auch als Schwiegertochter des Vaters des Drusus würdig bist? Ein schönes Paar: Er, der tapferste Jüngling, sie der Liebling des tapferen Mannes, wie er der ihre. Du warst für ihn die weibliche Fürstin, du die Tochter Caesars, nicht geringer als des mächtigen Jupiters Gattin. Du warst seine rechtmäßige Geliebte, du seine einzige und letzte Liebe, du warst seine willkommene Ruhe, wenn er von der Arbeit erschöpft war. Sterbend klagte er mit den letzten Worten, daß du nicht da seist, und die kalte Zunge bewegte sich noch, um deinen Namen auszusprechen.

infelix recipis non quem promiserat ipse
    nec qui missus erat, nec tuus ille redit,   310
nec tibi deletos poterit narrare Sicambros,
    ensibus et Suevos terga dedisse suis,
fluminaque et montes et nomina magna locorum
    et siquid miri vidit in orbe novo.
frigidus ille tibi corpusque refertur inane,   315
    quemque premat sine te, sternitur ecce torus.

quo raperis laniata comas similisque furenti?
    quo ruis? attonita quid petis ora manu?
hoc fuit Andromachae, cum vir religatus ad axem
    terruit admissos sanguinolentus equos;   320
hoc fuit Euadnae tum, cum ferienda coruscis
    fulminibus Capaneus impavida ora dedit.
quid mortem tibi maesta rogas amplexaque natos
    pignora de Druso sola relicta tenes,
et modo per somnos agitaris imagine falsa   325
    teque tuo Drusum credis habere sinu,
et subito temptasque manu sperasque receptum,
    quaeris et in vacui parte priore tori?

ille pio, si non temere haec creduntur, in arvo
    inter honoratos excipietur avos,   330
magnaque maternis maioribus, aequa paternis
    gloria quadriiugis aureus ibit equis,
regalique habitu curruque superbus eburno
    fronde triumphali tempora vinctus erit.
accipient iuvenem Germanica signa ferentem   335
    consulis imperio conspicuumque decus,

(309) Du Unglückliche, du empfängst nicht den, den er dir selber versprochen hatte, noch den, der ausgesandt worden war, nicht als der Deine kehrt er zurück, noch wird er dir von der Vernichtung der Sicambrer erzählen können, und daß die Sueven vor seinen Schwertern die Flucht ergriffen, nicht von den Flüssen und Bergen, den prachtvollen Namen von Gegenden und von den Wundern, die er in der neuen Welt gesehen hat. Kalt, als verwesender Leichnam wird er dir zurückgebracht, und siehe, ein Bett wird zubereitet, auf das er ohne dich niedergelegt wird.

(317) Wohin eilst du, die Haare raufend, gleich einer Rasenden? Wohin stürzest du? Was mißhandelst du mit besinnungsloser Hand dein Gesicht? Das paßte zu Andromache, als ihr Mann an den Wagen gebunden blutüberströmt die galoppierenden Pferde scheuchte. Das paßte zu Euadne, damals, als Capaneus sein unerschrockenes Antlitz den funkelnden Blitzen zum Schlage darbot. Was wünschst du dir in der Verzweiflung den Tod, hältst in den Armen die Kinder, die du Drusus geschenkt hast, das einzige, was dir geblieben ist, wirst im Traum bald von einem Trugbild geplagt, glaubst Drusus in deinen Armen zu halten, tastest plötzlich mit der Hand nach ihm, hoffst ihn wiederzuhaben, und suchst ihn auf der Seite des leeren Bettes, wo er früher lag?

TROST

Triumphzug im Jenseits

(329) Er aber wird, wenn es nicht zu verwegen ist, das zu glauben, im seligen Gefilde unter seine hochgeehrten Vorfahren aufgenommen werden. Ein großer Ruhm für die mütterlichen und ebenso für die väterlichen Vorfahren wird er in Gold auf dem Viergespann einherziehen, stolz, in königlichem Aufzug, auf elfenbeinernem Wagen, die Schläfen mit dem Laub des Triumphes umschlungen. Sie werden den jungen Mann, der die germanischen Siegeszeichen mitbringt, empfangen, ihn, die mit der Amtsgewalt des Konsuls ausgestattete

gaudebuntque suae merito cognomine gentis,
    quod solum domito victor ab hoste tulit.
vix credent tantum rerum cepisse tot annos,
    magna viri latum quaerere facta locum.   340
haec ipsum sublime ferent, haec, optima mater,
    debuerint luctus attenuare tuos.

femina digna illis, quos aurea condidit aetas,
    principibus natis, principe digna viro,
quid deceat Drusi matrem matremque Neronis   345
    aspice, quo surgas, aspice, mane toro.
non eadem vulgusque decent et lumina rerum:
    est quod praecipuum debeat ista domus.
imposuit te alto Fortuna locumque tueri
    iussit honoratum: Livia, perfer onus.   350

ad te oculos auresque trahis, tua facta notamus,
    nec vox missa potest principis ore tegi.
alta mane supraque tuos exurge dolores
    infragilemque animum, quod potes, usque tene.
an melius per te virtutum exempla petemus,   355
    quam si Romanae principis edis opus?

fata manent omnes, omnes expectat avarus
    portitor et turbae vix satis una ratis.
tendimus huc omnes, metam properamus ad unam,
    omnia sub leges Mors vocat atra suas.   360
ecce necem intentam caelo terraeque fretoque
    casurumque triplex vaticinantur opus:

Zierde, sie werden sich freuen über den verdienten Beinamen ihres Geschlechtes, das einzige, was er als Sieger vom bezwungenen Feinde davontrug. Sie werden kaum glauben, daß so wenige Jahre so viel Erfolg brachten, daß die großen Taten des Mannes (einen so) breiten Raum (in der Geschichte) beanspruchen. Diese Taten werden ihn in den Himmel heben, beste Mutter, werden deinen Kummer lindern müssen.

Ermahnung zur Würde

(343) Du Frau, würdig der Menschen, die das goldene Zeitalter begrub, der fürstlichen Söhne, des fürstlichen Gatten würdig, bedenke, was der Mutter eines Drusus, der Mutter eines (Tiberius) Nero geziemt, bedenke, aus welchem Lager du dich am Morgen erhebst! Nicht dasselbe geziemt sich für das gewöhnliche Volk wie für die Leuchten der Welt: Ein Haus wie das deine ist zu Besonderem verpflichtet. Fortuna hat dich auf einen hohen Platz gestellt und dich verpflichtet, diesen ehrenvollen Rang zu wahren: Livia, trage geduldig deine Bürde!

(351) Augen und Ohren ziehst du auf dich, auf dein Verhalten achten wir, und kein Wort, das aus fürstlichem Munde kommt, läßt sich verbergen. Bleibe erhaben, erhebe dich über deinen Schmerz, bewahre deinen Sinn, du kannst es, nach wie vor ungebrochen! Oder können wir uns etwa besser ein Beispiel der Tugenden an dir nehmen, als wenn du uns das Verhalten einer römischen Fürstin vorzeigst?

Schicksal

(357) Das Schicksal wartet auf alle, alle erwartet der gierige Fährmann und ein einziges Boot, das kaum genügt für die Massen. Dorthin streben wir alle, wir eilen zu einem einzigen Ziel, der schwarze Tod unterwirft alles seinen Gesetzen. Siehe, man prophezeit, daß für Himmel, Erde und Meer der Tod vorgesehen sei, daß die dreifache Schöpfung untergehen werde. Geh nun und richte, wenn der Welt ein

i nunc et rebus tanta impendente ruina
  in te solam oculos et tua damna refer.
maximus ille quidem iuvenum spes publica vixit   365
  et, qua natus erat, gloria summa domus.
sed mortalis erat nec tu secura fuisti
  fortia progenie bella gerente tua.
vita data est utenda, data est sine faenore nobis
  mutua nec certa persoluenda die.   370
Fortuna arbitriis tempus dispensat iniquis:
  illa rapit iuvenes, sustinet illa senes,
quaque ruit, furibunda ruit totumque per orbem
  fulminat et caecis caeca triumphat equis.
regna deae immitis parce irritare querendo,   375
  sollicitare animos parce potentis erae.

quae tamen hoc uno tristis tibi tempore venit,
  saepe eadem rebus favit amica tuis:
nata quod alte es quodque es fetibus aucta duobus,
  quodque etiam magno consociata Iovi,   380
quod semper domito rediit tibi Caesar ab orbe,
  gessit et invicta prospera bella manu,
quod spes implerunt maternaque vota Nerones,
  quod pulsus totiens hostis utroque duce:

Rhenus et Alpinae valles et sanguine nigro   385
  decolor infecta testis Isarcus aqua
Danuviusque rapax et Dacius orbe remoto
  Apulus, huic hosti perbreve Pontus iter,
Armeniusque fugax et tandem Dalmata supplex
  summaque dispersi per iuga Pannonii   390
et modo Germanus Romanis cognitus orbis.
  aspice, quam meritis culpa sit una minor.

solcher Untergang droht, deine Augen allein auf dich und deinen Verlust! Er, der größte unter den jungen Männern, war zu Lebzeiten die Hoffnung des Staates und der höchste Ruhm des Hauses, aus dem er stammte. Doch er war sterblich, und du warst nicht ohne Sorgen, solange dein Nachkomme tapfere Kriege führte.

(369) Das Leben ist uns gegeben, daß wir es nützen, leihweise gegeben ohne Zins und nicht an einem bestimmten Tag rückzahlbar. Fortuna verteilt die Zeit nach ihrem Gutdünken, ungerecht: Sie rafft junge Leute dahin, sie erhält Greise am Leben, und wohin sie stürzt, stürzt sie tobend, schleudert ihre Blitze durch die ganze Welt und triumphiert blind auf blinden Pferden. Hüte dich, die Macht der grausamen Göttin mit Klagen zu verärgern, hüte dich, den Sinn der mächtigen Herrin zu reizen!

Glück

(377) Doch die gleiche (Göttin), die zu dieser einen Zeit dir unfreundlich begegnete, kam oft auch als Freundin deinen Wünschen entgegen: Daß du aus vornehmem Geschlecht bist, daß dir zwei Nachkommen geschenkt wurden, daß du sogar mit dem großen Jupiter verbunden bist, daß Caesar dir immer aus der unterworfenen Welt zurückkehrte und mit unbesiegbarer Hand günstige Kriege führte, daß die Neronen die mütterlichen Hoffnungen und Wünsche erfüllten, daß der Feind so oft unter der Führung der beiden geschlagen wurde.

(385) Der Rhein und die Alpentäler und der verfärbte Isarcus mit seinem von schwarzem Blut getränkten Wasser sind Zeugen, die reißende Donau, der dakische Apuler am Ende der Welt, ein Feind, für den der Pontus nur eine sehr kleine Wegstrecke entfernt ist, der fluchtgewohnte Armenier und schließlich der unterwürfige Dalmater und die über die Bergkämme zerstreuten Pannonier und die den Römern eben erst bekannt gewordene Welt der Germanen. Sieh, wieviel geringer der eine Verlust ist als seine Verdienste!

adde, quod est absens functus nec cernere nati
    semineces oculos sustinuere tui,
quique dolor menti lenissimus influit aegrae,   395
    accipere es luctus aure coacta tuos,
praevertitque metus per longa pericula luctum,
    tu quibus auditis anxia mentis eras.
non ex praecipiti dolor in tua pectora venit,
    sed per mollitos ante timore gradus.   400

Iuppiter ante dedit fati mala signa cruenti,
    flammifera petiit cum tria templa manu:
Iunonisque gravis nocte impavidaeque Minervae
    sanctaque et immensi Caesaris icta domus.
sidera quin etiam caelo fugisse feruntur,   405
    Lucifer et solitas destituisse vias:
Lucifer in toto nulli comparuit orbe
    et venit stella non praeeunte dies.
sideris hoc obitus terris instare monebat
    et mergi Stygia nobile lumen aqua.   410

at tu, qui superes maestae solacia matri,
    comprecor, illi ipsi conspiciare senex.
perque annos diuturnus eas fratrisque tuosque
    et vivat nato cum sene mater anus.
eventura precor: deus excusare priora   415
    dum velit, a Druso cetera laeta dabit.

tu tamen ausa potes tantum indulgere dolori,
    longius ut nolis, heu male fortis, ali?
vix etiam fueras paucas vitalis in horas,
    obtulit invitae cum tibi Caesar opem   420

Wunderzeichen

(393) Rechne hinzu, daß er in der Ferne gestorben ist und daß deine Augen es nicht ertragen hätten, die brechenden Augen des Sohnes mitanzusehen, daß du gezwungen warst, mit den Ohren dein Leid zu vernehmen – so fließt der Schmerz am sanftesten in ein bedrücktes Gemüt –, und daß die Angst während der langwierigen Gefahren die Trauer vorwegnahm, da du, wenn du davon vernahmst, im Herzen verängstigt warst. Nicht aus heiterem Himmel kam der Schmerz in deine Brust, sondern wegen deiner Angst zuvor schon in sanften Schritten.

(401) Jupiter gab schon zuvor unheilvolle Zeichen blutigen Schicksals, indem er drei Tempel mit flammenbewehrter Hand traf: Getroffen wurde bei Nacht das heilige Haus der würdigen Juno, der unerschrockenen Minerva und des gewaltigen Caesar. Ja, man berichtet sogar, Sterne seien über den Himmel geschossen, Lucifer habe seine gewohnte Bahn aufgegeben: Lucifer erschien niemandem auf der ganzen Welt, und der Tag kam, ohne daß ein Stern voraufging. Dies war die Warnung, daß der Welt der Untergang eines Sterns bevorstehe und ein edles Licht im stygischen Wasser versinke.

Zukunftswünsche. Livias Rettung

(411) Doch du (Tiberius), der du als Trost der traurigen Mutter noch lebst, sollst, dies mein Gebet, von ihr noch als alter Mann erblickt werden. Langlebig sollst du deines Bruders Jahre und die deinen zusammen erreichen, und leben soll mit dem greisen Sohn die greise Mutter. Ich bete darum, daß dies eintrifft: Wenn Gott das Vorgefallene gutmachen will, wird er nun nach (dem Tod des) Drusus eine freudvolle Zukunft verleihen.

(417) Du jedoch (Livia) kannst es über dich bringen, so sehr deinem Schmerz nachzuhängen, daß du dich – ach, welch verfehlte Tapferkeit! – nicht länger ernähren willst? Du hättest sogar kaum mehr einige Stunden überlebt: Da brachte Caesar dir Hilfe gegen deinen

admovitque preces et ius immiscuit illis
   aridaque affusa guttura tinxit aqua.
nec minor est nato servandae cura parentis:
   hic adhibet blandas, nec sine iure, preces.
coniugis et nati meritum pervenit ad omnis: 425
   coniugis et nati, Livia, sospes ope es.

supprime iam lacrimas: non est revocabilis istis,
   quem semel umbrifera navita lintre tulit.
Hectora tot fratres, tot deflevere sorores
   et pater et coniunx Astyanaxque puer   430
et longaeva parens, tamen ille redemptus – ad ignes;
   nullaque per Stygias umbra renavit aquas.
contigit hoc etiam Thetidi: populator Achilles
   Iliaca ambustis ossibus arva premit.
illi caeruleum Panope matertera crinem   435
   solvit et immensas fletibus auxit aquas,
consortesque deae centum longaevaque magni
   Oceani coniunx Oceanusque pater
et Thetis ante omnes, sed nec Thetis ipsa neque omnes
   mutarunt avidi tristia iura dei.   440
prisca quid huc repeto? Marcellum Octavia flevit
   et flevit populo Caesar utrumque palam.
sed rigidum ius est et inevitabile Mortis,
   stant rata non ulla fila tenenda manu.

ipse tibi emissus nebulosi litore Averni,   445
   si liceat, forti verba tot ore sonet:
'quid numeras annos? vixi maturior annis.
   acta senem faciunt, haec numeranda tibi,

Willen, bedrängte dich mit Bitten, pochte dazu auf sein Recht und
tränkte deine trockene Kehle mit Wasser, das er dir einflößte. Nicht
minder groß ist die Sorge des Sohnes für die Rettung der Mutter: Er
verlegt sich auf schmeichlerische Bitten, und nicht zu Unrecht. Das
Verdienst deines Gatten und des Sohnes kommt allen zugute: Dank
dem Gatten und dem Sohn bist du, Livia, noch am Leben.

Unausweichlicher Tod

(427) Unterdrücke nun die Tränen: Man kann damit nicht zurück-
rufen, wen einmal der Schiffer auf schattenbeladenem Kahn geholt
hat. Um Hector weinten so viele Brüder, so viele Schwestern, Vater,
Gattin, der kleine Astyanax, die hochbetagte Mutter, dennoch wurde er losgekauft – für den Scheiterhaufen; und kein Schatten
schwamm je zurück durch das stygische Wasser.

(433) Dies widerfuhr auch Thetis: Der Städtezerstörer Achilles
liegt mit seinen eingeäscherten Gebeinen auf ilischem Boden. Für ihn
löste seine Tante Panope ihr blauschwarzes Haar und vermehrte die
unermeßlichen Fluten um ihre Tränen, ebenso die hundert göttlichen
Schwestern, die hochbetagte Gattin des großen Oceanus, Vater Oceanus selbst und vor allem Thetis, doch weder Thetis selber noch alle
übrigen änderten den strengen Richtspruch des gierigen Gottes.

(441) Was wiederhole ich hier alte Geschichten? Octavia weinte
um Marcellus und Caesar weinte vor allem Volk um die beiden. Doch
starr und unausweichlich ist das Recht des Todes. Festgelegt sind die
(Schicksals-)Fäden und von keiner Hand zu beherrschen.

Trostrede des toten Drusus

(445) Er selbst würde, vom Ufer des umnebelten Avernus entlas-
sen, falls das möglich wäre, mit tapferer Stimme folgende Worte sagen: «Was zählst du die Jahre? Ich lebte reifer, als es meine Jahre waren. Es sind die Taten, die das Alter ausmachen, diese mußt du zählen,
mit diesen hatte ich mein Leben auszufüllen, nicht mit tatenlosen

his aevum fuit implendum, non segnibus annis.
   hostibus eveniat longa senecta meis.   450
hoc atavi monuere tui proavique Nerones:
   fregerunt ambo Punica bella duces.
hoc domus ista docet, per te mea, Caesaris alti;
   exitus hic, mater, debuit esse meus.
nec meritis, quamquam ipsa iuvant magis, afuit illis,   455
   mater, honos: titulis nomina plena vides.
CONSUL ET IGNOTI VICTOR GERMANICUS ORBIS,
   CUI FUIT HEU MORTIS PUBLICA CAUSA, legor.
cingor Apollinea victricia tempora lauro
   et sensi exequias funeris ipse mei   460
decursusque virum notos mihi donaque regum
   cunctaque per titulos oppida lecta suos,
et quo me officio portaverit illa iuventus,
   quae fuit ante meum tam generosa torum.
denique laudari sacrato Caesaris ore   465
   emerui, lacrimas elicuique deo.
et cuiquam miserandus ero? iam comprime fletus.
   hoc ego, qui flendi sum tibi causa, rogo.'

haec sentit Drusus, si quid modo sentit in umbra,
   nec tu de tanto crede minora viro.   470
est tibi sitque, precor, multorum filius instar
   parsque tui partus est tibi salva prior.
est coniunx, tutela hominum, quo sospite vestram,
   Livia, funestam dedecet esse domum.

Jahren. Meinen *Feinden* soll ein langdauerndes Alter blühen. Dies lehrten mich deine Ahnen und meine Vorfahren aus dem Geschlecht der Neronen: Beide siegten entscheidend als Feldherren in den Punischen Kriegen. Dies lehrt dein Haus, das durch dich das meine ist und das des erhabenen Caesar; so, Mutter, mußte auch mein Ende sein. Und es fehlte meinen Verdiensten, obschon mich diese selbst noch mehr freuen, auch nicht an Ehrungen, Mutter: Du siehst meinen Namen voll von Ehrentiteln.

(457) KONSUL UND SIEGER ÜBER EINE UNBEKANNTE WELT, GERMANICUS, FÜR DEN, ACH, SEINES TODES URSACHE SEIN LAND WAR – so liest man von mir. An den siegreichen Schläfen werde ich mit apollinischem Lorbeer bekränzt, und ich erlebte selbst die Feierlichkeiten zu meinem Begräbnis, den mir vertrauten Umzug der Männer, sah die Tribute der Könige und alle die Städte, die man an ihren Schildern ablesen konnte, und mit welchem Pflichteifer mich jene vornehme Jugend trug, die dann vor meiner Bahre stand. Schließlich verdiente ich es, von dem weihevollen Mund des Caesar gelobt zu werden und entlockte dem Gotte Tränen. Und da bin ich noch für jemanden bedauernswert? Unterdrücke nun die Tränen, ich, der ich der Grund deiner Tränen bin, bitte dich darum.»

Epilog
(469) Dies ist die Meinung des Drusus, wenn er überhaupt etwas meint oder fühlt in der Schattenwelt, und auch du halte nicht weniger von einem so großen Mann. Du hast einen Sohn, der dir so viel wert sei, ich bitte darum, wie viele, und dieser ältere Teil deiner Nachkommenschaft ist noch am Leben. Du hast einen Gatten, den Schutzherrn der Menschen, zu dessen Lebzeiten, Livia, euer Haus keine Trauer mehr kennen darf.

[VERGILIUS]
ELEGIAE IN MAECENATEM

ELEGIA I

Defleram iuvenis tristi modo carmine fata,
    sunt etiam merito carmina danda seni:
ut iuvenis deflendus enim tam candidus, et tam
    longius annoso vivere dignus avo.
irreligata ratis, numquam defessa carina,   5
    it, redit in vastos semper onusta lacus.
illa rapit iuvenes prima florente iuventa,
    non oblita tamen, sed repetitque senes.

nec mihi, Maecenas, tecum fuit usus amici.
    Lollius hoc ergo conciliavit opus.   10
foedus erat vobis nam propter Caesaris arma
    Caesaris et similem propter in arma fidem.
regis eras, Etrusce, genus: tu Caesaris almi
    dextera, Romanae tu vigil urbis eras.
omnia cum posses tanto tam carus amico,   15
    te sensit nemo posse nocere tamen.
Pallade cum docta Phoebus donaverat artes,
    tu decus et laudes huius et huius eras,
sicut vulgaris vincit beryllus harenas,
    litore in extremo quas simul unda movet.   20

PSEUDO-VERGIL
ELEGIEN AUF MAECENAS

KLAGE ÜBER DEN TOD DES MAECENAS
Klage über das Sterben

(1) Vor kurzem hatte ich mit einem traurigen Gedicht das Schicksal eines jungen Mannes (Drusus) beweint, nun muß ich auch einem verdienten alten Mann ein Gedicht widmen. Wie der junge Mann ist nämlich auch er zu beweinen, so redlich war er, und so sehr hätte er es verdient, länger als ein bejahrter Großvater zu leben. Die nie verankerte Barke geht und kommt mit nimmermüdem Kiel, stets beladen, über das weite Gewässer. Sie rafft die jungen Leute dahin in der ersten Blüte ihrer Jugend, ohne die Alten jedoch zu vergessen, sondern auch die holt sie ab.

Auftraggeber. Maecenas' Herkunft, Karriere, Begabung

(9) Mit dir, Maecenas, war mir kein freundschaftlicher Umgang vergönnt. Lollius hat mir darum diese Aufgabe aufgetragen. Denn einen Bund hattet ihr geschlossen als Mitkämpfer Caesars (Octavians) und wegen der entsprechenden Freundschaft Caesars gegenüber seinen Kampfgefährten. Aus königlichem Geschlecht stammtest du, Etrusker. Du warst des gütigen Caesars rechte Hand, du warst der Wächter der Stadt Rom. Obschon du alles vermochtest, dank deiner Freundschaft mit einem so mächtigen Mann, bekam es doch niemand zu spüren, daß du ihm hättest schaden können. Zusammen mit der gelehrten Pallas (Minerva) hatte Phoebus (Apollo) dir künstlerische Begabung verliehen. Du warst die Zierde und der Ruhm von ihr und von ihm, wie der Beryll gewöhnlichen Sand übertrifft, den die Woge am Saum der Küste insgesamt hin und her schwemmt.

quod discinctus eras nimium, quod carpitur unum:
    diluis hoc animi simplicitate tui.
sic illi vixere, quibus fuit aurea Virgo,
    quae bene praecinctos postmodo pulsa fugit.
livide, quid tandem tunicae nocuere solutae?   25
    aut tibi ventosi quid nocuere sinus?
num minus urbis erat custos et Caesaris obses?
    num tibi non tutas fecit in urbe vias?
nocte sub obscura quis te spoliavit amantem?
    quis tetigit ferro durior ipse latus?   30

maius erat potuisse tamen nec velle triumphos,
    maior res magnis abstinuisse fuit.
maluit umbrosam quercum nymphasque cadentes
    paucaque pomosi iugera culta soli.
Pieridas Phoebumque colens in mollibus hortis   35
    sederat argutas garrulus inter aves.
marmora sic animi vincent, monumenta libelli,
    vivitur ingenio, cetera mortis erunt.

quid faceret? defunctus erat comes integer idem
    miles et Augusti fortiter usque pius.   40
illum piscosi viderunt saxa Pelori
    ignibus hostilis reddere ligna ratis.
pulvere in Emathio fortem videre Philippi.
    quam nunc ille tener, tam gravis hostis erat!

Lockeres Auftreten

(21) Daß du allzu locker ohne Gürtel auftratst – das einzige, was man dir vorwirft –, das machst du wett mit der Lauterkeit deines Herzens. So haben jene gelebt, die die goldene Jungfrau (Astraea) noch bei sich hatten, die dann später vertrieben wurde und (vor den Menschen) floh, auch wenn diese dann noch so gut gegürtet waren. Neidischer Mensch, was schadeten die lockeren Gewänder schließlich, und was schadeten dir die vom Wind gebauschten Gewandfalten? War er darum weniger der Hüter der Stadt und weniger ein Bürge Caesars? Machte er nicht für dich die Straßen in der Stadt sicher? Wer plünderte dich in dunkler Nacht aus, wenn du verliebt warst? Wer berührte mit einem Dolch deine Seite, selber härter als ein Dolch?

Bescheidenheit als Musenfreund

(31) Noch großartiger war es, daß er Triumphe haben konnte, aber nicht wollte; eine großartige Sache war es, auf Großes zu verzichten. Er wollte lieber eine schattige Steineiche und fallende Nymphen und wenige gepflegte Jucharten obstreichen Bodens. Voll Verehrung für die Pieriden und Phoebus (Apollo) hatte er sich in lieblichen Gärten niedergelassen, plaudernd unter geistreichen (zwitschernden) Vögeln. So übertrifft der Geist den Marmor, Bücher die Denkmäler: Vom Geist wird gelebt, das andere wird dem Tod verfallen.

Verdiente Muße

(39) Was hätte er (noch) tun sollen? Ohne Aufgabe war der ehrliche Gefährte und zugleich Mitkämpfer des Augustus, dem er unentwegt tapfer anhing. Ihn sahen die Klippen des fischreichen Peloros Feuer legen an das Holz eines feindlichen Schiffes. Im Sand von Emathia sah ihn Philippi als tapferen Kämpfer. So verweichlicht jener nun später war, ein so ernster Feind war er damals. Als die Flotten aus

cum freta Niliacae texerunt lata carinae, 45
    fortis erat circa, fortis et ante ducem;
militis Eoi fugientia terga secutus,
    territus ad Nili dum fugit ille caput.
pax erat: haec illos laxarant otia cultus.
    otia victores Marte sedente decent. 50

Actius ipse lyram plectro percussit eburno,
    postquam victrices conticuere tubae.
hic modo miles erat, ne posset femina Romam
    dotalem stupri turpis habere sui.
hic tela in profugos (tantum curvaverat arcum) 55
    misit ad extremos exorientis equos.

Bacche, coloratos postquam devicimus Indos,
    potasti galea dulce iuvante merum,
et tibi securo tunicae fluxere solutae;
    te puto purpureas tunc habuisse duas. 60
sum memor, et certe memini, sic ducere thyrsos
    bracchia vel pura candidiora nive;
et tibi thyrsus erat gemmis ornatus et auro,
    serpentes hederae vix habuere locum.
argentata tuos etiam talaria talos 65
    vinxerunt certe, nec puto, Bacche, negas.
mollius es solito mecum tum multa locutus,
    et tibi consulto verba fuere nova.

impiger Alcide, multo defuncte labore,
    sic memorant curas te posuisse tuas, 70
sic te cum tenera multum lusisse puella,
    oblitum Nemeae iamque, Erymanthe, tui.

dem Nilland die Meeresweite bedeckten, war er tapfer in der Nähe des Führers, sogar vor diesem. Als die eoischen Truppen den Rücken zur Flucht wandten, folgte er ihnen, während diese erschrocken bis zur Quelle des Nils flohen. Friede war nun: Diese Muße lockerte seine frühere Lebensweise. Muße ziert die Sieger, wenn Mars sich setzt.

Vergleich mit Apollo
(51) Der (Gott) von Actium schlug selbst die Lyra mit elfenbeinernem Plectrum, nachdem die siegreichen Kriegstrompeten verstummt waren. Dieser war eben noch Kämpfer gewesen, damit nicht eine Frau (Cleopatra) Rom als Mitgift ihres schändlichen Ehebruchs erhalten konnte. Dieser sandte seine Geschosse – so sehr hatte er den Bogen gekrümmt – auf die Flüchtigen, bis zu den fernsten Pferden der aufgehenden Sonne.

Vergleich mit Bacchus
(57) Bacchus, nachdem wir die farbigen Inder besiegt hatten, trankst du mit Hilfe des Helms den starken süßen Wein, und locker flatterten dir, jetzt wo du ungefährdet warst, die Tuniken um den Leib – ich glaube, du hattest damals zwei purpurne angezogen. Ich erinnere mich, gewiß vergesse ich es nicht, daß so deine Arme, sogar weißer als der reine Schnee, den Thyrsus schwangen, und dein Thyrsus war verziert mit Edelsteinen und Gold; der sich rankende Efeu fand kaum mehr Platz. Auch umschlossen gewiß versilberte Sandalen deine Knöchel; und das leugnest du, Bacchus, ja wohl nicht. Weicher als gewohnt sprachst du damals mit mir, und absichtlich bildetest du neue Worte.

Vergleich mit Hercules
(69) Wackerer Alcide, nach der Bewältigung deiner vielen Arbeiten habest du, so berichtet man, so deine Sorgen abgelegt, so habest du lange mit dem zarten Mädchen geschäkert und Nemea vergessen

ultra numquid erat? torsisti pollice fusos,
    lenisti morsu levia fila parum.
percussit crebros te propter Lydia nodos,   75
    te propter dura stamina rupta manu.
Lydia te tunicas iussit lasciva fluentis
    inter lanificas ducere saepe suas.
clava torosa tua pariter cum pelle iacebat,
    quam pede suspenso praeripiebat Amor.   80
quis fore credebat, premeret cum iam impiger infans
    hydros ingentes vix capiente manu,
cumve renascentem meteret velociter hydram,
    frangeret immanes vel Diomedis equos,
vel tribus adversis communem fratribus alvum   85
    et sex adversas solus in arma manus?

fudit Aloïdas postquam dominator Olympi,
    dicitur in nitidum percubuisse diem,
atque aquilam misisse suam, quae quaereret, ecquid
    posset amaturo digna referre Iovi.   90
valle sub Idaea tum te, formose sacerdos,
    invenit et presso molliter ungue rapit.

sic est: victor amet, victor potiatur in umbra,
    victor odorata dormiat inque rosa.
victus aret victusque metat, metus imperet illi,   95
    membra nec in strata sternere discat humo.
tempora dispensant usus et tempora cultus:
    haec homines, pecudes, haec moderantur aves.
lux est, taurus arat; nox est, requiescit arator
    liberat et merito fervida colla bovi.   100

und auch schon dich, Erymanthus. Konnte man noch weiter gehen als so? (Ja:) Du drehtest mit dem Daumen die Spindel, du machtest mit Kauen den zu wenig glatten Faden weich. Wegen der häufigen Knoten schlug dich die Lyderin, schlug dich, wenn deine grobe Hand die Fäden zerriß. Die schamlose Lyderin hieß dich oft wallende Gewänder tragen mitten unter ihren Wolle spinnenden Mägden. Zugleich mit deinem (Löwen-)Fell lag jeweils die knotige Keule herum, die dir Amor auf den Zehenspitzen wegzustehlen pflegte. Wer hätte gedacht, daß das geschehen könnte, als der wackere Säugling die riesigen Schlangen erwürgte, die er kaum mit der Hand fassen konnte, oder als er die rasch nachwachsende Hydra niedermähte oder die grausigen Pferde des Diomedes bezwang oder den Leib, der den drei gegnerischen Brüdern gemeinsam war, und die sechs zum Kampf entschlossenen Arme – er allein?

Vergleich mit Jupiter

(87) Nachdem der Herrscher des Olymps die Aloïden vertrieben hatte, soll er geschlafen haben bis weit in den hellen Tag hinein, dann habe er seinen Adler gesandt, der danach suchen sollte, ob er dem Jupiter etwa etwas heimbringen könnte, was des künftigen Liebhabers würdig wäre, bis er unten im idaeischen Tal dich, du schöner Priester, fand und mit sanft zupackender Kralle dich raubte.

Muße Vorrecht des Siegers

(93) So ist es: Der Sieger soll lieben, der Sieger soll im Schatten (die Liebe) genießen, und der Sieger soll auf duftenden Rosen ruhen. Der Besiegte soll pflügen, der Besiegte soll mähen, die Furcht soll über ihn herrschen, und er soll nicht lernen, seine Glieder auf (mit Teppichen?) belegtem Boden auszustrecken. Die Zeiten ordnen unsere Gewohnheiten, die Zeiten regeln unsere Lebensweise: Sie sind es, die die Menschen, das Vieh, die Vögel lenken. Es ist Tag – der Stier pflügt; es ist Nacht – der Pflüger ruht aus und macht dem Ochsen, der es ver-

conglaciantur aquae, scopulis se condit hirundo;
    verberat egelidos garrula vere lacus.

Caesar amicus erat; poterat vixisse solute,
    cum iam Caesar idem, quod cupiebat, erat.
indulsit merito. non est temerarius ille.   105
    vicimus: Augusto iudice dignus erat.

Argo saxa pavens postquam Scylleïa legit
    Cyaneosque metus, iam religanda ratis,
viscera dissecti mutaverat arietis agno
    Aeetis sucis omniperita suis.   110
his te, Maecenas, iuvenescere posse decebat.
    haec utinam nobis Colchidos herba foret!

redditur arboribus florens revirentibus aetas:
    et cur non homini, quod fuit ante, redit?
vivacesque magis cervos decet esse paventes,   115
    in quorum torva cornua fronte rigent?
vivere cornices multos dicuntur in annos:
    cur nos angusta condicione sumus?

pascitur Aurorae Tithonus nectare coniunx,
    atque ita iam tremulo nulla senecta nocet.   120
ut tibi vita foret semper medicamine sacro,
    te vellem Aurorae complacuisse virum.

dient, den schwitzenden Nacken frei. Das Wasser wird zu Eis, in den Klippen verbirgt sich die Schwalbe; zwitschernd flattert sie im Frühling über die lauwarmen Gewässer.

Freundschaft mit Augustus

(103) Caesar (Augustus) war sein Freund. Er (Maecenas) konnte unbeschwert leben, als Caesar nun das geworden war, was er sich wünschte. Er (Augustus) war ihm (Maecenas) mit Recht gewogen, und er (Augustus) ist nicht unbesonnen. Wir haben (nämlich) gesiegt: Nach dem Urteil des Augustus verdiente er es.

Verjüngungskur

(107) Nachdem die Argo furchtsam die scylleïschen Felsen und die cyaneïschen Gefahren hinter sich hatte, mußte das Schiff nun ankern. Das Fleisch des zerschnittenen Widders hatte die allwissende Tochter des Aeetes mit ihren Säften in ein Lamm verwandelt – mit diesen hättest du, Maecenas, dich verjüngen können, du hättest es verdient. Hätten wir doch dieses Kraut der Colcherin!

Menschliche Kurzlebigkeit

(113) Den Bäumen, die immer wieder grünen, wird wieder blühendes Alter verliehen – warum kehrt für den Menschen nicht auch wieder, was zuvor einmal war? Verdienen es die furchtsamen Hirsche, langlebiger zu sein, an deren grimmiger Stirn das Geweih starrt? Die Krähen, so heißt es, leben viele Jahre. Warum leben *wir* unter so beschränkten Bedingungen?

Tithonus' Langlebigkeit

(119) Tithonus, Auroras Gatte, ernährt sich von Nektar, und so schadet ihm, auch wenn er jetzt zittert, kein Alter. Damit du dank jenem heiligen Zaubermittel ein ewiges Leben hättest, wünschte ich, du hättest Aurora als Gatte gefallen. Du hättest auf ihrem safranfar-

illius aptus eras croceo recubare cubili,
    et, modo puniceum rore lavante torum,
illius aptus eras roseas adiungere bigas,   125
    tu dare purpurea lora regenda manu,
tu mulcere iubam, cum iam torsisset habenas
    procedente die respicientis equi.

quaesivere chori iuvenem sic Hesperon illum,
    quem nexum medio solvit in igne Venus.   130
quem nunc infuscis placida sub nocte nitentem
    Luciferum contra currere cernis equis.
hic tibi Corycium, casias hic donat olentis,
    hic et palmiferis balsama missa iugis.
nunc pretium candoris habes, nunc redditus umbris: 135
    te sumus obliti decubuisse senem.
et Pylium flevere sui ter Nestora canum,
    dicebantque tamen non satis esse senem.
Nestoris annosi vixisses saecula, si me
    dispensata tibi stamina nente forent.   140
nunc ego quid possum? 'tellus, levis ossa teneto,
    pendula librato pondus et ipsa tuum.
semper serta tibi dabimus, tibi semper odores,
    non umquam sitiens, florida semper eris.'

benen Lager ruhen können, und gerade wenn der Tau das leuchtend
rote Polster befeuchtete, hättest du ihr rosenfarbenes Gespann an-
schirren, die Riemen ihr mit ihrer purpurnen Hand zu lenken geben,
die Mähne (der Pferde) streicheln können, wenn sie dann bereits die
Zügel der bei fortschreitendem Tag zurückblickenden Pferde heim-
wärts gelenkt hätte.

Maecenas unter den Sternen

(129) So vermißten die (trauernden) Chöre jenen Jüngling Hesperos, den, als er mitten im Feuer gefesselt war, Venus erlöste. Den
siehst du jetzt, wenn er in ruhiger Nacht leuchtet, als Lucifer mit
dunklen Pferden dir entgegenlaufen. Dieser schenkt dir corycischen
(Safran), schenkt dir duftenden Zimt, schenkt dir auch Balsam, gesandt von palmentragenden Höhen. Nun hast du die Belohnung für
deine Lauterkeit, nun, wo du zu den Schatten gesellt bist: Wir haben
(schon) vergessen, daß du als alter Mann gestorben bist. Auch den
dreifach greisen Nestor aus Pylos beweinten die Seinen und sagten,
er sei doch noch nicht alt genug. Die Jahrhunderte des bejahrten Nestor hättest du erlebt, wenn *ich* dir den (Lebens-) Faden gesponnen
und zugemessen hätte.

(141) Was kann ich tun? «Erde, du sollst schwerelos seine Gebeine
bewahren und selber schwebend deine Last schweben lassen! Wir
werden dir stets Kränze darbringen, stets auch duftende Essenzen,
niemals wirst du durstig, sondern stets in Blüte sein.»

ELEGIA II

sic est Maecenas fato veniente locutus,   145
    frigidus et iamiam cum moriturus erat:
'mene', inquit, 'iuvenis primaevi, Iuppiter, ante
    angustam Drusi non cecidisse fidem!
pectore maturo fuerat puer, integer aevi,
    et magnum magni Caesaris illud opus.   150
discidio vellemque prius ...' non omnia dixit:
    inciditque pudor, quae prope dixit amor.
sed manifestus erat: moriens quaerebat amatae
    coniugis amplexus, oscula, verba, manus.

'sed tamen hoc satis est, vixi te, Caesar, amico   155
    et morior', dixit, 'dum moriorque, satis.
mollibus ex oculis aliquis tibi procidet umor,
    cum dicar subita voce "fuisse" tibi.
hoc mihi contingat, iaceam tellure sub aequa.
    nec tamen hoc ultra te doluisse velim,   160
sed meminisse velim. vivam sermonibus: illic
    semper ero, semper si meminisse voles.

hoc decet: et certe vivam tibi semper amicus,
    nec tibi, qui moritur, desinit esse tuus.
ipse ego, quicquid ero cineres interque favillas,   165
    tum quoque non potero non memor esse tui.
exemplum vixi te propter molle, beate,
    unus Maecenas teque ego propter eram.
arbiter ipse fui: volui, quod contigit, esse:
    pectus eram vere pectoris ipse tui.   170

MAECENAS AUF DEM STERBEBETT

Klage über den Tod des Drusus

(145) So sprach Maecenas beim Nahen der Schicksalsstunde, als sein Leib schon kalt war und der Tod nahe bevorstand: «Ach», sagte er, «daß ich nicht, o Jupiter, gestorben bin, bevor die Hoffnung auf den blühenden Jüngling Drusus dahingeschmolzen war! Von reifer Gesinnung war er als Junge schon in den ersten Jahren gewesen, und das war das große Werk des großen Caesar (Augustus). Und vor der Trennung möchte ich noch ...» – er sprach nicht zu Ende. Scham unterbrach, was beinahe die Liebe ausgesprochen hätte. Doch es war offensichtlich: Im Sterben suchte er nach der Umarmung, den Küssen, den Worten, den Händen der geliebten Gattin.

Abschied von Augustus. Wünsche für das Kaiserhaus

(155) «Doch dies eine genügt: Ich habe gelebt, Caesar (Augustus), mit dir als Freund, und so sterbe ich auch», sagte er, «und während ich sterbe, genügt mir das. Aus deinen sanften Augen wird dir vielleicht eine Träne fallen, wenn man dir plötzlich sagt, ich sei gewesen. Dies wünsche ich mir: Die Erde, unter der ich liegen werde, möge mir gnädig sein. Doch möchte ich nicht, daß du weiter über mich trauerst, aber ich möchte, daß du mich nicht vergißt. Leben möchte ich in den Gesprächen. Immer werde ich da sein, wenn du immer an mich denken willst.

(163) So gehört es sich: Gewiß werde ich immer als dein Freund leben, und der, der stirbt, hört nicht auf, dein Freund zu sein. Ich jedenfalls, was ich auch sein werde zwischen Glut und Asche, werde auch dann nicht anders können, als an dich zu denken. Dank dir habe ich als freundliches Beispiel gelebt, du Glücklicher, und ich war dank dir der einzigartige Maecenas. Schiedsrichter war ich selber; ich wollte sein, was ich werden durfte: Ich war wirklich das Herz deines Herzens.

vive diu, mi care, senex pete sidera sero:
    est opus hoc terris; te quoque velle decet.
et tibi succrescant iuvenes bis Caesare digni,
    et tradant porro Caesaris usque genus.
sit secura tibi curae quam primum Livia coniunx.   175
    expleat amissi munera rupta gener.
tum deus intersis divis insignis avitis,
    te Venus in patrio collocet ipsa sinu.'

(171) Lebe lange, mein Lieber, und eile erst spät als Greis zu den Sternen! Man braucht dich noch auf der Erde. Es ist deine Pflicht, das auch zu wollen. Und Jünglinge sollen dir als Nachkommen nachwachsen, die doppelt eines Caesar (Augustus) würdig sind, und Caesars Geschlecht immerfort weiterführen. Möge Livia, deine Gattin, möglichst bald sorgenfrei sein, möge dein Schwiegersohn die unterbrochenen Aufgaben des Verstorbenen übernehmen! Dann erst mögest du als bedeutender Gott bei deinem göttlichen Vorfahren (Caesar) weilen, und Venus selber möge dich deinem Vater an die Brust legen!»

[TIBULLUS]
PANEGYRICUS MESSALLAE

Te, Messalla, canam, quamquam me cognita virtus
terret, ut infirmae valeant subsistere vires.
incipiam tamen. at meritas si carmina laudes
deficiant, humilis tantis sim conditor actis,
nec tua praeter te chartis intexere quisquam   5
facta queat, dictis ut non maiora supersint.
est nobis voluisse satis, nec munera parva
respueris. etiam Phoebo gratissima dona
Cres tulit, et cunctis Baccho iucundior hospes
Icarus, ut puro testantur sidera caelo   10
Erigoneque Canisque, neget ne longior aetas.
quin etiam Alcides, deus ascensurus Olympum,
laeta Molorcheis posuit vestigia tectis,
parvaque caelestis placavit mica, nec illis
semper inaurato taurus cadit hostia cornu.   15
hic quoque sit gratus parvos labor, ut tibi possim
inde alios aliosque memor componere versus.

alter dicat opus magni mirabile mundi,
qualis in immenso desederit aëre tellus,
qualis et in curvum pontus confluxerit orbem,   20
et vagus e terris qua surgere nititur aër
huic et contextus passim fluat igneus aether,
pendentique super claudantur ut omnia caelo:

PSEUDO-TIBULL
PANEGYRICUS AUF MESSALLA

Bescheidene Gabe

(1) Dich, Messalla, will ich besingen, obschon deine bekannten Vorzüge mich befürchten lassen, daß meine schwachen Kräfte nicht ausreichen könnten. Dennoch will ich beginnen. Wenn es aber meinen Versen zu wenig gelingen sollte, deine Verdienste zu loben, möchte ich doch ein bescheidener Autor für deine großen Taten sein, denn niemand außer dir selbst könnte deine Taten zu Papier bringen, ohne daß sie den Worten überlegen wären, da sie größer sind als sie. Es genügt mir, den guten Willen zu haben, denn auch bescheidene Geschenke soll man nicht verachten. Auch der Creter brachte dem Phoebus die willkommensten Geschenke, und für Bacchus war der angenehmste Gastgeber von allen Icarus, wie am klaren Himmel die Sterne bezeugen, Erigone und Canis (Hund), damit kein späteres Zeitalter es leugne. Ja, sogar der Alcide, bevor er als Gott den Olymp bestieg, setzte den Fuß voll Freude ins Haus des Molorchus. Auch ein bescheidenes Körnchen versöhnt oft die Götter, auch ihnen fällt als Opfer nicht stets ein Stier mit vergoldeten Hörnern. Auch dieses kleine Werk sei dir willkommen, damit ich für dich auch künftig dankbar immer weitere Verse dichten kann.

Widmung

(18) Ein anderer soll das Wunderwerk des Weltalls besingen, wie die Erde sich in der Unendlichkeit der Luft niederließ, wie das Meer zum Kreisbogen zusammenfloß, wie die unstete Luft von der Erde aufzusteigen strebt und der feurige Aether mit ihr verwoben überall fließt, und wie alles oben vom darüber sich wölbenden Himmel umschlossen wird. Doch was immer auch meine Camenen wagen kön-

at, quodcumque meae poterunt audere Camenae,
seu tibi par poterunt seu, quod spes abnuit, ultra   25
sive minus – certeque canent minus: omne vovemus
hoc tibi, nec tanto careat mihi carmine charta.

nam quamquam antiquae gentis superant tibi laudes,
non tua maiorum contenta est gloria fama,
nec quaeris, quid quaque index sub imagine dicat,   30
sed generis priscos contendis vincere honores,
quam tibi maiores maius decus ipse futuris:
at tua non titulus capiet sub nomine facta,
aeterno sed erunt tibi magna volumina versu,
convenientque tuas cupidi componere laudes   35
undique quique canent vincto pede quique soluto.
quis potior, certamen erit: sim victor in illis,
ut nostrum tantis inscribant nomen in actis.

nam quis te maiora gerit castrisve forove?
nec tamen hic aut hic tibi laus maiorve minorve,   40
iusta pari premitur veluti cum pondere libra,
prona nec hac plus parte sedet nec surgit ab illa,
qualis, inaequatum si quando onus urget utrimque,
instabilis natat alterno depressior orbe.
nam seu diversi fremat inconstantia volgi,   45
non alius sedare queat; seu iudicis ira
sit placanda, tuis poterit mitescere verbis.

nen, sei es daß sie dir gewachsen sein sollten, sei es daß sie, was außer Reichweite liegt, dir überlegen sind oder unterlegen, denn gewiß werden sie dich zu wenig preisen: All dies weihe ich dir, und mein Buch darf nicht auf ein so wichtiges Gedicht verzichten.

Ehrgeiz

(28) Denn obschon Ruhmestaten deines Geschlechts im Überfluß vorhanden sind, begnügt sich dein Ruhm nicht mit der Berühmtheit der Ahnen, noch fragst du danach, was die Liste unter jedem Bild aussagt, sondern du bemühst dich, die früheren Heldentaten deines Geschlechts zu übertreffen, selber eine größere Zier für die Nachkommen, als es für dich die Ahnen sind, doch deine Taten wird keine Inschrift unter deinem Namen fassen, sondern große Buchrollen werden in unsterblichen Versen dich preisen. Zusammenströmen werden, um eifrig deine Taten zu verkünden, von überall die Schriftsteller, die in gebundener und in freier Rede dich preisen. Ein Wettstreit wird sein, wer besser ist. Ich möchte Sieger sein unter ihnen, daß man auch meinen Namen in die große Geschichte einträgt.

Messalla als Redner

(39) Denn wer vollbringt Größeres als du im Feld und im Staatsdienst? Doch ist nicht hier oder dort dein Ruhm größer oder kleiner, wie wenn man mit gleichem Gewicht die Waage belastet und sie nicht auf die eine Seite geneigt sinkt, auf der andern nicht aufsteigt, wie sie, wenn einmal eine ungleiche Last bald hier, bald dort herabdrückt, unstet schwankt, wenn die Schalen abwechselnd sich neigen. Denn wenn in ihrem Wankelmut die zerstrittene Menge murren sollte, könnte sie niemand beschwichtigen als du; wenn der Zorn eines Richters zu besänftigen ist, läßt er sich von deinen Worten beruhigen.

non Pylos aut Ithace tantos genuisse feruntur
Nestora vel parvae magnum decus urbis Ulixem,
vixerit ille senex quamvis, dum terna per orbem   50
saecula fertilibus Titan decurreret horis,
ille per ignotas audax erraverit urbes,
qua maris extremis tellus includitur undis.
nam Ciconumque manus adversis reppulit armis,
nec valuit lotos coeptos avertere cursus,   55
cessit et Aetnaeae Neptunius incola rupis
victa Maroneo foedatus lumina Baccho,
vexit et Aeolios placidum per Nerea ventos,
incultosque adiit Laestrygonas Antiphatenque,
nobilis Artacie gelida quos irrigat unda,   60
solum nec doctae verterunt pocula Circes,
quamvis illa foret Solis genus, apta vel herbis
aptaque vel cantu veteres mutare figuras;
Cimmerion etiam obscuras accessit ad arces,
quis numquam candente dies apparuit ortu,   65
seu supra terras Phoebus seu curreret infra.
vidit, ut inferno Plutonis subdita regno
magna deum proles levibus discurreret umbris,
praeteriitque cita Sirenum litora puppi.
illum inter geminae nantem confinia mortis   70
nec Scyllae saevo conterruit impetus ore,
cum canibus rabidas inter fera serperet undas,
nec violenta suo consumpsit more Charybdis,
vel si sublimis fluctu consurgeret imo,
vel si interrupto nudaret gurgite pontum.   75
non violata vagi sileantur pascua Solis,
non amor et fecunda Atlantidos arva Calypsus,
finis et erroris miseri Phaeacia tellus.

Irrfahrten des Ulixes

(48) Weder Pylos noch Ithaca sollen solche Männer hervorgebracht haben, einen Nestor oder einen Ulixes, die große Zierde einer kleinen Stadt, mag auch jener als Greis gelebt haben, bis Titan mit fruchtbaren Stunden das Weltall mit drei Jahrhunderten durchlaufen hatte, mag jener verwegen durch unbekannte Städte geirrt sein, wo die äußersten Wogen des Meeres die Erde umschließen. Denn die Scharen der Kikonen schlug er zurück mit feindlichen Waffen, und der Lotos konnte die begonnene Fahrt nicht vereiteln, auch der Sohn Neptuns, der die Felsen des Aetna bewohnte, unterlag, entstellt, des Auges beraubt dank dem Bacchus aus Maronea, er führte die Winde des Aeolus über das glatte Reich des Nereus und kam zu den ungeschlachten Laestrygonen und zu Antiphates, welche die edle Quelle Artacie mit kaltem Wasser berieselt.

(61) Ihn allein verwandelte nicht der Trank der kundigen Circe, wenn sie auch eine Tochter des Sol war, fähig, mit Kräutern, fähig auch, mit Sprüchen die frühere Gestalt zu verwandeln. Auch zur dunklen Burg der Cimmerier kam er, denen nie der Tag mit leuchtendem Aufgang erschien, sei's daß Phoebus über der Erde dahinlief oder unter ihr. Er sah, wie dem unterirdischen Reich des Pluto verfallen der große Sproß der Götter unter den leichten Schatten umherging, und fuhr auf raschem Schiff am Strand der Sirenen vorbei.

(70) Als er auf der Grenze des doppelten Todes dahinfuhr, schreckte ihn weder der Angriff der Scylla mit gierigem Rachen, als die Bestie mit den Hunden zwischen den rasenden Wellen herankroch, noch verschlang ihn auf ihre Art die gewaltsame Charybdis, ob sie sich mit der untersten Flut hoch emporhob oder mit gespaltenem Strudel den Boden entblößte. Nicht verschwiegen seien des wandelnden Sol geschändete Weiden, nicht die Liebe noch das fruchtbare Land der Calypso, der Tochter des Atlas, und das Ende der traurigen Irrfahrt, das Land der Phaeacen. Ob er das alles nun auf

atque haec seu nostras inter sunt cognita terras,
fabula sive novum dedit his erroribus orbem,   80
sit labor illius, tua dum facundia, maior.

nam te non alius belli tenet aptius artes,
qua deceat tutam castris praeducere fossam,
qualiter adversos hosti defigere cervos,
quemve locum ducto melius sit claudere vallo,   85
fontibus ut dulces erumpat terra liquores,
ut facilisque tuis aditus sit et arduos hosti,
laudis et assiduo vigeat certamine miles,
quis tardamve sudem melius celeremve sagittam
iecerit aut lento perfregerit obvia pilo,   90
aut quis equum celeremve arto compescere freno
possit et effusas tardo permittere habenas,
inque vicem modo derecto contendere passu,
seu libeat, curvo brevius convertere gyro,
quis parma, seu dextra velit seu laeva, tueri,   95
sive hac sive illac veniat gravis impetus hastae
amplior, aut signata cita loca tangere funda.
iam simul audacis veniant certamina Martis
adversisque parent acies concurrere signis,
tum tibi non desit faciem componere pugnae,   100
seu sit opus quadratum acies consistat in agmen,
rectus ut aequatis decurrat frontibus ordo,
seu libeat duplici seiunctim cernere Marte,
dexter uti laevum teneat dextrumque sinister
miles sitque duplex geminis victoria castris.   105

unserer Erde erlebte oder ob die Sage für diese Irrfahrten eine neue
Welt schuf, mögen seine Mühen auch größer sein, größer bleibt doch
deine Beredsamkeit.

Messallas Kriegskunst

(82) Ferner versteht kein anderer besser als du das Kriegshand-
werk, wie es um das Lager den sicheren Graben herumzuziehen gilt,
wie man die spanischen Reiter als Wehr gegen Feinde einzurammen
hat, welchen Platz man am besten mit einem Wall absperrt, daß die
Erde aus Quellen süßes Wasser sprudeln läßt, daß der Zugang leicht
für die Deinen, schwer für den Feind ist, und in unermüdlichem
Kampf um den Ruhm der Soldat sich bewährt, wer die schwerfällige
Lanze oder den raschen Pfeil besser geschleudert oder mit biegsa-
mem Speer durchbohrt hat, was ihm entgegentrat, oder wer das behende Pferd mit straffen Zügeln zu hemmen und ihm, ist es gemäch-
lich, die Zügel zu lockern vermag, und bald wechselweise in geradem
Laufe zu reiten, bald, wenn man will, in engem Kreise kürzer zu wen-
den, wer mit dem Schild sich zu schützen versteht, sei's zur Rechten
oder zur Linken, ob nun von hier oder dort der Angriff des schweren Spießes heftiger erfolgt, oder bezeichnete Punkte mit rascher
Schleuder zu treffen.

(98) Sollte es nun zum Streit im verwegenen Kampfe kommen und
rüsten sich die Schlachtreihen, sich mit feindlichen Zeichen zu schlagen, dann verstehst du's wohl gut, der Schlacht eine Ordnung zu geben, sei es nun nötig, daß sich das Heer im Viereck aufstellt, daß die
Schlachtreihe geradeaus in ausgerichteten Linien vorstürmt, sei's daß
du lieber getrennt in doppeltem Ringen die Schlacht schlägst, so daß
der rechte Flügel den linken, den rechten der linke angreift und sich
der Sieg verdoppelt in doppeltem Lager.

at non per dubias errant mea carmina laudes:
nam bellis experta cano. testis mihi victae
fortis Iapydiae miles, testis quoque fallax
Pannonius gelidas passim disiectus in Alpes,
testis Arupinis et pauper natus in arvis,   110
quem siquis videat, vetus ut non fregerit aetas,
terna minus Pyliae miretur saecula famae.
[namque senex longae peragit dum saecula famae]   112a
centum fecundos Titan renovaverit annos,
ipse tamen velox celerem super edere corpus
gaudet equum validisque sedet moderator habenis.   115
te duce, non alias, conversus terga domator
libera Romanae subiecit colla catenae.

nec tamen his contentus eris: maiora peractis
instant, compertum est veracibus ut mihi signis,
quis Amythaonius nequeat certare Melampus.   120
nam modo fulgentem Tyrio subtegmine vestem
indueras oriente die duce fertilis anni,
splendidior liquidis cum Sol caput extulit undis
et fera discordes tenuerunt flamina venti
curva nec assuetos egerunt flumina cursus,   125
quin rapidum placidis etiam mare constitit undis,
ulla nec aërias volucris perlabitur auras
nec quadrupes densas depascitur aspera silvas:
quin largita tuis sunt multa silentia votis.
Iuppiter ipse levi vectus per inania curru   130
adfuit et caelo vicinum liquit Olympum
intentaque tuis precibus se praebuit aure
cunctaque veraci capite adnuit: additus aris
laetior eluxit structos super ignis acervos.

Messallas Siege
(106) Doch mein Gedicht schweift nicht ziellos umher durch un-
erwiesene Taten, denn ich besinge, was sich im Krieg bestätigte: Zeuge ist mir der tapfere Krieger Japydiens, das unterlag, Zeuge ist auch
der heimtückische Pannonier, welcher überallhin in die eisigen Alpen
verjagt ist, Zeuge ist auch der arme Sohn in den arupinischen Fluren;
wenn einer den sieht, wie ihn das hohe Alter noch nicht gebrochen
hat, wundert er sich wohl weniger über die drei Jahrhunderte der py-
lischen Sage. [Denn während der Greis die Jahrhunderte langen
Ruhms verbringt,] mochte Titan hundert rüstige Jahre ihm zuhalten,
so freut er sich doch daran, behende seinen Leib auf das rasche Pferd
zu schwingen und sitzt als Lenker darauf mit straffen Zügeln. Erst
unter deiner Führung wandte der Rossebändiger den Rücken und
unterwarf den freien Nacken der römischen Kette.

Wunderbare Vorzeichen
(118) Doch du wirst dich nicht damit begnügen: Größere Taten
stehen bevor als bisher, wie ich erfuhr aus untrüglichen Zeichen, die
auch der amythaonische Melampus nicht überbieten könnte. Denn
eben hattest du das von tyrischen Fäden leuchtende Kleid angezogen,
als der Tag anbrach, der das fruchtbare Jahr anführt, da erhob Sol
strahlender als je sein Haupt aus den klaren Wellen, die streitenden
Winde unterließen das wilde Brausen, die gewundenen Flüsse nahmen nicht den gewohnten Lauf, ja das stürmische Meer stand sogar
still und plätscherte sanft, kein Vogel schwebte mehr durch die we-
henden Lüfte, kein grimmiges Tier fraß noch das üppige Laub ab, ja
tiefes Schweigen stellte sich ein bei deinen Gebeten. Jupiter selbst
fuhr auf leichtem Wagen durch die Lüfte einher zu dir, verließ den
dem Himmel benachbarten Olymp, wandte sich mit aufmerksamem
Ohr deinen Bitten zu und nickte zu allem zustimmend mit Wahrheit
verbürgendem Haupt. Da flammte das Feuer munterer auf, das auf
dem Altar brannte, und schlug über den aufgeschichteten Haufen
(von Holz) empor.

quin hortante deo magnis insistere rebus   135
incipe: non idem tibi sint aliisque triumphi.
non te vicino remorabitur obvia Marte
Gallia nec latis audax Hispania terris
nec fera Theraeo tellus obsessa colono,
nec qua vel Nilus vel regia lympha Choaspes   140
profluit aut rapidus, Cyri dementia, Gyndes
aret Arecteis haud una per ostia campis,
nec qua regna vago Tomyris finivit Araxe,
impia nec saevis celebrans convivia mensis
ultima vicinus Phoebo tenet arva Padaeus,   145
quaque Hebrus Tanaisque Getas rigat atque Magynos.
quid moror? Oceanus ponto qua continet orbem,
nulla tibi adversis regio sese offeret armis.
te manet invictus Romano Marte Britannus
teque interiecto mundi pars altera sole.   150

nam circumfuso consistit in aëre tellus
et quinque in partes toto disponitur orbe.
atque duae gelido vastantur frigore semper:
illic et densa tellus absconditur umbra,
et nulla incepto perlabitur unda liquore,   155
sed durata riget densam in glaciemque nivemque,
quippe ubi non umquam Titan super egerit ortus.
at media est Phoebi semper subiecta calori,
seu propior terris aestivum fertur in orbem
seu celer hibernas properat decurrere luces.   160
non igitur presso tellus exsurgit aratro,
nec frugem segetes praebent neque pabula terrae:
non illic colit arva deus, Bacchusve Ceresve,
nulla nec exustas habitant animalia partes.

Künftige Triumphe

(135) Da der Gott dich ja ermuntert, beginne dich an große Taten zu wagen. Nicht dieselben Triumphe seien dir bestimmt wie anderen. Nicht Gallien wird dich hemmen, wenn es dir kriegerisch entgegentritt, noch das kühne Hispanien mit seinen weiten Ländern, noch das wilde Land, das der Siedler aus Thera besetzte, noch wo der Nil, noch wo der Choaspes, das königliche Gewässer, dahinfließt, noch wo der reißende Gyndes, Zeuge des Wahnsinns des Cyrus, in den Feldern von Arecte in vielen Mündungen vertrocknet, auch nicht dort, wo Tomyris ihr Reich mit dem unsteten Araxes umschließt, noch wo der Padäer, der nahe dem Phoebus die fernsten Fluren bewohnt, mit grausigem Mahl seine frevlen Gelage feiert, noch wo Hebrus und Tanaïs das Land der Geten und Magynen bewässern. Was rede ich lange? Wo Oceanus mit dem Meer den Erdkreis umschließt, wird keine Gegend dir mit feindlichen Waffen entgegentreten. Dich erwartet der Britanne, noch unbesiegt im Krieg mit den Römern, dich auch der andere Teil der Welt, der hinter der Sonne liegt.

Die Erdzonen

(151) Denn die Erde ruht in der rings sie umfließenden Luft und gliedert sich ringsum in fünf Abschnitte. Zwei liegen dauernd verödet in eisiger Kälte; dort verbirgt sich die Erde in dichtem Schatten, und kein Wasser durchfließt sie, wenn Flüssigkeit sich bildet, sondern zu festem Eis und Schnee gefriert und erstarrt sie, da ja dort Titan nie über ihr aufsteigt. Doch die mittlere Zone ist stets der Hitze des Phoebus unterworfen, ob er nun näher der Erde zum sommerlichen Bogen emporsteigt oder rasch die Wintertage zurückzulegen sich beeilt. Darum heben sich dort die Erdschollen nicht unter dem Druck des Pfluges, noch bieten die Saaten Frucht, noch Futter die Länder. Keine Gottheit pflegt dort die Fluren, nicht Bacchus, nicht Ceres, und kein Lebewesen bewohnt die verbrannten Gebiete.

fertilis hanc inter posita est interque rigentes   165
nostraque et huic adversa solo pars altera nostro,
quas similes utrimque tenens vicinia caeli
temperat, alter et alterius vires necat aër:
hinc placidus nobis per tempora vertitur annus,
hinc et colla iugo didicit submittere taurus   170
et lenta excelsos vitis conscendere ramos,
tondeturque seges maturos annua partus,
et ferro tellus, pontus confunditur aere,
quin etiam structis exsurgunt oppida muris.
ergo ubi per claros ierint tua facta triumphos,   175
solus utroque idem diceris magnus in orbe.

non ego sum satis ad tantae praeconia laudis,
ipse mihi non si praescribat carmina Phoebus.
est tibi, qui possit magnis se accingere rebus,
Valgius: aeterno propior non alter Homero.   180
languida non noster peragit labor otia, quamvis
Fortuna, ut mos est illi, me adversa fatiget.
nam mihi, cum magnis opibus domus alta niteret,
cui fuerant flavi ditantes ordine sulci
horrea fecundas ad deficientia messis   185
cuique pecus denso pascebant agmine colles,
et domino satis et nimium furique lupoque,
nunc desiderium superest; nam cura novatur,
cum memor anteactos semper dolor admonet annos.

sed licet asperiora cadant spolierque relictis,   190
non te deficient nostrae memorare Camenae.
nec solum tibi Pierii tribuentur honores:

(165) Fruchtbar liegt zwischen diesem Abschnitt und dem vereisten unsere Gegend, und diesem unserem Landstrich gegenüber liegt ein weiterer. Diese beiden, einander ähnlich, umfängt beiderseits und mildert die Nähe des Himmels, und die eine Luft lähmt die Kräfte der andern. Darum läuft bei uns das Jahr mild ringsum durch die Zeiten, darum lernte der Stier, unters Joch den Nacken zu beugen, und die schmiegsame Rebe, auf hohe Äste zu klettern; wenn die Saat gereift ist, schneidet man jährlich die Feldfrucht, mit Eisen durchfurcht man das Land, mit Bronze die See, ja es erheben sich Städte sogar im Kranz von Mauern. Wenn man deine Taten also dann preist in berühmten Triumphen, wird man in beiden Erdteilen nur dich als den Großen bezeichnen.

Schwäche und Not des Dichters

(177) Ich bin nicht fähig, das Loblied auf solche Taten zu singen, nicht einmal, wenn mir Phoebus selbst die Verse diktierte. Du hast ja einen, der sich mit großen Taten zu befassen vermöchte, Valgius: Niemand anders steht dem unsterblichen Homer näher als er. Meine Arbeit bleibt (aber) nicht liegen in müßigem Nichtstun, wenngleich Fortuna feindlich mir zusetzt, wie sie's gewohnt ist. Denn obschon mein vornehmes Haus von großen Schätzen erglänzte und ich goldene Furchen in Reihen besaß, die strotzten von üppiger Ernte, daß die Scheuern nicht reichten, und mir in dichter Herde das Vieh auf den Hügeln graste, genug für den Herrn und zu viel für Dieb und Wolf, bleibt mir nun nur noch die Sehnsucht; der Kummer wird nämlich erneuert, wenn mir stets der dauernde Schmerz die vergangenen Jahre heraufruft.

Ewig der Deine

(190) Mag mich jedoch noch Schlimmeres treffen und ich das Letzte verlieren, meine Camenen werden nicht aufhören, dich zu preisen. Nicht nur die Ehren Pieriens wirst du erhalten: Für dich

pro te vel rapidas ausim maris ire per undas,
adversis hiberna licet tumeant freta ventis,
pro te vel densis solus subsistere turmis   195
vel pronum Aetnaeae corpus committere flammae:
sum quodcumque, tuum est. nostri si parvola cura
sit tibi, quanta libet, si sit modo, non mihi regna
Lydia, non magni potior sit fama Gylippi,
posse Meleteas nec mallem vincere chartas.   200
quod tibi si versus noster, totusve minusve,
vel bene sit notus summo vel inerret in ore,
nulla mihi statuent finem te fata canendi.
quin etiam mea tunc tumulus cum texerit ossa,
seu matura dies fato properat mihi mortem,   205
longa manet seu vita, tamen, mutata figura
seu me finget equum rigidos percurrere campos
doctum seu tardi pecoris sim gloria taurus
sive ego per liquidum volucris vehar aëra pennis,
quandocumque hominem me longa receperit aetas,   210
inceptis de te subtexam carmina chartis.

wagte ich gar, durch die reißenden Wogen des Meeres zu fahren, mögen die Fluten im Winter in widrigen Winden sich noch so sehr türmen, für dich wagte ich gar, allein den dichtesten Schwärmen entgegenzutreten oder mich kopfüber in die Flammen des Aetna zu stürzen: Alles, was ich bin, ist dein. Wenn du ein klein wenig Sorge um mich haben solltest, wie gering dies auch sein mag, wenn du's nur tust, dann wäre mir nicht das Königreich Lydien, nicht der Ruhm des großen Gylippus mehr wert, und ich zöge es nicht vor, die meleteïschen Bücher überbieten zu können.

(202) Doch wenn dir mein Gedicht, sei es ganz oder teilweise, wohlvertraut sein oder dir gelegentlich über die Lippen kommen sollte, wird kein Schicksalsschlag mehr mich davon abhalten, dich zu besingen. Ja, auch wenn dann der Grabhügel meine Gebeine bedeckt oder ein früher Zeitpunkt mir schicksalshaft bald den Tod bereitet oder wenn mein Leben lange dauert, werde ich dennoch – ob mich die Verwandlung meiner Gestalt zum Pferd formen wird, das über die harten (Renn-)Plätze zu sprengen versteht, ob ich als Stier der Ruhm der schwerfälligen Herde sein oder als Vogel mit den Schwingen durch die klaren Lüfte fliegen sollte –, wenn ich nach langer Zeit je wieder als Mensch zurückkehre, die Gedichte auf dich, die ich begonnen habe, fortsetzen.

[VERGILIUS]
PANEGYRICUS MESSALLAE

Pauca mihi, niveo sed non incognita Phoebo,
  pauca mihi doctae dicite Pegasides.
victor adest, magni magnum decus ecce triumphi,
  victor, qua terrae quaque patent maria.
horrida barbaricae portans insignia pugnae,   5
  magnus ut Oenides utque superbus Eryx,
nec minus idcirco vestros expromere cantus
  impiger et sanctos dignus inire choros.
hoc itaque insuetis iactor magis, optime, curis,
  quid de te possim scribere quidve tibi.   10
namque – fatebor enim – quae maxima deterrendi
  debuit, hortandi maxima causa fuit.

pauca tua in nostras venerunt carmina chartas,
  carmina cum lingua, tum sale Cecropio,
carmina, quae Phrygium, saeclis accepta futuris,   15
  carmina, quae Pylium vincere digna senem.
molliter hic viridi patulae sub tegmine quercus
  Moeris pastores et Meliboeus erant
dulcia iactantes alterno carmina versu,
  qualia Trinacriae doctus amat iuvenis.   20

certatim ornabant omnes heroida divi,
  certatim divae munere quoque suo.
felicem ante alias o te scriptore puellam!

PSEUDO-VERGIL
PANEGYRICUS AUF MESSALLA

Kriegsheld und Musenfreund

(1) Weniges nur, doch was dem schneeweißen Phoebus bekannt ist, weniges nur verkündet mir, ihr gelehrten Pegasiden! Seht, der Sieger ist da, die große Zierde des großen Triumphes, Sieger, wo Länder und wo Meere sich ausdehnen. Schaurige Wahrzeichen des Kampfes mit den Barbaren bringt er mit, wie der große Oenide und wie der stolze Eryx, doch ist er darum nicht minder bedacht, eure Lieder vorzutragen, und verdient es, in eure heiligen Chöre einzutreten. Deshalb werde ich um so mehr, du trefflicher Mann, von ungewohnten Sorgen hin- und hergezerrt, was ich über dich und was ich für dich schreiben könnte. Denn, offen gestanden, was mir am meisten Grund zur Abschreckung hätte sein müssen, war mir am meisten Grund zur Aufmunterung.

Hirtengedichte

(13) Deine wenigen Gedichte haben den Weg zu meinen Büchern gefunden, Gedichte, cecropisch in Sprache und Witz, Gedichte, beliebt in künftigen Jahrhunderten, die den Phryger, Gedichte, die den Greis von Pylos zu übertreffen verdienten. Behaglich lagerten hier unter dem grünen Dach der ausladenden Eiche die Hirten Moeris und Meliboeus und prahlten in wechselndem Vers mit hübschen Liedern, wie der gelehrte Jüngling aus Trinacria sie liebt.

Liebesgedichte – Katalog der Schönheiten

(21) Alle Götter stritten sich darum, deine Heldin zu schmücken, alle Göttinnen, alle mit ihren eigenen Gaben. O das glückliche Mädchen, glücklicher als alle, da du ihr Dichter bist! Keine andere

altera non fama dixerit esse prior,
non illa, Hesperidum ni munere capta fuisset,   25
   quae volucrem cursu vicerat Hippomenen;
candida cycneo non edita Tyndaris ovo,
   non supero fulgens Cassiopea polo;
non defensa diu multum certamine equorum,
   optabant Graiae quod sibi quaeque manus,   30
saepe animam generi pro qua pater impius hausit
   saepe rubro Eleïs sanguine fluxit humus;
regia non Semele, non Inachis Acrisione
   immiti expertae fulmine et imbre Iovem.
non cuius ob raptum pulsi liquere penates   35
   Tarquinii patrios, filius atque pater,
illo quo primum dominatus Roma superbos
   mutavit placidis tempore consulibus,
multa neque immeritis donavit praemia alumnis,
   praemia Messallis maxima Poplicolis.   40

nam quid ego immensi memorem studia ista laboris,
   horrida quid durae tempora militiae?
castra foro solito, urbi praeponere castra
   tam procul hoc gnato, tam procul hac patria;
immoderata pati iam frigora iamque calores,   45
   sternere vel dura posse super silice;
saepe trucem adverso perlabi sidere pontum,
   saepe mare audendo vincere, saepe hiemem,
saepe etiam densos immittere corpus in hostes,
   communem belli non meminisse deum;   50
nunc celeres Afros, periurae milia gentis,
   aurea nunc rapidi flumina adire Tagi,
nunc aliam ex alia bellando quaerere gentem,
   vincere et Oceani finibus ulterius?

könnte sagen, sie übertreffe es an Ruhm, auch jene nicht, die, wäre sie
nicht vom Geschenk der Hesperiden gefesselt worden, im Lauf den
hurtigen Hippomenes besiegt hätte; nicht die strahlende Tyndaride,
die aus dem Schwanenei hervorkam, nicht Cassiopea, die am Him-
melspol funkelt; sie auch nicht, die lange heftig sich wehrte mittels
des Wettlaufs der Rosse, (30) den sich alle grajischen Helden erwünschten, sie, für die oft der ruchlose Vater einem Schwiegersohn
das Leben raubte, für die oft der eleïsche Boden in rotem Blute
schwamm; nicht die königliche Semele, nicht des Inachus Enkelin,
die Tochter des Acrisius, die beide Jupiter kennenlernten, jene im un-
sanften Blitz, diese im Regenschauer; sie auch nicht, wegen deren
Schändung die Tarquinier vertrieben die väterlichen Penaten ver-
ließen, Sohn und Vater, zu jener Zeit, als Rom erstmals überhebliche
Herrschaften mit friedlichen Konsuln vertauschte und den Söhnen
der Stadt nicht unverdiente Belohnungen verlieh, die höchsten Belohnungen aber den Messallae Poplicolae.

Harter Kriegsdienst

(41) Was soll ich denn nun deinen Eifer in unermeßlicher Mühsal
erwähnen, was die schrecklichen Zeiten des harten Kriegsdienstes?
Daß du das Lager dem (dir) gewohnten Forum, der Stadt das Lager
vorziehst, so fern von deinem Sohn, so fern von deiner Heimatstadt;
daß du bald maßlose Kälte, bald Hitze erträgst oder auf hartem Kiesel dich lagern kannst; daß du oft bei widrigem Gestirn über die
tückische See hinfährst, oft wagemutig das Meer besiegst, oft den
winterlichen Sturm, oft auch dich selber in die dichten Feinde wirfst,
nicht daran denkst, daß der Kriegsgott keinen verschont; daß du bald
gegen die raschen Afrer, die Massen eines heimtückischen Volkes,
bald zu den goldenen Fluten des reißenden Tagus ziehst, bald ein
Volk nach dem andern aufsuchst, um Krieg zu führen, und siegst
über die Grenzen des Oceanus hinaus?

non nostrum est, tantas, non, inquam, attingere laudes,   55
    quin ausim hoc etiam dicere, vix hominum est.
ipsa haec, ipsa ferent rerum monumenta per orbem,
    ipsa sibi egregium facta decus parient.
nos his, quae tecum finxerunt carmina divi,
    Cynthius et Musae, Bacchus et Aglaïe,   60
si laudem aspirare humilis, si adire Cyrenas,
    si patrio Graios carmine adire sales
possumus, optatis plus iam procedimus ipsis.
    hoc satis est; pingui nil mihi cum populo.

Begleitadresse

(55) Nicht mir steht es zu, sage ich, wirklich nicht, solche Ruhmestaten zu beschreiben, ja ich möchte sogar zu behaupten wagen, das stehe überhaupt Menschen kaum zu. Sie selbst, deine Taten, sie werden das Andenken an das Geschehene in die Welt hinaustragen, die Taten werden sich selbst ihren herausragenden Ruhm verschaffen. Wenn ich aber den Gedichten, welche mit dir zusammen die Götter, Cynthius und die Musen, Bacchus und Aglaie, verfaßt haben, trotz meiner Bedeutungslosigkeit Anerkennung verschaffen kann, wenn ich Cyrene erreichen, wenn ich den grajischen Witz mit einheimischen Versen erreichen kann, dann bin ich schon weiter gekommen, als ich wünsche. Das genügt mir; mit dem geistlosen Volk will ich nichts zu tun haben.

ANHANG

ZUR AUSGABE

Anders als in England, Frankreich oder Italien fehlte bisher im deutschen Sprachbereich eine zweisprachige Gesamtausgabe der Werke des PUBLIUS OVIDIUS NASO. Der vorliegende Band schließt diese Lücke, indem er vernachlässigte Texte des Dichters, wie das berüchtigte, hochgelehrte und gleichzeitig autobiographisch geprägte Schmähgedicht *Ibis*, sowie Fragmente und Zeugnisse seiner zahlreichen verlorenen Werke versammelt, die hier erstmals ausführlich erläutert sind. Der zweite Teil enthält Gedichte, die Ovids Umkreis entstammen oder lange zu seinen Werken gezählt wurden. Die mittelalterliche Überlieferung des Corpus Ovidianum verband mit den echten Texten teils spätere Ovid-Imitationen, die die intensive Beschäftigung mit dem Dichter seit dem 11. Jahrhundert bezeugen, wie *De cuculo* («Kuckuck»), *De philomena* («Nachtigall»), *De pulice* («Floh»), *De pediculo* («Laus»), *De mirabilibus mundi* («Weltwunder») oder das umfangreiche Epos *De vetula* («Die Alte») des Richard de Fournival (13. Jahrhundert), teils antike Pseudepigrapha wie *Nux* («Nußbaum») und *Consolatio ad Liviam* («Trostgedicht an Livia»). Wir haben diese antiken Pseudo-Ovidiana, die gewöhnlich im Anhang der Ovid-Ausgaben erscheinen, aber noch nie ins Deutsche übersetzt wurden, in die Ausgabe aufgenommen und verbinden damit mehrere Texte, die wir hier im Sinne von Tschaikowskys *Mozartiana* – Anklänge an Mozart – unter dem Sammelnamen *Ovidiana* zusammenfassen: Drei *Antwortbriefe*, die der Dichter Sabinus auf die *Heroides* («Liebesbriefe») seines Freundes Ovid verfaßt haben soll, und vier Gedichte, die den beiden Förderern Ovids, Maecenas und Messalla, galten, aber aufgrund ihrer Zuschreibung bisher nie vereint, sondern auf verschiedene Autoren verstreut ediert waren, die pseudo-vergilischen *Elegien auf Maecenas*, deren Autor sich als Verfasser der *Consolatio ad Liviam* zu erkennen gibt, und die beiden *Panegyrici auf Messalla*, von denen der eine Vergil, der andere Tibull zugeschrieben wurde.

Die Sammlung der vorliegenden, zumeist recht schwierigen, als philologische Stolpersteine geltenden Texte, die zum Teil schon die antiken Erklärer herausforderten (Scholien zu *Ibis*), ermöglicht den Blick auf die verschiedensten Gattungen von Gedichten und auf Autoren unterschiedlichen Ranges: das Schmähgedicht *Ibis*, ein Gruselkabinett griechischer und römischer Mythologie und Geschichte, in dem sich Katalogdichtung mit artifiziellem Rätselraten paart; das naturwissenschaftliche Lehrgedicht in den fragmentierten *Medicamina* und *Halieutica*; das hübsche, scherzhafte Kleinepos *Nux*, das Erasmus noch für echt und erläuterungswürdig hielt; den Nekrolog in der ersten *Maecenas-Elegie*; das Trostgedicht, das uns für Ovids verlorenes *Epicedion Messallae*, die Panegyrici, die uns für seine *Laudes Tiberii* entschädigen müssen.

Eine besondere Bemerkung erfordern die legendären *Antwortbriefe* des Sabinus, die seit ihrer «Entlarvung» im 19. Jahrhundert in den Ovid-Ausgaben fehlen und heute allgemein als Produkte des Renaissancedichters Angelo Sani gelten. Ihre Aufnahme in die Edition war ursprünglich als illustratives Beispiel aus der Rezeptionsgeschichte der *Heroides* geplant (s. Ovid, *Liebesbriefe*), doch stellte sich im Lauf der Arbeit die Fragwürdigkeit dieser These immer deutlicher heraus, da mit der vorläufigen Klärung der Editionsgeschichte (Nachweis der eigentlichen *Editio princeps*), die allerdings noch zu vervollständigen ist, schon jetzt der Zuschreibung der Briefe an Sani der Boden entzogen wird.

Für die am schwersten verständlichen Texte schien eine Übersetzung in Prosa geboten, während für alle übrigen, die eine genaue Wiedergabe in Versform zuließen, eine Versübertragung vorgezogen wurde.

Auf eine Biographie (zu Ovids dritter Gattin Fabia s. zu Fr. 7, zum drohenden Todesurteil statt Verbannung s. zu Ib. 11) wurde zugunsten einer Zeittafel verzichtet; die Übersicht über die nicht erhaltenen Werke ergibt sich aus den chronologisch geordneten Fragmenten, die selbst eine Art Werkkatalog darstellen.

Einführungen zu den einzelnen Texten, von denen jeder wieder völlig verschiedene philologische Fragen aufwirft, sind den jeweiligen Erläuterungen vorangestellt. Die extreme Abhängigkeit von griechischen Quellen, besonders im Fall des *Ibis*, verunmöglichte eine konsequente Orthographie im kommentierenden Teil. In der Übersetzung und im Register hingegen wurde die lateinische Schreibweise beibehalten, sofern nicht der Autor selbst griechische Formen (*Delos* statt *Delus*) oder gar griechisch-lateinische Mischformen (*Aethalos* statt *Aithalos* oder *Aethalus*) verwendet.

Mein besonderer Dank gilt Herrn Prof. Manfred Fuhrmann für die kritische Durchsicht des Manuskripts sowie meiner Frau und meinem Sohn für die unermüdliche Unterstützung.

Muttenz/Basel, im September 1996   B. W. H.

ZEITTAFEL

Zeitgeschichte	*Dichter und Dichtungen*

63 v. Chr. 23.9. Octavius, Sohn des
Octavius und der Atia,
geboren.

44 15.3. Gaius Julius Caesar   20.3. Ovids älterer Bruder
ermordet. Octavius von   geboren.
Caesar testamentarisch
adoptiert. Name seit 8.5.:
C. Julius Caesar.
Beginn des Bürgerkrieges.

43 21.4. Schlacht bei Mutina   20.3. Publius Ovidius Naso
(Modena): Tod der Konsuln   in Sulmo (Sulmona) in den
Hirtius und Pansa.   Abruzzen geboren.
27.11. Triumvirat: C. Julius
Caesar (Octavianus),
Marcus Antonius, Marcus
Aemilius Lepidus *triumviri*
rei publicae constituendae
für 5 Jahre. Proskription
der politischen Gegner.
7.12. Cicero ermordet.

42 23.10. Schlacht bei Philippi:
Sieg von Octavian und
Antonius. Tod von Brutus
und Cassius.

40   Vergil, 4. Ecloge.

38	17.1. Octavian heiratet Livia Drusilla.	
37	Sept./Okt. Erneuerung des Triumvirats. Herodes von den Römern als König von Judaea eingesetzt.	
36	Sextus Pompeius in Spanien besiegt. Lepidus als Triumvir zum Rücktritt gezwungen.	
35–25		Ovid: Ausbildung in Grammatik, Rhetorik und Rechtslehre. Schüler der Rhetoren Arellius Fuscus und Porcius Latro.
31	2.9. Schlacht bei Actium: Sieg Octavians über Antonius und Kleopatra.	
30	Tod von Antonius und Kleopatra. Ende des Bürgerkrieges.	
29	18.8. Weihe des Tempels des Divus Julius (Caesar).	Properz, 1. Buch der Elegien.
28	9.10. Weihe des Apollotempels auf dem Palatin. Bau des Mausoleum Augusti.	
27	13.1. Reorganisation des römischen Staates (*restitutio rei publicae*). 16.1. *Imperium proconsulare* und Ehrentitel für Octavian:	

Imperator Caesar Divi Filius
Augustus.
Bau des Pantheons begonnen.

um 27		Ovids erste Dichter-lesungen. Begegnung mit den Dichtern Vergil, Horaz, Tibullus und dem Kreis um Valerius Messalla Corvinus. *Panegyricus Messallae* (Ps.-Tibull).
26		Selbstmord des Dichters Cornelius Gallus.
um 25		Freundschaft Ovids mit Dichtern: Properz, Aemilius Macer, Ponticus, Bassus, Tuticanus, Cornelius Severus, Sabinus u. a. Bildungsreise nach Athen. Reise mit dem Dichter Pompeius Macer durch Kleinasien und Sizilien.
25	Weihe des Pantheons.	
24		Tod von Ovids Bruder. Ovid *tresvir capitalis* (Vigintivirat).
nach 24		Ovid Mitglied des Centumviralgerichts und Einzelrichter.
23	Augustus erhält *tribunicia potestas* und *imperium proconsulare maius* auf Lebenszeit. Tod des Marcus	Elegie des Properz auf den Tod des Marcellus (3,18).

Claudius Marcellus (Neffe und
Schwiegersohn des Augustus).
Baubeginn des Marcellus-
Theaters.

nach 23   Ovid, *Amores* (1. Ausgabe
in 5 Büchern). *Giganto-
machie. Medea, Tragödie.
Epigramme. Gegen
schlechte Dichter. Phaenomena. Heroides* (1. Ausgabe
in 3 Büchern). *Medicamina
(De medicamine) faciei
(femineae).* Antwortbriefe
des Sabinus auf die
Heroides Ovids (*Amores*
2,18; *Ex Ponto* 4,16,13).

22   1.9. Weihe des Jupiter-
Tonans-Tempels in Rom.

21   Heirat des Marcus Vipsanius
Agrippa mit der Augustus-
tochter Julia (geb. 39).

19   12.5. Weihe des Mars-Ultor-
Tempels auf dem Kapitol.   Tod der Dichter Vergil und
15.12. Altarweihe der   Albius Tibullus. Ovid,
Fortuna Redux.   *Elegie auf den Tod Tibulls*
                                   (*Amores* 3,9).

18   Leges Iuliae (*de maritandis
ordinibus, de adulteriis
coercendis*): Sittengesetze
des Augustus. Mitregent-
schaft des Agrippa.

17   31.5.–12.6. Säkularfeier   Horaz, *Carmen saeculare.*
in Rom.

	Augustus adoptiert Gaius (geb. 20) und Lucius (geb. 17) Caesar (Söhne Julias und Agrippas).	
16–13	Augustus und Agrippa in Gallien.	
um 15		Ovid, *Epithalamium für Marcia und Paullus Fabius Maximus. Taten des Kaisers Augustus.* Tod des Properz (?)
13	4.7. Stiftung der Ara Pacis. Augustus Pontifex Maximus.	
12	März: Tod Agrippas. Juni: Geburt des M. Vipsanius Agrippa Postumus (Sohn Julias und Agrippas).	
11	12.2. Heirat Julias mit Tiberius (Stiefsohn des Augustus). 4.5. Einweihung des Marcellus-Theaters.	
9	30.1. Weihe der Ara Pacis. Herbst: Tod des älteren Drusus in Mainz (Kenotaph). Beisetzung im Mausoleum Augusti.	
8	Kalenderreform: Augustus statt Sextilis. Augustus *censor unicus.*	Tod des Horaz, Tod des Maecenas.
4	Tod Herodes' des Großen.	
2	5.2. Augustus *pater patriae.*	

12.5. Einweihung des Forum
Augusti.
1.8. Stiftung des Mars-
Tempels.
Scheidung Julias von Tiberius
und Verbannung auf die Insel
Pandateria.

1   Errichtung der Provinz
Germania.

nach 1   Ovid, *Ars amatoria*.

um 1 n. Chr.   Ovids dritte Ehe mit der
verwitweten Fabia (*Tristia*
1,6,25; *Ex Ponto* 3,1,75),
Nichte des Rufus
(*Ex Ponto* 2,11).

2   20.8. Tod des Lucius Caesar
in Massilia.

2–8   Ovid, *Remedia amoris*.
Amores (2. Ausgabe in
3 Büchern). *Epistulae*
(*Heroides*, 2. Ausgabe
mit den Briefen 16–21).
Arbeit an *Metamorphosen*
und *Fasti* (1. Fassung,
unvollendet, in 6 Büchern,
Widmung an Augustus
geplant: *Tristia* 2,547–552).

3   Julia nach Rhegion
(Reggio di Calabria)
verbannt.

4   21.2. Tod des Gaius Caesar
in Lykien.

26.6. Augustus adoptiert
Tiberius und Agrippa
Postumus.

um 6

Freundschaft Ovids mit
Carus.

6   27.1. Weihe des Tempels
von Castor und Pollux.
Census des Statthalters
Quirinius in Judaea.
Enterbung (*abdicatio*) und
Verbannung des Agrippa
Postumus nach Sorrent.

7   Verbannung des Agrippa
Postumus (*relegatio:* mit
Belassung von Bürgerrecht
und Vermögen) auf die
Insel Planasia (Pianosa)
bei Elba.

8   Vipsania Julia (Tochter der   Ovid mit Aurelius Cotta
Julia, geb. 19 v. Chr.) wegen   Maximus auf Elba. Ver-
Ehebruchs auf die Insel   bannung (*relegatio: Tristia*
Trimerus (S. Domino, Isole   5,2,55; 5,4,21) nach Tomis
Tremiti am Gargano) lebens-   (Constanza, Rumänien)
länglich verbannt. Ewige   am Schwarzen Meer.
Verbannung (*exilium*   Ovids Bücher aus öffent-
perpetuum) für Agrippa   lichen Bibliotheken ent-
Postumus in Planasia.   fernt.

8–9   Ovid, *Ibis*.
8–12   Ovid, *Tristia* (in 5 Büchern).

9   Sept. Niederlage des Varus
gegen die Germanen im
Teutoburger Wald.

10	16.1. Weihe des restaurierten Concordia-Tempels.	
12–116		Ovid, *Epistulae ex Ponto* (in 4 Büchern). Freundschaft mit Publius Suillius Rufus, dem Gatten seiner Stieftochter von Fabia (*Ex Ponto* 4,8).
12	23.10. Triumph des Tiberius über Pannonien und Dalmatien.	Ovid, *Triumph des Tiberius über Pannonien und Dalmatien.*
13	Tod des Marcus Valerius Messalla Corvinus. 16.1. Triumph des Tiberius über die Germanen.	Ovid, *Epicedion auf Messalla. Triumph des Tiberius über die Germanen.*
14	Tod (Ermordung?) des Paullus Fabius Maximus. 19.8. Tod des Augustus in Nola. 20.8. Ermordung des Agrippa Postumus in Planasia. 3.9. (?) Ehrentitel für Livia: Iulia Augusta. 17.9. Consecratio des verstorbenen Kaisers als Divus Augustus (*Ex Ponto* 4,6,15; 4,8,67). Tiberius wird Kaiser: Tiberius Caesar Augustus.	Ovid, *Epicedion auf Fabius* (*Ex Ponto* 4,6). *Epicedion auf Augustus. Laudes Tiberii* (in getischer Sprache).
17	26.5. Triumph des Germanicus über die Germanen. 18.10. Weihe des restaurierten	Tod des Historikers Livius.

Janustempels in Rom
(*Fasti* 1,223).
Ermordung Julias in Rhegion.

17–18		Ovid, *Halieutica*. Über- arbeitung der *Fasti* (in 6 Büchern, unvollendet, Widmung an Germanicus).
18	1.–31.1. Tiberius und Germanicus (1.1.–28.4.) *consules ordinarii.*	
18(19?)		Ovid stirbt in Tomis in der Verbannung.
18–19	Germanicus Imperator im Osten.	
19	10.10. Tod (Ermordung?) des Germanicus bei Antiochia.	

ERLÄUTERUNGEN

Die im vorliegenden Band abgedruckten Texte werden wie folgt abgekürzt zitiert:

Ib.	In Ibin / Gegen Ibis
Med.	Medicamina faciei femineae / Schönheitsmittel für Frauen
Hal.	Halieutica / Fischfang
Fr.	Fragmenta et Testimonia / Fragmente und Zeugnisse
Sab.	Sabini Epistulae / Briefe des Sabinus
Nux	Ps.-Ovid, Nux / Der Nußbaum
Cons.	Ps.-Ovid, Consolatio ad Liviam vel Epicedion Drusi / Trostgedicht an Livia oder Trauergedicht auf Drusus
Eleg. Maec.	Ps.-Vergil, Elegiae in Maecenatem / Elegien auf Maecenas
Pan. Mess. 1	Ps.-Tibull, Panegyricus Messallae / Panegyricus auf Messalla
Pan. Mess. 2	Ps.-Vergil, Panegyricus Messallae / Panegyricus auf Messalla

Für die anderen Werke Ovids gelten die üblichen Abkürzungen:

Am.	Amores / Liebesgedichte
Ars	Ars amatoria / Liebeskunst
Fast.	Fasti / Festkalender
Her.	Heroides / Liebesbriefe
Met.	Metamorphoses / Metamorphosen
Pont.	Epistulae ex Ponto / Briefe vom Schwarzen Meer
Rem.	Remedia amoris / Heilmittel gegen die Liebe
Trist.	Tristia / Lieder der Trauer

OVID
IBIS UND FRAGMENTE

Einführung

Ovid schreibt sich im Exil am Schwarzen Meer mit einem Schmähgedicht gegen einen Feind in Rom, den er mit dem Decknamen Ibis
bezeichnet, den Zorn vom Leib. Dieser Gegner läßt sich aufgrund
der Quellenlage nicht benennen, ist aber mehrfach in den Gedichten
aus dem Exil apostrophiert, sei es der verräterische Freund, der es auf
Ovids Vermögen abgesehen hat (Trist. 1,6), sei es einer der anonymen
Gegner in den Schmähgedichten Trist. 3,11 und 4,9 (auch hier wird
betont, daß Name und Untat verschwiegen sind), sei es der Spötter,
der sich über Ovids Verbannung lustig macht (Trist. 5,8), oder der
Denunziant, der für Augustus aus der *Ars amatoria* anstößige Stellen
herauspickt, um den Dichter anzuschwärzen (Trist. 2,77–80) – jeder
von ihnen, auch mehrere könnten der eine Ibis sein. Einige Andeutungen schränken die Auswahl ein; zunächst die Angabe, daß Ibis aus
dem Land der Löwen, also aus Libyen stamme (V. 501); sein Geburtstag war der 18. Juli (V. 219); er war eine bekannte Gestalt auf
dem Forum, wo er «sein Gebell ertönen läßt» (V. 231), war Rhetor
oder Advokat oder beides (V. 14). «Ibis» verfügte aber nicht über
große Geldmittel (V. 580), gehörte also sicher nicht dem Senatorenstand an. Man dachte deshalb an den «mittellosen, infamen und verhaßten» Redner TITUS LABIENUS (Sen. Contr. 10 praef. 4), der wegen seiner Bissigkeit den Spitznamen Rabienus, tollwütiger Hund,
erhielt und sich mit seiner senatorenfeindlichen Zeitgeschichte so

verhaßt machte, daß der Senat beschloß, seine Schriften öffentlich verbrennen zu lassen.

Scherz und Ernst sind im (oder in der) *Ibis* eng ineinander verwoben: Empörung, Angst und Schmerz prägen Eingang und Ende der kunstvoll-scherzhaften Schimpfkanonade, die in der schlimmsten Verwünschung gipfelt: dem Exil am Schwarzen Meer. Der Hauptteil ist als Rollentext angekündigt (V. 66) und soll in der Art magischer Rezepte in den hellenistischen Zauberpapyri an einem Altar gesprochen werden (V. 99). Doch geht die Opferhandlung unmerklich in eine dramatische Einlage über: Die günstigen Zeichen für die Fortsetzung des Rituals treffen ein (V. 127). Die Schilderung der Geburt des Ibis in Afrika (109–250), eine erzählende Partie, geht dem umfangreichen Katalog mythischer und historischer Beispiele, dem eigentlichen, höchst gelehrten, mehr assoziativ als systematisch aufgebauten Hauptteil (251–639) voraus. Ein kurzer Epilog bildet den Abschluß.

Die faszinierende Gelehrsamkeit des Textes hat seit der Antike die Erklärer herausgefordert. Umfangreiche Scholien sind erhalten, gelehrte Editoren haben sich seit der Renaissance um Verbesserung des Textes und um Klärung bemüht, doch blieben verschiedene Rätsel ungelöst (V. 541.549.607–608). Selten läßt sich ein Irrtum des Autors nachweisen (V. 511).

Für die Orthographie der Namen war keine einheitliche lateinische Lösung zu erreichen, da Ovid selbst auch latinisierte Formen gelegentlich mit griechischen Endungen ausstattet (z. B. Aethalos statt Aethalus); diese «autorisierten» Formen wurden in der Übersetzung beibehalten. Da die herangezogenen Quellen aber oft nur aus dem griechischen Sprachraum stammen, wurde in den Erläuterungen darauf verzichtet, diese zu latinisieren. Konsequenz, vor allem beim Wechsel von *c* und *k*, war angesichts der ständigen Durchmischung der beiden Sprachen nicht zu realisieren.

Titel

Der Titel *Ibis* (griech. und lat. feminin; der Originaltitel lautet nach den Handschriften *Gegen Ibis*) ist, wie Ovid angibt, direkt von Kallimachos (fr. 382 Pf.) geborgt, der unter diesem (in beiden Fällen nicht aufgelösten) Decknamen einen persönlichen Feind verunglimpfte, allerdings, in beiden Fällen, in geistvoll gelehrter Weise. Der Ibis galt einerseits als heiliger Vogel, anderseits als eine Art Schmutzfink, ein «Allesfresser» (Strab. 17,823), ein «Dreckfresser» (Schol. Lycophron 513), aber auch als Erfinder des Klistiers, was Cicero (Nat. deor. 2,126; ebenso Aelian 2,35) unter den Naturwundern aufführt, wobei er anmerkt, daß die Ärzte das erst viel später erfunden hätten. Der Hinweis auf den *Ibis* des Kallimachos in V. 449 f. ist demnach als hinterhältiges Rätsel zu lesen: «Der Vogel, der seinen Leib reinigt, bzw. seinen Darm purgiert», d. h. mit Wasser, das er mit Hilfe seines Schnabels in den Darm pumpt (*aqua proiecta*) – gewiß eine feine Umschreibung des Gegners, dessen denunziatorische Schmeicheleien gegenüber dem Kaiser man auch weniger diplomatisch hätte bezeichnen können.

Datierung

Ibis ist das erste Werk, das Ovid in der Verbannung geschrieben hat, noch vor dem ersten Buch der *Tristia*, dessen Ereignisse bis ins Jahr 9 n. Chr. reichen. In den einleitenden Versen gibt er sich als 50jähriger zu erkennen. Das war, wie er später auch in seiner autobiographischen Elegie schreibt, genau der Zeitpunkt seiner Verbannung im Frühjahr 8 (Trist. 4,10,95 f.). Die Gefahr, daß in einem neuen Prozeß statt der einfachen Relegatio ein Verbannungsurteil gegen Ovid mit Verlust des Vermögens ausgesprochen würde, ist im Gedicht Trist. 1,6,7–16 dank Fabia und den Freunden der Familie bereits gebannt, hier im *Ibis* besteht sie noch. Anderseits betont Ovid auch später noch (Trist. 2,563; Pont. 4,14,44; von Schanz für Spätdatierung herangezogen), er habe in seinen Gedichten nie jemandem ein Haar gekrümmt, was mit dem *Ibis* insofern zusammenpaßt, als der Verfluchte tatsächlich anonym bleibt, Opfer einer literarischen Kunstform wird und die Vorwürfe, die gegen ihn erhoben werden, sich darauf beschränken, daß er die alte Freundschaft mit Ovid verraten habe (V. 51). Angesichts der Benutzung von Handbüchern, die man hier zwingend vorauszusetzen hat, stellt sich allerdings die Frage, ob Ovid nicht bereits in Rom wesentliche Teile des Werkes als *poeta doctus* fertiggestellt hat, noch bevor es für seine Flüche, die als Materialsammlung ja nicht von seinem persönlichen Schicksal abhingen, eine konkrete Zielscheibe gab. Man kann sich sonst schwer vorstellen, daß *Ibis* so rasch fertig geworden wäre. Das Gedicht wäre demnach im Jahr 8 im wesentlichen abgeschlossen gewesen. Angesichts des stark literarischen Charakters des Textes hat es allerdings nicht an Stimmen gefehlt, die den ganzen biographischen Hintergrund ins Reich der Phantasie verweisen (Rostagni, Housman, Perrotta).

Nach einer Beobachtung von Ellis (S. XXI) findet sich in Ovids *Briefen vom Pontus* als Rückverweis eine doppelte Anspielung auf *Ibis*: «Hätte mir jemand gesagt, zum Gastlichen Strand wirst du gehen (*ibis*), ... hätt ich gesagt, ‹Geh, trink (*i, bibe*) dein Inneres säubernde Säfte› ...» (Pont. 4,3,51–53, übersehen von Helzle 1989, Komm. z. St.). Da hier die purgierende Kraft von Nieswurz gemeint ist, ist wohl zudem auf die purgierenden Praktiken angespielt, für die der Ibis bekannt war.

Quellen

KALLIMACHOS AUS KYRENE (* um 300), Sohn des Battos, der große hellenistische Gelehrte und Dichter, Vorbild römischer Autoren wie Catull und Ovid. Ovids *Ibis* ist fast das einzige Zeugnis für den (oder die) *Ibis* des Kallimachos (fr. 381–382 Pf.). Pfeiffer hat klar herausgearbeitet, was wir über das Verhältnis Ovids zu Kallimachos wissen: Gemeinsam ist der Charakter des Rätselgedichts, die Invek-

tive unter dem Decknamen Ibis als Schmutzfink, das nichtjambische
Versmaß, aber Ovid gibt keine Übersetzung und keine Wiederholung des Kallimachos, auch wenn er sich nicht als Neuerer versteht
(V. 45.53.643), und er hat die Vorlage sicher erweitert. Zudem verwendete er offensichtlich weitere Gedichte des Kallimachos (s. fr.
661–665 Pf.), nachweisbar das gelehrte und viel gelesene Werk *Aitia*
(*Ursachen*), das in mehreren Büchern Kulte und ihre Entstehung behandelte.

Gattung

Fluchgedichte, Araí, in der Art von epischen Katalogen, die ihrerseits (in Hexametern) auf Hesiods bis auf Reste verlorenes Epos
Ehoien (Frauenkatalog) zurückgehen. Daran erinnert die stereotype
Aufreihung, die nicht als Unfähigkeit des Autors, sondern als Wille
zu epischem Kolorit zu deuten ist. Wie Hesiod seine Beispiele jeweils mit «E hoie» («Oder wie die ...») eingeleitet hatte, finden wir
hier reihenweise einleitendes «Oder wie», «Und wie». Gedichte mit
Anhäufung mythologischer und historischer Exempla waren im
Hellenismus beliebt. Wie die erhaltenen Titel zeigen, gab es im besonderen auch Fluchkataloge: Die Dichterin MOIRO VON BYZANZ
(* um 330) schrieb *Flüche*, EUPHORION VON CHALKIS (* um 275)
Flüche oder Der Becherdieb (schon der Titel weist auf den spieleri-
schen Charakter). Das Gedicht *Ibis* des Kallimachos war verhältnis-
mäßig kurz (449 *exiguus libellus*), aber «dunkel» (55 ff.), d. h. voll von
gelehrten Anspielungen, wie wir sie von den hellenistischen Dichtern
auch sonst kennen (Kallimachos, *Aitia* u. a.; Lykophron, *Alexandra*;
Apollonios Rhodios, *Argonautika*); es handelt sich um Rätseldich-
tung in der Art eines Labyrinths (59 *ambages*) von allerdings unter-
schiedlichem Schwierigkeitsgrad – viele der Anspielungen, wie etwa
diejenigen auf die Theseus- oder Herakles-Mythen oder den Trojanischen Krieg gehörten zum üblichen Bildungsstand des Lesers. Ein-
zelne Anspielungen sind nur dank antiken Scholien verständlich,

denen die Forschung zeitweise zu große Skepsis entgegengebracht
hat. Bei aller Fehlerhaftigkeit, die sie auch aufweisen, haben Neufunde zu Kallimachos ihre Glaubwürdigkeit verschiedentlich bestätigt (s. V. 465–470). Diese Sachlage läßt Rückschlüsse auf Ovids
Arbeitsweise zu: Ohne Handbücher war ein solches Werk nicht zu
erarbeiten. Auffällig ist ferner im historischen Bereich das Überge-
wicht hellenistischer Greueltaten, obwohl die griechische Geschichte auch sonst an Grausamkeiten nicht arm ist. Das dritte Element, das ebenfalls zu den hellenistischen Interessen zählt, ist die
Freude an volkskundlichen Stoffen, hier an magischen Praktiken,
wie wir sie aus den *Argonautika* des Apollonios kennen, wie sie aber
nach dem Zeugnis der Zauberpapyri von weniger gelehrten Zeitgenossen auch reell betrieben wurden.

Metrik
Elegische Distichen nach klassischem Muster. Pentameterschluß
mit zweisilbigem, ausnahmsweise mit vier- und sechssilbigem Wort
(V. 508.520; dreisilbiges Ende ist grundsätzlich vermieden). Prosodie:
Silbentrennung bei griechischen Wörtern nach griechischer Praxis
(dreisilbig 521 *iambi*; 461 *Cassandreus*; 562 *Macareus*); metrische
Dehnung kurzer Endsilben, sog. *brevis in longo* (*periit* 341.369.530).

Ausgaben, Kommentare, Übersetzungen

Ellis, R., Ovidii Nasonis Ibis, Oxford 1881 (Krit. Ausg., Komm.,
    Scholien).
Owen, S. G., Ovidi Nasonis Trist. Ib. Pont. Hal. Fr., Oxford
    1915.
Lenz, F. W., Ovidi Nasonis Ibis, Turin ²1956 (Krit. Ausg., Scholien).
La Penna, A., Ovidi Nasonis Ibis, Florenz 1957 (Krit. Ausg.).
ders., Scholia in P. Ovidi Nasonis Ibin, Florenz 1959.

Mozley, J. H. / Goold, G. P., Ovid, Bd. 2, Cambridge (Mass.)
1929/1979, 236–291 (lat./engl.).
Ripert, E., Ovide, Les Tristes, Les Pontiques, Ibis, Le Noyer, Ha-
lieutiques, Paris 1937, 412–449 (lat./frz.).
André, J., Ovide, Contre Ibis, Paris 1963 (lat./franz., Komm.)
Della Corte, F. / Fasce, S., Ovidio, Opere, Bd. 2, Turin 1986, 347–399
(lat./ital.).
Berg, A., Ovid, Werke, Bd. 20, Berlin 1855 ff., 124–153 (deutsch).

Literatur

Schanz-Hosius 2, 249–251 (dort die ältere Lit.). – Miller 1982,
371–417. – G. Williams, ‹On Ovid's Ibis. A poem in context›, *Pro-
ceedings Cambridge Philological Society* 38, 1992, 171–189.

Text

Handschriften: Der Text ist in 80 Handschriften überliefert, die meisten davon spätmittelalterlich, die alle von La Penna sorgfältig aus-
gewertet wurden. André beschränkte sich auf fünf Handschriften,
die schon Ellis als die maßgebenden erkannt hatte (vorrangig G, dann
T): G Galeanus 213 (O.7.7), Cambridge, Trinity College, Ende
12. Jh.; T Turonensis 879, 12./13. Jh.; P Philippicus 1796, Berlin,
13. Jh.; p Parisinus 7994, 13. Jh.; V Vindobonensis 885, 12./13. Jh.
Editio princeps in den beiden gleichzeitigen Ovid-Ausgaben:
Johannes Andrea, bei Conrad Sweynheym und Arnold Pannartz,
Rom 1471; Franciscus Puteolanus, bei Balthasar Azoguidus, Bologna
1471. – Ausgabe mit Kommentar und zahlreichen Berichtigungen
Angelo Polizianos: Domitius Calderinus Veronensis, Venedig
1474.
Verszählung: Das interpolierte Verspaar 41–42 führte zur Ver-
schiebung um zwei Verse. Ellis, André, Mozley-Goold, Thesaurus

Linguae Latinae (TLL), Tusculum: 1–40, [41–42], 43–644; dagegen
Owen, Oxford Latin Dictionary (OLD): 1–40, [ ], 41–642.

Lesarten (Abweichungen von André): 48 velitis *P*: militis *TGpV*
– 84 a 85 *separavi* – 94 -ve *PpV*: -que *TG* – 109 calidus *Vinc. Bell.*: cla-
rus *codd.* – 126 torpeat *coni.*: torqueat *codd.* – 135 hasta *Merkel:* arcu
codd. – arcu *recc.*: hasta *codd.* – 152 seu *coni.*: et *codd.* – 159 colubrae
G: -is *TPpV* – 179–180 *post 182 transposui* – 189 reorum *Heinsius:* vi-
rorum *codd.* – 190 sontibus *Heinsius:* omnibus *TGPpV* – 198 aut
codd.: et *André* – 210 -ve *GV*: -que *TPp* – 282 puniceo *TGPV cf. Met.*
5, 536: cinyphio *p* – 284 Hercei *recc. cf. Her. 7, 113*: rethei *GpV* – 359
thyest(a)e *O:* -i *TGPp* – 366 foris *Const. Fanensis:* fores *codd.* – 380
quos *T:* quod *GPpV* – 397 longum *pV:* annum *TGP* – 407 sus *coni.*:
Sinis *codd.* – 415 Achaemenidae: -es *GPTV* – 420 detineatque suas
coni.: destituatque tuas *codd.* – 429/430 rursus … solis *TPpV:* solis …
rursus *G* – 434 tereides *recc.*: tu telei (terei) *cett.* – 447 fraterque *GPp*:
de fratre *TV* – 470 Dexitheae *Jurenka, cf. Pfeiffer ad Call. fr.75, 67*:
Dexithoes *TP* – 508 Phrygia (frigia) *codd.*: Phryx ac *Zipfel* – 510 Cre-
sia *FPVX:* Cressia *GH (falso)* – 523 Athenin *Turnebus:* Athenas
codd. – Orestae *Merkel:* -i *FPV* – 539 Zmyrnae *coni. coll. Cat. 95:*
Myrrhae *codd.* – urbis *recc.*: orbis *cett.* – 589 si *codd.*: sic *André (per-*
peram) – 601 Althaea: Althaeae *codd.* Melantea *GP:* -thea *VP*

Erläuterungen

1–66 Prolog

1 *Lustren*: Das Lustrum ist ein Zeitraum von fünf Jahren, eigentlich das Sühneopfer nach dem Zensus (Vermögensschätzung), der in
republikanischer Zeit alle fünf Jahre, später nur noch sporadisch abgehalten wurde (70, 28 v. Chr. usw.). Ovid war demnach, gewiß nicht
lange zuvor, 50 Jahre alt geworden, *Ibis* ist also bald nach dem 20.
März 8 n. Chr. verfaßt, in der allerersten Zeit des Exils (Rechnungs-
fehler bei Ellis: «nicht vor 9» statt 8; Goold ohne Begründung ‹um

11»; unverständlich André VII «zwischen 10 und 12»), das Ovid zur
gleichen Zeit beginnen läßt: 10 Olympiaden, die mit den Lustren
gleichzusetzen sind (Pont. 4,6,5 f.), hat er bereits hinter sich (Trist.
4,10,95 f.).

3–6 *Kunst:* Wortspiel mit dem Titel der *Ars amatoria,* die als Anlaß der Verbannung gedient hatte. Die gleiche Rechtfertigung mit
ähnlichen Worten Trist. 2,563–568: Keine bissigen Gedichte, Redlichkeit (*candidus,* so auch Pont. 4,14,43), Ovid schadete nur sich
selbst. Dazu die bekannte fingierte Grabschrift Trist. 3,3,73 ff.: *ingenio perii Naso poeta meo* «an meiner Begabung ging ich, der Dichter
Naso, zugrunde».

11 *verwiesen:* Ovid betont immer wieder, daß er nur relegiert ist,
daß ihm also gegenüber der härteren Strafe der Verbannung das Vermögen belassen wurde, z. B. Trist. 2,137: *relegatus, non exul dicor* «als
verwiesen, nicht als verbannt werde ich bezeichnet» (unter Berufung
auf das offizielle Edikt). Zur Diskussion stand auch, was gemeinhin
übersehen wird, das Todesurteil, wie Ovid mehr als einmal betont:
Trist. 2,125–130; 3,8,39 f.; 5,2,55–60.

14 *Forum:* Eine Verbindung besteht wohl zu Trist. 3,11,20, wo
dem schmähenden Gegner ein «geläufiges Mundwerk» (*ora diserta*)
attestiert wird (zur Identifizierung Ellis XXII, André XVII).

15 *in ewigem Bund:* mit seiner dritten Frau, Fabia (der Name der
Frau, der aus den Quellen erschließbar ist, s. Fr. 7; Holzberg 1995,
362; Häuptli 1995, 246.258).

17–20 Aus Trist. 1,6 geht hervor, daß der Erzfeind, ein ehemaliger
Freund, versucht hat, sich an das beträchtliche Vermögen Ovids her-
anzumachen. Auch der Vergleich mit dem Schiffbruch ist dort wieder verwendet (1,6,8: *naufragii tabulas*).

23–26 *Der größte Gott* ist Augustus, der nur die milde Form
der Verbannung ausgesprochen hat. In den Provinzen gab es schon
zu Lebzeiten der Kaiser kultische Verehrung. Ovid bekommt
von seinem Freund Maximus Cotta silberne Statuetten der kaiser-

lichen Familie – Augustus, Tiberius, Germanicus, Drusus und Livia – nach Tomis zugesandt (Pont. 2,8), stellt sie in seinem Lararium auf, opfert ihnen täglich unter finanziellen Opfern (teuren) Weihrauch und betet zu ihnen, wie er selbst ausführlich berichtet (Pont. 4,9,105–130). Auch sonst erscheint Augustus geradezu als Jupiter, an den man seine Gebete richtet und dessen Zorn wie der eines Gottes versöhnbar ist (Trist. 5,2,46 ff.; Pont. 1,9,23–28), vgl. Cons. 245 (Ovidiana).

27 *Pontus:* das Schwarze Meer.

31–40 Typische Schwurformel unter Berufung auf Adynata, d. h. auf das unmöglich Eintretende, darunter ein mythologisches Exempel (s. V. 135–138): Die beiden feindlichen *Brüder* sind Eteokles und Polyneikes, die um die Herrschaft in Theben streiten und sich gegenseitig umbringen. Beim Totenopfer trennen sich Flammen und Rauch. Ovid, der das Beispiel später nochmals verwendet (Trist. 5,5,33–38), folgt, wie er selber sagt, Kallimachos (*Aitia*, 4. Buch, fr. 105 Pf.).

[41–42] Interpolierte Verse (identisch mit 133–134).

45–46 Traditionelles Versmaß für polemische Gedichte ist nicht das harmlose, für Trauer- und Liebesgedichte geeignete elegische Distichon (s. Metrik), in dem *Ibis* geschrieben ist, sondern der Jambus, s. 53–54.

47–50 Der *Leichtbewaffnete* (so die gut belegte Lesart *veles* statt des einfachen *miles*) übt zuerst im «Sandkasten» (Zirkus) mit einer stumpfen Waffe, bis er genügend angewärmt ist.

53–54 Im *freizügigen Jambus* (metrisch wie im Griech. *i-am-bus*) ist jede Beleidigung erlaubt: Mit solchen Versen verfolgt um die Mitte des 7. Jh.s v. Chr. der Dichter Archilochos Neobule, die Tochter des Lykambes «mit obszönen Flüchen» (Val. Max. 6,3, ext. 1), nachdem dieser ihm die Tochter versprochen, dann aber verweigert hat. Neobule erhängt sich, nach späterer Legende auch Lykambes und weitere Töchter (Hor. Epod. 6,13; Epist. 1,19,25–31 usw.). Eine Parallele zum *Ibis* ergibt sich daraus, daß schon Archilochos seine Jamben in die Form von Tierfabeln einkleidet.

55 *Battiade:* Bürger der von Battos gegründeten Stadt Kyrene, hier Kallimachos, dessen Vater auch Battos hieß.

59–62 Zusammenhängender Gedanke: «Trotz dem eventuellen Vorwurf des Plagiats, der mich nicht kümmert,» (*dicar* konzessiver Konjunktiv, nicht Futur), «werde ich mich an Kallimachos halten, auch wenn mein Stil und mein literarischer Geschmack sonst anders ist.»

65–66 Wünsche und Flüche am Jahresbeginn (*Kalenden des Janus*, 1. Januar) und am Geburtstag galten als besonders wirksam (Plin. Nat. hist. 28,22). Ankündigung eines Rollentextes, den der Verflucher am Altar zu sprechen hat.

67–250 Verfluchung
67–94 Anrufung der Götter

76 Die drei Parzen Atropos, Clotho und Lachesis, Geburts- und Schicksalsgöttinnen, spinnen die vom Schicksal bestimmten Lebensfäden.

77–78 Meineid bei der Styx verbannt die Götter zehn Jahre aus dem Olymp: Ov. Met. 3,290.

79–80 Furien mit Schlangenhaar oder Schlangen im Haar sitzen vor dem Kerker der Büßer im Tartarus, entweder Megaera, Alecto und Tisiphone oder diese allein: Ov. Met. 4,451; Verg. Aen. 6,555. Die mit Namen genannten sind zu unterscheiden von den «persönlichen» Furien, V. 159–162.

84 Der Zauber soll die angerufenen Götter durch Bann herbeizaubern, weil sie nur als Anwesende in ihrer Epiphanie wirken können, darum wie in Zauberpapyri der Anruf «Kommt hierher!». Die Formel auch sonst bei Ovid: Trist. 5,3,43 (*ades huc*); Met. 7,198 (*dique omnes ... adeste*); Her. 6,152. Die Bitte um Epiphanie des Gottes ist für das antike Gebet geradezu konstituierend, besonders

für den Hymnus: Soph. Aias 694 ff.; Eur. Phoin. 681; Sen. Med. 750;
Oed. 268 (K. Töchterle, *Seneca, Oedipus*, Heidelberg 1995, z. St.),
Agam. 483 (R. J. Tarrant, *Seneca, Agamemnon*, Cambridge 1976,
z. St.). – *Chaos:* Ur-Abgrund, hier wie eine Gottheit angerufen.

85–86 Zum Zauberspruch (der auch *carmen* heißt) gehört der
Singsang. Die personifizierten Gefühle Wut und Schmerz sollen den
Rollentext sprechen. – *Haupt* bedeutet in der Sprache der Epik, der
Tragödie, der Komödie (parodistisch), aber auch des Rechts (Hin-
weis M. Fuhrmann) die ganze Person: Hom. Il. 11,55 u. a.; Soph.
Ant. 1 «Gemeinsamschwesterliches, o Ismenes Haupt!» (Hölderlin);
Aristophanes, Ach. 285 («verfluchtes Haupt»); Trist. 3,3,45 (für den
Verstorbenen), s. V. 164.272; Eur. Hipp. 651 (W. S. Barrett, *Euripides,
Hippolytos*, Oxford 1964, z. St.); Seneca, Oed. 291; Med. 911.

90 Theseus, Gatte Phaedras, der Tochter Pasiphaës, verflucht sei-
nen Sohn Hippolytus, ohne seinen Fluch zurücknehmen zu können:
Ov. Her. 4 (Brief Phaedras). Dramenstoff: Euripides, *Hippolytos;*
Seneca, *Phaedra.*

93–94 Im Schadenzauber braucht man eigentlich den Namen des
Feindes, um ihn verhexen zu können (vgl. das Märchen vom Rum-
pelstilz).

95–134 Opferung des Ibis
98–102 «Realistische» Szene: Die Verfluchung muß an einem
Altar stattfinden. Der Text schildert wie in einem Drama eine Inszenierung (vgl. D. F. Sutton, *Seneca on the stage*, Leiden 1986). Die
Teilnehmer der Zeremonie, die «Zeugen», die sonst aufgefordert
werden zu schweigen *(favete linguis),* um die Wirksamkeit des
Opfers nicht zu gefährden, sollen hier Flüche aussprechen. Daß nicht
die zuvor angerufenen Götter gemeint sind, zeigt die Kleidervor-
schrift. Schwarz und Links gelten nach griechischem Brauch als unheilvoll (vgl. Sen. Oed. 566), während im Römischen ursprünglich
Links als glückliche Seite gilt (O. Nußbaum, ‹Die Bewertung von

Rechts und Links in der römischen Liturgie›, *Jahrbuch für Antike und Christentum* 5, 1962, 158–171).

103–106 Anrede an Ibis, als ob er herbeigezaubert wäre. Stellvertretend wird ein schwarzes Schaf o. ä. geschlachtet. – Opfertiere wurden mit Binden geschmückt

109–110 Die vier Elemente (Vulcanus steht für «Feuer»). Die formelle Ächtung in Rom schloß den Geächteten von Feuer und Wasser aus.

126 *gelähmt (torpeat):* Das überlieferte *torqueat* kaum verständlich («nachdem der Geist die Glieder gemartert hat» Berg; «après le supplice d'une longue agonie» André, d. h. im Sinn von *torpeat*).

127–134 Der Rollentext des zaubernden Priesters geht in eine dramatische Szene mit textintegralen Bühnenanweisungen über.

[130a–b] Interpoliertes Distichon, das aber in allen Handschriften enthalten ist.

132 *zu spät:* Ovid wünscht sich wegen des Exils den baldigen Tod.

135–162 Spuk

135–138 Gegenstück zur Reihe der Adynata V. 31–40, auch hier im Sinne einer Schwurformel («Solange ..., werde ich ...»). Die Waffen von Thracern und Jazygen sind in den Handschriften verwechselt, wie die Gegenüberstellung Ovids, Pont. 1,3,59 f., zeigt: Für die Thracer sind typisch die langen Lanzen (*sarisae*), für die Sarmaten die Pfeile. Die Jazygen, ein sarmatisches Reitervolk zwischen Dnjepr und Donau, sind Bogenschützen, wie die Sarmaten überhaupt, wovon Ovid immer wieder berichtet: Pont. 1,2,77–86; 4,7,9–12 usw., vgl. V. 637 f. – *Hister:* Unterlauf der Donau. – *tuskisch:* Der Tiber entspringt in Etrurien. – *klares Wasser:* nicht situationsbedingt, sondern episches Beiwort (wie V. 180.474.591).

140 Die *Manen* (Totengeister) können als Gespenster auftreten, wenn der Tote nicht richtig bestattet ist; s. V. 153.

144 Das Skelett als *Memento mori:* Petron. Sat. 34 läßt Trimalchio

beim Anblick einer silbernen Skelett-Gliederpuppe jammern: «O weh, wir Armen, wie ist doch das ganze Menschenkind ein Nichts!» Darstellung auf einem Becher im Hildesheimer Silberschatz aus augusteischer Zeit.

152 Sogar ein plebejisches Begräbnis wäre Ovid recht, obschon er Ritter ist.

153–158 Anspielung auf Gespenstergeschichten: Wer nicht richtig bestattet ist, findet keine Grabesruhe, vgl. Plin. Epist. 7,27 (Gespenst in Athen). – Neben der Vorstellung des Schattens des Verstorbenen gibt es auch die der geflügelten Seelen (oft so dargestellt).

159–162 Die *Furien* als Rachegeister, von denen es eine Vielzahl gibt (vgl. Aischylos, *Eumeniden*), vertreten den Toten. Sie verfolgen den Schuldigen mit ihren Peitschen, mit Schlangen, aus denen ihr Haar besteht, und rauchenden Fackeln.

163–208 Im Tartarus

163–166 Die Leiche des Hingerichteten wurde an Haken vom Kerker am Fuß des Kapitols über die Gemonische Treppe auf die Arx geschleift und den Mißhandlungen des Pöbels preisgegeben: Cass. Dio 58,9 ff.; Tac. Ann. 5,9 (Hinrichtung Sejans und seiner Kinder). – *Haupt:* Die Formulierung gehört zur epischen, tragischen und juristischen Sprache und bedeutet jeweils die ganze Person (s. V. 85.272). Das führte hier zu komischen Mißverständnissen: «Point de pleurs pour la tête jetée au coin» (André); «werden sie in den Kot werfen dein Haupt» (Berg).

173–182 Die *Sünder* befinden sich im Tartarus, der Stätte der Strafe in der Unterwelt, nach Homer, Od. 11,576–600, und Vergil, Aen. 6,548–627; Ovid, Met. 4,446–480 (Besuch Junos). Das Ausruhen der Büßer findet man auch Met. 10,40–44 (Orpheus), im Danaiden-Gedicht des Horaz, Carm. 3,11, und angedroht von Medea, Sen. Med. 740–749.

175–176 Sisyphus wälzt den ewig herunterrollenden Stein; seine

Freveltat ist nicht bekannt. – Der Frevler Ixion ist u. a. wegen Belästigung der Juno auf ein rasch rotierendes Rad gebunden.

177–178 Die Danaiden, 50 Töchter des Danaus, Enkelinnen des Belus, die ihre Vettern, Söhne des Aegyptus, nicht heiraten wollen und sie auf Befehl ihres Vaters in der Hochzeitsnacht umbringen. Zur Strafe müssen sie im Tartarus Wasser in (durchlöcherten) Krügen herbeischleppen und in ein Faß ohne Boden gießen. Da an dieser Stelle der Onkel und Schwiegervater Aegyptus als Flüchtling bezeichnet ist, folgt Ovid nicht wie im Brief Hypermestras an Linceus (Her. 14) der Danaidentrilogie (erhalten die *Hiketiden)* des Aischylos, sondern der älteren Version, nach der Aegyptus im Streit um die Herrschaft in Argos von seinem Bruder Danaus vertrieben wird. – Im augusteischen Rom war in der Ringhalle des Apollotempels auf dem Palatin eine Statuengruppe der Beliden (Danaus mit Schwert und einige Töchter) aufgestellt, die Ovid, Ars 1,73 und Trist. 3,1,59–62, erwähnt.

181–182 Der Riese Tityos, Sohn des Zeus, belästigt Leto und wird von ihren Kindern Apollon und Artemis erschossen: Tib. 1,3,76; Ov. Met. 4,457; Verg. Aen. 6,595–600, alle nach Hom. Od. 11,576–580, auch die Maßangabe. In der Unterwelt liegt Tityos ausgestreckt am Boden. Ein Geierpaar frißt an seiner ewig nachwachsenden Leber. Seine Größe ist enorm: 9 *iugera* (ca. 640 m). Das *iugerum* (griech. *plethron*) ist sowohl Flächenmaß (240 x 120 Fuß) wie Längenmaß (240 Fuß zu 29,6 cm), hier das zweite, was etwa mit «Ackerlänge» wiederzugeben ist.

179–180 (Umstellung nach 181–182 aus syntaktischen Gründen.) Tantalus, Vater des Pelops, steht bis zum Kinn im Wasser, über seinem Kopf hängen Früchte; beides weicht zurück, wenn er danach greift, als Strafe dafür, daß er die Götter auf die Probe stellt, indem er ihnen seinen Sohn Pelops zum Mahl vorsetzt: Hom. Od. 11,582 ff. – *klares Wasser:* s. V. 138.

183–186 Anders als V. 159 sind hier wieder die drei «namhaften»

Furien (Erinyen, Eumeniden) gemeint: Tisiphone, Alecto und Megaera, die die Stadt der Büßer bewachen (V. 79–80).

187–196 *Aeacus* ist mit Minos und Rhadamantys Richter in der Unterwelt. Die Büßer können nur beim Besuch des Orpheus pausieren: Met. 10,40–44.

197–200 *Ida:* Das troïsche Gebirge, dessen «waldreiche Höhen» von Homer gepriesen werden (Il. 2,821). – *Davon:* partitiv (*inde* OLD 8c). – *Hybla* bei Syrakus war berühmt für seinen Honig; die Stadt existierte aber zu Ovids Zeiten nicht mehr. – *Cilicien* lieferte den besten Safran (*crocus*), den man zum Färben brauchte: Ov. Fast. 1,76; Lucr. 2,416; Plin. Nat. hist. 21,31.

209–250 *Geburt des Ibis*

211–216 Die Planeten, resp. Wochengötter, deren Position für das Horoskop entscheidend ist: Venus (Freitag), Jupiter (Donnerstag), Luna (Montag), Sol (Sonntag), Mercurius, Sohn der Maia und des Jupiter (Mittwoch). Unglück bringen die Gestirne des Mars (Dienstag) und des Saturnus-Kronos (Samstag), der mit der Sichel seinen Vater Uranus entmannt hat.

219 An der Allia wurden die Römer am 18. Juli 387 v. Chr. von den Galliern besiegt.

221–222 *unrein:* gemeint ist der Lebenswandel der Mutter. – *cinyphisch:* libysch, nach dem Fluß Cinyps in der Nähe von Leptis Magna, oder allgemeiner ‹afrikanisch›. Der Todfeind Ovids stammte also aus Afrika.

223 Die Eule gilt als Unglücksvogel.

225–228 Waschung und Salbung gehören zu den ersten Zeremonien nach der Geburt, die hier pervertiert sind. – Die Styx wird oft als *palus* «stehendes Gewässer» (nicht nur Sumpf) bezeichnet; von hier fließt Wasser *in ein Becken* (*cavus* bei Gewässern bedeutet «tief»: OLD 2c). – *erebeïsch:* Schlangen gehören zur Unterwelt (Erebus); ihr Gift gilt auch als Galle. – Händeklatschen bei der Geburt bringt

Glück, hier, weil es die Eumeniden (Furien) tun, deren Hände immer blutbesudelt sind, das Gegenteil: Prop. 3,10,3.

229–232 Hunde sind die Begleiter der Unterweltsgöttin Hecate und werden ihr auch geopfert; Hundegebell zeigt ihre Erscheinung an (Sen. Med. 840). Die «Amme» des Ibis ist eine tollwütige Hündin. «Bellen» ist auch der Ausdruck für «denunzieren» (Cic. Rosc. 57), was hier gut zum Denunzianten Ibis paßt. André schlug daher vor, hinter Ibis den Redner Labienus mit dem Spitznamen Rabienus (*rabies* «Tollwut») zu sehen, s. Einführung. Die öffentliche Verbrennung seiner offenbar senatsfeindlichen Zeitgeschichte trieb ihn in den Selbstmord; Seneca betont (Contr. 10, praef. 5–7; Suet. Cal. 16), diese Bücherverbrennung sei der erste Fall dieser Art in Rom gewesen. Über Labienus s. Duret 1983, 1510–17.

233–234 Beute vom Scheiterhaufen gilt als besonders wirksam für magische Praktiken, hier sind es blutgetränkte («mit rostroter Farbe getränkte») Lappen, die als Windeln verwendet werden.

237–239 Feuer dient zur zeremoniellen Reinigung von Neugeborenen, hier Rauch zur Bewirkung des Gegenteils.

243 Clotho, eine der drei Parzen (s. V. 76), tritt hier unvermittelt neben den drei Eumeniden auf.

245 *das Schicksal singen:* Die Übertragung der prophetischen Aufgabe auf den Dichter ist nicht ungewöhnlich, da *vates* den Dichter, Sänger und Seher bezeichnet.

251–638 Mythische und historische Exempla

253–254 Philoctetes, Sohn des Poean, der seinem Freund Hercules den Scheiterhaufen errichtet, erhält von ihm Bogen und Pfeile; ein Schlangenbiß führt zu einer schwärenden Wunde: Sophokles, *Philoktetes*.

255–256 Telephus, einst von einer Hindin gesäugt, wird von Achill verwundet und kann nur durch die gleiche Waffe geheilt werden. Laut einem Orakel kann Troja nicht ohne ihn fallen. Da er den

Griechen Hilfe für die Heilung versprochen hat, aber auch ein
Schwiegersohn des Priamus ist, zieht er «unbewaffnet» gegen Troja.

257–258 Bellerophon will mit dem Pegasus in den Himmel fliegen, stürzt aber in Cilicien über den aleïschen Feldern ab. Sthene-
boea, Gattin des Königs von Argos, versucht ihn zu verführen und
will ihn umbringen, als sie abgewiesen wird.

259–260 Phoenix, Sohn des Amyntor, ertappt den Vater bei seiner
Geliebten, die ihn daraufhin verleumdet, er habe sie verführen wollen, worauf der Vater den Sohn blendet.

261–262 Oedipus blendet sich, als er erfährt, daß er seinen Vater
ermordet und den Tod seiner Frau Jocaste verursacht hat; seine Tochter Antigone begleitet ihn in die Verbannung.

263–264 Tiresias, sieben Jahre lang in eine Frau verwandelt, soll
vor Jupiter und Juno die Frage beantworten, wer das größere Vergnügen beim Beischlaf habe. Als Tiresias die Frage für die Frauen
entscheidet, blendet ihn Juno, Jupiter verleiht ihm aber die Seher-
gabe: Ov. Met. 3,316–338.

265–266 Phineus, König von Thracien, von Zeus geblendet, weil
er als Seher zu viel von den Geheimnissen der Götter verraten hat
(Apoll. Rhod. 2,313–316); er gibt den Argonauten den Rat, durch die
zusammenschlagenden Felsen (Symplegaden) zuerst eine Taube hin-
durchzuschicken: Apoll. Rhod. 2,178 ff. Das *Schiff der Pallas* ist die
nach Plänen von Pallas Athene erbaute Argo, das erste Langschiff
überhaupt.

267–268 Polymnestor, König von Thracien, hat während des trojanischen Krieges Polydorus, Sohn des Priamus, in Obhut, ermordet
ihn aber, um seine Schätze an sich zu bringen. Hecuba lockt ihn in
eine Falle und sticht ihm die Augen aus: Ov. Met. 13,429 ff. 532 ff.;
Nux 109; Verg. Aen. 3,41–57.

269–270 Der Zyklop Polyphem, Hirt am Fuß des Aetna, erhält
das Orakel seiner Blendung von Telemus: Ov. Met. 13,770 ff.

271–272 Die Söhne des Phineus werden vom eigenen Vater geblendet, weil sie von der Stiefmutter verleumdet werden. – *Haupt:* episch-tragischer Ausdruck für Person, s. V. 85.164. – Thamyras oder Thamyris, mythischer Sänger aus Thracien, von den Musen geblendet, die er zum Wettstreit herausgefordert hat: Hom. Il. 2,594 ff. – Demodocus: blinder Sänger am Hof des Phäakenkönigs Alkinoos, Hom. Od. 8,62 ff. 266 ff.

273–274 Uranus wird von seinem Sohn Saturnus (Kronos) entmannt: Hes. Theog. 126–210.

275–276 Ceyx kommt in einem Seesturm ums Leben, seine Gattin Alcyone wird in einen Eisvogel, sein Bruder Daedalion in einen Habicht verwandelt: Ov. Met. 11,410 ff. 290 ff.

277–278 Ulixes (Odysseus), gerettet von Semeles Schwester Ino-Leukothea: Hom. Od. 5,333 ff.

279–280 Mettius Fufetius, König von Alba, als Verräter von den Römern zwischen zwei Wagen mit Viergespannen gebunden und zerrissen: Liv. 1,28.

281–282 M. Atilius Regulus, römischer Konsul, weigert sich loszukauft zu werden, als er 255 v. Chr. in karthagische Gefangenschaft gerät, und wird auf Befehl Hannos und Hamilcars zu Tode gefoltert: Cic. Pis. 43.

283–284 Priamus wird von Pyrrhus, Achills Sohn, am Altar des Jupiter Hercëus (Zeus Herkeios), des Beschützers von Haus und Hof, erschlagen: Ov. Her. 7,113; Eur. Troad. 16.

285–286 Jonus, König von Thessalien, stürzt völlig betrunken am Ossa ab (Scholien).

287–288 Eurylochus, Sohn des Jonus, will im Rausch seine Tochter schänden; zur Strafe wird er den Schlangen zum Fraß vorgeworfen (Scholien). Wanderanekdote, die man auch von anderen thracischen Königen (Triopas, Cenobates) erzählte.

289–290 Minos, König von Kreta, verfolgt Daedalus nach Sizilien und wird dort von den Töchtern des Cocalus in einem heißen Bad ermordet: Diodor 4,76–80.

291–292 Prometheus ist im Kaukasus an einen Felsen geschmiedet. Ein Adler frißt an seiner ewig nachwachsenden Leber, damit er sein Geheimnis, wer Zeus stürzen kann, preisgibt. Trotzdem bleibt er Zeus gegenüber unerbittlich: Aesch. Prom. 987 ff.

293–330 Historische Beispiele.

293–294 Das thessalische Adelsgeschlecht der Echecratiden führte sich wie die spartanischen Könige auf Herakles (Hercules) zurück. Auf diesen Genealogien beruhte die griechische Chronologie, jedoch mit verschiedenem Resultat: Herodot zählt 20 Generationen von Hercules bis Leonidas († 480 v. Chr.) auf, berechnet aber bald 23, bald 40 Jahre pro Generation (1,7; 7,204), was für Echecratides eine Datierung ins 8./7. Jh. v. Chr. ergibt. Die Episode ist sonst nicht bekannt.

295–296 Philipp II., Sohn des Amyntas, Vater Alexanders des Großen, bei der Hochzeit seiner Tochter Kleopatra 336 v. Chr. von Pausanias, der als Knabe von einem seiner Offiziere mißbraucht worden war, ermordet: Aristoteles, Polit. 5,10,1311b 2.

297–298 Alexander der Große, beim Besuch des Orakels des Zeus Ammon in der Oase Siwa als dessen Sohn begrüßt, läßt sich ab 324 v. Chr. als Gott mit Ammons Attributen (Widderhörner, so auf den Münzbildern) verehren. Nach legendären Berichten wird er ein Jahr später vergiftet.

299–300 Achaeus, König von Lydien, fällt 214 v. Chr. bei der Belagerung von Sardes am «goldführenden» Pactolus Antiochus dem Großen in die Hände und wird auf zynische Weise umgebracht: Ohren und Nase werden ihm abgeschnitten, er wird in eine Eselshaut genäht und gekreuzigt (oder gepfählt, der griechische Ausdruck bedeutet beides: Polyb. 8,23). Der Pactolus gilt als goldreich, seit Midas seine Hände darin gewaschen hat (Ov. Met. 11,90 ff.), und ist es auch, wie der Reichtum lydischer Könige wie Krösus zeigt.

301–302 Pyrrhus I., König von Epirus, 272 v. Chr. bei der Belagerung von Argos von einem Ziegel getroffen, den eine Frau auf ihn wirft: Paus. 1,13,7. Pyrrhus hieß auch der Sohn Achills (V. 283 f.), auf den sich das Königshaus zurückführte.

303–304 Die Königsgräber in Ambrakia (h. Arta), auch das Pyrrhus' I., werden 230 v. Chr. von Lysimachos geschändet, die Gebeine zerstreut: Paus. 1,9,8.

305–306 Laodamia oder Deidamia, Tochter Pyrrhus' I., bei der Eroberung Ambrakias 230 v. Chr. ermordet: Paus. 6,12,3. Mit ihr endet das Herrschergeschlecht der Aiakiden. Der Mord soll auf die Rache der Ceres zurückgehen: Liv. 29,8,9.

307–308 Pyrrhus, Enkel Pyrrhus' I., soll von seiner Mutter Olympias vergiftet worden sein. Ein Extrakt aus Canthariden (Blasenkäfern) galt als giftig: Plin. Nat. hist. 11,118.

309–310 Leucon, König von Pontus, tötet seinen Bruder Spartacus, den Liebhaber seiner Frau Alcathoë, worauf diese ihren Mann umbringt (Scholien).

311–312 Sardanapallus, legendärer assyrischer König, der sich mit Frau und Freundinnen umgebracht haben soll: Athen. 529.

313–314 Persische Soldaten, von Kambyses um 525 v. Chr. zur Zerstörung des Ammon-Tempels (s. V. 298) ausgesandt, verhungern in der Wüste: Herodot 3,25.

315–316 Darēus (Dareios II. Ochos) beseitigt seine Mitverschwörer 423 v. Chr., indem er sie betrunken in einen Behälter mit heißer Asche stürzen läßt: Val. Max. 9,2 ext. 6; vgl. Makkab. 2,13,5 (Turm mit Asche zur Hinrichtung von Verbrechern).

317–318 Nikokles, Tyrann von Sicyon, 251 v. Chr. von Aratos vertrieben: Plutarch, Arat. 4–9. Über seinen Tod ist sonst nichts bekannt.

319–320 Hermeias, Tyrann von Atarneus in Mysien, Schwiegersohn des Aristoteles, um 350 v. Chr. in ein Fell genäht und gekreuzigt (wie Achaeus, V. 299): Strab. 610,57.

321–322 Alexander, Tyrann von Pherae (Thessalien) 369–358 v. Chr., von seiner Gattin Thebe wegen Untreue ermordet: Val. Max.

9,9 ext. 3. Von Ov. Pont. 2,9,43 zusammen mit Apollodoros (s. V. 461) erwähnt.

323–324 Das thessalische Adelsgeschlecht der Aleuaden, 375 v. Chr. aus Larissa vertrieben, wendet sich hilfesuchend an die Makedonen, die aber plötzlich die Front wechseln: Diodor 15,61,2.

325–326 Milo(n), um 300 v. Chr. Tyrann im elischen Pisa, der Landschaft rings um Olympia; Freund Pyrrhus' I.; sein Ende ist sonst nicht bekannt. Der Alpheios fließt teilweise unterirdisch: Paus. 8,54,2.

327–328 Verschiedene Angaben der Scholien, u. a. bezogen auf einen Adimantus von Phialia (Phigalia) in Arkadien.

329–330 Mithridates VI. Eupator, König von Pontus, von seinen Untertanen als Dionysos mit den Beinamen Euhius, Nysius, Bacchus, Liber, Lenaeus verehrt: Cic. Flacc. 60. Von Pompeius besiegt, brachte er sich 63 v. Chr. in Achilleion bei Pantikapaion (h. Kertsch) am kimmerischen Bosporus um: Strab. 544,10.

331–332 Rache des Thessaliers Simon im trojanischen Krieg für seinen Bruder Thrasyllos (Scholien).

333–334 *umkreiste (lustravit):* wie ein Sühneopfer. Hektors Leiche wird zur Sühne für den Tod des Patroklos von Achill dreimal um die Stadt geschleift: Hom. Il. 24,16 ff. In Rom wurden die Opfertiere bei bestimmten Gelegenheiten vor der Opferung zur Sühne um Volk oder Heer herumgeführt; dieser Vorgang wurde als *lustrare* bezeichnet.

335–336 Leimonis (Limonis oder Limone: V. 459), Tochter des Atheners Hippomenes (Acte: alter Name für Attika), mit ihrem Liebhaber ertappt, vom Vater mit einem Pferd in einen Stall eingesperrt und von diesem aufgefressen; der Liebhaber wird zu Tode geschleift: Kall. fr. 94–95 Pf.

339–340 Die aus Troja heimkehrenden Griechen, darunter Aiax (s. V. 341 f. 619 f.), zerschellen am Kap Caphereus im Süden Euboeas, da sie von Nauplius aus Rache für seinen ermordeten Sohn Palame-

des irregeleitet werden: Eur. Troad. 48–97; Ov. Met. 14,466–472; Sen.
Agam. 528–556.

341–342 Aiax, der «Kleine», Sohn des Oïleus, auf der Rückkehr
von Troja von Athene mit einem Blitz erschlagen und von Poseidon
ertränkt als Strafe für die Schändung Cassandras, die er vom Standbild Athenes gezerrt hat (Ov. Met. 14,468: «die Jungfrau der Jungfrau
entrissen»); vgl. V. 617 f. – *periit:* metrische Dehnung der kurzen
Endsilbe vor Vokal (*brevis in longo*) wie V. 369.530.

343–348 Beispiele des Wahnsinns.

343–344 Aiax, der «Große», Sohn des Telamon, unverwundbar bis auf eine Stelle, in die er sich das Schwert stößt: Soph. Aias
815 ff.

345–346 *Dryantiade:* Lycurgus, Sohn des Dryas, König am thracischen Rhodope-Gebirge, schneidet sich im Wahnsinn ein Bein ab;
vgl. V. 607: Hom. Il. 6,130 ff.; Ov. Fast. 3,722.

347–348 Herakles, der im Wahnsinn seine Frau Megara und
seine Kinder umbringt, beendet sein Leben auf dem Oeta: Euripides,
Herakles; Seneca, *Hercules Oetaeus.* – Cadmus und Harmonia
werden in Schlangen (Drachen) verwandelt; ihr Schwiegersohn ist
Athamas, Gatte der Ino: Ov. Met. 4,563–603; von Hera in den Wahnsinn getrieben, bringt Athamas seinen Sohn Learchus um: Ov. Fast.
6,489 f. – Orest, Vater des Tisamenos, nach dem Mord an seiner Mutter Clytaemnestra von den Furien gejagt: Aischylos, *Eumeniden.* –
Alcmaeon rächt den Tod seines Vaters Amphiaraus an seiner Mutter
Eriphyle, wird von den Furien gejagt, vom Flußgott Achelous ge-
reinigt und erhält dessen Tochter Callirhoë: Ov. Am. 1,10,51 f.

349–358 Untreue Gattinnen.

349–350 Aigialeia, Tante und Gattin des Diomedes, Schwiegertochter des Tydeus, von Aphrodite (aus Rache für ihre Verwundung
durch Diomedes: Hom. Il. 5,330–418) zum Ehebruch angestiftet: Ov.
Met. 14,476–478.

351–352 Hypermestra, Mutter des Amphiaraos, Gattin des

Oïkles, entweder selbst aus Locris oder ihre Dienerin. Laut Scholien von Kallimachos behandelt: fr. 661 Pf. (vgl. fr. 662–665.789–798).

353–354 Eriphyle, Tochter des Talaus, sendet ihren Gatten Amphiaraus für ein goldenes Halsband in den Tod. – Agamemnon wird von seiner Gattin Clytaemnestra, Tochter des Tyndareus, ermordet; zu beiden s. V. 347–348.

355–356 Danaiden: V. 177–178.

357–364 Inzest.

357–358 Byblis, verliebt in ihren Bruder Caunus, wird wahnsinnig: Ov. Met. 9,447–665. – Canace, verliebt in ihren Bruder Macareus: s. V. 561; Ov. Her. 11.

359–360 Pelopeas Sohn, den ihr Vater Thyestes (unwissend oder wegen eines Orakels) mit ihr zeugt, ist Aegisth, der Geliebte Clytaemnestras, s. V. 565. – Myrrha verführt ihren Vater Cinyras und wird durch ihn Mutter des Adonis: Ov. Met. 10,298–518. – Nyctimene, Tochter des Epopeus, verführt ebenfalls ihren Vater: Ov. Met. 2,589–595. – *wie du es tust* (so richtig Ellis, nicht gen. zu *fax* wie André u. a.): Dem Erzfeind wird Inzest unterstellt wie oft in antiker Polemik.

361–362 Zweimal das gleiche Motiv: Comaetho führt den Tod ihres Vaters Pterelas herbei, da sie ihm das goldene Haar abschneidet, das ihn unverwundbar macht. Scylla schneidet aus Liebe zu Minos ihrem Vater Nisus das purpurne Haar ab: Ov. Met. 8,1–151. – *dir, Nisus:* Die Anrede an eine im Text erwähnte Person entspricht epischer und elegischer Tradition (sog. Apostrophe).

363–364 Tullia fährt mit dem Wagen über die Leiche ihres Vaters Servius Tullius, den ihr Gatte Tarquinius Superbus ermordet hat. Das Gebiet heißt seither *Sceleratus Vicus*: Liv. 1,48; Ov. Fast. 6,587–610.

365–370 König Oinomaus von Pisa bei Olympia (s. V. 325) fordert die Freier seiner Tochter Hippodamia zum Wagenrennen heraus, das er regelmäßig gewinnt; die Freier werden getötet, die Leichen geschändet (die Köpfe über den Toren angenagelt: Hygin. 84:

capita humana super valvas fixa). Mit Bestechung des Stallknechts Myrtilus gelingt es Pelops zu siegen: Oinomaus wird von den Pferden zu Tode geschleift, als sich die Räder seines Wagens lösen, Myrtilus für seinen Verrat aber nicht belohnt, sondern von Pelops ins Meer geworfen; danach «myrtoisches» Meer zwischen Peloponnes und Kykladen: Ov. Her. 16,210.

371–372 Atalante, Tochter des Schoeneus, tötet die Freier, die sich mit ihr im Wettlauf messen. Hippomenes siegt, indem er sie mit drei goldenen Äpfeln ablenkt: s. V. 455–456; Ov. Met. 10,560–680.

373–374 Minotaurus frißt im Labyrinth die Opfer, welche die Athener jährlich zu liefern haben: Ov. Met. 8,155 ff.

375–376 Achill, Enkel des Aeacus, opfert auf dem Scheiterhaufen des Patroklos zwölf junge Trojaner: Hom. Il. 23,175.

377–378 Wer das Rätsel der Sphinx nicht löst, wird aufgefressen: Sophokles und Seneca, *Oedipus*.

379–380 Das Bild der «bistonischen» (thracischen: unerklärt) Minerva (Athena Ilias) in Siris (Lukanien) hatte geschlossene (*tectus* OLD 1a, Ov. Her. 21,119; nicht «verhüllt») Augen, wie noch Ovids Zeitgenosse Strabo (264,14) berichtet, seitdem in diesem Tempel bei der Eroberung durch die rivalisierenden Nachbarstädte 50 junge Männer und der Tempeldiener ermordet worden waren: Kallimachos, fr. 662.

381–382 Diomedes, *threïcischer* (thracischer) König, füttert seine Pferde mit Menschen; von Hercules bestraft, s. V. 401–402: Ov. Her. 9,67 f.

383–384 Therodamas (?), ein grausamer scythischer oder thracischer König, vielleicht derselbe wie Theromedon (Pont. 1,2,119). – Thoas, König der scythischen Taurier auf der taurischen Chersonnes (Krim), der die Fremden der Göttin Artemis opfert: Euripides, *Iphigenie bei den Taurern*; Goethe, *Iphigenie in Tauris*.

385–388 Die bekannten Abenteuer des Odysseus: Scylla, Hom. Od. 12,73–259 (Dulichion: Insel bei Ithaca); Polyphem, Hom. Od.

9,105–566; Ov. Met. 14,160–220; Laestrygonen, kannibalische Riesen, Hom. Od. 10,80–132.

389–390 Acerra (Kampanien), 216 v. Chr. von den Puniern unter Hannibal erobert und zerstört. Die Senatoren wurden in einen Brunnen geworfen: Liv. 23,17.

391–392 Penelope, Tochter des Icarius; ihre Freier werden erschossen, die Mägde erhängt, der Ziegenhirt Melanthios verstümmelt und erschlagen: Hom. Od. 22.

393–395 Hercules, aus dem «aonischen» (böotischen) Theben, erwürgt den libyschen Riesen Antaeus, der die Gäste zum Ringkampf herausfordert. Am Boden gewinnt er jeweils von seiner Mutter, der Erde, wie alle Giganten wunderbare Kräfte; so erdrückt ihn Hercules in der Luft.

396 Die Lemnierinnen, die ihre Männer umgebracht haben, verbinden sich später mit den Argonauten: Ap. Rhod. 1,609 f.

397–400 Thrasius, Seher aus Zypern, gibt dem ägyptischen König Busiris nach neun Jahren Dürre den Rat, jährlich einen Fremden zu opfern, und wird als erster geopfert: Ov. Ars 1,647–652. Bruder des Antaeus ist ebenfalls Busiris, der von Hercules am gleichen Altar wie seine Opfer geschlachtet wird: Ov. Met. 9,182 f.

401–402 Diomedes von Thracien, s. V. 381–382, wird von Hercules den eigenen Pferden vorgeworfen.

403–404 Nessus will sich an Deianira vergreifen; Hercules trifft ihn mit einem Pfeil in den Rücken («entgegengesetzt»). Dexamenus verspricht aus Angst dem Kentauren Eurytion seine Tochter Deianira; Hercules tötet ihn am vorgesehenen Hochzeitstag.

405–412 Taten des Theseus:
Die Wegelagerer enden wie ihre Opfer. Liste in anderer Reihenfolge Ov. Met. 7,436–450 (chronologische Ordnung: Periphetes, Sinis, Sau, Sciron, Cercyon, Polypemon, Minotaurus).

1. Periphetes mit der Ahnenreihe Saturn-Jupiter-Vulcanus, mit

der eigenen Keule bei Epidaurus zerschmettert; dort lag das Heiligtum des Asklepios-Aesculapius, des Sohnes der Coronis.

2. Sau von Crommyon (Textänderung erforderlich, weil Sinis sonst doppelt aufgeführt), mit der Lanze erlegt.

3. Sciron stürzt die Gäste, denen er die Füße wäscht, über die scironischen Felsen.

4. Polypemon («Leidbringer») und sein Sohn Prokoptas («Abschneider»), der vom Vater den Hammer übernimmt (so Bacch. 18, 27), am Kephisos bei Athen; die beiden werden auch gleichgesetzt. Als Name ist meistens Prokrustes («Strecker») überliefert. Die sprechenden Namen beziehen sich auf seine Gastfreundlichkeit, da er die Gäste auf dem Bett mit dem Hammer «streckt» oder mit dem Beil kürzt. Die Darstellungen (seit 500 v. Chr.) zeigen bald Beil, bald Hammer als Waffe, doch handelt es sich, anders als hier, immer nur um eine einzige Person.

5. Minotaurus.

6. Sinis oder Pityokamptes («Föhrenbieger») am Isthmos von Korinth, der seine Opfer an eine Fichte bindet und hinaufschnellen läßt.

7. Cercyon bei Eleusis, wo das Heiligtum der Demeter-Ceres lag, bringt seine Gäste wie Anteus (V. 393–395) als Ringer um.

415–424 Hunger und Mangel.

415–416 Achaemenides, von Odysseus in der Höhle des Zyklopen vergessen und fast verhungert (was Ibis gewünscht wird), wird aber von Aeneas gerettet: Verg. Aen. 3,588–691.

417–418 Irus, Bettler am Hof des Odysseus; sein zweiter Name ist Arnaios: Hom. Od. 18,5. – Der Ausdruck «von der Brücke» (*a ponte* oder *de ponte*) bezeichnet die römischen Bettler: Juv. 4,116; 14,134.

419–420 Plutos, Sohn der Demeter-Ceres, Verkörperung des Reichtums: Hes. Theog. 969 f. (Textänderung, weil sonst unverständlich: «qu'il refuse ses faveurs» Ripert; «qu'il néglige le soin de ta fortune» André; «mög er verlassen dein Gut» Berg).

425–434 Kannibalismus.

425–426 Erysichthon, thessalischer König, von Ceres wegen Baumfrevels mit Hunger bestraft, verkauft seine Tochter als Pferd u. ä., um seine Freßsucht zu finanzieren, und frißt sich schließlich selber auf: Kall. Hymn. 6,24–117; Ov. Met. 8,775–884.

427–428 Der Aetoler Tydeus, einer der Sieben gegen Theben, und der Thebaner Melanippos verwunden sich gegenseitig tödlich. Tydeus verzehrt, bevor er stirbt, das Gehirn seines Gegners, was ihn die Unsterblichkeit kostet (Leichenschändung, s. V. 515). Den Kannibalismus kann Ibis nachahmen, nicht aber das Kämpfertum des Tydeus.

429–430 Das berüchtigte Mahl des Thyestes, dem seine eigenen Söhne von seinem Bruder Atreus zum Mahl vorgesetzt werden. Vor Entsetzen bricht Helios-Sol seine Fahrt am Mittag ab und kehrt zum Aufgang zurück, so daß es finster wird: Ov. Her. 16,207; ausführlich Sen. Thy. 778–1096.

431–432 Der Arcader Lycaon will die Allwissenheit Jupiters prüfen, indem er ihm einen Gast zum Mahle vorsetzt; er wird in einen Wolf verwandelt: Ov. Met. 1,209–243.

433–434 Pelops wird von seinem Vater Tantalus den Göttern aufgetischt, danach aber wieder zum Leben erweckt: Ov. Met. 6,401–411. – Itys, von seiner Mutter Procne aus Rache geschlachtet, weil ihr Mann Tereus ihre Schwester Philomele vergewaltigt und verstümmelt hat: Ov. Met. 6,455–670, s. V. 537.

435–436 Absyrtus, Sohn des Aeetes, den seine Schwester Medea ermordet und zerstückelt, um den Vater von der Verfolgung der Argonauten abzuhalten. Ovid, Trist. 3,9,7–34 lokalisiert den Tatort in seinem Verbannungsort Tomis («Ort der Zerstückelung» nach griech. *tomé* «Schnitt»).

437–440 Der Bildhauer Perillus fertigt nach der Legende für Phalaris, den grausamen Tyrannen von Akragas (570–554 v. Chr.), einen ehernen Stier an, in dessen Leib die Opfer eingeschlossen und im

Feuer geröstet werden, so daß der Stier statt ihrer zu brüllen scheint. Perillus soll das erste Opfer gewesen sein, nach seinem Sturz Phalaris selbst. Paphos aus Zypern gilt als Ort der Erfindung der Bronzekunst: Plin. Nat. hist. 34,2.

441–442 Pelias, König von Jolcus, Vater der Alcestis, Schwiegervater Admets, sendet seinen Neffen Jason auf die Argonautenfahrt; auf den heimtückischen Rat Medeas, die zuvor einen Widder verjüngt, von den eigenen Töchtern in der vergeblichen Hoffnung auf Verjüngung geschlachtet: Ov. Met. 7,297–349; Her. 12,129.

443–444 Der Sabiner Mettius Curtius versinkt auf der Flucht vor Romulus in einem Sumpf (Liv. 1,12–13: er kann sich aber retten!); danach der Name des *lacus Curtius* auf dem Forum (in der Nähe der Curia; ein Relief erhalten: H. A. Stützer, *Das antike Rom*, Köln 1979, Abb. 6). Nach anderer Version Marcus Curtius, der sich freiwillig in einen Spalt auf dem Forum stürzt: Liv. 7,6. Erhalten ist ein Puteal (brunnenartige Einfassung) für einen Blitzeinschlag.

445–446 Die Sparten («Gesäte»), die aus den von Cadmus in Böotien (*grajisch* steht für ‹griechisch›) gesäten Drachenzähnen sprießen, bringen sich gegenseitig um. Cadmus, der aus Sidon in Phönizien stammt, gründet mit den Überlebenden Theben: Ov. Met. 3,1–130.

447–448 Hipponax, Jambograph des 6. Jh.s v. Chr., Sohn des Pytheas, der durch seine polemischen Gedichte den Bildhauer Bupalos, der von ihm ein karikierendes Porträt angefertigt hatte, in den Tod getrieben haben soll (Legende wie bei Archilochos, s. V. 53–54). – Nach Stesichoros (Paus. 10,26; auch Hyg. 89; Apollodor, Epit. 3,12,5) hieß eine Tochter des Priamos Medusa; als Bruder kommt etwa Hektor, der im Sterben Achill verflucht (Hom. Il. 22,358–360), in Betracht.

449–450 Der Ibis wurde für ein Naturwunder gehalten, weil er sich durch Einpumpen *(proicere)* von Wasser in den Darm selbst ein Klistier verabreicht: Schol. B.; Cic. Nat. deor. 2,126; Aelian, Nat. an.

2,35; Plin. Nat. hist. 8,97; der Titel ist hier aber im negativen Sinne von «Schmutzvogel», «Dreckfink» verwendet. – Anspielung auf das Fluchgedicht *Ibis* des Kallimachos (fr. 381 f. Pf.), dessen Titel und Anlage Ovid übernimmt und erweitert, wofür die vorliegende Stelle das Hauptzeugnis darstellt.

451–452 Der Trojaner Menedemus wird von mehreren Messerstichen getötet, darum das rituelle Verbot an seinem Grab auf der Insel Kythnos: Kallimachos, fr. 663 Pf.

453–458 Mythen und Kult der Großen Mutter Cybele, die ihr Zentrum im phrygischen Pessinús hatte; in Rom 204 v. Chr. eingeführt; Fest der *Ludi Megalenses* vom 4.–10. April (Ov. Fast. 4,179–348). Orgiastischer Kult mit Musik von Schellen, Klappern, Flöten, Becken, Hörnern, Pauken, bei dem sich die Anhänger, die sog. Galli, in Trance selbst die Hoden abschneiden, zurückgeführt auf den Phryger Attis, der, von Cybele zu Keuschheit verpflichtet, sie mit der Nymphe Sagaris betrügt und darauf, mit Wahnsinn bestraft, sich entmannt. Die Galli waren oft Zielscheibe des Spottes: Catull 63. – Die Läuferin Atalante, besiegt von Hippomenes (s. V. 371–372), schläft mit ihm im Tempel der Großen Mutter, worauf beide in Löwen, die Zugtiere der Göttin, verwandelt werden: Ov. Met. 10,681–707.

459–460 Limone: V. 335.

461–462 Apollodoros, Tyrann von Kassandreia in Makedonien seit 279 v. Chr., dessen Grausamkeit sprichwörtlich war (Ov. Pont. 2,9,43: -*eus* an gleicher Versstelle nach griechischer Prosodie einsilbig. Vgl. auch Sen. De ira 2,5,1); von Antigonos Gonatas 276 v. Chr. umgebracht; sein Ende ist nur hier geschildert. «Jener» andere grausame Tyrann der Stadt ist sein unmittelbarer Vorgänger, Ptolemaios Keraunos, Sohn Ptolemaios' I., der 281 v. Chr. seine Halbschwester Arsinoë II. heiratet, 279 aber deren Söhne in ihren Armen ermordet (Justin. 17,2; 24,3; anders als Apollodoros wird er später enthauptet).

463-464 *Abantiade:* Perseus, Sohn von Danaë und Zeus, Urenkel des Abas, wird als Säugling von seinem Großvater Akrisios mit seiner Mutter wegen ihres vermeintlich unsittlichen Lebenswandels (Hygin. 63; André: «Inzest»!) in eine Truhe eingeschlossen und ins Meer geworfen. – *cycneïsch:* Tennes, Sohn des Königs Kyknos von Kolonos (Troas), von seiner Stiefmutter Philonome verleumdet (Potipharmotiv, s. V. 577), wird vom Vater mit seiner Schwester Hemithea in eine Truhe gesperrt und ins Meer geworfen: Paus. 10,14. In beiden Fällen erfolgt allerdings die Rettung.

465-466 Nach der Eroberung von Lipara opferten die siegreichen Etrusker dem Phoebus Apollo den tapfersten Gegner, einen Jüngling namens Theudotus. Diese früher (noch von André) bezweifelten Angaben der Scholien wurden durch einen Neufund zu Kallimachos fr. 93 Pf. bestätigt; die Geschichte war im 4. Buch der *Aitia* behandelt.

467-468 Ritus des Sündenbocks (*pharmakos*) in der thracischen Stadt Abdera, die jährliche Steinigung zur Sühnung der Stadt, wie sie ähnlich für Athen oder Marseille belegt ist; das Aition («Ursache»: mythisch-historische Erzählung als Erklärung für einen Kult oder Festbrauch, s. V. 499 f. 621 f.) dazu stand ebenfalls im 4. Buch der *Aitia* des Kallimachos, fr. 90 Pf.; auch hier zerstreute erst ein Neufund die Zweifel an den Angaben der Scholien.

469-476 Opfer von Blitzen:

Vom Blitz, der häufig dreiflammig dargestellt wird, werden erschlagen:

1. Kapaneus, Sohn des Hipponoos, einer der Sieben gegen Theben, der übermütig Zeus herausfordert: Aisch. Sept. 423-446.

2. Demonax, Vater Dexitheas, Führer der Telchinen, rhodischer oder keïscher Meeresdämonen, die Schadenzauber ausüben: Kallimachos, *Aitia*, Buch 3, fr. 75,64-67 Pf. (dadurch sind frühere Lösungen – Dosithoë, Tochter des Atrax; Dexione, Tochter des Asklepios – überholt).

3. Semele, Schwester Autonoës, von Zeus wider Willen verbrannt: Ov. Met. 3,253–315.

4. Iasion, Neffe Maias, Geliebter Demeters: Hom. Od. 5,125–128.

5. Phaëthon: Ov. Met. 2,1–332.

6. Salmoneus, Sohn des Aiolos, des Stammvaters der Aioler, ahmt Blitz und Donner mit Fackeln und Becken nach; als Büßer im Tartarus: Verg. Aen. 5,585–594.

7. Lykaon, Vater der Arktos oder Kallisto, des Sternbilds der Kleinen Bärin, das nie ins Meer taucht; sein Frevel (V. 431–432) ist Anlaß, ihn mit fast all seinen 50 Söhnen zu erschlagen: Paus: 8,3.

8. Macelo (eine «Alte» erwähnt Kall. fr. 75,67, nach André meint Ovid «die jüngere») mit ihrem Gatten Menedemos, Telchinen wie Nr. 2.

477–480 Opfer von Hunden:
Thasos, Priester des Apollo in Delos, von Hunden zerrissen (Hyg. 247: Thasius). Auf Delos hatte Latona Apollo und Diana geboren. – Actaeon: Ov. Met. 3,138–252. – Linus, Sohn Apollos und Psamathes, der Tochter des Krotopos, von der Mutter ausgesetzt, s. V. 573–577. Kall. fr. 26–31 Pf.

481–484 Opfer von Schlangen:
1. Eurydice, Gattin des Orpheus, des Sohnes des Thracers Oeagrus und der Muse Calliope (Ov. Met. 10,8–10). – 2. Opheltes oder Archemorus, Sohn des Lycurgus von Nemea, wegen Unachtsamkeit der Amme Hypsipyle (s. V. 396) von einer Schlange gebissen; zur Erinnerung die nemeischen Spiele: Stat. Theb. 4,646 ff. – 3. Laocoon vor dem trojanischen Pferd: Verg. Aen. 2,40 ff.

485–486 Elpenor, Gefährte des Odysseus, stürzt vom Dach von Kirkes Palast: Hom. Od. 11,51–78.

487–488 Thiodamas: Theiodamas, König der Dryoper im südlichen Thessalien, verweigert dem hungrigen Hercules das Essen. Als dieser ihm einen Ochsen wegnimmt und schlachtet, ruft er seine Leute zu Hilfe: Kall. fr. 24 Pf.; Ap. Rhod. 1,1211–19.

489–490 Cacus, Sohn Vulcans, kannibalischer Riese, der in Rom am Aventin haust, stiehlt dem Hercules zwei Rinder und wird erschlagen: Ov. Fast. 1,543–586.

491–492 Der Diener Lichas überbringt Hercules am Oeta das mit dem Blut des Kentauren Nessus getränkte Gewand und wird darauf bis nach Euboea ins Meer geschleudert: Ov. Met. 9,155–229.

493–500 Tödlicher Sturz:

1. Kleombrotos von Ambrakia, beeindruckt von der Lektüre von Platons *Phaidon*, wo Sokrates den Tod als Befreiung preist; bekannt von Kall. epigr. 23 Pf., erwähnt von Cic. Tusc. 1,84; Scaur. 4.

2. Aigeus, Vater des Theseus, stürzt sich in Phaleron von einem Felsen ins Meer (danach Ägäis), als er das von Theseus irrtümlich aufgezogene schwarze Segel erblickt: Plutarch, Thes. 22.

3. Astyanax, Sohn des Priamos, nach dem Fall Trojas von einem Turm gestürzt: Eur. Troad. 716; Sen. Troad. 1069–1118, s. V. 563.

4. Ino, Semeles Schwester, zieht den kleinen Bacchus auf: Ov. Met. 3,310–315; stürzt sich im Wahnsinn ins Meer, wird aber gerettet: Ov. Met. 4,416–542.

5. Perdix, Erfinder von Säge und Zirkel, von seinem Onkel Daedalus aus Neid von der Akropolis gestürzt: Ov. Met. 8,236–259.

6. In Lindos wurden Herakles Opfer unter Verwünschungen dargebracht, was auf den Raub eines Ochsen durch ihn zurückgeführt wurde (vgl. V. 487); ein Mädchen soll ihn dabei beschimpft haben; typisches Aition (s. V. 467 f.): Kall. fr. 23 Pf. Auch in Rom wurde Hercules als ‹Unbesiegbarer› (*Invictus*) verehrt.

501–502 Ovids Erzfeind stammt demnach aus Libyen. – Phalaecus (Phalaikos), Tyrann von Ambrakia, von einer Löwin zerrissen, als er unterwegs ein Löwenjunges aufliest (legendär).

503–504 Ancaeus (Ankaios), Sohn Lycurgs, Argonaut, auf der kalydonischen Jagd getötet: Ov. Met. 8,391–402. – Adonis, Sohn der

Myrrha, die in einen Myrrhenbaum verwandelt wird: V. 360; Ov. Met. 10,708–716. – Idmon, Sohn von Apollon und Asteria, Seher, Argonaut, bei den Maryandinern auf einem Spaziergang angefallen: Ap. Rhod. 2,815–850.

505–506 Der Jäger Thoas, im Schlaf vom Schädel eines Wildschweins erschlagen, den er an einer Schwarzpappel aufhängt, aber nicht der Artemis opfern will: Kall. fr. 96 Pf.

507–508 Attis (s. V. 455), von einem großen Pinienzapfen erschlagen (Scholien), laut Paus. 7,17,10 und Plutarch, Sertor. 1, allerdings Opfer eines Ebers. – *berecyntisch:* nach dem phrygischen Volk der Berecynter, welche Cybele am meisten verehrten: Kall. Hymn. 3,246. Lat. *Berecyntiades:* als Unikum ein sechssilbiges Wort als Pentameterschluß. Bei Ovid sind insgesamt 12 Fälle von fünf-, 31 von viersilbigen Schlüssen nachgewiesen (Platnauer 17); dreisilbige waren verpönt, s. V. 520.

509–510 Nach der Ermordung des *cresischen* (kretischen) Königs Minos in Sizilien (V. 289) werden dessen Gebeine nach Corcyra (h. Korfu) verbracht, aber von den dortigen Einwohnern zerstreut; danach werden alle Corcyräer, die in Kreta landen, getötet (Scholien).

511–512 Um 510 v. Chr. stürzt in Krannon (oder Pharsalos) der Palast der Skopaden (Kall. fr. 64 Pf.; von Ovid hier mit den Aleuaden von Larisa verwechselt) ein und erschlägt Skopas und seine Gäste. Der Dichter Simonides, Sohn des Leoprepes, wird von den (als Sterne verehrten) Dioskuren zuvor herausgerufen und dadurch gerettet.

513–514 Euenus, aetolischer König, kann den Verführer seiner Tochter Marpessa nicht einholen und wirft sich in den Lykormas, der seither Euenos heißt: Plutarch, Flum. 8. – Tiberinus, König von Latium, ertrinkt im Kampf gegen die Etrusker im Fluß Albula, der danach Tiber heißt: Liv. 1,3,5–9.

515–516 Menalippus, Sohn des Astacus, von Tydeus getötet. Steigerung der zuvor berichteten Leichenschändung (s. V. 427), wie sie für die Scythen berichtet wird (Silius, Punica 13,486).

517–518 Der Jäger Broteas wird von Artemis in Wahnsinn versetzt, weil er sie nicht verehrt: Apollodor, Epit. 2,2.

519–520 Der Historiker Kallisthenes, Neffe und Schüler des Aristoteles, Verfasser einer Geschichte Griechenlands (*Helleniká*, 386–356 v. Chr.) und der Alexanderzüge (bis 331 v. Chr.), weigert sich 327 v. Chr. in Baktra, die verlangte Proskynese (Kniefall) vor Alexander zu vollziehen, wird darauf gefoltert und hingerichtet (nach Justin 12,6–7; 15,3 an Ohren, Nasen, Lippen, Gliedern verstümmelt, mit einem Hund in einen Käfig gesperrt und mitgeführt, bis ihn Lysimachos mit Gift erlöst). Lat. *historiae:* ausnahmsweise viersilbiges Ende des Pentameters, s. V. 508.

521–522 Archilochos von Paros (s. V. 54), im Krieg zwischen Eretria und Chalkis gefallen. Eine andere Version (Selbstmord nach Schol. G) ist sonst nicht bekannt.

523–524 Hipponax von Ephesos (um 540 v. Chr.), Erfinder des «hinkenden» (darum «zu wenig standfesten») Verses, des Skazon oder Choliambus (jambischer Trimeter mit Spondeus am Versende). Die Bildhauer Bupalos und Athenis (Textverbesserung durch Turnebus) von Chios hatten den Dichter karikiert, worauf er sie mit seinen Versen so beschimpfte, daß sie sich erhängten (Hor. Epod. 6,14). Das Ende des Hipponax durch Hunger ist sonst nicht belegt, dürfte aber aus seinen Klagen über Mangel an Geld, Kleidung und Nahrung (fr. 42 Diehl) herausgesponnen sein; außerdem wurde er aus Ephesos vertrieben.

525–526 Der strenge (Enallage: Verschiebung des Adjektivs) Dichter ist der legendäre Linos: Als er seinem Schüler Herakles wegen seiner Ungeschicklichkeit auf die Finger schlägt, wird er von ihm mit der Lyra erschlagen: Paus. 9,29,6–7.

527–528 Orestes stirbt in Arkadien an einem Schlangenbiß: Apollodor, Epit. 6,28.

529–530 Eupolis und seine Gattin Lykainon, in der Hochzeitsnacht von einer einstürzenden Decke erschlagen: *Anthologia Palatina* 7,298 (anonym).

531–532 Lykophron von Chalkis, bedeutender alexandrinischer Dichter und Philologe, Verfasser von rund 50 Tragödien (erhalten der Botenbericht *Alexandra*); Kothurn: Schuh mit hohen Sohlen, den die tragischen Schauspieler tragen. Der Tod des Dichters, nach den Scholien von der Hand eines in einer Komödie verspotteten Feindes, ist sonst nicht bekannt.

533–534 Pentheus, von den Bacchantinnen, darunter seiner Mutter Agaue, zerrissen, weil er sich gegen den Kult des Dionysos wendet: Euripides, *Bakchen*; Ov. Met. 3,701–731; sein Großvater ist Cadmus, der mit der Drachensaat Theben gründet (s. V. 445) und später selbst in eine Schlange verwandelt wird: Ov. Met. 4,563–603.

535–536 Dirke, Gattin des thebanischen Königs Lykos (Lycus), mißhandelt ihre Rivalin Antiope, will sie an einen wilden Stier binden lassen, wird aber von Antiopes Söhnen selbst so bestraft: Prop. 3,15,11–42. Dargestellt in der Gruppe des sog. Farnesischen Stiers (Neapel), erwähnt Plin. Nat. hist. 36,34.

537–538 Philomele, vergewaltigt von Tereus, dem Gatten ihrer Schwester Procne, der ihr die Zunge abschneidet, um nicht verraten zu werden: s. V. 434.

539–540 Der Dichter Helvius Cinna (Lösung Housmans), nach Cäsars Ermordung aufgrund des gleichen Cognomens mit dem Prätor Cornelius Cinna verwechselt, vom Pöbel erschlagen und zerstückelt: Suet. Caes. 85 (vgl. Shakespeare, Julius Caesar, III 3). Das Kleinepos *Zmyrna* (hier einzusetzen statt *Myrrha*; Prosodie von *zm-/sm-*: Platnauer 62; vgl. Ov. Am. 2,6,21; Bömer zu Met. 10,298; die Fragmente bei Courtney, FLP 218–220; Blänsdorf, FPL 220 f.), ein gelehrtes Gedicht in alexandrinischer Manier (wie *Ibis* auch), wird von Catull (c. 95) hoch gelobt: Cinna arbeitete neun Jahre daran (darum *bedächtig*).

541–542 Ungelöstes Rätsel: Ein Dichter oder Seher namens Achaeus oder ein achaeischer (nur im Sinne von Achaia Phthiotis südl. von Thessalien: OLD) Dichter oder Seher. Von den beiden Tragödiendichtern Achaios von Eretria und von Syrakus ist nichts Derartiges bekannt. Die Blendung weist eher auf einen Seher.

543–544 Prometheus (s. V. 291), Bruder von Pyrrhas Vater Epimetheus.

545–546 Harpagus, Freund des medischen Königs Astyages, hätte dessen Neffen Cyrus beseitigen sollen; zur Strafe dafür, daß er das nicht getan hat, ermordet Astyages dessen Sohn und setzt ihm ein «Thyestes»-Mahl (s. V. 429) vor: Herodot 1,117–119.

547–548 Mamercus, Tyrann von Catania 344 v. Chr., wird von seinem Gegner Timoleon besiegt und umgebracht «wie ein Seeräuber» (Plutarch, Timol. 34); Seeräuber wurden an einen Pfahl gebunden, geköpft und zerstückelt: *Anthologia Palatina* 11,280.

549–550 Ungelöstes Rätsel: Ein Dichter aus Syracus, unklar, ob an Selbstmord zu denken ist. Die Scholien nennen ohne hinreichenden Grund Theokrit und einen Theodoros.

551–552 Der Satyr Marsyas, von Apollo geschunden, als er sich mit ihm im musischen Wettkampf zu messen wagt: Ov. Met. 6,382–400.

553–554 Die Cephenen, Untertanen des Königs Cepheus von Aethiopien, des Vaters der Andromeda. Unter Führung des Phineus, des einstigen Bräutigams, überfallen sie die Gäste bei der Hochzeit von Perseus und Andromeda, werden aber von Perseus mit dem Medusenhaupt versteinert: Ov. Met. 5,1–249.

555–558 Drei mythische Gestalten namens Glaukos (Glaucus):

1. Glaukos Potnieus, so der Titel einer Tragödie des Aischylos, die zur Persertrilogie (472 v. Chr.) gehörte. Glaukos, Sohn des Sisyphos im böotischen Potniai (mythische Stadt), hält seine Stuten von Begattung fern, um ihre Schnelligkeit beim Wagenrennen zu steigern.

Als er vom Wagen stürzt, wird er von ihnen aufgefressen: Verg.
Georg. 3,268 f.

2. Der Fischer Glaukos von Anthedon (Böotien) verzehrt ein
Zauberkraut und wird in ein Meerwesen (darum «Pontios») mit
Fischschwanz verwandelt: Ov. Met. 13,904–965.

3. Der «gnosische» (kretische) Glaukos, das Kind von Minos und
Pasiphaë, fällt beim Spielen in ein Honigfaß und erstickt (wird allerdings wiederbelebt): Apollodor, Epit. 3,17.

559–560 Sokrates, angeklagt von Anytos (Anytus), Meletos und
Lykon, trinkt den Schierlingsbecher: Platon, *Apologie* und *Kriton*.

561–562 Haimon (Haemon), Sohn des Kreon, tötet sich am Grab
Antigones: Soph. Ant. 1214–43. – Canace und Macareus, Kinder des
Aiolus, verlieben sich. Als Canace ein Kind bekommt, zwingt sie der
Vater zum Selbstmord; behandelt von Euripides im (verlorenen) *Aiolos*; ausführlich Ov. Her. 11 (Canace an Macareus). Nach Plato, Leg.
8,838 C, begeht auch Macareus, aus Reue über den Inzest, Selbstmord, s. V. 357 (zum Thema Inzest).

563–564 Astyanax: s. V. 496 (tödlicher Sturz); hier ist nicht sein
Tod gemeint, sondern die Greuel der Eroberer, die er mitansehen
muß.

565–566 Zwei Formulierungen für den Inzest des Vaters mit der
Tochter: Der Vater ist gleichzeitig Großvater, somit die Mutter auch
die Schwester des Kindes. Die übliche Deutung auf Adonis (so nach
den Scholien Ellis, Goold), den Sohn des Cinyras und seiner Tochter
Myrrha, der auf der Jagd verunglückt, ist kaum zutreffend. Von den
drei in V. 359–360 genannten Inzestfällen (Myrrha, Pelopea, Nyc-
timene) wird nur in einem Fall der Sohn zum Verbrecher: Aegisth,
Sohn des Thyestes und der Pelopea (s. V. 503), der sich als Mörder
Agamemnons die Rache von dessen Sohn Orest zuzieht (so Ripert,
André).

567–568 Odysseus, Schwiegersohn des Ikarios (Icarius), wird von
seinem Sohn Telegonos mit Circe (Wortspiel mit *teli genus*) irrtüm-

lich umgebracht. Als Waffe dient eine Lanze mit einem Rochenstachel als Spitze: Apollodor, Epit. 7,36.

569–570 Antiklos will Helena, welche die Stimmen der griechischen Frauen nachahmt, antworten. Odysseus hält ihm den Mund zu (Hom. Od. 4,285–287), doch geht aus der Stelle hier hervor, daß er ihn erwürgt; Apollodor, Epit. 5,19. Ahornholz für das Trojanische Pferd: wie Verg. Aen. 2,112 (sonst auch Fichte oder Eiche).

571–572 Der Philosoph Anaxarchus von Abdera, Anhänger der Lehre Demokrits, wird um 320 v. Chr. auf Befehl des zyprischen Tyrannen Nikokreon in einem Mörser zerstampft: Diog. Laert. 9,58. Bei den Römern gilt er als Muster des standhaften Märtyrers: Cic. Tusc. 2,52; Nat. deor. 3,82.

573–574 Crotopus läßt seine Tochter Psamathe lebendig begraben, als sie von Apollon (Phoebus) ein Kind bekommt (Linus: s. V. 480). Apollon bereitet ihm das gleiche Schicksal im Tartarus (nur hier belegt).

575–576 Zur Strafe für den Tod des Linus (V. 480. 573) sendet Apollo den *Argoliern*, den Bewohnern der Argolis, das Kinder fressende Scheusal Pestis, die personifizierte Pest (Pfeiffer zu Kall. fr. 29; KlP s. v. Koroibos), in griechischer Fassung Poiné, die Personifikation von Rache oder Blutgeld, oder Ker, das Todeslos: Paus. 1,43,7.

577–578 Hippolytos, Sohn des Theseus, von der abgewiesenen Stiefmutter Phaedra verleumdet (Potipharmotiv, s. V. 463). Venus nimmt indirekt Rache, da Theseus seinen Sohn als angeblichen Verführer verflucht und verbannt: Euripides, *Hippolytos* (1048–50: Verbannung); Ov. Her. 4 (Phaedra an Hippolytus); Seneca, *Phaedra*.

579–580 Polydorus, Sohn des Priamus, als Opfer Polymnestors, s. V. 268.

581–582 Die Niobiden, hier nur die sieben Söhne, darunter Damasichtho, werden von Apollo und Diana wegen der Überheblichkeit der Mutter umgebracht: Ov. Met. 6,146–312.

583–584 Amphion, König von Theben, Gatte Niobes, fügt mit den Klängen seiner Lyra die Steine der Stadtmauern Thebens zusammen. Nach dem Tod seiner vierzehn Kinder bringt er sich um: Ov. Met. 6,271 f.

585–586 Niobe, in Lydien versteinert: Ov. Met. 6,301–312. – Battus beobachtet Mercur, wie er Apollo die Rinder stiehlt, verspricht zu schweigen, bricht jedoch sein Wort gegenüber Mercur, der ihn in anderer Gestalt prüft, und wird versteinert: Ov. Met. 2,676–707. – Ungewöhnliches Hyperbaton (Sperrung): *ab ipse sua*, bei Ovid jeweils an dieser Versstelle (Her. 12,18: *ab ipse suo*).

587–588 Hyacinthus, Sohn des Oebalus, vom aufprallenden Diskus, den Apoll wirft, erschlagen: Ov. Met. 10,162–195. André nimmt an, der Diskus kehre als Bumerang zu Ibis zurück; doch sind wohl wie bei Hyacinthus zwei Sportler gemeint, von denen der eine verunfallt. – Disken waren gewöhnlich aus Bronze: Lukian, *Anacharsis* 27.

589–590 Leander, der von Abydos aus über den Hellespont schwimmt, um seine Geliebte Hero zu besuchen: Ov. Her. 18–19 (Briefwechsel von Leander und Hero). Die Formulierung weist auf Leanders Schwimmstil: Kraul, wie meist in der Antike; das zeigt schon die Darstellung eines Schwimmers auf der Françoisvase (um 570 v. Chr., K. Schefold, *Frühgriechische Sagenbilder*, München 1964, Taf. 51a); so auch Salmacis, Ov. Met. 4,353: *alterna bracchia ducens* «die Arme wechselweise ziehend». Schwimmen gilt wie Lesen als Zeichen höherer Bildung: Plato, Leg. 3,689 D (KlP und LAW s. v. Schwimmen).

591–592 Menander oder Terenz, die als Schiffbrüchige im «stygischen» (todbringenden) Meer umgekommen sein sollen. Der Dichter Eupolis soll von Alkibiades auf dem Zug nach Sizilien wegen einer Komödie über Bord geworfen worden sein (schon von Cicero, Att. 6,1,18, als von Eratosthenes widerlegte Legende berichtet). Die Formulierung weist eher auf einen Badeunfall oder auf ein Bad in einer giftigen Quelle wie der Nonakris in Arkadien, die auch als Styx bezeichnet wurde: Sen. Nat. quaest. 3,25.

593–594 Palinurus, Steuermann des Aeneas, im Schlaf über Bord gefallen, rettet sich ans Ufer, wird aber von den Einheimischen erschlagen: Verg. Aen. 5,843–871; 6,337–362.

595–596 Euripides, gestorben 406 v. Chr. in Pella am Hof des Königs Archelaos, wo der Dichter seine letzten Lebensjahre verbrachte. Sein legendenhaft ausgeschmückter Tod durch die Jagdhunde (darum «Wache der Diana») des Königs wurde in verschiedenen Fassungen kolportiert: Gellius 15,20,9.

597–598 Empedokles von Agrigent in Sizilien (*Trinacria*) springt in den Aetna, «weil er als unsterblicher Gott angesehen zu werden wünscht»: Hor. Ars 462. Der Aetna galt als Mund eines von Zeus unter ihm begrabenen Giganten, der bald Typhoeus (Ov. Fast. 4,491), bald Briareus (Kall. Hymn. 4,143), bald Enceladus (Verg. Aen. 3,578) heißt. – *in großer Fülle* (*plurima Aetna*): Enallage des Adjektivs, das eigentlich auf «Flammen» zu beziehen ist (vgl. V. 599 «verzückte Krallen»).

599–600 Tod des Orpheus, der von den *strymonischen* (Strymon: Fluß in Thracien) Maenaden in Trance (*insanis:* Enallage, s. V. 597) umgebracht wird: Ov. Met. 11,1–53. Danach wird er zuerst gesteinigt, dann mit «Hacken, Karst und Hauen» (11,36) zerfleischt. Mit «Krallen» sind wohl diese metallenen landwirtschaftlichen Geräte gemeint (OLD 3; Columella 12,18,2).

601–602 Meleager, Sohn Althaeas, die das Scheit, an dem das Leben ihres Sohnes hängt, im Zorn ins Feuer wirft, da Meleager ihre Brüder im Streit um den kalydonischen Eber umgebracht hat: Ov. Met. 8,446–532.

603–606 *phasische Krone:* Glauke oder Krëusa, die junge Braut Jasons, erhält von Jasons verlassener Gattin Medea, die aus Kolchis stammt (*Phasis:* Fluß in Kolchis), als Brautgeschenk eine Krone oder einen Kranz, von dem ein unlöschbares Feuer ausgeht. Das Feuer erfaßt den Vater der Braut, den korinthischen König Kreon, und dessen Palast: Eur. Med. 982 ff.; Ov. Met. 7,394 f.; Sen. Med. 817 ff. – Vom Blut des Kentauren Nessus wird Hercules auf dem Oeta vergiftet, s. V. 347.491.

607–608 Ungelöstes Rätsel: Ein Penthelide Lycurgus ist sonst nicht bekannt.

609–610 Milon von Kroton, der erfolgreichste Sportler der Antike (um 540–500 v. Chr.), versucht mit bloßen Händen einen Baumstamm, der bereits verkeilt ist, auseinanderzureißen, wird aber eingeklemmt und fällt wilden Tieren zum Opfer: Strab. 6,263; Paus. 6,14,5–8.

611–614 Ikarios (von Ovid auch Met. 10,450 entgegen sonstigen Quellen Icarus genannt), Eponym des attischen Demos Ikaria, wird von Dionysos in den Rebbau eingeweiht, aber von den betrunkenen attischen Bauern erschlagen, weil sie sich vergiftet glauben: Prop. 2,33,27–30. Seine Tochter Erigone erhängt sich, was die Athener zu einem jährlichen Sühnefest, den Aiora, veranlaßt: Kall. fr. 178,3–4 Pf.

615–616 Pausanias, König von Sparta, siegreicher Feldherr in der Schlacht von Plataiai gegen die Perser 479 v. Chr., später der Konspiration mit den Heloten und den Persern überführt, sucht Asyl im Tempel der Athena Chalkioikos in Sparta, wo man ihn einmauert und verhungern läßt (467/466 v. Chr.): Thuk. 1,132–134. Seine Mutter Theano verurteilte den Verrat und soll den ersten Stein zum Tempel getragen haben: Nepos, Paus. 5; Diodor. 11,45.

617–618 Sprachlich und inhaltlich kontroverse Deutungen: Odysseus, der das Palladion raubt (dessen Tod allerdings schon V. 567), «der die Abfahrt aus Aulis erleichterte» (André) oder «die unbedachte Fahrt ablenkte» (Ellis). Oder: der Kleine Aiax, der später Cassandra vom Standbild der Minerva wegreißt und schändet, «fuhr von Aulis auf einem leichten Schiff weg» (Ripert), «wandte den flüchtigen Lauf» (Berg), «folgte einem flinken Pfad» (Goold), «fuhr

als Leichtbewaffneter» (Housman) usw. Eher: «richtete seine leichtsinnige Fahrt von Aulis (nach Troja)» , vgl. Ov. Pont. 4,4,20. Aiax'
Tod ist zwar auch V. 341 f. gemeint, doch zielt dort die Rätselfrage
nach der Schändung Cassandras, hier nach der des Götterbildes.

619–620 Palamedes, Sohn des Nauplius, überlistet Odysseus, der
Wahnsinn vortäuscht, so daß er nach Troja mitziehen muß. Odysseus
rächt sich, indem er mit einer gemeinen Intrige, die ihm Konspiration
mit den Trojanern unterschiebt, seine Ermordung veranlaßt: Verg.
Aen. 2,81–87; Ov. Met. 13,56–62. In Tragödien oft behandelt:
Aischylos, Sophokles, Euripides; vgl. V. 339 f.

621–622 Typisches Aition (s. V. 467 f.): Die Bewohner der jonischen Stadt Isindos werden wegen des Mordes an (dem sonst unbekannten) Aethalos vom Fest der Panionia zu Ehren Ions, des Grün-
ders des jonischen Bundes, im Heiligtum des Poseidon Helikonios
bei Mykale ausgeschlossen: Kall. fr. 78 Pf.

623–624 Pasikles von Ephesos versteckt sich vor seinem Rivalen,
einem Nachkommen des Tyrannen Melas (André: Melantion; Ellis:
Melantheus, Ziegenhirt des Odysseus), der ihn ermorden will, wird
aber unfreiwillig von seiner Mutter, die als Priesterin der Hera mit einem Licht erscheint, verraten: Kall. fr. 102 Pf. (Lösung von Stroux,
Philologus 89, 1934, 310 ff.).

627–628 Der Trojaner Dolon, dem man die Pferde Achills versprochen hat, wird als Späher im griechischen Lager von Odysseus
und Diomedes überrascht, ausgefragt und umgebracht: Hom. Il.
10,229–468; Verg. Aen. 12,346–352; Ov. Her. 1,39–46; Met.
13,239–254.

629–630 Der thracische Fürst Rhesus und zwölf Gefährten, von
Dolon verraten, im Schlaf von Diomedes ermordet, während Odysseus die Pferde stiehlt: Hom. Il. 10,469–579; Euripides, *Rhesos*.

631–632 Nisus, Sohn des Hyrtacus, und sein Freund Euryalus
überraschen Rhamnes, den König der Rutuler, im Schlaf und ermorden ihn und seine Gefährten: Verg. Aen. 9,314–366.

633–634 Alkibiades, Sohn des Atheners Kleinias, Neffe und Zögling des Perikles, abenteuerlicher Politiker, bald auf athenischer, bald auf spartanischer Seite. 404 v. Chr. flieht er zum persischen Satrapen Pharnabazos, der ihn auf Betreiben der athenischen Oligarchen ermorden läßt. Im Schlaf überrascht entkommt er zunächst den Flammen des angezündeten Landhauses, wird aber vor dem Haus umgebracht: Plutarch, *Alkibiades* 39.

635–636 Remus, von seinem Bruder Romulus oder einem Römer namens Celer mit einem Spaten erschlagen, als er sich über die niedrige Stadtmauer lustig macht: Ov. Fast. 4,807–862.

637–638 Für Ovid die höchste Steigerung der üblen Wünsche: das Exil in Tomis unter den für ihre Kunst des Bogenschießens bekannten Völkern. Die Geten, seit langem an der Donau ansässig, waren das nördlichste Volk der Thracer, in deren Sprache Ovid sogar Versgedichte schrieb (s. Fragmente 13); die Sarmaten waren ursprünglich iranische Nomaden, die bis an die Donau vorgedrungen waren und deren Sprache Ovid ebenfalls erlernte (Trist. 5,7,55 f.). Beide Völker waren in der Gegend von Tomis stets mit Pfeil und Bogen zu sehen (Trist. 4,10,110; 5,7,13–16; Pont. 4,13,35).

639–644 Epilog
639–644 Epilog mit komischer Untertreibung: Die gelehrte Fleißarbeit wird, was niemand ernst nehmen konnte, als flüchtige Improvisation dargestellt, der erschöpfende Fluchkatalog als «Büchlein» und als Vorläufer eines ausführlichen Werkes. Der Versfuß für polemische Dichtung war der Jambus, wie ihn Archilochos (s. V. 53) und Hipponax (s. V. 447.523) gehandhabt hatten, mit dessen angeblich tödlicher Wirkung der Adressat nun zu rechnen hat.

MEDICAMINA FACIEI FEMINEAE –
SCHÖNHEITSMITTEL FÜR FRAUEN

Einführung

Est mihi, quo dixi vestrae medicamina formae,
   parvus, sed cura grande, libellus, opus.
hinc quoque praesidium laesae petitote figurae:
   non est pro vestris ars mea rebus iners.

Einst verfaßt' ich ein Werk über Mittel für euere Schönheit,
   ist das Büchlein auch klein, ist's dank der Sorgfalt doch groß.
Holt euch dort auch den Rat für das angeschlagene Aussehn:
   Eurer Sache zulieb steht meine Kunst stets zu Dienst.

Mit diesen Worten wirbt Ovid in der *Ars amatoria* (3,205–208) für
eines seiner früheren Werke, das Gedicht über die *Mittel für den
weiblichen Teint (Medicamina faciei femineae)*, von dem die ersten
hundert Verse, teilweise lückenhaft, erhalten sind, ein «versifikatori-
sches Kunststück in alexandrinischem Geschmack» (Kraus), das har-
sche Urteile über sich ergehen lassen mußte – «langweilige Rezepte»
(Schanz), «es scheint, als habe ihn die Sache bald selbst gelangweilt,
ein reizender Einfall, mehr war es wohl nicht für ihn. Als ihm ein bes-
serer kam, ließ er das Angefangene liegen» (Eberle). Dem widerspricht der Autor selbst, denn wir erfahren, daß es, obschon nicht
sehr umfangreich, von ihm selbst geschätzt wurde, weil es so sorgfältig ausgearbeitet, also fertig war und auch publiziert wurde, wie
die Schleichwerbung für das eigene Werk zeigt.

Die Perspektive des Gedichts ist aber nicht auf Kosmetik, also auf
das Gesicht der Frau beschränkt, sondern bezieht ihre ganze Erscheinung mit ein – golddurchwirkte Kleider, duftendes Haar, Frisu-
ren, Fingerringe, Perlenketten, Ohrgehänge. Darüber hinaus wächst

sich die Beschreibung der mondänen Gesellschaft aus zu einem Loblied auf kultiviertes Leben, für das Geist und Sittlichkeit grund-
legende Bedingungen sind. Gesichtspflege steht damit im größeren
Zusammenhang von *cultus*, Kultur im weiten Sinne (so von Holzberg für die *Ars* deutlich herausgearbeitet), die hier, entgegen den
auch von Ovid verbreiteten idealisierenden Denkmodellen, in Gegensatz zur ungepflegten Urzeit mit ihren ungewaschenen und son-
nengebräunten Matronen tritt. Das Loblied gilt aber auch dem
Wesen der Mädchen und Frauen, deren natürliche Anlage sie auch in
der Abgeschiedenheit zu einem gepflegten Dasein anhält, «auch
wenn der schroffe Athos sie verbirgt».

Titel

Der in den Ausgaben seit dem 16. Jahrhundert geläufige Titel
Medicamina faciei femineae ist von den Philologen aus Ovids Selbst-
zeugnis rekonstruiert und entspricht dem Inhalt: Mehrere Rezepte
für Gesichtspflege sind beschrieben. Die meisten Handschriften
haben allerdings *De medicamine faciei*, Codex M *De medicamine
faciei femineae*, was sprachlich unverständlich ist (*medicamen* bedeutet «Heilmittel», nicht «Pflege»). Vorgeschlagen wurde auch der
für ein Lehrgedicht dieser Art nicht unwahrscheinliche Titel *Cosme-
tica* (Heraeus) oder, als genaues Eigenzitat, *Medicamina formae*
(Merkel). Wir bleiben aus praktischen Gründen beim herkömm-
lichen Titel.

Datierung

Aus den eingangs zitierten Versen ist zu schließen, daß das Gedicht der *Ars amatoria* vorausging. Daß es, wie man vermutet hat,
erst zwischen Buch 2 und 3 der *Ars* publiziert worden wäre, ist wenig
wahrscheinlich. Vielmehr handelt es sich um Ovids erstes erotisches
Lehrgedicht. Damit verbleibt ein weiter Spielraum zwischen den Ju-
gendwerken und der *Ars amatoria*, die wir dann wieder sehr genau

datieren können: Das 1. Buch war kurz nach der aufwendigen Naumachie des Augustus vom 12. Mai 2 v. Chr., bei der die Schlacht von
Salamis lebensnah nachgespielt wurde, abgeschlossen, da sie als
kürzliches Ereignis erwähnt ist (Ars 1,171; Naumachie: Suet. Aug.
43,1. Zur Datierung: Jacobson 1974, 306). Die Datierung der *Medi-*
camina läßt sich damit nur recht ungenau zwischen 23 und 3 v. Chr.
eingrenzen.

Quellen

THEOPHRAST VON ERESOS (Lesbos), 380–285 v. Chr., *Pflanzen-*
kunde (Historia plantarum), 5 Bücher. – Spätere Autoren, welche die
gleichen Quellen wie Ovid verwerteten: JUBA II. von Mauretanien,
Über Arabien, Pharmakologie in der Art eines Periplus (Küsten-
fahrt) von Indien ans Rote Meer, an den im Jahr 4 n. Chr. verstorbenen Sohn des Augustus, Gaius Caesar, gerichtet, aus griechischen
und lateinischen Autoren (Aristoteles, Polybios, Dionysios von Ha-
likarnass, Varro, Livius), nicht erhalten, von Plinius erwähnt (Nat.
hist. 12,56). – PEDONIUS DIOSKURIDES von Anazarba (Kilikien),
griechischer Arzt, unter Claudius und Nero tätig. Verfasser des bedeutendsten pharmazeutischen Werkes der Antike, *Arzneimittel*
(Materia medica), von Plinius benützt. – C. PLINIUS SECUNDUS,
Naturalis historia, 77 n. Chr. dem Kronprinzen Titus gewidmet (für
alle Sachfragen ist der hervorragende Kommentar der Ausgabe von
R. König, München/Zürich 1973–96 heranzuziehen).

Gattung

Pharmakologisch-kosmetisches Lehr- und Kataloggedicht. Die
Gattungen von Lehrgedicht und Kataloggedicht, die auf HESIOD
(*Erga* und *Ehoien*) zurückgehen, hatten beide ihre Blütezeit im Hel-
lenismus, in dessen Nachfolge Ovid sich selbst auch gesehen hat. Der
Autor brauchte dazu nicht vom Fach zu sein, sondern er benützte
Fachbücher als Quellen, wie die Parallelen deutlich zeigen. Die Schil-

derung von volkstümlichen Rezepten und auch von magischen Praktiken (vgl. das Einsprengsel darüber V. 35–42) entspricht den volkskundlichen Interessen hellenistischer Autoren wie Kallimachos oder
Apollonios Rhodios. Ovid arbeitet in Katalogform später auch die
Fasti und *Ibis* aus; vorausgegangen waren *Phainomena* nach Aratos
(Fragment 6). Als Lehrgedicht eröffnet das Kleinepos über Schönheitsmittel die Reihe der erotischen Lehrepen: *Ars amatoria, Remedia amoris* (s. Datierung).

Metrik
Elegische Distichen in klassischer Strenge: Ende des Hexameters
zwei- oder dreisilbig (nie zwei zweisilbige Wörter), Ende des Pentameters zweisilbig, Häufigkeit des Binnenreims im üblichen Rahmen
(11:50, z. B. 42: *suis – equis*), ebenso die der offenen kurzen Silbe am
Pentameterende (Platnauer 64–66: 1%; hier nur 94: *sale*). Die Verwendung des elegischen Versmaßes für Katalogdichtung hat in den
Aitia des Kallimachos ihr Vorbild und wird später von Ovid in *Ibis*
und *Fasti* fortgeführt. Auch von dem späthellenistischen Pharmako-
logen PHILON VON TRIKKA ist ein Rezept gegen Kolik in Distichen
erhalten.

Ausgaben, Kommentare, Übersetzungen

Kunz, A. P., Ovidii Nasonis libellus De medicamine faciei, Diss.
    Wien 1881 (Krit. Ausg., Komm.).
Kenney, E. J., Ovidi Am. Med. Ars. Rem., Oxford 1961/1965. ²1994,
    109–116.
Lenz, F. W., Ovidi Rem. Med., Turin 1965 (Krit. Ausg.).
Lenz, F. W., Ovid, Heilmittel gegen die Liebe. Die Pflege des weib-
    lichen Gesichtes, Berlin 1960, 99–126 (lat./deutsch).
Mozley, J. H. / Goold, G. P., Ovid, Bd. 2. Cambridge (Mass.)
    1929/1979, 2–9 (lat./engl.).

Ripert, E., Ovide, Les amours. L'art d'aimer. Les remèdes d'amour. De la manière de soigner le visage féminin, Paris 1941, 348–353 (lat./franz.).

Della Casa, A., Ovidio, Opere, Bd. 1, Turin 1982, 459–473 (lat./ital.).

Hertzberg, W., Ovid, Bd. 13: Heilmittel gegen die Liebe und Schönheitsmittel, Stuttgart 1855, 1653–65 (deutsch).

Marnitz, V. v., Ovid, Die erotischen Dichtungen, Stuttgart 1967, 191–195 (deutsch).

Eberle, J., Ovid, Heilmittel gegen die Liebe. Gesichtspflege, Zürich 1959, 45–48 (deutsch).

Literatur

Schanz-Hosius 2,225 f.

Text

Handschriften: Die älteste und beste Handschrift ist der Codex Laurentianus Marcianus 223 (M), 11. Jh., der auch *Metamorphoses*, *Tristia* und *Nux* enthält.

Editio princeps in den beiden gleichzeitigen Ovid-Ausgaben: Johannes Andrea, bei Conrad Sweynheym und Arnold Pannartz, Rom 1471; Franciscus Puteolanus, bei Balthasar Azoguidus, Bologna 1471.

Das Werk ist unvollständig und lückenhaft überliefert. Lücken nach V. 26, 50 und am Schluß. Ein abstruses Rezept gegen Halsentzündungen, das Plinius für Ovid überliefert (Nat. hist. 30,33; s. Fragment 16.7), könnte aus einer verlorenen Partie der *Medicamina* stammen (Schanz). In Buch 29, wo Ovid in der Autorenliste erscheint, sind Krankheiten des Gesichts behandelt, was ebenfalls auf

Medicamina weist (Fr. 16.8); sehr unsicher ist die Zuweisung von Fr. 16.9.

Lesarten (Abweichungen von Goold [Go.] und Kenney [Ke.]): 14 assiduo durum *M Ke.*: assiduum duro *edd. Go.* – 24 nostra *codd. Go.*: vestra *M Ke.* – 25 potiuntur *codd. Go.*: poliuntur *Heinsius Ke.* – 27 se sibi quaeque parant nec quos venentur *Heinsius Go.*: pro se q. parent et q. venerentur *M Ke.* – 28 munditiae ... merent *Heinsius*: munditia ... meret *codd.* (*susp. Ke.*: merent *Go.*) – 34 muta *codd. Ke.*: multa *Go.* – 35 iungetur *coni.*: iungendus *Go. Ke.*: nascetur *Ke.*: vos urget *codd.* – 51 dic *M Ke.*: disce *pauci Go.* – 60 *post* haec *dist. Kunz* – solidi *Heinsius Go.*: solida *codd.* (*susp. Ke.*) – 62 innumeris *codd. Ke.*: in cumeris *edd. Go.* – 68 ipsa *codd.*: illa *M Ke.* – radenti *codd. Go.*: rodenti *Kunz Ke.* – corpora *codd. recte:* tubera *edd.* – 98 nullus *codd. Ke.*: multus *recc. Go.*

Erläuterungen

1–26 Pflege veredelt
1–26 Die Eingangsgedanken mit der Bedeutungsvielfalt von *cultus* – Schönheitspflege, Körperpflege, Zivilisation und Kultur – greift Ovid in Ars 3,101–134 wieder auf: Pflege in Landwirtschaft (101 f.) und Städtebau (115 ff.), altrömische Einfachheit (107.113) und moderner Luxus (129), Sauberkeit (133) und Fortschritt bei männlicher Körperpflege und Kleidung (108).

1 *Mädchen:* Das Buch richtet sich ausdrücklich an junge Frauen, auch an verheiratete (so die Bedeutung von *puella*). Das heiratsfähige Alter für Mädchen lag ohnehin sehr niedrig, herkömmlicherweise bei 12 Jahren (Cass. Dio 54,16,7 z. J. 18 v. Chr.).

7–8 *Gold:* gemeint sind vergoldete Bronzeziegel, wie sie seinerzeit das Pantheon deckten, bis sie im 17. Jh. zu Kanonen umgeschmolzen wurden. – *Marmor:* Marmorböden oder Häuser mit Marmorfassaden, wie sie Augustus in Rom erbauen ließ, so daß er sich rühmte, Rom aus einer Ziegelstadt in eine aus Marmor verwandelt zu haben (Suet. Aug. 28,3).

9–10 *in tyrischem Kessel:* aus Tyros in Phoenizien wurden purpurgefärbte Stoffe importiert. Doppelt gefärbte Stoffe, sog. Dibapha, waren entsprechend teurer, erst recht mehrfach gefärbte, von denen ein Pfund mehr als 1000 Denare (4000 Sesterzen) kostete: Plin. Nat. hist. 9,137. – *Elfenbein:* zuerst aus Afrika, seit Alexander aus Indien roh importiert (darum *schneidbar*, nicht «geschnitzt»), meist in dünne Plättchen geschnitten und auf Holz aufgelegt, geritzt und bemalt.

11 *Tatius:* Titus Tatius, Sabinerkönig, der mit Rom in der Königszeit Krieg führt wegen des Raubs der Sabinerinnen; sein Grab liegt auf dem Aventin (Varro, Ling. lat. 5,152). Die Sabinerinnen galten als ungepflegt. Ovid nennt sie sogar «ungewaschen» (Am. 1,8,39: *immundae*), dafür tugendhaft (2,8,15).

22–23 *Perlen:* Die schönsten Perlen kamen aus Indien. Eine ergiebige Fundstätte war Taprobane an der Meerenge zwischen Vorderindien und Ceylon (Plin. Nat. hist. 6,81.9,106). Perlen von mehr als einer halben Unze (14 g) galten als große Seltenheit (Plin. Nat. hist. 9,116). – *im Ohr:* Der Singular ist wörtlich zu verstehen. Über das Tragen mehrerer Perlen in einem einzigen Ohr ereifert sich Seneca, Benef. 7,9,4, und Plinius berichtet ausführlich über den Luxus, der mit Perlen getrieben wird, u.a über die Riesenperlen der Kleopatra: 9,117–122.

27–50 *Lob weiblicher Gepflegtheit und Sittlichkeit*

27–28 Verdorbene Stelle, hier der halbwegs befriedigende Vorschlag von Heinsius, davor ein kürzerer Versausfall. – Der Gedanke, der im folgenden fortgesetzt wird, ist: Frauen neigen von Natur zu gepflegtem Lebensstil und achten nicht zuerst darauf, wem sie gefallen – *angeln:* eigtl. jagen, im gleichen Sinn Hor. Epist. 1,1,78: «Witwen ködern». Phaed. 4,5,4: «mit den Augen nach den Männern schielen» (OLD venor 2b).

30 *Athos:* der höchste Berg der Chalkidike (1935 m).

32–34 Die Verse 32 und 34 sind fast wörtlich übernommen in Ars 1,624: *virginibus curae grataque forma sua est*; 1,627: *laudatas ostendit avis Iunonia pinnas.* – *Junos Vogel:* Pfauen wurden als heilige Tiere im Heiligtum der Hera (Juno) von Samos gehalten.

35–42 Die Warnung vor Verhexung und Liebeszauber kehrt in Ars 2,99–106 wieder: Medea, Circe, thessalische und marsische Zauberer werden genannt. Die Vorbilder finden sich bei alexandrinischen Dichtern. Erhalten ist die Beschwörung eines Geliebten bei Theokrit, *Pharmakeutria* (2. Eidyllion). Reiche Parallelen dazu bieten die ägyptischen Zauberpapyri. Die Anregungen werden von den römischen Autoren in Gedichten mit dem Thema Liebeszauber aufgegriffen: Horaz, Epode 17; Tibull 2,4; Properz 4,5; Ovid, Am. 1,8.

38 *Schleim:* Das sog. Hippomanés, ein Sekret aus der Scheide von Stuten in der Brunstzeit, wurde zum Liebeszauber verwendet. Quelle ist Arist. Hist. an. 572a 9 ff., danach Verg. Georg. 3,265–282. Das Mittel gehört zu den Requisiten von Kupplerinnen: Tib. 2,4,58; Prop. 4,5,18; Ov. Am. 1,8,8.

39–40 *Marser:* Volksstamm in der Gegend des ehemaligen Fucinersees (h. Avezzano in den Abruzzen), bekannt für Zauberei, für Immunität gegen Schlangenbisse und für die Fähigkeit, die Opfer zu retten, vgl. Cic. Div. 1,132; Hor. Epod. 17,29. Ihre östlichen Nachbarn waren die Paeligner, wo Ovids Heimatstadt Sulmo lag. – *Gesang:* carmen heißt auch jeder beschwörende, im Singsang vorgetragene Spruch (Ars 2,102). – *zur Quelle:* einerseits beliebtes Element zur Absicherung von Schwüren, die nicht gebrochen werden, solange das Unmögliche nicht eintritt (sog. Adynaton), andererseits Fähigkeit mythischer Hexen wie Medea: Eur. Med. 410; Sen. Med. 762; Ap. Rhod. 3,532; Ov. Met. 7,199.

41–42 *temesaeisch:* aus Temesa. Hexen rühmen sich, den Mond herabziehen oder ihn in ein Futteral stecken, also verfinstern zu können: Tib. 1,8,21 f.; Hor. Epod. 17,77; Ov. Her. 6,85 (Hypsipyle über Medea); Met. 7,207 (Medea); 12,263 f. (die Thessalierin Mycale, Mutter eines Lapithen); Sen. Med. 790–796 (Medea verfinstert den Mond). Scherzhaft spricht Ovid den eigenen Versen die gleiche Zauberwirkung zu (Am. 2,1,23–26). Thessalischen Schadenzauber beschreibt er Am. 3,7,27–34. Er stammte selber aus einem Gebiet, das für Zauberei berüchtigt war (Paeligner, wie die zuvor genannten Marser: Hor. Epod. 17,60). Der Mondzauber kann mit ehernen Rasseln oder Schellen gebrochen werden: Ov. Met. 7,207; das war bei Mondfinsternis überhaupt Brauch: Liv. 26,5,9; Ov. Met. 4,332 f. Häufig genannt wird Bronze aus Temesa, womit zwei gleichnamige Produktionsstätten gemeint sind, die homerische (Od. 1,184, Tamassos auf Zypern, der «Kupferinsel») oder Temesa-Tempsa in Bruttium (Kalabrien, Ov. Met. 15,707). Plin. Nat. hist. 30,6–7 betrachtet wie alle Gebildeten die Sache als Aberglauben, was aber nicht der allgemeinen Ansicht entsprach, obschon bereits Thales die Mondfinsternis vom 28. Mai 585 v. Chr. vorausberechnet und vorausgesagt hatte.

51–68 Mittel für glatte Haut

51–68 Zutaten des Rezeptes: 2 Pf. Gerste, 2 Pf. Linsen, 10 Eier, 1 Sextans Hirschhorn, 1 Dutzend Narzissenzwiebeln, 1 Unze Gummi, 1 Unze toskanischer Dinkel, 1½ Pf. Honig als Bindemittel.

51 *«Sag nun»:* Aufforderung der Frauen an den Dichter. Davor evtl. Versausfall.

53 *Gerste:* Gerstenmehl als vielseitiges Heilmittel Plin. Nat. hist. 18,78; Diosk. Mat. med. 2,108. Gerstenschleim s. V. 95. – *libysche Siedler:* Libyen, als Cyrenaica seit 74 v. Chr. römische Provinz, war wie Nordafrika überhaupt eine der Kornkammern des römischen Reiches. Geschätzt für die Zubereitung von Gerstenschleim (*tisana* oder *ptisane*) war die Gerste von Utica: Plin. Nat. hist. 18,75.

55 *Linsen:* eigtl. die heute kaum mehr bekannte Erve oder Lin-
senwicke (Vicia ervilia), eine Hülsenfrucht mit kleinen, linsenähn-
lichen Samen (KlP s. v. Erve), als Kulturpflanze seit der Steinzeit an-
gebaut. Ervenmehl gegen Ausschläge im Gesicht empfiehlt Plin. Nat.
hist. 22,151. Gerste und Erve zusammen empfiehlt Columella 6,24,5
(D. Flach, *Römische Agrargeschichte*, München 1990, *Handbuch der
Altertumswissenschaft* III, 9, 294) als Nahrung für die Mutterkuh
nach dem Kalben sowie zur Mästung von brünstigen Hengsten (Columella 6,27,8; Flach 298). Plinius gibt ein Rezept für Gesichtscreme
aus Samen wilder Rüben und dem Mehl von Erve, Gerste, Weizen,
Lupine: Nat. hist. 20,20.

56 *Pfund:* Die römische *libra* wiegt 327,45 g. Das Pfund wurde in
12 Unzen (zu 27,3 g) geteilt (R. Duncan-Jones, *The economy of the
Roman empire*, Cambridge 1982, passim).

58 *schartig:* Mühlsteine waren auf den gegenüberliegenden Seiten
wie mit Zähnen gerillt (Sen. Ep. 90,23; LAW s. v. Brot; KlP s. v.
Mühle), s. V. 72. – *störrisch: lentus* (nicht «langsam» Go.), nicht situa-
tionsbezogen, sondern *epitheton ornans* (schmückendes Beiwort)
wie danach «zählebig» für den Hirsch.

59 *zählebig (vivax):* Topos, wie Verg. Ecl. 7,30 (hier und bei Vergil meist falsch mit «schnell» übersetzt: Go. von Marnitz). Die Ansicht war verbreitet. Nach Plin. Nat. hist. 8,119 können Hirsche bis
100 Jahre alt werden; so schon Arist. Hist. an. 6,29,578b 23.

60 *As:* eigtl. «von einem vollständigen As». Das As ist gleichbe-
deutend mit dem Pfund. – *Sechstel:* 2 Unzen (55 g), geläufige Ge-
wichtseinheit, die als Sextans bezeichnet wurde.

62 *feinlöchriges Sieb:* eigtl. «unzählige Löcher», s. V. 89.

63 *Narzissen:* mit Honig von Plin. Nat. hist. 21,129 bei Verbren-
nungen, Wunden und Verrenkungen empfohlen.

64 *Marmorgefäß:* Mörser.

65–66 *Gummi:* griech. *kommi,* lat. meist *cummi;* Baumharz der
Nilakazie, beliebtes Arzneimittel, s. V. 87. – *wiegen (trahat):* wört-

lich «einnehmen, umfassen» (OLD traho 2c). – *Sechstel:* Sextans, wie
V. 60, d. h. je eine Unze Gummi und Dinkel. – *tuscischer Dinkel:* Dinkel aus Etrurien ergab besonders weißes Mehl. – *neunmal:* 18 Unzen
= 1,5 Pfund.

69–82 Mittel gegen Flecken

69–82 *Flecken:* Pickel, Sommersprossen, Narben oder Aus-
schläge. – Zutaten des Rezeptes: je 6 Pf. Lupinen und Bohnen, 1 Unze
Gemisch von Bleiweiß, Natron und Iris, ¹/₂ Unze Alcyoneum,
Honig als Bindemittel.

69 *Lupinen:* verbreitete Nutzpflanze, von Theophrast behandelt,
danach Plin. Nat. hist. 18,133–136; 22,154, der sie gegen Jucken,
Sommersprossen, Narben und Pusteln empfiehlt. Als Zutat zu Gesichtscreme s. V. 55.

72 *Mühlstein:* als am geeignetsten galt schwarzes vulkanisches
Gestein.

73 *Bleiweiß (cerussa):* Bleikarbonat, beliebtes (nicht ungiftiges)
Schönheitsmittel, das bis in jüngste Zeit u.a. zum Schminken diente.
Plinius (Nat. hist. 34,176) gibt sechs Heilmittel aus Bleiweiß zur Behandlung von Geschwüren, als Wundpflaster usw. (nach Dioskurides, Mat. med. 5,103, und Celsus, Med. 5,19,27) und als weiße
Schminke, die als besonders schön galt – «weißer als mit Bleiweiß ge-
schminkte Haut» (Mart. 7,25,2; 2,41,12). – *rötliches Natron:* alkali-
sche Mittel, meist Soda und Pottasche (ausführlich Plin. Nat. hist.
31,106–122, nach Theophrast). Natronschaum gilt als beste Qualität
(31,110); besonders gelobt wurde der zerbechliche purpurrote, lydi-
sche (31,112). Gegen Ausschläge im Gesicht hilft ein Gemisch von
Natron, Honig und Kuhmilch (31,120).

74 *Iris:* Als «Veilchenwurzel» wurde die Knolle der Schwertlilie
zum Teil bis in jüngste Zeit in der Kosmetik verwendet. Für Salben
und Heilmittel am meisten geschätzt war die illyrische Iris, wie auch
Plin. Nat. hist. 13,14; 21,40 hervorhebt.

77 *zwitschernd:* eigtl. die Vögel (Verschiebung des Adjektivs: Enallage).

78 *Eisvogelschwamm (alcyoneum):* Ein auf der Meeresoberfläche treibender Schwamm, der einem Vogelnest ähnelt, wurde irrtümlich als Nest des auf dem Meer brütenden Eisvogel gedeutet und schon von Hippokrates (*Gynaikeia* 1,106) als Heilmittel empfohlen. Celsus, Med. 5,28,19, empfiehlt eine ähnliche Mischung aus Weihrauch, Eisvogelnest, Gerste und Bohnen, vgl. Plin. Nat. hist. 32,86. – Die Verwandlung von Ceyx und Alcyone in Eisvögel (griech. *halkyónes*) erzählt Ovid ausführlich in Met. 11,410–748.

82 *attische Wabe:* Der Honig vom attischen Hymettos-Gebirge galt mit dem vom sizilischen Hybla als der beste.

83–98 Mittel zur Entfernung von Schminke

83–98 Wozu die hier empfohlenen Mittel – es sind zwei (so richtig Hertzberg) – dienen, hängt von der Lesart in V. 98 ab: Entfernung von Schminke (nullus *M Ke. vM.*) oder Grundlage, auf der die Schminke haftet (multus *recc. Go.*). Man müßte das ausprobieren, doch deutet der Zusammenhang eher auf Säuberung der Haut, d. h. auf Verwendung als sog. Gesichtsmaske. Zutaten des ersten Rezepts: 4 Unzen Weihrauch, 4 Unzen Soda, 3 Unzen Gummi, 1 Würfel Myrrhe, Honig als Bindemittel; des zweiten Rezepts: 5 Gramm Fenchel, 9 Gramm Myrrhe, 1 Handvoll trockene Rosenblätter, männlicher Weihrauch, Ammoniumsalz, Gerstenschleim als Bindemittel.

85 *Soda:* Die meisten Editionen verstehen unter *nitrum* entgegen dem Wortgebrauch bei Plinius nicht harmlose Soda, sondern das scharfe Silbernitrat (Höllenstein) zur Entfernung von Warzen (*tubera* statt *corpora*, *rodenti* statt *radenti*). Dagegen sprechen deutlich die Gewichtsangaben.

86 *ein Drittel Pfund:* 4 Unzen (82 g).

87 *Gummi:* Der beste Gummi wurde vom ägyptischen Schoten-

dorn oder Dornbusch, Acacia arabica, durch Anschneiden der Rinde (meist falsch übersetzt mit «ohne Rinde» u. ä.) gewonnen und kostete 3 Denare je Pfund (Plin. Nat. hist. 13,63.65–66), die angegebene Menge also 3 Sesterzen, s. V. 65. – *um ein Viertel gekürzt:* drei Viertel des zuvor genannten Gewichts, also 3 Unzen oder ¹/₄ Pfund.

88 *Myrrhe:* Das Harz des Myrrhenbaums ist eine ölige Substanz, aus der u. a. aromatisches Öl für die Herstellung von Parfums gewonnen wurde («ölig» ist demnach nur schmückendes Beiwort, s. V. 58). Beschreibung des Baumes und der Produkte bei Theophrast (Hist. plant. 9,4,2–9), Dioskurides (Mat. med. 1,77) und Plinius (Nat. hist. 12,66–71). Die Preise schwankten je nach Qualität (3–50 Denare je Pfund). Das teure Produkt wurde nur in kleinen Mengen, offenbar würfelförmig, vertrieben. Mit Gold und Weihrauch gehört Myrrhe zu den legendären Gaben der drei Magier aus dem Morgenland (Matth. 2,11) und wird oft im Alten Testament mit Weihrauch erwähnt (s. König, zu Plin. Nat. hist. 12,68).

91–92 *Fenchel (marathus):* Fenchelwurzel mit Wachs entfernt blaue Flecken (Plin. Nat. hist. 20,256). – *Gramm:* Der lat. *scrupulus* oder *scripulus* (¹/₂₄ Unze oder ¹/₂₈₈ Pfund) wiegt 1,137 g.

94 *Weihrauch der männlichen Art:* Die betreffende Sorte fällt in runden, hodenähnlichen Tropfen an. Von Vergil, Ecl. 8,65, erwähnt (meist mißverstanden als «würzig» u. ä.), beschrieben bei Theophrast (Hist. plant. 9,4,10), Dioskurides (Mat. med. 1,81) und Plinius, Nat. hist. 12,61. Über Gewinnung, Transport und Preise von Weihrauch (3–6 Denare je Pfund) ausführlich Plin. Nat. hist. 12,51–65. Weihrauch als Heilmittel, s. zu V. 78. – *ammonisches Salz:* keines der bekannten Ammoniumsalze (Salmiak u. ä.), sondern ein für medizinische Zwecke empfohlenes Natursalz aus der libyschen Wüste, das in der Nähe der Oase Siwa gewonnen wurde, wo der Tempel des Zeus Ammon stand; nach Dioskurides (Mat. med. 5,109) wirkt es adstringierend und reinigend.

96 *Gewicht:* Weihrauch und Salz sollen zusammen so viel wiegen wie eine Handvoll getrockneter Rosenblätter, also sehr wenig.

99–100 *Mittel für ...*

100 *Mohn:* Für Ausschläge ist Hornmohn zu verwenden (Plin. Nat. hist. 20,206). Plinius (Nat. hist. 19,167–169; 20,198–206) beschreibt die verschiedenen Arten von Mohn, die Gewinnung des Opiumsaftes (ältester Beleg für das Wort) und die medizinische Verwendung (Kopf-, Ohrenschmerzen, Gicht, Verwundungen, Unterleibsleiden); vgl. Diosc. Mat. med. 4,66. Wilder Mohn, in Honig gekocht, beseitigt Halsschmerzen: Plin. Nat. hist. 18,229.

HALIEUTICA – FISCHFANG

Einführung

Titel

Der Titel von Ovids Werk über Fischfang lautet in der einzigen erhaltenen Handschrift, entsprechend einem Einschub über die Jagd, *Über Fische und wilde Tiere (De piscibus et feris)*, doch gibt man gewöhnlich dem Zeugnis des älteren PLINIUS in der *Naturalis historia* den Vorzug, aus dem sich der Titel *Halieutica*, also *Fischfang* oder *Fischereikunde* oder *Meeresfischerei*, gewinnen läßt (seine Formulierung ließe jedoch auch *Halieutikón* oder *Halieutikós* zu). Was damals erhalten und veröffentlicht war, umfaßte nicht mehr als ein Buch (*volumen Halieuticon*).

Autor

Die Autorschaft Ovids wurde für die *Halieutica*, vor allem wegen dichterischer Mängel (fehlender Zusammenhang, mangelhafte Formulierung u. ä.), verschiedentlich bestritten, doch nicht deren antike Entstehung (Birt datierte «nicht vor Nero, nicht nach Vespasian»; an Prosodie und Metrik nahmen Housman u. a. Anstoß), während andere jeden Zweifel an der Echtheit ausschlossen (Schanz-Hosius; für Echtheit auch Owen; Kraus 1968, 150; Capponi). Das Werk ist zweifellos nicht fertig geworden und trägt darum den Charakter eines «Entwurfs, der trotz seiner Vorläufigkeit an manchen Stellen die alte Meisterschaft erkennen läßt» (Schetter, in: Fuhrmann 1974, 109), es ist zudem nicht nur schlecht, sondern auch lückenhaft überliefert. Sollte der Text von Ovid stammen, war es gewiß keine seiner Glanzleistungen.

Zeugnisse

Von großer Wichtigkeit für die verlorenen Teile der *Halieutica* sind die beiden ausführlichen Auszüge, die Plinius Buch 32 übermit-

telt, und seine Angaben über die Entstehungszeit im Exil am Schwarzen Meer. Bewundernswert sei, was Ovid an Fischsorten in jenem
Band vorgelegt habe. Verschiedene Fischnamen finde man nur bei
Ovid, da sie offenbar nur im Schwarzen Meer vorkämen. Dort habe
Ovid das Werk in seinen letzten Lebensjahren «begonnen», doch
konnte er es, wie man aus dieser Formulierung schließen kann, nie
fertigstellen. Aus diesen Auszügen geht allerdings nicht hervor, ob
Plinius noch mehr vorlag, als wir heute besitzen, und ob das, was erhalten ist, tatsächlich jener Text Ovids ist. Auffällig ist immerhin, daß
die Auszüge auch in der Abfolge der Fischnamen ziemlich genau
dem Anfangs- und Schlußteil des ovidischen oder pseudo-ovidischen Textes entsprechen (s. Tabelle). Indessen scheint Plinius die
Halieutica an weiteren Stellen benutzt zu haben, an denen die Quelle
nicht ausdrücklich genannt ist, da er Ovid als Quellenautor auch für
Buch 31 (Heilmittel aus Wassertieren, wie Buch 32) verzeichnet, hier
allerdings nur im Zusammenhang mit der Herstellung von Fischlake
(*garum*; 31,93–95).

Quellen und Gattung

Die Gattung des Lehrgedichts war im Hellenismus besonders beliebt, und ihr gehört das Gedichtfragment über Fischfang an. Wie bei
Lehrgedichten üblich, ging Ovid nicht nur von eigenen Kenntnissen
aus, sondern stellte sich in die Tradition der Gattung der Lehrgedichte. Für Fischkunde stand an sich eine reiche Fachliteratur zur
Verfügung. Die in den *Halieutica* genannten Namen sind demgemäß
sämtlich bei anderen, vor allem griechischen Autoren erwähnt, die
ihrerseits später von Plinius benutzt wurden. Handbücher und Lehr-
bücher werden Ovid im Exil aber kaum zur Verfügung gestanden haben, eher noch poetische Vorbilder. Erhalten sind nur spätere Werke
dieser Art, doch hatte Ovid sicher hellenistische Vorbilder vor Augen, die ihrerseits auf den naturwissenschaftlichen Schriften des Aristoteles und seiner Schule basieren. So findet sich z. B. bei ARISTO-

TELES (Hist. anim. 600a 3 ff.) eine Passage über Fischfang am kimmerischen Bosporus (Krim), bei THEOPHRAST (fr. 171) Stellen über pontische Fische. Aus hellenistischer Zeit ist ein verlorenes Prosawerk über Fische und Fischfang von einem LEONIDAS AUS BYZANZ bezeugt (um 100 v. Chr.). Nachweisbare Parallelen, die auf gemeinsame Quellen schließen lassen (Schanz-Hosius 251), finden sich in einer Reihe von griechisch verfaßten Werken: in Plutarchs *Geschicklichkeit der Tiere* (um 100 n. Chr.), in den *Halieutika* OPPIANS AUS KORYKOS (um 180 n. Chr.) und in AELIANS etwa gleichzeitiger Abhandlung *Über die Eigenart der Tiere* (Περὶ ζῴων ἰδιότητος). Am ehesten vergleichbar ist OPPIANS «episches», fünf Bücher umfassendes Lehrgedicht in Hexametern kallimacheischer Technik, ein Hinweis darauf, daß Ovids literarische Quellen auch hier, wie in den *Phaenomena* (s. Fr. 6), im Hellenismus zu suchen sind.

Verwandt sind ferner Gedichte über die Jagd, Kynegetika, die ebenfalls auf Fachschriften wie (Pseudo-)XENOPHONS *Kynegetikos* zurückgehen und noch in der späteren Kaiserzeit gepflegt wurden (erhalten: OPPIAN AUS APAMEIA, 4 Bücher *Kynegetika* in Hexametern, griechisch, Kaiser Caracalla gewidmet). Beide Gebiete behandelte im späten 3. Jahrhundert AURELIUS NEMESIANUS in lateinischen Versen, von denen der Anfang der *Cynegetica* erhalten ist. Ovid am nächsten steht sein Zeitgenosse GRATTIUS mit seiner *Jagdkunde (Cynegetica)* in Hexametern, die Ovid in seinem Katalog der Dichterfreunde (Pont. 4,16,34) lobend erwähnt und deren erhaltener Teil (541 Verse) mit den *Halieutica* zusammen überliefert wurde. Aus diesem Bereich stammt die Einlage über die Jagd (V. 49–81), die den Verteidigungsmaßnahmen der Meerestiere die der Landtiere gegenüberstellt (V. 82 bildet einen hilflosen Übergang).

Metrik

Aufgrund metrischer Besonderheiten (Saint-Denis 21–24) versuchte man den Text Ovid abzusprechen. Auffällig ist vielmehr die

Regelmäßigkeit, mit der die Verse gebaut sind: Von den 129 vollständigen Hexametern weisen 104 Zäsur nach der 3. Hebung auf (80%;
sonst nach der 2. und 4.); zwei Verse sind etwas außergewöhnlich gebaut (V. 42: homerische Zäsur, 104 nur Hephthemimeres; Capponi
1,117 f. glaubte lauter doppelte und dreifache Zäsuren zu hören).
Prosodie, s. V. 12.118.120 (zu Unrecht von Richmond 1981, 2754 be-
anstandet).

Ausgaben, Kommentare, Übersetzungen

Owen, S. G., Ovidi Nasonis Trist. Ib. Pont. Hal. Fr., Oxford 1915.

Lenz, F. W., Ovidii Nasonis Halieutica, Fragmenta, Nux. Incerti
Consolatio ad Liviam, Turin ²1956, 1–46 (Krit. Ausg.).

Richmond, J. A., The Halieutica ascribed to Ovid, London 1962
(Krit. Ausg., Komm.).

Capponi, F., Ovidii Nasonis Halieuticon, 2 Bde., Leiden 1972,
(lat./ital., Krit. Ausg., Komm.).

Mozley, J. H. / Goold, G. P., Ovid, Bd. 2. Cambridge (Mass.)
1929/1979, 310–321 (lat./engl.).

Ripert, E., Ovide, Les Tristes, Les Pontiques, Ibis, Le Noyer,
Halieutiques, Paris 1937, 462–469 (lat./frz.).

Saint-Denis, E. de., Ovide, Halieutiques, Paris 1975 (lat./franz.,
Komm.).

Della Corte, F. / Fasce, S., Ovidio, Opere, Bd. 2, Turin 1986, 611–625
(lat./ital.).

Berg, A., Ovid, Werke, Bd. 20, Berlin 1855 ff., 118–123 (deutsch).

Literatur

Th. Birt, De Halieuticis Ovidio poetae falso adscriptis, Berlin 1878. –
A. E. Housman, *Classical Quarterly* 1, 1907, 275. – S. Owen, *Clas-*

sical Quarterly 8, 1914, 267. – Schanz-Hosius 2, 251 f. – LAW
971–974 s. v. Fische. – A. Lesky, *Geschichte der griechischen Literatur*, Bern 1971, 695.910.953. – Richmond 1981, 2746–59. – Plinius,
Buch 32, lat./deutsch, hg. von König/Hopp/Glöckler, München/
Zürich 1996.

Text

Die Textüberlieferung beruht auf einem einzigen Codex, Vindobonensis 277, 9. Jh. (A), der auch die *Cynegetica* des Grattius enthält
(Facsimile der *Halieutica: Capponi 1, tav. I–VII*). Der Codex wurde
erst um 1501 von Azzo Sannazaro in Frankreich entdeckt und gelangte deshalb erst spät in das Corpus der ovidischen Schriften.

Editio princeps: Georg von Logau, bei Aldus, Venedig 1534.

Lesarten (Abweichungen von Goold, ohne dessen Ergänzungen):
17 ita tandem *Heinsius:* citatim *Richmond* – 18 liber *Heinsius:* tutor
Owen – 40 ferentes *A:* furentem *Skutsch* – 46 tergi *Heinsius:* tergo
codd. – 61 et ruit *Vlitius:* se ruit *Heinsius* – 73 conquassat *Haupt:*
compescit *Riese* – 75 quae *Logau:* quin *codd.* – 96 helops *A cf. Plin.
32, 153:* elops *edd.* – 118 laetantur *Vlitius :* lux- *Goold:* lax- *codd.* –
126 epodes *edd. vett.:* lepores *codd.*

Erläuterungen

Inhalt: Sieben Fischarten und deren geschickte Abwehrmaßnahmen
gegen Fischfang (1–48), Jagd auf Tiere im Wald (49–81), Ratschläge
für Fischer (82–93) und ein nach Fangorten, Tiefsee (94–117) oder
Küste (118–134), geordneter Fischkatalog. Insgesamt sind 56 Arten
verzeichnet, wovon Plinius 23 erwähnt; ein großer Teil dieser Fische
konnte identifiziert werden (besonders genau bei Capponi und

Saint-Denis), die übrigen haben meist sprechende Namen, die hier so übersetzt sind, wie sie der antike Leser auch ohne ichthyologische Fachkenntnisse verstehen konnte.

1–48 *Waffen der Meerestiere*

1 Der Anfang ist nicht erhalten. Im zweiten Teil des Verses ist als Subjekt Gott oder die Natur zu ergänzen.

12 *obnixa:* seltene Elision einer ausgehenden Länge, woran Housman Anstoß nahm, s. V. 118 (Ausnahmen bei Ovid: Platnauer 75).

31 *Farbe:* Der Farbwechsel der Polypen ist beschrieben bei Theognis 215 und Antipatros von Thessalonike, *Anthologia Palatina* 9,10.

42 Zur Metrik: Zäsur «nach dem dritten Trochaeus» selten, aber für Ovid belegt (Her. 7,27).

46 *Glanzfisch (anthias):* eine nicht identifizierte Fischart mit scharfer Rückenflosse, von platter Form und beträchtlicher Grösse (Plin. Nat. hist. 9,153).

49–81 *Waffen der Landtiere*

66 *Darin:* in der Schnelligkeit des Laufens.

74 *Rüstung:* Als besonders glanzvolle Leistung gilt, wenn der römische Feldherr vom Feldherrn des Gegners die Rüstung persönlich erbeutet (*spolia opima*).

75 *Dies:* die Schnelligkeit, wie V. 66.

82–93 *Ratschläge für Fischer*

82 *Unsere Arbeit:* die Arbeit der Fischer. Der Text war demnach als Rollentext eines erfahrenen Fischers abgefaßt.

94–117 *Tiefseefische*

96 Wörtliches Zitat bei Plinius: *nostris incognitus undis.*

112 *Bockfisch (tragus):* Bezeichnung für die Sprotte (V. 120) zur Laichzeit.

113 *Sägebarsch (perca):* nicht der Flußbarsch, sondern nach Plin. Nat. hist. 9,57 ein Meerfisch gleichen Namens.

118–134 Küstenfische

118 *contra:* seltene Elision einer ausgehenden Länge, s. V. 12.

120 *Sprotte (maena):* Als «Bockfisch» bereits erwähnt (V. 112). – *Lamyrus (lamirus):* weder identifiziert noch als Name übersetzbar, obschon auch in griechischen Quellen erwähnt. – Prosodie: kurzes *-que* vor *sm-* normal, vgl. Ov. Am. 2,6,21 (Platnauer 62).

126 *Epoden (?):* unbekannte Fischart, wohl Textverderbnis hier und bei Plinius.

Tabelle der Fischarten

Nicht identifizierte Fische sind mit * bezeichnet und ihre Namen sinngemäß wiedergegeben.

Halieutica			*Plinius, Buch 32*
9–18.119	scarus	Papageifisch	11
19–22	sepia	Tintenfisch	–
23–26.39–42.112	lupus	Seebarsch	11.13
27–30.43–45.114	muraena	Muräne	12.13
34–37	polypus	Polyp	12
38–39	mugil	Meeräsche	12
46–48	anthias	Glanzfisch*	13
94	scomber	Makrele	–
94	bos	Hornrochen	152
95	hippurus	Roßschwanz*	–
95	milvus	Seeweih*	–
96	helops	Sterlet	153

97	*xiphias*	Schwertfisch	–
98	*thynnus*	Thunfisch	–
99	*echenais*	Igelfisch*	–
101	*pompilus*	Pilotfisch	153
102	*cercyros*	Schwanzfisch*	152
103	*cantharus*	Schwarzbrasse	–
104	*orphos*	Schwarzfisch*	152
104	*erythinus*	Rotbrasse	152
105	*sargus*	Hornhecht	–
105	*iulis, iulus*	Meerjunker	152
106	*sparulus*	Brasse	–
107	*phager*	Rotbrasse	–
107	*synodus*	Zahnfisch*	–
108	*channe*	Zackenbarsch	153
109	*saxatilis*	Felsenfisch*	–
110	*faber*	Sonnenfisch	–
110	*mormyr*	Marmorbrasse	152
111	*chrysophrys*	Goldbrasse	152
111	*umbra*	Schattenfisch	–
112	*perca*	Sägebarsch	152
112	*tragus*	Bockfisch*	152
113	*melanurus*	Brandbrasse	152
114	*merula*	Meeramsel	–
115	*conger*	Meeraal	–
116	*scorpios*	Seeskorpion*	–
117	*glaucus*	Blaufisch*	153
120	*maena*	Sprotte	–
120	*lamirus*	Lamyrus	–
120	*smaris*	Laxierfisch	–
121	*chromis*	Mönchsfisch	153
121	*salpa*	Goldstrieme	–
122	*phycis*	Lippfisch	–

123	*mullus*	Meerbarbe	–
124	*solea*	Scholle	–
125	*passer*	Seespatz*	–
125	*rhombus*	Steinbutt	–
126	*epodes*	Epoden (?)*	152
126	*rana*	Seeteufel	–
130	*gobius*	Gründling	–
132	*lolligo*	Tintenfisch	–
132	*sus*	Meerschwein*	–
132	*caris*	Krabbe	–
133	*asellus*	Meeresel*	–
134	*acipenser*	Stör	153

FRAGMENTE UND ZEUGNISSE VERLORENER WERKE

Einführung

Zahlreiche Werke Ovids sind nicht erhalten geblieben, haben aber in seinem eigenen Werk und in Zeugnissen anderer Autoren Spuren hinterlassen. Die bald klaren Hinweise, bald versteckten Andeutungen und Querverweise in Ovids eigenem Werk sind ungewöhnlich zahlreich, und sie häufen sich in den späten Werken. Nicht immer leicht ist zu entscheiden, wie weit es sich um poetologische Topoi handelt, wie wir sie auch von anderen Autoren, etwa aus den beiden *Panegyrici Messallae* (Pan. Mess. 1,18–23; 2,55–59), kennen – den Versager-Topos, den Verweigerungs-Topos –, doch sollte man diese Anspielungen auch nicht unbedacht beiseite schieben. Besonders hingewiesen sei deshalb auf Fr. 2 (Gigantomachie), 8 (Acta Caesaris) und 10 (Germanentriumph), aber auch auf die vernachlässigte Prosarede, die der ältere Seneca aufgezeichnet hat (Fr. 1). Wir gewinnen so ein reicheres Bild von Ovids Dichterpersönlichkeit.

Die Fragmente sind am vollständigsten gesammelt und mit Testimonia zusammengestellt bei Lenz, die Gedichtfragmente übersichtlich besprochen bei Schanz-Hosius (2, 252–254; zit. als: Sch.-H.), neu ediert von Courtney mit knappem Kommentar und von Blänsdorf. Wir legen im folgenden mit den Fragmenten jeweils auch die Zeugnisse zu den einzelnen Werken vor und den Kontext, in dem ein Bruchstück aus einem verlorenen Werk zitiert wird, denn vielfach erhalten wir daraus Aufschlüsse, die mehr aussagen als das Fragment selbst: Die Reduzierung auf den «echten» Text verstümmelt gleichsam das Fragment nochmals. Der Verzicht auf Testimonia beraubt uns z. B. der Nachricht über Ovids Versuche in getischer Sprache.

Die Texte sind in der Art eines Werkkatalogs nach Möglichkeit chronologisch angeordnet. Ihre Einordnung in das Gesamtwerk ist aus der Zeittafel ersichtlich.

Ausgaben, Kommentare, Übersetzungen

Owen, S. G., Ovidi Nasonis Trist. Ib. Pont. Hal. Fr., Oxford 1915 (zit. als Ow.)

Lenz, F. W., Ovidii Nasonis Halieutica, Fragmenta, Nux. Incerti Consolatio ad Liviam, Turin ²1956, 47–71 (zit. als: Lz.)

Büchner, K., Fragmenta poetarum Latinorum epicorum et lyricorum, Stuttgart ²1982, 144–147 (zit. als: Bü.)

Dahlmann, H., Zu Fragmenten römischer Dichter III, Abh. Akad. Mainz 1987/6, 1–31 (Komm. Fr. 6.1–2, 4.1–2, 4.4–5, 16.1–5).

Courtney, E., The fragmentary Latin Poets, Oxford 1993, 308–314 (Komm.; zit. als: Co.)

Blänsdorf, J., Fragmenta poetarum Latinorum epicorum et lyricorum, Stuttgart ³1995, 283–290 (zit. als: Bl.; T1 usw. bezieht sich auf die S. 284 aufgeführten Testimonia in der dortigen Reihenfolge; das «neue» Fr. 18 ist Ov. Ars 3,200).

Konkordanz

Tusculum	Bl. 1995	Co. 1993	Bü. 1982	Lz. 1956	Sch.-H. 1935	Ow. 1915
1	–	–	–	B19 p. 62	–	17
2	T1	–	–	D1 p. 67	1	app.
3.1	–	–	–	B1 p. 52	2	1
3.2	–	–	–	B2 p. 53	2	2
3.3	T4	–	–	A7 p. 51	2	–
3.4	T3	–	–	A8 p. 52	2	–
3.5	–	–	–	A1 p. 49	–	–
3.6	–	–	–	A2–3 p. 49	–	–
3.7	–	–	–	A4/1 p. 49	–	–
3.8	T2	–	–	A4/2 p. 49	2	–
4.1	3	3	3	B5 p. 57	4	3

4.2	4	4	4	B6 p. 57	4	4
4.3	17 dub.	15	–	B7 p. 57	4	–
4.4	5	5	5	B10 p. 59	4	5
4.5	6	6 fals.	6	B11 p. 59	4	13
4.6–7	4a	16	–	B8 p. 58	4	8
5	T11	14	–	B9 p. 58	5	app.
6.1	1	1	1	B3 p. 55	7	6
6.2	2	2	2	B4 p. 55	7	7
6.3	15 dub.	app. dub.	15 dub.	Dub1 p. 70	–	20 dub.
7	T5	–	–	D2 p. 67	3	–
8.1–2	–	–	–	–	–	app.
9.1	–	–	–	–	–	–
9.2	–	–	–	–	–	app.
9.3	–	–	–	D4 p. 68	8	app.
10	T7	–	–	–	–	–
11	T6	–	–	D3 p. 68	6	app.
12.1	T8	–	–	D5 p. 68	9	app.
12.2	–	–	–	D5 p. 68	–	–
12.3	T9	–	–	D5 p. 68	9	app.
13	T10	–	–	D6 p. 69	10	app.
14	–		–	B18a p. 61	–	12a
15.1–7	–	–	–	–	–	–
15.8	16 dub.	–	16 dub.	Dub1 p. 69	–	19 dub.
15.9 dub.	–	–	–	–	–	–
16.1	7	7	7	B12 p. 60	–	9
16.2	8	8	8	B13 p. 60	–	14
16.3	9	9	9	B14 p. 60	–	15
16.4	10	10 dub.	10	B15 p. 60	–	11
16.5	11	11	11	B16 p. 60	4	16
16.6	12	12 dub.	12	B17 p. 61	–	10
16.7	13	13 dub.	13	B18 p. 61	–	12
16.8–9	–	–	–	B18a p. 61	–	12a

17.1 dub.	14 dub.	app. dub.	14 dub.	Dub2 p. 70	–	18 dub.
17.2 dub.	–	app. dub.	–	Dub3 p. 71	–	–
17.3 dub.	–	–	–	p. 61 app.	–	–

Erläuterungen

I VORTRÄGE

Seneca, Contr. 2,2,8–12 (17 Ow., B19 p. 62 Lz)

Auf Bitten seiner drei Söhne zeichnet SENECA (um 55 v. Chr. – 39 n. Chr.) weitgehend aus der Erinnerung, wenn auch kaum ohne Notizen, in vorgerücktem Alter die Diskussionen und Vorträge auf, die er im Betrieb der Rhetorenschule in Rom miterlebt hat. Die Aufzeichnungen waren erst nach dem Tod des Kaisers Tiberius (37 n. Chr.), über den einige freimütige Äußerungen fallen, abgeschlossen, als Seneca bereits über 90jährig war. Sein phänomenales Gedächtnis schildert er selbst im Vorwort zum ersten Buch der *Controversiae*: «2000 Namen, die man mir vorsagte, konnte ich in der vorgetragenen Reihenfolge wiedergeben ... und in der Schule konnte ich mehr als 200 Verse, die mir einzeln von jedem aufgegeben wurden, rückwärts vom letzten bis zum ersten aufsagen.» Senecas Alterswerk gibt einen unvergleichlichen Einblick in den antiken rhetorischen Hochschulbetrieb, wo sich die prominenten Redner und Rhetoriklehrer trafen, junge Talente entdeckten und schulten. Unter ihnen war auch der junge Ovid, von dem auf diesem Weg ein Vortrag aus seiner Studienzeit erhalten ist, das früheste Zeugnis von seiner Hand, bzw. seiner Zunge (um 25 v. Chr.).

Erfolgreiche Rhetoren brachten es zu enormem Vermögen, wie Tacitus den Marcus Aper in seiner Lobrede auf die Rhetorik berichten läßt (Tac. Dial. 8, verfaßt um 102 n. Chr.): Dank seiner Beredsamkeit brachte MARCELLUS EPRIUS aus Capua 200, CRISPUS VI-

BIUS aus Vercelli 300 Millionen Sesterzen zusammen, eine gleich hohe Summe, wie für den jüngeren Seneca überliefert ist. Als Vergleich diene der erforderliche Zensus für den Senatorenstand, der unter Augustus auf 1,2 Millionen Sesterzen angehoben wurde (Suet. Aug. 41; Cass. Dio 54,17,3), und der Jahressold für Soldaten in der Höhe von 1200 Sesterzen.

In der Rhetorenschule wurden drei Arten von Übungsreden *(declamationes)* mit fingierten Beispielen und in verschiedenen Stilarten geübt:

1. Gelegenheitsrede *(genus demonstrativum)* in pathetischem Stil *(sublime)*: Panegyricus, Festrede.

2. *Suasoria*, Staatsrede *(genus deliberativum)* in mittlerem Stil *(medium)*: historische, politische Stoffe.

3. *Controversia*, Gerichtsrede *(genus iudiciale)* in einfachem Stil *(subtile)*: Rechtsfälle, teilweise mit ethischer Fragestellung.

Die beiden letzten Gattungen sind die Inhalte von Senecas gleichnamigen Werken. Tacitus (Dial. 35,4–5) charakterisiert sie folgendermaßen: «Die Suasorien werden als eindeutig leichtgewichtiger und weniger Klugheit erfordernd den Knaben überlassen, die Controversien den Reiferen zugewiesen.» Wirklichkeitsfremd seien aber beide Übungsformen. Das zeigen Beispiele von Themen aus Senecas *Controversiae*: «Ein junger Mann verjubelt sein Geld, der Vater macht es ihm nach. Der Sohn verklagt den Vater wegen Urteilsunfähigkeit» (Contr. 2,6). Oder: «Ein Mann will sich erhängen, aber ein Passant schneidet den Strick durch. Der Retter wird wegen ungeschriebener Schädigung eingeklagt» (Contr. 5,1). Oder aus den *Suasoriae*: «Agamemnon überlegt, ob er Iphigenie opfern soll» (Suas. 3). Oder: «Cicero überlegt, ob er seine Schriften verbrennen soll, wenn ihm Antonius verspricht, ihn am Leben zu lassen» (Suas. 7). Das Thema, das Ovid behandeln mußte, war kein reiner Rechtsfall, sondern berührte psychologische («ethische») Probleme, was Ovid, wie Seneca (§ 12) betont, ohnehin besser lag, wenn er schon, und auch das

ungern, Rechtsfälle behandeln mußte. Die Charakterisierung Ovids
als geborener Dichter in § 8 erinnert an die bekannte Stelle Trist.
4,10,23–26 «Was ich zu schreiben versuchte, war ein Vers», nachdem
er sich in Prosa (*verba soluta modis*) versucht hat.

Die als anwesend genannten Rhetoren, ARELLIUS FUSCUS,
Ovids Lehrer, und M. PORCIUS LATRO, zählten zur damaligen Prominenz, die Seneca hervorragend zu porträtieren weiß. Latro (um 55
v. Chr. – 4 v. Chr.), den wir hier als bewundertes Vorbild Ovids kennen lernen (s. auch Fr. 4.7), war ein enger Jugendfreund Senecas, der
wie er aus Spanien stammte. Jury und Publikum verfuhren gnädig
mit Ovid und zollten ihm trotz sprunghaften Denkens Beifall (§ 9:
excipere «beklatschen» wie Cic. Sest. 102; OLD 9b).

Datierung

Beträchtlich später als der rhetorische Vortrag aus seiner Jugendzeit ist die im letzten Abschnitt geschilderte Jurierung von Ovids
Versen anzusetzen. Während wir beim Zitat aus den *Amores*, das
Ovid später ohne Hemmungen wieder aufgreift (Trist. 4,7,18: *centi-
manumque Gygen semibovemque virum*), zwischen den beiden
Auflagen zu wählen haben (23 v. Chr. oder 2–8 n. Chr.) gibt die Erwähnung der *Ars amatoria* einen Zeitpunkt nicht vor 1 n. Chr., also
erst nach Latros Tod. ALBINOVANUS PEDO, Ovids Freund, war
selbst ein vielseitiger Dichter, Verfasser von Epen über Theseus
(Pont. 4,10,71), über die Feldzüge des Germanicus an die Nordsee im
Jahr 16 (Sen. Suas. 1,15), über Gestirne (Pont. 4,16,6, s. Fr. 6 *Phaenomena*) sowie von mitunter handfesten Epigrammen, die später von
Martial sehr geschätzt wurden (2,77,5; 5,5,6).

Ausgaben und Text

Seneca the Elder, *Declamations*, ed. M. Winterbottom, 2 Bde.,
Cambridge (Mass.) 1974 (Ausgabe und Übersetzung des schlecht
überlieferten Textes). – Seneca, *Oratorum et rhetorum sententiae, di-*

visiones, colores, ed. L. Håkanson, Leipzig 1989 (textkrit. Ausgabe).
– *Lesarten:* 9 ingeniosius ipso (aliis *suppl. Watt, Håk.*) – quod illam
(*corr. Gertz Wint.:* -um *codd. Håk.*) – 10 quaerit (*Faber:* queritur
codd.) – adprobaveris (*Bursian.:* quasi adprobaturi *codd.*) – tutius
(*Novak:* utius *codd.:* utique *Bursian. Håk.:* ut iure *Müll. Wint.*) –
ament (*B:* -ant *edd.*) – decidimus (*Gron. Wint.:* ce- *codd.*) – si vis (*ed.
Romana 1585:* sibi *codd.*) – 11 displiceas (plac- *codd.*) – 12 et nonnisi (*Wint.:* sed nonnisi *codd.*) – non ut (*Håk.:* non nisi *codd.*) – ex eo
(*suppl. Håk.*).

2 GIGANTOMACHIE

Ov. Am. 2,1,11–16 (T1 Bl., D1 p. 67 Lz.)

Ovid eröffnet das zweite Buch der *Amores* mit einem scherzhaften Rückblick auf seinen Versuch, ein Gigantenepos zu schreiben,
den er, von der Geliebten vor der Tür stehen gelassen, aufgibt, um
sich der Liebesdichtung zuzuwenden. Der Plan eines Epos oder gar
seine Ausführung wird gewöhnlich als Fiktion betrachtet (z. B.
Marg-Harder, Ausg. *Amores,* Zürich 1992, 209; F. Pfister, *Rheinisches
Museum* 70, 1915, 472 f.); dagegen vermutete Owen (Komm. Trist.
II., S. 63 ff.) hinter der *Gigantomachie* Zeitgeschichte und konstru-
ierte aus angeblichen Anspielungen einen umfangreichen Panegyricus auf Augustus. Das Bekenntnis zur «kleinen» Form und die
Abwendung vom «großen» Epos ist jedenfalls ein Topos der hellenistischen Poetik (vgl. Galasso, Komm. Pont. 2, Florenz 1995, zu Pont.
2,25): Kallimachos zieht im Apollonhymnos «die spärliche Quelle
dem schlammigen Euphrat» vor (Hymnus 2,108–113), im Prolog der
Aitia «Demeters nährende Gabe» dem Eichbaum (fr. 1 Pf.). Daran
orientieren sich Ovid und viele andere römische Autoren wie die
Verfasser der beiden Panegyrici auf Messalla.

Ovids Formulierung deutet nicht nur auf das Wagnis des Unternehmens, sondern, was gern übersehen wurde, auch auf sein Gelin-

gen: «Meine Stimme versagte nicht», d. h. sie war den Anforderungen des «hohen» epischen Stils gewachsen. Es waren also mindestens Teile eines solchen Werkes fertiggestellt. Man vergleiche Ovids widersprüchliche Aussagen über seine epischen Pläne (Fr. 8.2). Einen Nachklang der frühen Beschäftigung mit dem homerisierenden Epos darf man auch in den Anfangsversen der *Amores* sehen, wo sich der Dichter von kriegerischen Stoffen und dem «schweren» Versmaß (des Hexameters) distanziert (Fr. 3.7).

Später bekennt sich Ovid durchaus auch zur größeren Form, praktisch in den *Metamorphosen*, die er selber als *maius opus* bezeichnet (Trist. 2,63), theoretisch in den Prologen zu *Fasti* 2 und 4 (2,3: *velis maioribus*; 4,10: *area maior*), in den Tristien als Rechtfertigung gegenüber Augustus (Trist. 2,548: «oft zog ich meinem Schiff großartige Segel auf»), gleichzeitig hält er aber am Topos «klein, aber fein» fest – Trist. 2,327: *tenuis mihi campus aratur* «ich pflüge einen bescheidenen Acker» –, behauptet, einer Gigantomachie als Dichter nicht gewachsen zu sein (Trist. 2,331–334) und beklagt sich in einem Brief an Fabius Maximus bei Amor, er habe ihn am «großen Werk» gehindert (Pont. 3,3,29–40). Es gibt also auch einen Topos der Bescheidenheit, den wir nicht für bare Münze nehmen dürfen. Ein illustratives Beispiel dafür ist das Enkomion auf Messalla im Corpus Tibullianum (Tib. 4,1), in dem der Autor zu Beginn beklagt, dem Stoff nicht gewachsen zu sein, das Gedicht aber trotzdem schreibt! Dasselbe gilt für Ovid selbst: Trotz der Bekräftigung, das Gewicht des Stoffes nicht tragen zu können, verfaßt er ein Triumphgedicht (Pont. 2,5,25–34: Fr. 9.2).

3 MEDEA

3.1 Quint. Inst. 8,5,6 (1 Ow., B1 p. 52 Lz.)
Jambischer Trimeter nach griechischem Muster (3., 7., 11. Element kurz) unter Berücksichtigung der nun auch für Seneca nachge-

wiesenen Brückenregeln (keine Trennung von Doppelkürzen, Wortfuge davor, keine Wortfuge danach, s. B. Häuptli, *Seneca, Medea*, Stuttgart 1993, 100).

Quintilian behandelt bei den Redefiguren die Bildung aus Gegensätzen, die in umschriebener Form wirksamer klingen.

3.2 *Seneca, Suas. 3,5–7 (2 Ow., B2 p. 53 Lz.)*

Anapästischer Dimeter klassischer Form (Zäsur zwischen Metren, letzter Fuß rein). Ausschnitt aus einem monologischen Canticum Medeas. Die Formulierung des erhaltenen Fragments wurde später von Seneca aufgegriffen: Medea 862: *huc fert pedes et illuc* «hierhin und dorthin stürmt sie» (Chor als Begleitung einer Pantomime).

Aus dem Zusammenhang ergibt sich, daß Ovid scherzhaft ein Vergilzitat, das zum Bonmot seines Freundes Gallio geworden war, in die Tragödie eingebaut hat. Die betreffende Stelle ist in Vergils Werken nicht erhalten. Nach einer Vermutung von E. Norden (*Vergil, Aeneis, Buch 6*, Leipzig ²1916) handelt es sich um die Erstfassung der Sibyllen-Passage in Buch 6 der *Aeneis*, jedenfalls war damit eine weibliche Person, die sich in Trance befindet, gemeint. Die Diskussion dreht sich um Fragen des Stils (*ingenium*), bei dem sich die Meinungen polarisieren: Zwei rhetorische Hauptrichtungen stehen einander gegenüber, die schlichte «attische» und die pompöse «asianische».

Lucius Iunius Gallio, Freund des älteren Seneca, galt als bedeutender, aber manierierter Redner. Im Jahr 32 fiel er bei Tiberius in Ungnade (Tac. Ann. 6,3; Cass. Dio 58,18), später adoptierte er den Sohn seines Freundes, Novatus, den Bruder des jüngeren Seneca. Die Freundschaft mit Ovid dauerte auch noch im Exil an: In Pont. 4,11 kondoliert ihm Ovid zum Tod seiner Gattin. – Der spätere Kaiser Tiberius (geb. 42 v. Chr.) war schon in seiner Jugendzeit (Suet. Tib. 57,1) Schüler des berühmten Rhetors Theodoros von Gadara

gewesen und hielt sich 6 v. Chr. – 2 n. Chr. wieder in Rhodos auf.
Theodoros war ein Vertreter des schlichten Redestils, des sog. Atti-
zismus – *Bene dicere, id est Attice dicere*, sagt Cicero (*De optimo genere oratorum*, 3; s. Pan. Mess. 2,14). Die pathetische, schwülstige
Richtung, der sog. Asianismus, ist hier durch NICETES, den «hitzi-
gen» oder in Gallios Bonmot «gotterfüllten» Redner, vertreten, der
die Griechen mit seinem Pathos (*impetus*) beeindruckt, womit Tiberius aber nichts anfangen kann. Zur gleichen Richtung zählte auch
QUINTUS HATERIUS AGRIPPA, ein berühmter Redner, der für seine
schnelle, aber wenig disponierte Vortragsweise bekannt war. Seine
Stärke, sagt Tacitus (Ann. 4,61), lag mehr im Pathos (*impetus*, wie
Seneca über Nicetes) als in der Sorgfalt (*cura*). Beim Amtsantritt des
Tiberius fiel er beinahe dessen Haß zum Opfer (Tac. Ann. 1,13). Gallios Urteil über seinen schwülstigen Stil stimmt mit dem des Tacitus
überein.

Datierung: Das hier wiedergegebene Gespräch fand noch zu Lebzeiten von Augustus († 14 n. Chr.) und Messalla († 13 n. Chr., s. Fr.
11) statt, als Tiberius noch nicht Kaiser war, wohl auch vor dem erwähnten zweiten Studienaufenthalt des Tiberius in Rhodos. Aus
chronologischen Gründen ist deshalb in der Bemerkung über den
Stil des Haterius die Textvariante *erit* (§ 7, statt *erat*) zwingend:
Haterius, dessen Tod sonst vorausgesetzt wäre, starb erst im Jahr 26
(Tac. Ann. 4,61).

3.3 Tac. Dial. 12,6 (T4 Bl., A7 p. 51 Lz.)
Lobrede des Tragödiendichters Maternus auf den Ruhm der
Tragödiendichter gegenüber dem der Redner. Der Vergleich bezieht
sich auf publizierte Reden (*liber*). C. ASINIUS POLLIO (76 v. Chr. –
5 n. Chr.), Parteigänger Caesars, dann des Antonius, zog sich unter
Augustus vom politischen Leben zurück und widmete sich ganz der
Literatur (er schrieb auch Tragödien und Gedichte), Rhetorik und
Wissenschaft. Er förderte Catull, Horaz, Vergil (Widmung der

4. Ekloge). Zu *Messalla* s. Fr. 11. L. VARIUS RUFUS, befreundet mit Horaz und Vergil, nach dessen Tod Herausgeber der *Aeneis*, wurde mit dem 29 v. Chr. zum Sieg von Actium aufgeführten *Thyestes* berühmt (Quint. Inst. 10,1,98).

3.4 *Quint. Inst. 10,1,98 (T3 Bl., A8 p. 52 Lz.)*

Ovids Neigung zu Manierismen s. Fr. 1; die Verspieltheit ist nach-fühlbar in Fr. 3.2. Den Stolz auf seine eigenen Fehler hat er selbst in Pont. 4,13,13 f. ausgedrückt: «Auch meine Muse, ertappt am eigenen Tonfall, ist wohl dank ihren eigenen Fehlern unverkennbar.»

3.5 *Ov. Am. 2,18,13–14 (A1 p. 49 Lz.)*

Rückblende auf die Tragödiendichtung, von der sich Ovid, nach-dem er damit bereits Erfolg gehabt hat, jetzt wieder abwendet, zu *Ars amatoria* und der ersten Fassung der *Heroides*, wie die folgenden Verse zeigen. Das Gedicht 2,18 gehört also in die 2. Auflage der *Amo-res* und vor die zweite Ausgabe der dann als *Epistulae* bezeichneten *Heroides*.

3.6 *Ov. Am. 3,1,29–30 (A2 p. 49 Lz.);*
63–64 (Marg/Harder 209); 67–70 (A3 p. 49 Lz.)

Die beiden Göttinnen *Elegeia* und *Tragoedia*, diese mit den At-tributen des Königs, dessen Milieu die Tragödienstoffe gewöhnlich entnommen sind (so noch Scaliger im 16. Jh.), und der Tragödie (dem *Kothurn*, der in V. 14 als hochgeschnürter Stelzschuh beschrieben ist), suchen den Dichter in einer Tropfsteingrotte auf und führen ein Streitgespräch über die beiden von ihnen vertretenen Gattungen, wobei jede den Dichter auf ihre Seite zu ziehen versucht. Tragoedia, die sich als Römerin vorstellt, fordert ihn auf, ihr zu Ruhm zu ver-helfen, attestiert ihm die Fähigkeit, auch die Gesetze ihrer Gattung zu erfüllen, verleiht ihm ihre Attribute und berührt seine Lippen. Die vermittelnde Lösung besteht darin, daß der Dichter für die aufwendigere Tragödie noch um Aufschub bittet, bis er die «zärtlichen» *Amores* vollendet hat, was ihm Tragoedia zugesteht. Das Schlußgedicht des 3. Buches greift diesen Gedanken wieder auf.

3.7 *Ov. Am. 3,15,17–19 (A4/1 p. 49 Lz)*

Zum Abschluß der *Amores* die Ankündigung eines Werkes in schwererem, ernsterem, gravitätischerem Stil, für das es «große Pferde auf größerem Felde» braucht: Bildtopoi für Epos und Tragödie, die in ihrem Charakter seit Aristoteles (*Poetik*, bes. Kap. 24) als zusammengehörig gelten. Die Schlußzeilen sind das Gegenstück zu den Eröffnungsversen der *Amores*, in denen er sich vom «gravitätischen Versmaß» (*gravi numero*, Am. 1,1,1) des kriegerischen Epos abwendet. Daß Ovid sich der Tragödie zuwendet, zeigt seine Berufung durch den ungeduldig *scheltenden* Bacchus-*Lyaeus*, den mythischen Begründer und Schutzgott der klassischen Tragödie, der als Dionysos-Zagreus mit Ziegenhörnern (Ov. Her. 13,33; 15,24) und mit dem *Thyrsus* (Stab mit Pinienzapfen) auftritt. Mit dem vorausgehenden Zeugnis gehört diese Stelle, hinter der der große Erfolg von Ovids *Medea* mitzuhören ist, in die zweite Auflage der *Amores*, auch wenn beide (im Gegensatz zu 2,18) vorspiegeln, in die erste zu gehören.

Die Schelte des Bacchus variiert den Topos der Dichterweihe (Wimmel 1960; Steudel 1992, 125 ff.) durch die Musen: Hesiod, Pindar, Kallimachos, Ennius, Properz.

3.8 *Ov. Trist. 2,553–554 (T2 Bl., A4/2 p. 51 Lz.)*

Das zweite Buch der *Tristia* richtet Ovid direkt an Augustus und enthält in der ausführlichen Rechtfertigung auch den Hinweis auf die «ernsten» Dichtungen, in denen er mit «großartigen Segeln» gefahren sei (V. 548): *Fasti*, Tragödie, *Metamorphoses*. Die Formulierung läßt offen, ob es sich um mehrere Tragödien handelt. Aus einem wenig späteren Zeugnis erfahren wir, daß während seiner Abwesenheit

in Rom im vollen Theater seine Gedichte mit großem Applaus als
Ballett wohl mit Pantomime aufgeführt werden (Trist. 5,7,25−28),
obwohl er «nichts fürs Theater geschrieben habe», was man als Zeugnis für den reinen Rezitationscharakter der *Medea* nehmen wollte
(Lenz), doch geht es Ovid hier darum, sich gegen die Inszenierung
von Gedichten – gemeint sind wohl *Amores* – abzugrenzen, die nicht
für diesen Zweck bestimmt waren.

4 EPIGRAMME UND SCHERZGEDICHTE

Die Gattung des Epigramms umfaßt, wie die große Sammlung des
Dichters Martial (um 40 – 98 n. Chr.) zeigt, nicht nur die klassische
Form des Grabepigramms in zwei- oder vierzeiligen elegischen Distichen, sondern eine Vielzahl von Kleinformen, unter denen besonders die Hendekasyllaben beliebt sind. Solche waren offenbar in dem
Buch (oder waren es mehrere?) vorhanden, für das der Titel *Epigrammata* bezeugt ist. Die Reste sind sehr spärlich: sechs teils un-
vollständige Zeilen, dazu ein vollständiges zehnzeiliges Priapeum.
Vielleicht gibt es noch Reste unter den nicht zuweisbaren Fragmenten (16.1−5). Ovid hat sich gewiß schon früh dieser Kleinform angenommen. Für das Priapeum (4.6) steht ein Zeitpunkt vor 4 v. Chr.
fest.

*4.1 Priscianus, Inst. gramm. 5,13, Gramm. Lat. 2,149,13 Keil
(3 Bl., 3 Co., 3 Ow., B5 p. 56 Lz.)*
Pentameter. – *Lar*: etruskischer Vorname (z. B. Lar Porsenna). –
Szene aus der römischen Geschichte: Der etruskische König Lar
Tolumnius von Veii wird 428 v. Chr. von Aulus Cornelius Cossus erschlagen; Cossus bringt die im Zweikampf erbeutete Rüstung (Fach-
ausdruck dafür: *spolia opima*) dem Iuppiter Feretrius dar: Liv. 4,19 f.
Das Thema paßt in elegische Gelegenheitsgedichte, in denen gern auf
mythologische oder historische Exempla zurückgegriffen wird.

4.2 Quint. Inst. 9,3,69–70 (4 Bl., 4 Co., 4 Ow., B6 p. 56 Lz.)

Pentameter. Dreisilbiges Wort (oder Wortgruppe) am Versende, bei Properz und Tibull sehr selten, ist bei Ovid sonst nur in drei Fällen belegt, alle aus dem Spätwerk (Pont. 1,6,26: *scelus est*; 1,8,40: *liceat*; 3,6,46: *videor*; s. Platnauer 15 f.); hier wegen des Wortspiels von langem *u* (Furia) mit kurzem *u* (furia) unvermeidlich.

Wortspiele mit Quantitäten sind im Lateinischen wenig beliebt. Von Quintilian werden sie grundsätzlich als geistlos abgelehnt, dies im Gegensatz zu den gängigen Lehrbüchern, von denen er eines mit zwei Beispielen von langem und kurzem *a* zitiert, die aus der unter Ciceros Namen verbreiteten Lehrschrift *An Herennius* stammen, und dazu Ovid, den er entschuldigt, weil es sich um einen scherzhaften Text handle. Ein altlateinisches Beispiel findet sich in den *Annalen* des Ennius (fr. 230 Sk. parum/Parum, dazu O. Skutsch, *The Annals of Q. Ennius*, Oxford 1985, 211).

4.3 Quint. Inst. 8,6,31–33 (17dub. Bl., 15 Co., B7 p. 57 Lz.)

Ende eines Hexameters.

Witzige Parodie eines epischen Versschlußes (z. B. Hes. Erga 91: χαλέποιο πόνοιο) mit griechischen Endungen an lateinischen Wörtern (vgl. Cicero, Att. 1,16,13: *facteon* statt *faciendum*). Der völlig verstümmelte Text (*ocoeludituino bono eo*) wurde glänzend wiederhergestellt durch W. Heraeus, *Rheinisches Museum* 79, 1930, 261 (in neueren Ausgaben verkannt). Heraeus erkannte den makkaronischen Charakter, wobei er Ennius heranzog (Annales, fr. 120 Sk.): *Mettoeoque* (-que *suppl. Skutsch*) *Fufetioeo*. Der ovidische Scherz wurde später von Ausonius in einem lateinisch-griechischen Mischgedicht umgekehrt in latinisierendes Griechisch verarbeitet (Epist. 5,42 p. 243 Prete): οὐίνοιο βόνοιο. – Onomatopoiie («Bildung von Wörtern») steht hier nicht nur für Lautmalerei, sondern für jede Art von Wortneubildung.

4.4 Quint. Inst. 12,10,75 (5 Bl., 5 Co., 5 Ow., B10 p. 59 Lz.)

Hendekasyllaben. Das Versmaß, der sog. phalaekeische Hendekasyllabus, war in Gedichtsammlungen besonders beliebt, was die
die Zugehörigkeit des Textes zu den Epigrammen nahelegt. *Prosodie:*
-eris mit langem *i*, wie es der Konj. Perf. eigentlich erfordert; aufgrund seiner Herkunft aus dem Optativ hatte der Konj. Perf. ursprünglich langes *i* gegenüber dem kurzen von Fut. II, in klassischer
Zeit wird aber beides verwechselt (Platnauer 56; Lindsay, Komm.
Plautus, Captivi, London 1900, 13; Owen 1924, 323).

Der verderbte Text wurde schon früh verbessert (eam *Heinsius:*
etiam *codd.*: Tyriae *perperam Dahlmann, reprehendit Bl. metri*
causa – Lacaenae *Gallaeus apud Burman, ed. Quint.:* lacernae *codd.*
Dahlmann). Das Ovid-Zitat beginnt wohl früher als meist angenommen: *lana tincta fuco* bildet das Ende eines Hendekasyllabus, der
wie hier ohne weiteres mit drei Zweisilblern enden kann (Housman,
Classical Review 49, 1935, 167; Rahn, Ausg. Quint., vgl. Mart. 7,17,2:
unde lector urbem).

Grundgedanke: Das Bessere ist der Feind des Guten, bzw. mit lakonischer roter Wolle kann sich gewöhnliche nicht messen. Lakoni-
sche Purpurwolle galt als besonderer Luxus, wie wir aus Horaz wissen (Carm. 2,18,7, vgl. Aelian. Anim. 15,10). Eine Steigerung des
Vergleichs findet sich Ov. Rem. 707 f., wo «amyclaeische» (d. h. la-
konische) Färbung neben dem luxuriösesten, aus der Purpur-
schnecke gewonnenen, echten «tyrischen» Purpur aus Phönizien
verblaßt (über unechten Purpur berichtet Plin. Nat. hist. 13,135 f.).

4.5 Martial. 2,41,1–5 (6 Bl., 6 Co., 13 Ow., B11 p. 59 Lz.)
Hendekasyllabus.

Martial geht von einem Ovid-Zitat aus, das wie sein eigenes Gedicht in Hendekasyllaben geschrieben ist. Ovids Text wird am Ende
auf den Kopf gestellt: «Weine, wenn du Vernunft hast, Mädchen,
weine!» weil im Gegensatz zu dem schönen, unglücklich verliebten

Mädchen Ovids Martial drastisch eine häßliche, zahnlose Alte schildert. Es handelt sich hier keinesfalls um eine Anspielung auf Ars 3,281 und 513 (so jetzt wieder Courtney nach Cristante, *Prometheus* 16, 1990, 181), sondern um ein wörtliches Zitat und somit um einen selbständigen Text, wie der Vergleich der beiden Situationen lehrt: Die Pointe Martials beruht wie bei Ovid auf einem unglücklichen Liebeserlebnis, womit die in der *Ars* geschilderte Lernsituation – Mädchen lernen es, jederzeit zu weinen – nichts zu tun hat.

4.6 *Priapeum 3 (4a Bl., 16 Co., 8 Ow., B8 p. 57 Lz.)*

Elegische Distichen. An der Metrik ist, im Gegensatz zu dem unterschobenen anonymen Gedicht (Fr. 17.3), kein Anstoß zu nehmen. Kein Fragment, sondern ein vollständig erhaltenes Gedicht aus der Sammlung von 87 lateinischen Priapeen. Schon Goethe befaßte sich 1790 in einem an Herzog Karl August von Sachsen-Weimar gerichteten lateinischen Aufsatz mit der römischen Sammlung, schlug einige Textverbesserungen vor und erklärte schwierige Stellen (abgedruckt, aber ohne Übersetzung: Artemis-Gedenkausgabe, Schriften zur Literatur, 14, 605–609). Neuerdings liegt ein umfassender Kommentar mit Übersetzung vor: Ch. Goldberg, *Carmina Priapea*, Heidelberg 1992, 65–72.

Priapeen sind scherzhafte Gedichte derb erotischen Inhalts, die jeweils dem Gott Priapus in den Mund gelegt sind (hier mit päderastischen Wünschen). Dieser galt als Fruchtbarkeitsgott und Hüter der Gärten; seine mit einem großen Phallus ausgestattete, rot bemalte Holzfigur war als eine Art Vogelscheuche in den Gärten aufgestellt. Priapeen waren künstlerische Gebilde mit wenigen, vielfach variierten grotesken Motiven, die bei hellenistischen und römischen Dichtern beliebt waren. In Epigrammsammlungen, auch in eher lyrisch ausgerichteten «anständigen» Anthologien wie denen des Catull, gehören handfeste erotische Gedichte mit derber Sprache, in denen man *echt lateinisch* (V. 9) redet, zum festen Bestand. Martial, der den gleichen Ausdruck verwendet, begründet das im Vorwort zu Buch 1 folgendermaßen: «Die laszive Offenheit des Ausdrucks, d.h. die Sprache von Epigrammen, würde ich entschuldigen, wenn ich mein eigenes Vorbild wäre. So aber schreibt Catull, so Marsus, so Pedo, so Gaetulicus, so jeder Erfolgsautor. Wenn einer jedoch so hochnäsig griesgrämig ist, daß man bei ihm auf keiner Seite *echt lateinisch* reden darf, dann kann er's mit diesem Brief oder besser noch mit dem Titel bewenden lassen. Epigramme schreibt man auch für die, die die Floralien zu besuchen pflegen» (an denen z. B. Nackttänzerinnen auftraten).

Dasselbe erotische Motiv wie V. 7–9, Angst der Braut vor der Brautnacht und entsprechender Ausweg, findet sich, wohl aus griechischer Epigrammatik, bei Martial 11,78,5-6. Für Autorschaft und Datierung ist das Zeugnis des älteren Seneca (Fr. 4.7) heranzuziehen, bei dem sich Vers 8 als «bekanntlich ovidisch» zitiert findet.

4.7 Seneca, Contr. 1,2,22.

Ovids Autorschaft für das Priapgedicht wird durch Seneca erwiesen, was schon zur irrigen Annahme führte, alle Priapea der Sammlung stammten von ihm. Senecas Bericht über die Gesprächsrunde wird erst mit Hilfe des vollständigen Textes des Priapeums richtig verständlich. Die Pointe besteht darin, daß der Rhetor MURREDIUS einem unbescholtenen Mädchen einen schmutzigen Kuhhandel unterschiebt und darauf mit einem Vers zum Schweigen gebracht wird, dessen Kontext dem Schwätzer päderastische Wunschträume unterschiebt. Der Zusammenhang macht deutlich, daß MAMERCUS AEMILIUS SCAURUS, der den Text zitiert, ihn für bekannt hält und dasselbe sowohl bei dem von ihm zurechtgewiesenen Murredius wie bei der von Seneca beschriebenen Diskussionsrunde voraussetzt, sonst hätte er die Pointe nicht anbringen können.

Datierung: Im Hörsaal ist auch Senecas Jugendfreund MARCUS PORCIUS LATRO anwesend, dessen Todesjahr (4 v. Chr.) für die berichtete Episode eine Grenze nach unten gibt. Das Priapeum galt zu Lebzeiten Ovids, der damals als Dichter – noch vor der *Ars amatoria* und der 2. Auflage der *Amores* – höchstes Ansehen genoß, als ovidisch, und dies in einem Kreis von Rhetoren, die Ovid persönlich kannten. Die Sammlung von Priapeen enthielt somit, was bei dieser Art von «Lyrik» nicht zu verwundern ist, Texte verschiedener Autoren, die mit einer größeren Gruppe von Gedichten eines einzigen Autors später zu einem Konvolut verbunden wurden (Ricklin, O'Connor, Parker; unschlüssig Goldberg 1992, 30–34; anders W. Kissel, ‹Ovid und das Corpus Priapeum›, *Rheinisches Museum* 137, 1994, 299–311, der mit V. Buchheit, *Studien zum Corpus Priapeum*, München 1962, und ‹Priapeum 3 und Ovid›, *Rheinisches Museum* 131, 1988, 157–161, ein einheitliches Konzept und einen einzigen Autor, aber nicht Entstehung nach Martial, sondern «frühe Ovidrezeption» annimmt und zwischen 20 v. und 8 n. Chr. datiert). – *Murredius:* Rhetor, den Seneca bei jeder Gelegenheit als dumm und geschmacklos hinstellt. – *Scaurus:* von Seneca, wie die Stelle zeigt, auch charakterlich sehr geschätzter Rhetor. Tacitus (Ann. 6,29) bescheinigt ihm dagegen einen lasterhaften Lebenswandel. – *Ausgaben:* s. Fr. 1.

5 GEGEN SCHLECHTE DICHTER

Quint. Inst. 6,3,96–97 (T11 Bl., 14 Co., B9 p. 58 Lz.)
Elegische Distichen aus der ausgebeuteten Vorlage, die aus Vierzeilern in der Art von Grabepigrammen bestand.

Invektive gegen schlechte Dichter, aus Macers Epigrammsammlung zusammengestoppelt, ein sog. Cento. Es gab zwei Dichter dieses Namens, mit denen Ovid bekannt war: 1. AEMILIUS MACER († 16 v. Chr.), Autor von Lehrgedichten über Vögel, Schlangen und Kräuter (die Fragmente bei E. Courtney, *The fragmentary Latin poets*, Oxford 1993, 292–299), der älter war als Ovid und den er in

der Jugend vorlesen hörte (Trist. 4,10,43). – 2. CN. POMPEIUS
MACER, Leiter der am 9.10.28 v. Chr. eröffneten Palatinischen
Bibliothek (Suet. Caes. 56,7), Verwandter von Ovids dritter Frau
Fabia (Pont. 4,16,6), an den der Brief Pont. 2,10 gerichtet ist, aber
auch schon das Gedicht über die Briefe des Sabinus, Am. 2,18. Macer
verfaßte außer den genannten *Tetrasticha* ein homerisierendes Epos
über die Anfänge des trojanischen Krieges bis zum Zorn Achills und,
wie Ovid selbst, eine Tragödie *Medea*. Mit ihm ist er seit seiner
Jugend befreundet und unternimmt mit ihm um 25 v. Chr. eine Bil-
dungsreise nach Kleinasien und Sizilien. Um diesen wird es sich handeln. Der literarische Jugendstreich paßt jedenfalls eher zu einem
vertrauten Altersgenossen wie Pompeius (anders Courtney 292;
Kraus 1968, 152 mit Textänderung; über Pompeius Macer: Duret
1983, 1467–72; André 1977 XXIII f.; Booth 1991, 183).

6 PHAENOMENA (GESTIRNE)

Lehrgedicht in Hexametern wie die hellenistische Vorlage, die
Phainomena des ARATOS VON SOLOI, den Ovid zutiefst verehrte.
In den *Amores* nennt er ihn in der Reihe der unsterblichen Dichter
mit Homer, Hesiod, Sophokles, Menander, Kallimachos: *Cum sole et
luna semper Aratus erit* «Wie Sonne und Mond wird Aratus ewig bestehen» (Am. 1,15,16). Schon zu Lebzeiten wurde Arat von so bedeutenden Zeitgenossen wie Kallimachos bewundert, der ihn mit
Hesiod verglich (Epigr. 27). Dem Lob schloß sich Cicero an, der
Arats Dichtkunst in den *Phainomena* höher einschätzte als dessen
astronomische Kenntnisse und sie in lateinische Verse übertrug, die
bruchstückweise erhalten sind. Die Übersetzung des GERMANICUS,
dem Ovid in der Hoffnung auf Hilfe im Exil die zweite Ausgabe der
Fasti widmete, ist vollständig erhalten. Ovid maß sich also mit den
höchsten Maßstäben, wenn er das gleiche Thema unter gleichem Titel
behandelte, indessen, wie die erhaltenen Schlußverse (Fr. 6.2) zeigen,

in wesentlich abgekürzter Form. Benützt wurde das Werk vielleicht auch von Plinius, s. Fr. 16.9.

Das Thema war in augusteischer Zeit beliebt, auch Ovids Freund Albinovanus Pedo, der seine Gedichte kritisch beurteilte (s. Fr. 1) und an den er Pont. 4,10 richtete, muß nach seinem Zeugnis (4,16,6: *sidereus Pedo*) ein Gedicht über Sterne verfaßt haben. Abfassungszeit und Verhältnis dieser Dichtungen und Übersetzungen zueinander sind nicht bekannt. Auf die *Phaenomena* des Germanicus spielt Ovid in den *Fasti* (1,23) an. Von den Lehrgedichten sind sicher nur die unvollendeten *Halieutica* später; angesichts der großen Lücke zwischen *Heroides* (um 20 v. Chr.) und *Ars amatoria* (um 1 n. Chr.) sind die *Phaenomena* am ehesten in diesem Zeitraum denkbar.

6.1 *Probus ad Verg. Georg. 1,138, p. 357 H. (1 Bl., 1 Co., 6 Ow., B3 p. 55 Lz.)*

Die Restaurierung des Textes verdankt man Angelo Poliziano, was neuerdings wieder verkannt wird (sex ... nube est: sed ... nube *codd. Bü.Bl.*: sex ... nube *perperam Co., i.e.* apparet, *sed* apparent *PV*). – Die Geschichte der Pleiaden, der Töchter von Atlas und Pleione, behandelt Ov. Fast. 4,169–178. Danach verbirgt sich Merope aus Scham oder Electra aus Trauer. Daß Ovids Hauptquelle die *Phainomena* Arats waren, zeigen die deutlichen Anspielungen (257 f. 451–453); die entsprechenden Partien sind in den Übersetzungen Ciceros (223–225) und des Germanicus (434–436) erhalten.

6.2 *Lactant. Div. Inst. 2,5,24 (2 Bl., 2 Co., 7 Ow., B4 p. 55 Lz.)*

Das Gedicht Ovids war nach dem Zeugnis des Laktanz nicht sehr lang und behandelte nur die Fixsterne, während Arat danach Planeten, Wendekreise, Äquator und Ekliptik behandelte.

*6.3 Schol. Bern. ad. Verg. Ecl. 3,105 (15 dub. Bl., 20 Ow., Dub1
p. 70 Lz.)*

Das Fragment wurde dem Grammatiker Ovid (Fr. 17.1–2) zugewiesen (Lenz, RE 18/2, 1943, 1907 ff.). Der zitierte Ausdruck gehört
aber offensichtlich in einen dichterischen Zusammenhang und spielt
auf die dem damaligen Leser als bekannt vorausgesetzte Ecloge Vergils an, in der zwei Hirten in alexandrinischer Manier streiten und
sich am Ende gegenseitig Rätsel aufgeben. Die Lösung: Wenn man in
den Brunnenschacht blickt. Das Brunnenrätsel war bekannt, wie
Quintilian 8,6,52 betont, der von Rätseln abrät, auch wenn sie so bekannt seien wie das vergilische, das er ohne Lösung zitiert, weil er sie
als bekannt voraussetzen kann. Die rätselhafte Formulierung paßt
auch vom Inhalt her am besten in die von Arats Vorbild geprägten
Phaenomena. – Metrisch ist im Hexameter nur der Genetiv *orifici(i)*
möglich.

7 HYMENAIOS (EPITHALAMIUM) FÜR MARCIA UND
PAULLUS FABIUS MAXIMUS, SOHN DES QUINTUS

Ov. Pont. 1,2,131–132 (T5 Bl., D2 p. 67 Lz.)

Die Gattung des Hochzeitsgedichts, Epithalamion oder Hymenaios, geht naturgemäß auf Vorformen aus früher Zeit zurück. Reste
gibt es bereits unter den Fragmenten Sapphos. Das Versmaß ist
gewöhnlich der Hexameter, gerne in Wechselchören von Mädchen
und Jungen (Catull 62). Von den erhaltenen Beispielen, Catull 61
und 62, ist das erste in Glykoneen verfaßt; beide haben einen Refrain,
der dem Hochzeitsgott und -lied erst den Namen gegeben hat:
O Hymenaee Hymen, o Hymen Hymenaee! (61) und *Hymen
o Hymenaee, Hymen ades o Hymenaee!* (62). Der Text spielt in
doppelter Weise auf Liebe und Hochzeitszeremonie an: Das «Fest»
(wörtlich «Feuer») begann am Abend mit dem Fackelzug, wo sich
die beiden Familien vereinigten (s. Ov. Her. 11,101). Der Titel ist da-

durch gesichert, daß Ovid die griechische Form *Hymenaeos* verwendet (als -aios ausgesprochen; *gedichtet: ducere* in dieser Bedeutung s. OLD 23 d).

Datierung: MARCIA, Tochter des jüngeren L. Marcius Philippus und der jüngeren Atia, verheiratete sich um 15 v. Chr. mit PAULLUS FABIUS MAXIMUS, *consul ordinarius* 11 v. Chr. zusammen mit Q. Aelius Tubero. Der Sohn, Paullus Fabius Persicus, im Jahr 20 *frater Arvalis*, 34 Konsul, um 10 v. Chr. geboren, führte ein liederliches Leben (zu Marcia: Syme 1986, 141–154; zu Persicus: *Prosopographia Imperii Romani* III² p. 106 Nr. 51; zu den Fabii: Syme 1978, 145 ff.; 1986, 403 ff. tab. XXVII; B. Harries, ‹Ovid and the Fabii. Fasti 2, 193–474›, *Classical Quarterly* 41, 1991, 150–168).

Die Gens der Fabii zählte mit den Aemilii, Claudii, Cornelii und Valerii zu den führenden alten Patriziern; unter ihren berühmten Vorfahren war Hannibals Gegenspieler, Q. Fabius Maximus Cunctator. Fabius' Heirat mit Marcia brachte ihn in enge Verbindung mit dem Kaiserhaus, da seine Frau als Tochter der jüngeren Atia, der Tante des Augustus, dessen Kusine war.

Ovid war mit den Fabii persönlich und verwandtschaftlich verbunden und hatte damit Zugang zu den Kreisen um Augustus und auch, wie die persönliche Aussprache mit Augustus zeigt (Trist. 2), zu diesem selbst. Ovids dritte Frau, die eine Tochter aus früherer Ehe hatte, war nicht nur eine enge Freundin von Fabius' Gattin Marcia, sondern gehörte selbst dem Hause der Fabii an. Ovid beschwört sie in einem seiner Briefe, beim Kaiser für ihn einzutreten – «das schuldest du dem Hause, in dem du (als Bürgerin) registriert bist» (Brief an die Gattin, Pont. 3,1,75: *hoc domui debes, de qua censeris,* s. OLD 6 s.v. censeo) – und sich dabei auf ihre Freundschaft mit Marcia zu berufen (Pont. 3,1,78). An Fabius selbst richtet Ovid im Exil drei Gedichte (Pont. 1,2; 3,3; 3,8). Im gleichen Brief, in dem er die Erinnerung an das Hochzeitslied heraufbeschwört, weist er auf die enge verwandtschaftliche Verbindung mit ihm hin: «Ich, der ich aus eurem

Hause eine Gattin erhielt» (Pont. 1,2,136 *ille ego, de vestra cui data nupta domo est*). Damit läßt sich auch der Name von Ovids Frau erschließen: Fabia. Vielleicht ist sie identisch mit der Schwester des Fabius, der Witwe des Marcus Titius (ihr Name fehlt in Pros. Imp. Rom. in der Lit. übergangen, auch von Syme; dagegen Holzberg 1995, 362; Häuptli 1995, 246.258).

Fabius' Schicksal nahm wenig später eine tragische Wendung. Laut Tacitus wurde ihm die Verbindung mit Augustus zum Verhängnis: 14 n. Chr. fiel er, im Zusammenhang mit Problemen der Nachfolge des Kaisers, einem Mordanschlag zum Opfer (Tac. Ann. 1,5; als Fabel bewertet von Syme 1978, 151; 1986, 403), worauf sich sowohl Marcia (laut Tacitus) wie Ovid selbst (Pont. 4,6,9 ff.) beschuldigten, seinen Tod herbeigeführt zu haben.

8 TATEN DES KAISERS AUGUSTUS

8.1 Ov. Trist. 2,61–66

Die «tausendfache» (d. h. vielfache) und «rühmende» Erwähnung des Augustus in den inkriminierten «Büchern» Ovids bezieht sich, wie man zunächst meinen könnte, auf *Ars amatoria* (Owen 1924, z. St.; Luck 1977, 102; Holzberg, Ausg. 1990, z. St.). Aber Augustus (Caesar) ist dort insgesamt dreimal erwähnt, und dies ausschließlich im 1. Buch: V. 171–176 als Stifter der Naumachie des Jahres 2 v. Chr.; V. 177–228 in der Schilderung des 1 v. Chr. geplanten Partherfeldzugs des C. Caesar, dessen Verherrlichung im erhabenen Stil (206: *magno ore*) eines Triumphgedichts Ovid voreilig schon angekündigt hatte (Steudel 1992, 117, zweifelt an der Ernsthaftigkeit des Versprechens). Augustus kommt in dieser Passage zweimal zu Ehren (V. 184 als Vater Caesars, V. 203 Prophezeiung der Vergöttlichung), aber der Zusammenhang ist an allen drei Stellen verfänglich, da es lediglich darum geht, zu zeigen, wie man in den Massenveranstaltungen Gelegenheit findet, mit Mädchen anzubändeln.

Ovid versucht sich aber auch allgemein mit seinen Büchern zu rechtfertigen. So behauptet er auch später (Pont. 1,1,27), er habe in jedem seiner Bücher Augustus ungebeten gepriesen. Vergleicht man aber die *Amores*, die nicht ausdrücklich Zielscheibe der Kritik waren, ist es nicht besser damit bestellt als mit der *Ars*: Augustus wird in jedem Buch ein einziges Mal erwähnt, und dies in zwiespältiger, wenn nicht lächerlicher Weise: in der Parodie eines Triumphzuges nach dem Liebeskampf (1,2,51), im Gedicht gegen die Abtreibung (2,14,18 – zum Glück hat Venus nicht den Aeneas abgetrieben), und mit dem Hinweis auf die *Acta Caesaris*, die er – aus Liebe zu Corinna – (bisher) nicht besungen habe (3,12,15).

Die Anspielung zielt also auf ein Werk, das (1) Augustus «tausendfach» erwähnte, (2) in einer Weise darstellte, die den Dargestellten zu rügenden Maßnahmen herausgefordert hatte, (3) größeren Umfang hatte (*libri*, während Ovid sonst nur von *libelli* spricht), aber kleiner war als das «größere Werk» der *Metamorphosen*, (4) im Gegensatz zu den noch unfertigen *Metamorphosen* bereits publiziert war. Aus dem folgenden (Fr. 8.2) geht hervor, daß es (5) der *Ars* vorausging, (6) dem erhabenen Stil angehörte (s. Fr. 1) und (7) die *Acta Caesaris* enthielt.

Anders als die Liebesdichtungen, die den *levia opera* des «bescheidenen Stils» (Trist. 2,332: *parvus modus*) zugerechnet werden, zählen panegyrische Texte zum «hohen» Stil, verwenden also nicht die «leichteren Versfüße» (Trist. 2,331 *numeri leviores*) der Pentameter, sondern den gattungsgemäßen Hexameter.

8.2 Ov. Trist. 2, 335–342.

Ovid spricht hier von einem ausgeführten Werk, das die «Taten des Kaisers» (*acta Caesaris*) in einer herabsetzenden Weise behandelte, auch wenn das nicht beabsichtigt gewesen sei. Die Passage wurde bisher entweder auf die *Metamorphosen* bezogen, im besonderen auf das 15. Buch, das (wie Ars 1,203) die Apotheose des

Augustus weissagt, oder dann überhaupt als Fiktion abgetan. Luck
(1977, 130) hingegen bemerkte dazu: «Von diesem Versuch wissen
wir sonst nichts. Daß die Sache völlig aus der Luft gegriffen ist, kann
ich nicht glauben.»

Aus chronologischen wie aus inhaltlichen Gründen kommen die
Metamorphosen für eine Identifizierung nicht in Frage. Wir haben
die eindeutige Angabe, daß das Gedicht auf den Kaiser der anstößi-
gen *Ars* vorausging und, an früherer Stelle (Fr. 8.1), daß man «jenes
größere Werk», die *Metamorphosen*, in dem der kaiserliche Name
verherrlicht werde, noch «ohne Ende» (Luck 1977, 102: «veröffentlicht, obwohl unvollendet», d. h. im Sinne mangelnder Ausarbeitung;
ebenso Kraus, KlP s. v.; *finis* bedeutet aber nicht «Vollendung»,
s. OLD, TLL), also ohne den panegyrischen Schluß des 15. Buches,
in der Hand halte, so daß es Augustus noch gar nicht vorliegen
konnte. Die Abfolge lautet also: *Acta Caesaris – Ars – Metamorphosen.* Entscheidend ist ferner die Aussage, daß die *Acta Caesaris* beim
Kaiser bereits Anstoß erregt haben, weil man daraus Kritik an der
kaiserlichen Politik herauslas, und daß Ovid es ausdrücklich bedauert, daß er damit dessen politischen Bemühungen geschadet habe.
Das kann sich keinesfalls auf die noch unfertigen *Metamorphosen* beziehen, die er zu seiner Rechtfertigung erst ankündigt und in denen
er sich naturgemäß vor Zweideutigkeiten zu hüten hatte. Im Gegenteil wird hier deutlich, daß die massiven Vorwürfe, die Ovid erhielt
(*crimina nostra*), den beanstandeten «Büchern» galten. Die *Acta
Caesaris* müssen demnach als weiterer Anlaß zur Verärgerung des
Kaisers angesehen werden.

Die vorausgehenden Verse 317–334 stehen einer solchen Annahme nur scheinbar entgegen. Hier entschuldigt sich Ovid mit dem
hellenistischen Topos, den großen (d. h. kriegerischen, mythischen,
historischen) Stoffen (des Epos) nicht gewachsen zu sein (Wimmel
1960, 165 A. 2: Topos der *recusatio*). Dieser Topos ist vielfach belegt.
Auch Horaz (Epist. 2,1,250–259 an Augustus, dazu E. Lefèvre,

Horaz, München 1993, 320; ähnlich Carm. 1,6 an Agrippa; Serm. 2,1,10 ff.; Prop. 2,1,17–46 an Maecenas unter Berufung auf Kallimachos) würde lieber wie Vergil und Varius «Geschichte schreiben» (*res gestas componere*) statt flüchtiger Gespräche und die Verdienste des Augustus um den Frieden preisen, aber «das Können reicht nicht aus, die Kräfte versagen», die Kleinform (*parvum carmen*) ist der *maiestas* des Kaisers, an den er diesen Brief schreibt, nicht gewachsen, deshalb «wagt» er es nicht – und doch ist das gleichzeitig ein Hymnus auf die Politik des Augustus. Doch bei Ovid dient alles als Vorspann zum Eingeständnis des Scheiterns eines schließlich eben doch ausgeführten Plans – «und dennoch hatte ich's gewagt» (zum «Wagnis» s. Fr. 2), ist doch gerade auch das Eingeständnis, dem großen Stoff nicht gewachsen zu sein, wie im Fall des pseudo-tibullischen *Panegyricus Messallae* für den Prolog eines solchen Gedichtes geeignet.

Datierung: Vor 1 v. Chr. Die relative Chronologie ergibt sich aus Ovids Feststellung, er sei zu den «leichten» Stoffen der Jugendgedichte zurückgekehrt und habe sich mit der «Freizügigkeit» der «Artes» den Haß des Kaisers zugezogen (V. 345). Damit kann nur der Weg von den Jugendgedichten der *Amores* zur *Ars amatoria* gemeint sein (so richtig schon Loers, Merkel; Owen konstruiert daraus seine augustusfeindliche *Gigantomachie;* Luck 1977, 130, denkt an die 2. Auflage der *Amores* und will *Ars* trotz V. 355: «Der Großteil meiner Werke ist erlogen und erfunden», ausschließen, weil es hier keinen *falsus amor* gebe!). Das 1. Buch der *Ars* ist genau datiert: Im Jahr 1 v. Chr. plante man einen Feldzug gegen die Parther. Da im Lauf des Jahres klar wurde, daß der Feldzug nie stattfinden würde, gehört die irrtümliche Schilderung des künftigen Triumphs des C. Caesar (Ars 1,177–228) genau in diese knappe Zeitspanne. Die *Acta Caesaris* gingen voraus.

Als wichtiges Argument der Rechtfertigung dient der fiktive Charakter der Liebesdichtung überhaupt (V. 340) und damit der Ge-

gensatz zum brav bürgerlichen Leben des Autors, wie Ovid mehrfach betont (V. 353–360; Trist. 1,9,59; 3,2,5; Pont. 2,7,47; 4,8,19) –
distant mores a carmine nostro «meine Dichtung hat nichts mit meiner Lebensführung zu tun». Auch dies ist an sich ein Topos der Poetik, wie zahlreiche Parallelstellen zeigen (gesammelt bei Luck 1977,
131; Galasso, Komm. Pont. 2, Florenz 1995, 250): Catull 16,5 «Sittsam soll der gewissenhafte Dichter sein, bei Verslein ist das keineswegs nötig.» Martial 1,4,8: «Unanständig ist mein Buch, anständig
mein Leben.»

9 TRIUMPH DES TIBERIUS ÜBER PANNONIEN UND DALMATIEN

Datierung: Der Senat beschloß im Jahr 9 den Triumph für Tiberius, der siegreich aus Illyrien zurückgekehrt war, nachdem er «mit
15 Legionen und ebenso vielen Hilfstruppen in drei Jahren den
schwersten aller äußeren Kriege nach dem Punischen» (Suet. Tib. 16)
beendet hatte. Tiberius verschob die Siegesfeier, weil gerade die Hi-
obsbotschaft von der Niederlage des Varus im Teutoburger Wald
(Sept. 9) eingetroffen war, und beschränkte sich auf einen feierlichen
Umzug von Tempel zu Tempel, wobei er offenbar den umgebauten
Concordia-Tempel neu weihte (16. Jan. 10). Unmittelbar danach zog
er für zwei Jahre mit den Truppen nach Germanien. Der verschobene
Triumph über Pannonien und Dalmatien fand am 23. Okt. 12 n. Chr.
statt, wie den *Fasti Praenestini* zu entnehmen ist (Kienast 1990, 77),
wobei auch die beteiligten Legaten die Triumphalinsignien erhielten.
Die treibende Kraft des illyrischen Aufstands, der Desidiate Bato (erwähnt 2, 1, 46), wurde als Lebensretter des Tiberius reich beschenkt
und in Ravenna angesiedelt, «als Dank dafür, daß er ihn einst, als er
mit dem Heer an einem ungünstigen Ort eingekesselt war, entkommen ließ» (Suet. Tib. 20). Kurz darauf folgte der Germanentriumph
(Fr. 10). Infolge der jahrelangen Verschiebung blieb Ovid genügend

Zeit zur Ausarbeitung eines panegyrischen Gedichtes, das er selber einer Art Metakritik unterzogen hat (Fr. 9.3).

Das Gedicht war nach Ovids eigenem Zeugnis (Pont. 3,4,85 f.) in elegischen Distichen abgefaßt. Ovid griff den Stoff nicht weniger als viermal auf: (1) als Brief an Germanicus (Pont. 2,1), (2) als separates Triumphgedicht an Tiberius, (3) als Brief an Salanus mit Hinweis auf das Triumphgedicht (Pont. 2,5) und (4) in einer nachträglichen Schilderung des gleichen Gedichts (Pont. 3,4).

Der Triumph über Pannonien wird oft mit dem über die Germanen vom 16. Jan. 13 verwechselt (Schanz-Hosius 2,246.247.253; Luck, Ausg. 1963, S. XIII) und das erwähnte Triumphgedicht mit dem an Germanicus gerichteten Brief Pont. 2,1 identifiziert (Holzberg, Ausg. 1990, S. 585 zu Pont. 3,4,3), was schon deshalb nicht angeht, weil Tiberius dort nur Randfigur bleibt (s. zu 9.1). Wie ein panegyrisches Gedicht auszusehen hat, zeigt das künstlerisch zwar fragwürdige, aber formal aufschlußreiche Gedicht aus der Tibullsammlung, der *Panegyricus Messallae* (Ovidiana), der ebenfalls mit dem Versager- und Verweigerungs-Topos beginnt.

Auf den ersten dieser beiden Triumphe bezieht sich wohl die Darstellung des Triumphzugs auf dem (inzwischen schwer beschädigten) Silberbecher von Boscoreale am Vesuvabhang (E. Künzl, *Der römische Triumph*, München 1988, 86 f., Abb. 51: J. 12; ebenso P. Zanker, *Augustus und die Macht der Bilder*, München 1987, 229–232, Abb. 93.180 f.). Auch das sog. Tiberius-Schwert in London (British Museum), das Tiberius vor dem thronenden Augustus mit dem Schild der FELICITAS TIBERI und der hinter ihm schwebenden VIC(toria) AUG(usti) zeigt, dürfte in diesen Zusammenhang gehören (Zanker 234 f., Abb. 183 f.; H. Gabelmann, *Antike Audienz- und Tribunalszenen*, Darmstadt 1984, 124; Antikenmuseum Berlin, *Kaiser Augustus und die verlorene Republik*, Berlin 1988, Nr. 383: Deutung auf Tiberius und Germanicus, wogegen sowohl Inschriften wie Physiognomien sprechen).

9.1 Ov. Pont. 2,1 passim

GERMANICUS (* 15 v. Chr.), Sohn des älteren Drusus, von Tiberius am 27. Juni 4. v. Chr. adoptiert, war 7–9 n. Chr. als junger Feldherr und wohl auch als kaiserlicher Statthalter (*legatus Augusti pro praetore*) in Pannonien eingesetzt. Er führte im Jahr 7 Tiberius Verstärkungen zu und besiegte mit seinen Truppen südlich der unteren Save die Mazäer. Im Jahr darauf brachte er die Nachricht von der Kapitulation der Pannonier nach Rom. 9 n. Chr. bekämpfte er die Dalmater. Dank seinem Vorstoß konnte Tiberius den Breuker Bato bezwingen (Cass. Dio 55,32,3; 56,11–17; E. Koestermann, *Hermes* 81, 1953, 345–378).

Ovid schildert den Triumphzug des Tiberius nach Berichten aus Rom und durchwegs aus der Perspektive des Germanicus, dessen Name über den Darstellungen der unterworfenen Städte zu lesen war (49–50). Dem Adressaten, der beim Sieg des Tiberius die *ornamenta triumphalia* erhielt (Suet. Tib. 20), wünscht er einen eigenen Sieg (V. 57: «auch dich wird Rom noch als Sieger aufs Kapitol steigen sehen»), den er wie den seines Adoptivvaters Tiberius in einem eigenen Gedicht zu verherrlichen hofft (57–64). Diese Prophezeiung traf erst einige Jahre später ein: Am 26. Mai 17 feierte Germanicus den *Triumphus ex Germanis*. Ovid erreichte die Nachricht trotz der langsamen Verkehrswege (Pont. 3,4,59: 1 Jahr hin und zurück) gerade noch rechtzeitig, so daß er sie in der überarbeiteten Fassung der *Fasti* berücksichtigen konnte (1,285 f., vgl. Tac. Ann. 2,41).

Aufgrund des breit angelegten Berichts der Fama über den Triumphzug des Tiberius (19–52) wurde allgemein angenommen, das in Pont. 2,5 erwähnte Gedicht liege hier vor, doch ist das mit Sicherheit auszuschließen, denn es fehlt hier (1) die Form eines panegyrischen Einzeltextes, den man wie die der anderen Dichter hätte einzeln in Umlauf setzen können (vgl. Pont. 3,4,17), (2) der Text richtet sich an Germanicus, nicht an den Triumphator, (3) die Schilderung des Triumphs ist nicht Ziel des Textes, sondern sie dient lediglich als Folie für die Glückwünsche an Germanicus als künftigen Triumphator.

9.2 Ov. Pont. 2,5,25–34.

Der Brief richtet sich an den Dichter und Redner Cassius Salanus, den Lehrer des Germanicus, wie wir hier ebenfalls erfahren, also an denselben Kreis wie das vorige Zeugnis. Damit setzt Ovid das Eröffnungsgedicht des 2. Epistelbuches fort und schließt konsequent mit einer Würdigung der literarischen Gaben des Germanicus (V. 41 ff.).

Topos des Versagens: Obschon der Autor beteuert, dem großen Stoff nicht gewachsen zu sein, weil sein *ingenium* nur für «kleine Vorfälle» und «anmutigen Stoff» ausreiche, nicht für das «große Gewicht» eines Triumphs, für «Wucht und Glanz der Geschichte», «wagt» er es dennoch, ein solches Gedicht, das eigentlich «vom Stoff erschlagen» wird, zu verfassen (zum «Wagnis» s. Fr. 2), und entschuldigt sich mit dem guten Willen, wie in der berühmten Formulierung Pont. 3,4,79: *ut desint vires*, wo es auch um dichterisches Versagen geht. Für den Fall, daß das Buch (*liber*, während sonst, wegen des «leichten» erotischen Stoffes meist von *libellus* die Rede ist) Salanus zu Ohren gekommen sei, bittet er um Schutz. Der *Triumphus* war also (1) ein separates Gedicht in Buchform, (2) sicher nicht Teil des Buches, das Salanus in der Hand hält, also nicht Pont. 2,1.

9.3 Ov. Pont. 3,4,3–6 (D4 p. 68 Lz.) 53–54, 79–80; 83–86

Der Brief an den nicht näher bekannten Freund Rufinus, an den auch Pont. 1,3 gerichtet ist, greift die Gedanken der Briefe an Germanicus und an Salanus wieder auf – Sorge um die Ankunft des *Triumphus* in Rom, Topos des Versagens gegenüber der Größe des Themas, hier in der bekannten Fassung –, gibt wie in Pont. 2,1 einen

Rückblick auf den pannonisch-dalmatischen Triumph und damit verbunden auf den darüber verfaßten Panegyricus, schließlich wie in Trist. 4,2 eine Vorschau auf den Triumph über die Germanen und die Planung eines dafür bestimmten Gedichtes. Daß sich das elegische Versmaß mit seinen «zweierlei Rädern» für den Stoff als ungeeignet erwiesen habe, ist ebenfalls ein Topos.

Triumphus ist hier deutlich als Gattung, resp. als Titel gekennzeichnet (*suo Triumpho*); es handelt sich um ein «dürftiges Werk» im Vergleich zum prunkvollen Aufwand der Parade. Aufschlußreich sind ferner die Angaben (51–66, hier im Auszug) über den Dichterbetrieb in Rom: Triumphe gaben Anlaß, massenhaft Gedichte zu diesem Thema auf den Markt zu werfen. Damit kann Ovid, da er nicht Augenzeuge (17–40) und wegen der langen Transportwege nicht aktuell genug ist (53–60), nicht konkurrieren, während die anderen Produkte längst durch öffentliche Lesungen («vom Mund des Volkes») verbreitet werden.

10 TRIUMPH DES TIBERIUS ÜBER GERMANIEN

Ov. Pont. 3,4,87–88 (T7 Bl.)

Datierung: Der Triumph fand am 16. Jan. 13 n. Chr. statt, kaum drei Monate nach dem vorausgehenden: «Lorbeer soll Jupiter erhalten, solange der vorige noch grün ist» (Pont. 3,4,90). Das Datum muß Ovid bekannt gewesen sein, als er es «prophezeite».

Metrik: Versmaß war wie angekündigt der Hexameter. Die Abwendung vom elegischen Versmaß bedeutet Hinwendung zur «großen» Form, die dem «großen» Stoff angemessen schien.

Nachdem Ovid wie viele andere Dichter den pannonischen Triumph des Jahres 12 «um die Wette», wenn auch mit großer Verspätung («um ein Jahr»: Pont. 3,4,6) dichterisch gepriesen und sein Produkt selbstkritischer Betrachtung unterworfen hatte (Pont. 3,4,53), ist die daran anschließende Ankündigung eines panegyrischen Gedichts mehr als nur ein Versprechen, da Ovid viel daran gelegen sein mußte, sich beim designierten Thronfolger Tiberius rechtzeitig Gehör zu verschaffen. Auch Livia wird im gleichen Atemzug angesprochen und in einer längeren Apostrophe, die den ganzen Schluß des Gedichtes einnimmt, zur Vorbereitung des Triumphzugs aufgefordert (V. 95–114).

Ausführlich, sehr anschaulich, aber aus der Phantasie hatte Ovid den künftigen Triumph über Germanien bereits im Brief Trist. 4,2 geschildert, der zwischen 10 und 12 verfaßt ist. Auch hier finden wir eine prophetische Schilderung eingelegt, diesmal in Form einer Vision, für die sich Ovid als «gotterfüllter» Dichter legitimiert fühlt und die er mit einem Gebet absichert: «Dies ist Gottes Stimme, ein Gott ist in meiner Brust» (93–94; man vergleiche die frühere Ironie gegenüber diesem Begriff in Fr. 3.2). Eine entsprechende Darstellung eines künftiges Triumphes über die Parther, der dann allerdings nie stattfand, hatte Ovid schon in Ars 1,177–228 gegeben (s. Fr. 8.2).

Die Gemma Augustea im Kunsthistorischen Museum in Wien, das eine der beiden Hauptwerke antiker Steinschneidekunst, verherrlicht einen der Triumphe des Tiberius, wohl den des Jahres 13 (E. Zwierlein-Diehl, *Die antiken Gemmen des Kunsthistorischen Museums Wien*, Bd. 1, München 1973, 158 f., Nr. 516 Taf. 87: um 5 n. Chr.; W.-R. Megow, *Kameen von Augustus bis Alexander Severus. Antike Münzen und geschliffene Steine*, Bd. 11, Berlin 1987, 155–163, Taf. 3–6: Einzug in Rom ohne Triumph, 16. Jan. 10; Landesmuseum Mainz, *Schätze des Oesterr. Kaiserhauses. Meisterwerke aus der Antikensammlung des Kunsthist. Mus. Wien*, Kat. 1994/95, Abb. 1), während die Grand Camée de France sich auf den Triumph des Germanicus vom Jahr 17 bezieht (Megow 202–207 Taf. 32 f., s. Fr. 15.1).

11 EPICEDION AUF MARCUS VALERIUS MESSALLA
CORVINUS (ELEGIE AUF DEN TOD MESSALLAS)

Ov. Pont. 1,7,27–30 (T6 Bl., D3 p. 68 Lz.)

Datierung: Messalla beging 13 n. Chr. Selbstmord, um die Leiden seiner Krankheit zu beenden (Plin. Nat. hist. 7,90).

Die Form des elegischen Distichons ist gattungsbedingt. Ein Titel ist nicht überliefert. «Epicedion» war die geläufige griechische Bezeichnung für Nachrufe in Gedichtform (s. Fr. 12), die naturgemäß den panegyrischen Gedichten nahestanden. Ein Panegyricus auf Messalla in Hexametern ist im Corpus Tibullianum erhalten, ein weiterer in elegischem Versmaß in der Appendix Vergiliana. Ein Beispiel für die Gattung des Epicedions liegt in der *Consolatio ad Liviam* vor (die drei Texte s. Ovidiana).

M. VALERIUS MESSALLA CORVINUS, * um 59 v. Chr., war eine der bedeutendsten Gestalten der augusteischen Epoche, Politiker, Feldherr, nach allgemeinem Urteil (Tac. Dial. 18,2; Quint. Inst. 10,1,113; Suet. Tib. 70,1) einer der größten Redner, Literat als Verfasser von Memoiren und grammatischen Traktaten, Förderer der Literatur. Tibull und Sulpicia gehörten zu seinem Kreis, dem sich Ovid nach dem Tod des Maecenas 8 v. Chr. anschließen konnte. Messallas Karriere verlief dramatisch: Anfänglich auf Seiten des Senats ging er 43 v. Chr. zu Brutus über, wurde proskribiert, entkam aber der Ermordung, kämpfte 42 v. Chr. erfolgreich bei Philippi auf dem rechten Flügel, ergab sich aber nach der Niederlage dem Antonius, der ihn schonte, befreundete sich mit Octavian, auf dessen Seite er 32 v. Chr. gegen Antonius trat, wurde 31 v. Chr. *consul suffectus* mit Octavian und Flottenkommandant bei der Schlacht von Actium. Die Ernennung des Augustus zum *Pater patriae* 2 v. Chr. ging auf seinen Vorschlag zurück. Als Ovid in Ungnade fiel, «verleugnete er mich nicht», wie Ovid dem Sohn Messalinus hier anerkennend schreibt. Zwei Jahre vor seinem Tod verlor Messalla allmählich sein Gedächtnis und vergaß sogar seinen eigenen Namen, wurde aber in der ehrenvollen Stellung eines *curator aquarum* belassen (zu diesem Amt: F. Kolb, *Rom*, München 1995, 539–542). Schließlich setzte er im Jahr 13 seinem Leben durch Hunger ein Ende (entscheidend für die Datierung ist die Ablösung als *curator aquarum* im Jahr 13: Frontin. Aq. 102; Lebensdaten 63 v. Chr. – 8 n. Chr.: Schanz-Hosius 2,23.253; Luck 1963, 575; Syme 1978, 219; eine «Verleugnung» Ovids wäre im Jahr 8 aufgrund der Krankheit jedoch nicht möglich gewesen).

Adressat des Briefes ist Messallas Sohn M. Valerius Messalla Messallinus. Mit ihm und dessen Bruder M. Aurelius Maximus Cotta, der selber Dichter war, war Ovid befreundet und richtete mehrere Briefe an sie.

12 EPICEDION AUF DEN TOD DES KAISERS AUGUSTUS

Datierung: Augustus starb am 19. August 14 n. Chr. Die *consecratio* (Apotheose, Erhebung zum Gott) fand am 17. Sept. 14 in der Form der Ernennung zum *Divus Augustus* statt. Der Brief Pont. 4,6,5–6 enthält auch Angaben über die Dauer von Ovids Exil: Die zweite Hälfte eines Jahrzehnts hat schon begonnen, s. Fr. 13.

Elegische Distichen wie beim vorigen Text gattungsbedingt.

12.1 Ov. Pont. 4,6,15–18 (T8 Bl., D5 p. 68 Lz.)

Das Gedicht ist an Brutus gerichtet, der mehrfach als Adressat erscheint; vielleicht, wie man aus dem Eröffnungsgedicht der *Epistulae ex Ponto* schließen könnte, sein Verleger.

12.2 Ov. Pont. 4,8,63–64 (D5 p. 68 Lz.)

Brief an Suillius, den Gatten von Ovids Stieftochter. In einem elegischen Exkurs wird Germanicus, der von den Römern erhoffte Thronfolger des Augustus, angesprochen. Ovid, der ihm auch die

zweite Fassung der *Fasti* widmete, hoffte vergeblich auf seinen Bei-
stand. Über sein Schicksal s. Fr. 6 und 15.

12.3 Ov. Pont. 4,9,131–132 (T9 Bl., D5 p. 68 Lz.)
Brief an den politisch einflußreichen Freund Pomponius Grae-
cinus mit Glückwünschen zu dessen Amtsantritt als Suffektkonsul
(cos. II suff.) im Jahr 16 n. Chr., darin die Apostrophe an Augustus
im Himmel, dem Ovid in Tomis opfert und zu dem er betet
(V. 105–126).

13 LOBGEDICHT AUF DIE FAMILIE DES KAISERS TIBERIUS, IN GETISCHER SPRACHE

Ov. Pont. 4,13,17–36 (T10 Bl., D6 p. 69 Lz.)
Brief an den epischen Dichter Carus, Erzieher der Söhne des Germanicus. Ovid referiert ziemlich genau den Inhalt, der sich mit dem
des Epicedions auf Augustus (Fr. 12) teilweise überschneidet: (1)
Apotheose des Augustus (25 f.), (2) widerwillige Amtsübernahme
durch Tiberius (27 f.), (3) Würdigung Livias als Vesta pudica (29 f.),
(4) Lob von Drusus und Germanicus (31 f.).
Datierung: einige Zeit nach dem Amtsantritt des Tiberius am
19.8.14, resp. seiner Erhebung zum Augustus am 17.9.14. Am glei-
chen Tag fand die *consecratio* des verstorbenen Augustus statt (Fr.
12). Über die bisherige Dauer des Exils V. 39–40 «schon die sechste
Wintersonnenwende», also 14/15 n. Chr. – *Titel:* lateinisch *Laudes
Caesaris*, wie man aus V. 23 schließen muß (anders Luck: *laudes* als
Verb!), doch war der originale Titel natürlich getisch.
Das Gedicht (anders Syme 1978, 17: «a piece of fantasy») hatte die
Form eines Panegyricus, wohl in Hexametern wie der «tibullische»
Panegyricus Messallae (Ovidiana), jedenfalls hatte Ovid das kühne
Unterfangen unternommen, die römische (oder griechische?) Metrik
auf die getische Sprache zu übertragen (V. 19–20). Ovid schildert im-

mer wieder seine Angst, im sprachlichen Exil Latein zu verlernen
(Trist. 3,14,47–50; 5,7,51–64), bemüht sich aber auch, wie das Zeug-
nis zeigt, die fremde Sprache zu erlernen und sie in künstlerische
Form zu bringen. Das Getische, eine Form des Thrakischen, ist
durch Inschriften des 3. und 2. Jh.s v. Chr. belegt: W. Brandenstein,
RE 2,6,1 (1936) s. v. Thrake, 407–414; D. Detschew, *Die thrakischen
Sprachreste*, Wien 1957, 103–105; R. Katicic, *Ancient languages of the
Balkans*, Den Haag / Paris 1976. Das von Ovid als barbarisch apo-
strophierte Thrakische war ein Zweig des Indogermanischen mit
Verschiebung der Gutturale zu *s* (Satemsprache).

14 HALIEUTICA (FISCHFANG)

Plinius, Nat. hist. 32, Quellenautoren (B 18a p. 67 Lz., 12a Ow.)
Plinius, Nat. hist. 32,11–13
Plinius, Nat. hist. 32,152–153
Plinius, Nat. hist. 31, Quellenautoren.
Die Hinweise bei Plinius sind mit den Zeugnissen zu den *Halieu-
tica* besprochen, s. o.

15 FASTI (FESTKALENDER), BUCH 1 (ERSTAUSGABE), BÜCHER 7–12

Ovid wurde in der Arbeit an den *Metamorphosen*, wie er in den
Jahren 8 und 9 n. Chr. mehrfach betont (Trist. 1,7,13 f.; 2,63 f.), durch
die Verbannung nach Tomi unterbrochen, doch war dieses Werk
offensichtlich weitgehend vollendet. Anders bei den *Fasti*. Auch hier
beklagt sich Ovid mit den gleichen Worten über die Unterbrechung
der Arbeit, die aber in diesem Fall noch nicht so weit fortgeschritten
war. Die *Fasti* waren ursprünglich für Augustus bestimmt. Daß
zwölf Bücher mindestens im Rohbau noch unter Augustus «geschrieben» oder wenigstens geplant waren, ist durch Ovids Formu-

lierung eindeutig belegt (Fr. 15.1). Fertiggestellt waren wohl erst
sechs Bücher. Ob es noch zu einer Teilausgabe kam und ob das Wid-
mungsexemplar Augustus noch vor dessen Tod 14 n. Chr. erreichte,
muß offen bleiben. Die Abfassung der «traurigen» Elegien hatte Vor-
rang, und für eine Weiterführung der Pläne standen in Tomi die nöti-
gen Hilfsmittel nicht zur Verfügung.

Die Erstfassung wurde überarbeitet und GERMANICUS gewidmet (s. Fr. 6 und 12.2), wie mehrere Stellen im ersten Buch der *Fasti*
zeigen (V. 3.63.285). Die Widmung des ersten Buches an Augustus
wurde an den Beginn des zweiten verschoben, wobei ein Verspaar,
das sich darauf bezieht, stehen blieb (1,296 f.). Die Überarbeitung erfolgte ziemlich spät (s. zu Fr. 15.3). Auch im vierten Buch (4,81) richtet sich ein Einschub an Germanicus. Dessen weiteres Schicksal erlebte Ovid nicht mehr: Am 10. Oktober 19, etwa ein Jahr nach Ovids
Tod, kam Germanicus unter ungeklärten Umständen ums Leben.

15.1 Ov. Trist. 2,549–552
Die Ankündigung der Widmung der *Fasti* bezieht sich auf die verlorene, bzw. fragmentarische erste Fassung in zwölf Büchern (der
Sinn von *sex totidemque* «zwölf» ist gesichert durch Fast. 6,725;
Kraus 1968, 123; Bömer, Luck, Wormell-Courtney; nach Syme 1978,
21–36 bereits 4 n. Chr. Abbruch der Arbeit; ähnlich Holzberg 1995,
360–364). Ovid mußte nach dem vorliegenden Zeugnis die Arbeit an
seinem letzten großen Werk unterbrechen und konnte es auch später
nicht mehr fertigstellen. An der erhaltenen Fassung zeigen sich anderseits deutliche Spuren der Überarbeitung. Die Veröffentlichung
von *Tristia* Buch 2 im Jahre 9 n. Chr. ging also der Erstausgabe der
Fasti voraus.

15.2 Ov. Fast. 1,3-4
Mehrere Zeugnisse weisen deutlich auf die Umarbeitung der *Fasti*
nach dem Tod des Augustus hin, so die Widmung an Germanicus im

Gegensatz zu 15.1, die noch gestützt wird durch den Glückwunsch an ihn zur Eröffnung des Jahres (V. 63 f.: «Siehe, Janus verkündet dir, Germanicus, ein glückliches Jahr») und die Anrede im vierten Buch (4,81), die sonst nicht begründet wäre.

15.3 Ov. Fast. 1,285–286

Wenn die zweite Ausgabe der *Fasti* nach dem Tod des Augustus liegt, ist mit der Anspielung auf einen Triumph über die Germanen nicht die weit zurückliegende Überreichung der *ornamenta triumphalia* des Jahres 9 gemeint, sondern der Triumph des Germanicus über Cherusker, Chatten, Angivarier und andere Völker zwischen Rhein und Elbe am 26. Mai 17 (Tac. Ann. 2,41,2; Bömer z. St., Syme 1978, 63; dargestellt auf dem Grand Camée de France, s. Fr. 10). Der Versuch, die Stelle auf das Gelübde des Senats vom 1. Januar 15 für einen Triumph über Germanien zu beziehen und damit die Datierung der *Fasti* und des Todes des Autors zurückzuverlegen (Herbert-Brown 1994, 205–212), scheitert daran, daß der Text Sieg und Triumph des Germanicus bereits voraussetzt. Ovid arbeitete demnach noch während des Jahres 17 an den *Fasti*. Wenn man die langsamen Nachrichtenwege einberechnet, über die sich Ovid beklagt (ein Jahr hin und zurück: Pont. 3,4,59 f.; 4,11,15 f.; anders Pont. 4,5,5–8, wo allerdings die acht Tage erst für den Landweg in Italien zu gelten scheinen), dann kann sein Tod erst im Spätjahr oder erst 18 erfolgt sein. Hieronymus (Chron. p. 171 H) verzeichnet das Jahr 17 als Ovids Todesjahr. Im Oktober 17 wurde Germanicus zum zweitenmal zum *consul ordinarius* designiert, was Ovid nicht mehr erfahren zu haben scheint.

15.4 Ov. Fast. 3,149–150

Planung des siebten Buches: Der Quintilis wurde nach Caesar Juli genannt (Zusammenstellung der Vorverweise bei Bömer 1957, 20).

15.5 Ov. Fast. 5,147–148
Planung des achten Buches: August (der Genius des Herrschers ist V. 145 erwähnt).

15.6 Ov. Fast.3,199–200
Planung des achten und zwölften Buches: Die Consualien für den Ackergott Consus wurden am 21. August und am 15. Dezember gefeiert.

15.7 Ov. Fast. 3,57–58
Planung des zwölften Buches: Die Larentalien für Acca Larentia, die Romulus und Remus aufzog, wurden am 23. Dezember gefeiert.

15.8 Servius auctus ad Verg. Georg 1,43 (16dub. Bl., 19 Ow., Dub1 p. 69 Lz.)
Die Stelle kann sich auch auf die Vorverweise Fr. 15.4–5 beziehen, aus denen die Planung der späteren Bücher hervorgeht.

15.9 (Ps.-)Ovid, Fast. 7,1–4
In einigen Handschriften, die älteste ist Vat. Lat. 3262 (Ursinianus), 11. Jh., finden sich in unmittelbarem Anschluß an das Ende des sechsten Buches vier Verse, die angeblich das siebte Buch eingeleitet haben. Der durch Quellen klar belegte Verlust der Bücher 7–12 führte zu zahlreichen Fabeleien (Bömer 1957, 20–22; Wormell-Courtney 1988, praef.).

16 FRAGMENTE UNBEKANNTER ZUGEHÖRIGKEIT

16.1 Servius auctus ad Verg. Georg. 4,495 (7 Bl., 7 Co., 9 Ow., B12 p. 60 Lz.)
Anfang eines Hexameters. – Der Bezug zu Eurydice ergibt sich aus Vergils *Georgica*.

16.2 Auctor De generibus nominum (De dubiis nominibus),
  Gramm. Lat. 5,576,6 Keil (8 Bl., 8 Co., 14 Ow., B13 p. 60 Lz.)
Ende eines Hexameters. – Die gewöhnliche lat. Form ist *crystallus*, das Genus wie im Griech. feminin. – *albo*: Das fälschlich überlieferte *alba* (corr. Haupt) jetzt wieder bei Courtney. Ein Reflex vielleicht bei Sidonius Apollinaris, Carm. 11,94 (Kristalljoch des Venuswagens), worauf Courtney verweist.

16.3 Auctor De generibus nominum (De dubiis nominibus),
  Gramm. Lat. 5,592,27 Keil (9 Bl., 9 Co., 15 Ow., B14 p. 60 Lz.)
vehes: von Co. als Verbform verdächtigt, zu Unrecht, wie der Zusammenhang zeigt.

16.4 Paulus Festi Epit., p. 437,6 Lindsay, p. 327, 4 M.
  (10 Bl., 10 Co., 11 Ow., B15 p. 60 Lz.)
Ende eines Hexameters. – Zuweisung von Co. bestritten, weil Ovids Name in der zugehörigen Autorenliste (p. 436 Lindsay, p. 326 M.) fehlt. Falsche Etymologie: Salacia als Göttin der Salzflut verwechselt mit *salax* «lüstern» zu *salire* «bespringen».

16.5 Charisius, Ars grammatica. Excerpta Bobiensia, Gramm.
  Lat. 1,550,17 Keil (11 Bl., 11 Co., 16 Ow., B16 p. 60 Lz.)
Anfang eines Hexameters oder Pentameters. – Die Verwendung von *viscera* im Singular ist nicht selten: Ov. Met. 6,290: *haerentia viscere tela*; Ibis 192: *viscere pascet avis*; 400: *viscere pavit equos*. Belegt seit Tib. 1,3,76; Luc. 3,6,58; Plin. Nat. hist. 11,186; Ps.-Sen. Her. Oet. 1249.

16.6 Porphyrio ad Hor. Carm. 2,5,20 (12 Bl., 12 Co., 10 Ow.,
  B17 p. 61 Lz.)
Quelle ist der sprachlich-stilistische Schulkommentar des Pomponius Porphyrio zu Horaz, 2./3. Jh. – Zu skeptisch Co.,

der *Ovidius* durch *inferius* als Verweis auf Carm. 3,7,5 ersetzen möchte.

16.7 Plinius, Nat. hist. 30,33 (13 Bl., 13 Co., 12 Ow., B18 p. 61 Lz.)
Buch 30 des älteren Plinius behandelt Heilmittel, die aus Tieren hergestellt werden. Das Rezept ist durchaus ernst gemeint, wie die nachfolgenden Beispiele bei Plinius zeigen, die ebenfalls Schwalbenasche in einem Getränk oder mit Brot serviert empfehlen. Inhaltlich paßt der Text zu den *Medicamina faciei*, wie Birt gesehen hat. Ovid fehlt wohl versehentlich in der Autorenliste von Buch 30, obwohl er im Text zitiert wird, ist also dort zu ergänzen (vgl. 16.4; anders Co., der die Zuschreibung des Zitats an Ovid als Irrtum des Plinius betrachtet).

16.8 Plinius, Nat. hist. 29, Autorenliste (B18a p. 61 Lz.)
Benutzung der *Medicamina* denkbar: Plin. 29,115–143 behandelt Krankheiten im Gesicht.

16.9 Plinius, Nat. hist. 18, Autorenliste (B18a p. 61 Lz.)
Plinius nimmt in die Autorenliste sämtliche benützten Quellen auf, auch wenn er sie im Text nicht namentlich aufführt. Buch 18 behandelt Agrarpflanzen, gelegentlich deren medizinische Wirkung (z. B. Heilung des Augustus mit Erve), was an *Medicamina* denken läßt. Im Schlußteil (351–353) bespricht Plinius die Gestirne als Wetterzeichen, wobei er ausgiebig Arat benützt, was eher auf *Phaenomena* weist.

17 ZWEIFELHAFTES UND UNTERSCHOBENES

17.1 Primasius, Comment. Epist. ad Hebr. 11, PL 97, 901 C
(14dub. Bl., 18 Ow., Dub2 p. 70 Lz.)
Aus chronologischen Gründen kommt Ovid nicht in Frage:

Varro (116–27 v. Chr.) gab sein Hauptwerk *De lingua latina* 45/44 v. Chr. heraus. Entweder Verwechslung mit dem Grammatiker Opillus, dessen Etymologien Varro gelegentlich zitiert (H. Usener, *Rheinisches Museum* 23, 1868, 681), oder mit einem Grammatiker Ovid (W. Heraeus, Drei Fragmente eines Grammatikers Ovidius Naso? *Rheinisches Museum* 79, 1930, 391–396).

17.2 Philoxenus qui dicitur GiL 2,22,40; 2,151 Lindsay (Dub3 p. 71 Lz.)

Von einem Grammatiker gleichen Namens? s. 17.1. – Die *Atellani ludi* waren volkstümliche, oft derb unanständige Lustspiele mit feststehenden Typen in der Art der Commedia dell'arte. Die Sprache und damit auch die Benennung der Typen war ursprünglich altitalisch (oskisch), also *altertümlich*. Die Schauspieler hießen Atellanen. Daß man später Schauspieler, die Homerszenen aufführten, so bezeichnet haben soll, ist ebenso erstaunlich wie die angebliche Beziehung zu Ovid.

17.3 Suet. Aug. 70,1 (FPR 340 Baehrens, FPL 103 Morel, p. 61 Lz.)

Das anonyme Spottgedicht auf «Caesar» (Augustus), das aus dem Kreis seines politischen Gegners Antonius stammt, galt zeitweise als Werk Ovids und als eine der Ursachen für seine Verbannung (so L. W. Garlow, *Classical Journal* 32, 1936, 103–105), was schon aus chronologischen Gründen nicht angeht: Selbstmord des Antonius 1. Aug. 30 v. Chr., als Ovid erst 13jährig war. Die metrischen Eigenheiten (vier- und fünfsilbige Wörter am Versende) sind bezeichnend für die Entstehungszeit. – Ebenso sicher sind die beiden Inhaltsangaben zu Vergils *Aeneis* in 12, resp. 6 Hexametern aus Ovids Werk auszuschließen: Riese-Bücheler, *Anthologia Latina* I 2 (1906) Nr. 634.672a.

OVIDIANA
GEDICHTE AUS OVIDS UMKREIS

SABINI EPISTULAE – BRIEFE DES SABINUS

Einführung

Ovid gibt in seiner zweiten Ausgabe der Liebesgedichte (Am. 2,18,19–26) einen Überblick über seine früher verfaßten 15 «Liebesbriefe», die Erstausgabe der *Heroides*:

> Quod licet, aut artes teneri profitemur Amoris,
> – ei mihi! praeceptis urgeor ipse meis! –
> aut quod Penelopes verbis reddatur Ulixi
> scribimus et lacrimas, Phylli relicta, tuas,
> quod Paris et Macareus et quod male gratus Iason
> Hippolytique parens Hippolytusque legant
> quodque tenens strictum Dido miserabilis ensem
> dicat et Aoniae Lesbis amica lyrae.

«Ich verkünde, das darf ich, die Künste des zarten Amor – weh mir, ich werde von meinen eigenen Ratschlägen bedrängt! –, oder ich schreibe, was in den Worten Penelopes dem Ulixes berichtet wird (Brief 1), und von deinen Tränen, verlassene Phyllis (Brief 2), was Paris (Brief 5) und Macareus (Brief 11) und was der undankbare Jason (Briefe 6 und 12), der Vater des Hippolytus (Brief 10) und Hippolytus (Brief 4) lesen sollen und was die arme Dido, das gezückte Schwert in der Hand, sagen soll (Brief 7) und die Lesbierin (Sappho, Brief 15), Freundin der aonischen (musischen) Lyra.»

Daran schließt sich der Bericht (Am. 2,18,27–34) über die Reaktion seines Dichterfreundes Sabinus auf die *Heroides*:

Quam cito de toto rediit meus orbe Sabinus
  scriptaque diversis rettulit ille locis!
Candida Penelope signum cognovit Ulixis,
  legit ab Hippolyto scripta noverca suo;
iam pius Aeneas miserae rescripsit Elissae
  quodque legat Phyllis, si modo vivit, adest;
tristis ad Hypsipylen ab Iasone littera venit;
  det votam Phoebo Lesbis amata lyram.

«Wie rasch kam mein Sabinus aus der ganzen Welt zurück und
brachte die Schreiben aus den verschiedenen Orten mit! Die keusche
Penelope (Brief 1) erkannte das Siegel des Ulixes, die Stiefmutter
(Phaedra, Brief 4) las das Schreiben des Hippolytus, schon schrieb
der ‹fromme› Aeneas der armen Elissa (Dido, Brief 7) zurück, und
da ist, was Phyllis lesen könnte, wenn sie noch lebt (Brief 2). Ein
trauriger Brief kam von Jason an Hypsipyle (Brief 6); und die Lesbierin (Sappho, Brief 15), geliebt, soll nun dem Phoebus ihre Lyra
weihen.»
  Wir kennen diesen Freund Ovids aus dem Dichterkatalog in seinem letzten Werk (Pont. 4,16,13–16), wo er ihn, den früh Verstorbenen, nochmals als Elegiker und Epiker würdigt, wobei er nochmals
auf dessen Ulixes-Brief hinweist. Die Aufzählung der eigenen Gedichte ist nicht vollständig (10 von 15); das dürfte auch für die Antwortschreiben des Sabinus gelten, von denen sechs aufgeführt sind,
was wohl ebenfalls nur eine Auswahl darstellt.

Umstrittene Autorschaft – Zeitvertreib in der Sommerfrische oder Gelehrtenintrige?

Frühere Ovid-Ausgaben enthielten bis ins 19. Jahrhundert jeweils
im Anhang zu den *Heroides* drei Briefe eines «A[ulus] Sabinus eques
Romanus celeberrimus vatesque», die den Titel *Rescriptiones* tragen,
Antwortschreiben an Penelope, Phyllis und Oenone, die Ovids

Heroides-Briefen 1, 2 und 5 entsprachen, zusammen 330 Verse (132, 106, 92). Sie schienen in einem sehr schlechten Zustand zu sein und erforderten, wenn sie lesbar werden sollten, textkritische Eingriffe. Scaliger, Nicolaus Heinsius, Cuper, Fr. Heusinger, Loers bemühten sich um den von ihnen für antik gehaltenen Text. Doch schon mit Aldus Manutius (1502) hatte sich eine skeptische Stimme gemeldet, welche die Qualität bemängelte – «weder von Sabinus noch überhaupt von einem guten Dichter». Ähnlich äußerten sich später Daniel Heinsius, Vossius, Burman, Amar, dieser mit der Bemerkung, nach all den Verbesserungen seien die Briefe mehr «heinsianisch als sabinianisch». Da die Texte nicht ohne literarischen Reiz schienen, aber seit Loers (1830) nicht mehr greifbar sind, war geplant, sie als Beispiel humanistischer Rezeption der vorliegenden Ausgabe anzugliedern.

Als Autor gilt der Humanist und Poeta laureatus ANGELO SANI DI CURE, der in dichter Folge mehrere antike Autoren herausgab – Terenz (1472), Laktanz (12. Feb. 1474), Ammianus Marcellinus (7. Juni 1474) –, ferner einen Kommentar zu Juvenal, *Commentum in Juvenalem* (1471), in zweiter Auflage *Paradoxa in Juvenali* (9. Aug. 1474), wobei er als «Angelus Cneus Sabinus poeta laureatus» (Laktanz), «A. Cn. Quirinus Sabinus» oder «A. Sabinus poeta laureatus» (Paradoxa) zeichnete. Die Zuschreibung der «Sabinus-Briefe» an diesen Autor beruht auf einer Notiz in dessen *Paradoxa*, wo er im ersten, 1467 datierten Widmungsbrief an Nicolò Perotto schreibt: ... *cum per aeris intemperiem ab urbe Roma in Sabinos Cures me recepissem heroidibusque Nasonis poetae inclyti heroas respondentes facerem, venit ad me vir quidam religiosus* ... – «als ich mich wegen des drückenden Wetters aus Rom ins sabinische Cures (h. Corese, d. h. sein Heimatdorf) zurückzog und Antworten der Heroen an die Heroiden des berühmten Dichters Naso verfaßte, kam zu mir ein Kleriker ...» Da die antiken Quellen weder Vornamen noch Stand des Sabinus kennen, verdächtigte man den ersten Herausgeber des Etikettenschwindels und nahm an (skeptisch Schanz), der Verfasser der edierten Briefe sei der mit dem Pseudonym «A. Sabinus» kokettierende Angelo Sani.

Für die Buchproduktion des 15. Jahrhunderts war es allerdings nichts Ungewöhnliches, daß Teile eines Werkkomplexes erst allmählich aus Handschriften zutage traten. 1477 lagen in der Ovid-Ausgabe bei Stefano Corallo in Parma neue Fragmente aus den *Heroides* vor, an deren Echtheit heute kaum mehr gezweifelt wird, obschon die zugrunde liegende Handschrift inzwischen verschollen ist (16,39–144; 21,145–248). Herausgeber war der bedeutende Humanist Domizio Calderini, der drei Jahre zuvor den ersten Kommentar zu Ovids *Ibis* veröffentlicht hatte. Überraschenderweise enthält nun aber, entgegen bisheriger Annahme (Dörrie), der gleiche Druck auch den ersten Text der Sabinus-Briefe. Damit fällt neues Licht auf die Editionsgeschichte, denn der Schluß liegt nahe, daß für beides als Quelle die gleiche Handschrift diente. Auf dieser (oder auf dem Druck von 1477) beruht die in Urbino vor 1482 verfaßte Handschrift im Vatikan aus der Bibliothek des Federigo da Montefeltro.

Die Überlegungen gingen bisher davon aus, der Erstdruck liege in Bernardino Rizos Ausgabe von 1486 vor (in Wirklichkeit ein unsorgfältiger Raubdruck der Ausgabe Celsanos von 1480, dem fünf weitere Ausgaben vorausgingen) und sei rein aus geschäftlichen Gründen erfolgt. Calderinis Autorität und wissenschaftliches Ethos dagegen machen es unwahrscheinlich, daß er auf eine Täuschung hereinfiel oder sie gar selbst veranstaltete. Dazu kommt, daß Calderini und Sani, beide am Studio Romano tätig, verfeindet waren, seitdem Sani Notizen aus Calderinis Juvenal-Vorlesung im erwähnten, 1474 publizierten Kommentar so großzügig «verarbeitet» hatte, daß er den Vorwurf des Plagiats einstecken mußte. Man kann es darum ausschließen, daß ausgerechnet Calderini, vorgewarnt durch den Widmungsbrief in den gleichen *Paradoxa*, für die Verbreitung von Sanis Gedichten unter falschem Deckmantel gesorgt hätte. Denkbar wäre hingegen, daß Sanis Notiz, auf die sich die Identifizierung bisher ausschließlich stützte, die geplante Veröffentlichung Calderinis von vornherein diskreditieren sollte und daß die Nachwelt einer Intrige unter römischen Gelehrten aufgesessen wäre.

Die stilistischen Eigenarten und Qualitäten des antiken Sabinus sind, trotz der Wertschätzung seines Freundes Ovid, nicht bekannt (was Scaliger schon gegen die Skeptiker einwandte), hingegen zeugt ein rund 6000 Hexameter umfassendes (bisher nicht untersuchtes) Gedicht über die Plünderung von Lüttich durch Karl den Kühnen 1468, *De excidio civitatis Leodiensis*, von den dichterischen Fähigkeiten oder Fertigkeiten des Renaissanceautors (vor 1471 verfaßt, einziger Druck in: E. Martène / U. Durand, *Veterum scriptorum et monumentorum historicorum, dogmaticorum, moralium amplissima collectio*, Bd. 4, Paris 1729, 1381–1500) und bot vermutlich Anlaß für seine Dichterkrönung. Angelus Sabinus erweist sich hier als begabter, flüssig erzählender Autor, der die Zeitgeschichte geschickt in antikes Gewand kleidet (z.B. Buch 3 nach Vergil: Juno hetzt die Furie Allecto zum Krieg auf) und klassische Prosodie und Metrik ungewöhnlich gut beherrscht, nicht jedoch die Finessen (Elision jambischer Wörter, kurzer Auslaut vor *s impurum* u.ä.). Der Stilunterschied zwischen diesem eleganten Epos und den recht schwerflüssig gelehrten Sabinus-Briefen spricht nicht für gleiche Autorschaft.

Als Argumente für deren antiken Ursprung ließen sich dagegen, abgesehen von der Überlieferungsgeschichte, anführen:

1. Beherrschung antiker Verstechnik, einschließlich der von Naeke 1835 wiederentdeckten Regel für hellenistische Hexameter (kein Spondeus vor bukolischer Zäsur), d.h. strenger als Ovid.

2. Typische Handschriftenfehler, die im Lauf der Editionen einleuchtend verbessert wurden, z.B.: Aldus (1,3: *caram* für *coram*; 1,90: *Aeolus* für *solus*); Naugerius (1,63: *celat* für *cessat*), Swarthius (1,70: *fortes it* für *forte sit*; 1,115: *lecto* für *tecto*),

Nicolaus Heinsius (1,37: *Circe* für *arte*; 3,91: *illam ostende* für *illas tende*), Daniel Heinsius (3,69: *Parin succumbere* für *pari succurrere*; 3,89: *Cebren* für *seu rem*).

3. Freier Umgang mit den Vorlagen Ovids, man vergleiche z. B. Hercules beim Wollespinnen, Sab. 3,43–46 mit der entsprechenden Stelle bei Ovid, Her. 9,73–80 (nicht dem Oenone-Brief entnommen, wie zu erwarten wäre).

4. Geschickte Wahl der Situation der Briefe und phantasievolle Erfindung der Reaktionen der Adressaten.

5. Kenntnisse entlegener Mythen (1,36 Parthenope; 1,107 Plisthenide; 2,7 Vertreibung des Menestheus).

6. Belesenheit in griechischer Literatur: Homer, Euripides, Lykophron.

7. Intertextuelle Bezüge: Spiel mit den literarischen Kenntnissen eines auch in griechischer Literatur bewanderten Lesers.

Metrik

Elegische Distichen nach klassischem Muster. Im Hexameter ist häufig wie bei den neoterischen Dichtern um Catull die sog. bukolische Zäsur verwendet (starker syntaktischer Einschnitt nach dem 4. Versfuß); der Autor folgt zusätzlich der strengen hellenistischen Regel, daß in diesem Fall der 4. Versfuß ein Daktylus sein muß (Gesetz von Naeke; von Catull nicht beachtet, bei Ovid 1:8 Verstöße); Versende mit zwei Zweisilblern kommt nur in Verbindung mit bukolischer Zäsur vor. Die Pentameter enden mit zweisilbigem Wort, mit viersilbigem nur ausnahmsweise (2,76 *Demophoon*), selten mit offenem kurzem Vokal (alle auf -*a*: 1,44; 3,50.80), was ovidischer Praxis entspricht (Platnauer 64–66). Metrische Dehnung in der Zäsur wie gelegentlich bei Properz und Ovid: 1,130; 2,93 (Platnauer 60).

Ausgaben, Kommentare, Übersetzungen

Loers, V., Ovidii Heroides et A. Sabini Epistolae, Bd. 2, Köln 1830, 592–631 (Krit. Ausg., Komm.)

Mezger, E. F., Ovid, Werke, Bd. 14, Stuttgart 1855, 1809–1821 (deutsch).

Literatur

Loers 573–589. – O. Jahn, *Zeitschrift für die Altertumswissenschaft* 4, 1837, 631. – C. E. Gläser, ‹Der Dichter Sabinus›, *Rheinisches Museum* 1, 1842, 437 f. – R. Sabbadini, Le scoperte dei codici latini e greci ne’ secoli XIV e XV, 1, Florenz 1905/1967, 176. – Catalogue of Books printed in the XVth century now in the British Museum, 4–7, London 1916–1935. – Schanz-Hosius 2,216.271. – G. Mercati, Ultimi contributi alla storia degli umanisti, 2. *Studi e testi*, 91, Città del Vaticano 1939, 17–23. – G. Canali, in: Dizionario Biografico degli Italiani, 3 (1961) 234 f., s. v. Angelo Sabino. – A. Perosa, in: Dizionario Biografico degli Italiani, 16 (1973) 600 f., s. v. Domizio Calderini. – Dörrie 1968, 104–106. – K. Heldmann, ‹Ovids Sabinus-Gedicht (am. 2, 18) und die Epistulae Heroidum›, *Hermes* 122, 1994, 188–219. – Häuptli 1995, 263–265.

Text

Handschrift: Vaticanus Urbinas 353, foll. 88–95, 1474–82 (Kat. Bibl. Vat. II 2, Paris 1982; Text ev. nach dem Erstdruck). *Editio princeps:* Domizio Calderini, bei Stephanus Corallus, Parma 1477 (1. Juli), im Register «Sabini Eq. Ro. epistole tres ...»; Titulus vor dem Text «A. Sabinus eques Romanus celeberrimus vatesque ...» (Expl. London überprüft; s. Kat. London 7, 940; Abdruck verschoben hinter *Ibis*, darum Dörries irrige Angabe, der Text fehle), nachgedruckt bei Andrea Portilia, Parma 1480 (15. Mai), nicht in den Ausgaben Milano 1477, 1478, Bologna 1480, doch fortan in allen Ovid- und *Heroides*-Ausgaben: Barnaba Celsano, bei Herman Lichtenstein, Vicenza 1480 (10. Mai; Expl. UB Basel überprüft; Dörries «Erstausgabe»; Nachdruck Venedig, 21. Sept. 1484; *Heroides*: 10. Juni 1485); Druck des Bernardino Rizo di Novaria, Venedig 1486 (13. Jan., Loers' «Erstausgabe», Raubdruck der Ausgabe Celsanos; Kat. Paris fälschlich «1480»); 1492 (Lazarus de Sabiliano, nicht wie angenommen nach Handschrift), 1502 (Aldus), 1515 (Naugerius bei Aldus), Micyllus, Bersmann, Nicolaus und Daniel Heinsius, Burman usw. bis Loers; seither kaum mehr gedruckt. Von Mezger als «Product des fünfzehnten Jahrhunderts» übersetzt.

Lesarten (Abweichungen von Loers): 1, 33 Niseia *D. Heinsius:* Nereia – 1, 47 Amphimedontaque: -que Medontaque *edd., sed v. Ov. Her. 1, 91, Accursius coll. Od. 22, 242* – 1, 130 hinc: hic – 2, 1 patria haec *de elisione cf. Platnauer 75:* patria – 2, 22 atque *cf. Platnauer 78:* quaeque – 2, 33 manere: redire – 2, 41 dicens: dices *ed. pr.:* dicere *D. Heinsius* – 2, 49 oculos circumstant *D. Heinsius:* oculis circumdat – 2, 70 belli *cf. Ov. ep. 10, 31 de elisione:* bella – distinuere: detinuere – 2, 73 non iam: sit tam *Loers:* sit iam *edd.* – 2, 74 nec moror: nunc minus *Loers:* non minor *edd.* – 2, 86 ulli *Aldus:* uni – 2, 94 modo currat *Burman:* quoque currit – 2, 100 manus *Francius Burman:* deos – 2, 103 accuset *Burman:* excuset – saxis si forte: fatis in parte *edd.:* fatis si forte *Burman* – 3, 7 me *Micyllus:* non – 3, 9 es: tu – iutusque iuventa: fassusque iuventam – 3, 12 hic dominis: hoc dominus – reticendus: retinendus – 3, 24 me *Heusinger:* et – 3, 36 instruit *Bersmann:* destruit – 3, 68 decipit: iacuit *(sic edd.)* – 3, 81 nam *D. Heinsius:* cum.

Erläuterungen

1 ULIXES AN PENELOPE

Briefsituation
Ovid, Brief 1: Schon zwanzig Jahre ist Ulixes (Odysseus), König von Ithaca, von zu Hause fort, zehn Jahre im Kampf um Troja, zehn Jahre auf Irrfahrten unterwegs, ohne daß seine Gattin Penelope Genaueres von ihrem Gatten weiß. Sie ergreift jede Gelegenheit, etwas von ihm zu erfahren, sendet Boten aus und gibt den Reisenden Briefe wie den vorliegenden mit, verdrängt aber Gerüchte, die an der Treue des Gatten zweifeln lassen. Belästigt von den Freiern, die sich in ihrem Haus breit machen und die königlichen Güter verprassen, bittet sie Ulixes dringend um Heimkehr. Ihr Sohn Telemachus, der den Vater in Pylos gesucht hat, ist dem Mordanschlag der Freier entgangen und nach Ithaca zurückgekehrt.

Sabinus: Ulixes ist nach langer Irrfahrt in Ithaca eingetroffen und Athene begegnet, die ihm ihren Schutz zusichert. Obwohl er von ihr erfahren hat, wo er gelandet ist, gibt er vor, das Land nicht zu kennen, um Penelope nicht zu unvorsichtigen Schritten zu bewegen. Nach dem lücken- und lügenhaften Katalog seiner Abenteuer gibt er Penelope und seinem Sohn Telemachus Ratschläge für ihr Verhalten bei seinem nun zu erwartenden Auftreten. Verschwiegen wird wohlweislich, daß Vater und Sohn sich bereits beim Schweinehirten Eumaios getroffen und verständigt haben. Der Brief wird deshalb bald bei der Adressatin eintreffen und sie in ihrer schwierigen Lage ermutigen.

Quellen: Homer, *Ilias* und *Odyssee;* Euripides u. a.; mythologische Handbücher.

5–10 Die Vorgeschichte des Trojanischen Krieges, die im kyklischen Epos *Kyprien* erzählt war, dient zur Rechtfertigung des langen

Ausbleibens: Ulixes stellt sich wahnsinnig, um nicht in den Krieg ziehen zu müssen, wird aber entlarvt (Ov. Met. 13,43). Grund der Verzögerung sind in Wirklichkeit Circe, bei der er ein Jahr, und Calypso, bei der er sieben Jahre verbringt, s. V. 37 f.

11–12 Reaktion auf den Anfang von Penelopes Brief (Her. 1,1–2): Ulixes schreibt zunächst nicht, sondern beeilt sich heimzukehren, wird aber wieder von einem Sturm *nordwärts* nach Scheria verschlagen, auf die Insel der Phäaken (in der Antike mit Korfu identifiziert). Der dortige Aufenthalt beansprucht einen großen Teil der *Odyssee* (Bücher 5–13). Von den Phäaken wird er schlafend in Ithaca abgesetzt.

13–14 Trojas Untergang wird von Penelope mehrfach erwähnt (Her. 1,3–4.23.51–56). – *grajisch:* griechisch.

15–16 Penelopes Ängste wegen Hector und anderen Trojanern (Her. 1,15–20) werden mit der Mitteilung, daß diese tot sind, beschwichtigt. – *Deïphobus:* Hectors Bruder, der nach Paris' Tod Helena zur Frau erhält. – *Asius:* thracischer König auf der Seite der Trojaner, von Idomeneus getötet (Hom. Il. 13,384–393).

17–18 Antwort auf Her. 1,39–46: Penelope kennt zwar die Vorgänge, Ulixes betont aber, daß das Risiko gering war, da er den thracischen König Rhesus im Schlaf ermordet und so kein richtiger Kampf stattgefunden hat: Hom. Il. 10,432–579. Euripides, *Rhesos*.

19–20 *Phrygiens Tritonis:* Raub des Palladiums. Ulixes und Diomedes rauben das hölzerne Bild der *Tritonis* (lateinischer Beiname Minervas), an dem nach dem Orakel das Schicksal Trojas (in *Phrygien*) hängt (Ov. Met. 13,337–349), aus der Burg von Troja.

21–24 Das trojanische Pferd, in dem sich die Griechen versteckt halten. Cassandra rät vergeblich, es zu verbrennen (Verg. Aen. 2,13 ff.).

25–28 Streit um die Waffen Achills: Ulixes hat nach dieser Version (so auch Ov. Met. 13,280–285; sonst Leistung des Ajax) den Leichnam Achills mitsamt den Waffen aus der Schlacht getragen; darauf erscheint Thetis und klagt um ihren Sohn; Achills Waffen werden von den Griechen Ulixes zugesprochen, worauf Ajax Selbstmord begeht.

29–30 Die Prophezeiung des Tiresias (Hom. Od. 11,103–113) erfüllt sich: Alle Gefährten werden umkommen, wenn sie sich an den Rindern des Helios vergreifen.

31–32 Das «Ausharren Amors», als Antwort auf Penelopes eifersüchtige Verdächtigung (Her. 1,75 f.) gedacht, ist zweideutig: Die Liebe zu dir (so soll es Penelope lesen) hat mich bei allen Anfechtungen gestärkt, bzw. Amor hat mich als Liebhaber nie im Stich gelassen.

33–34 *niseïsches Mädchen:* Scylla, Tochter des Nisus, von Ovid meist mit dem Meeresungeheuer an der Straße von Messina gleichgesetzt (Ov. Her. 12,123; 15,54; Am. 3,12,21; Rem. 737; Fast. 4,500). Der Schlund der Charybdis liegt gegenüber.

35–36 *Antiphates:* König der menschenfressenden Laestrygonen (Hom. Od. 10,81; Ov. Met. 14,233). – *Parthenope:* Sirene, die sich aus Kummer über ihre Erfolglosigkeit ins Meer stürzt. Die Geschichte, auf die angespielt wird, findet sich bei dem hellenistischen Dichter Lykophron (Alexandra 717 ff.). Bei Homer, Vergil, Ovid sind die Sirenen namenlos.

37–46 Beschönigende Darstellung der Liebesabenteuer mit Circe, bei der ihn einzig die Sorge um Impotenz quält (Hom. Od. 5,226 ff.), und mit Calypso (10,339 ff.). Auch das ausgeschlagene Angebot ist eine Halbwahrheit: Nur Calypso bietet Unsterblichkeit an (5,136.208), nicht aber Circe.

47–56 Reaktion auf Penelopes Schilderung der aufdringlichen Freier (Ov. Her. 1,87 ff.), die sie mit dem unfertigen Gewebe abhält, das sie nachts wieder auftrennt; sie hat aber doch die Entscheidung zur Hochzeit versprochen, wenn das Gewebe fertig sei. Die eifersüchtigen Vorwürfe passen schlecht zu Ulixes' eigenen, ausgedehnten Liebesabenteuern.

57–58 *Polyphem:* der bekannte Cyclop (Hom. Od. 9,144 ff.).

59–60 Ulixes' erstes Abenteuer nach dem trojanischen Krieg spielt in der thracischen (*threïcischen*) Stadt *Ismaros*, der Stadt der Ciconen, die er erobert und zerstört (Hom. Od. 9,39–61).

61–80 Unterweltsfahrt des Ulixes.

61 *Dis:* lateinischer Name für Pluto-Hades.

63–66 Die Begegnung mit der Mutter entspricht genau der Schilderung Homers (Od. 11,152–215).

67–72 Das Schicksal von Protesilaus und Laodamia ist Thema von Ovids Brief 13 (keine Erwähnung in der *Odyssee*): Protesilaus aus Phylace in Thessalien ist gemäß einem Orakel das erste Opfer des trojanischen Krieges, weil er als erster Trojas Boden betritt. Seine Gattin, die er kurz nach der Hochzeit verlassen muß, ist untröstlich und gibt sich den Tod, bevor die Parze *Lachesis* ihr den Lebensfaden abschneidet. Laodamias Ende und das hier glücklich geschilderte Wiedersehen sind bei Ovid angedeutet; bei Vergil hingegen (Aen. 6,47) ist sie allein in den Trauergefilden.

73–80 Schicksal des *Atriden* Agamemnon, von Homer mehrfach erzählt (Nestor: Od. 3,248–310; Proteus: 4,512–537; Agamemnon im Hades: 11,387–461): Er wird von seiner Frau Clytaemnestra und ihrem Geliebten Aegisth, dem sie «in sein Haus» (Od. 3,272) nach Argos *folgt*, ermordet. – *Nauplius:* Schiffbruch der heimkehrenden Griechen am Kap Caphereus bei Euböa; Nauplius rächt sich für seinen vor Troja ermordeten Sohn Palamedes, indem er die griechischen Schiffe in die Irre führt: s. Ov. Ib. 339–342. Agamemnon kann sich retten, scheitert dann aber am Kap Malea. – *Jupiter Redux:* Dem «Heimführer» Jupiter bringt man eine Weihegabe nach glücklicher Heimkehr; sein Tempel stand an der Porta Capena am Beginn der Via Appia, Prop. 4,3,71; Ov. Her. 13,50. – *Tyndareus' Tochter:* Clytaemnestra, die sich an Agamemnon rächt, weil er Cassandra als seine Geliebte aus Troja heimbringt.

81–88 Hecubas Schicksal: Die Versklavung der Trojanerinnen

(*Teucrerinnen:* nach Teucer, dem ersten König Trojas) ist im ersten Epeisodion von Euripides' *Troerinnen* (V. 235–307) geschildert, dessen Kenntnis hier beim Leser vorausgesetzt wird. Genannt werden dort Cassandra, Hectors Schwester, die sich Agamemnon vorbehält, Andromache, Hectors Gattin, und Hecuba (Hekabe), Königin von Troja, die durch das Los an Ulixes fällt (V. 275.1271). Der angebliche Verzicht auf eine junge Frau ist also eine grobe Lüge. Hecubas Verwandlung in eine Hündin schildert Ovid (Met. 13,565–571), jedoch anders als hier.

93–96 Die Befragung des Sehers Tiresias ist das Ziel von Ulixes' Unterweltsfahrt (Hom. Od. 11,99–120). Nach dem Verlust der Gefährten, den Tiresias richtig prophezeit hat, müßte nun das glückliche Ende folgen.

97–99 Ulixes sagt vorsichtshalber nicht die Wahrheit, obwohl er von Athene erfahren hat, wo er ist: Hom. Od. 13,221–438. – *erstmals:* Die Behauptung stimmt mit Homer überein (Od. 13,316).

100–102 Pallas Athene rächt die Schändung Cassandras durch den «Kleinen» Ajax, Sohn des Oïleus: Die griechische Flotte scheitert bei Euböa, Ajax wird im Meer ertränkt (Hom. Od. 4,499–511; Eur. Troad. 48–97).

103–104 *Tydide:* Diomedes, Sohn des Tydeus, kehrt über Libyen nach Argos zurück.

105 Teucer, Sohn des Telamon, Halbbruder des Großen Ajax. Seine Mutter ist Hesione, Prinzessin von Troja, von Hercules erbeutet und seinem Freund Telamon als Nebenfrau überlassen: Hom. Il. 8,284; Ov. Met. 11,217.

106–112 Menelaus, für den die Griechen nach Troja ziehen, kehrt erst nach einem Umweg über Ägypten nach Sparta zurück (Hom. Od. 4; Euripides, *Helena*). – *Plisthenide:* Menelaus, bei Homer wie Agamemnon Sohn des Atreus; nach anderen Quellen sind die Atriden Söhne des Pleisthenes, die nach dessen Tod bei ihrem Großvater Atreus aufwachsen (Hesiod fr. 194 MW; Ov. Rem. 778).

115–120 Telemachus fährt nach Sparta zu Menelaus und nach Pylos zu Nestor, um seinen Vater zu suchen. Die Kritik an der Expedition ist berechtigt, denn unterwegs lauern ihm die Freier auf, um ihn heimlich zu beseitigen. Die glückliche Heimkehr des Telemachus trifft zeitlich genau mit Ulixes' Rückkehr zusammen. Beide treffen sich beim Schweinehirten. – *Sparta:* wie bei Ovid in der griechischen Form Sparte. *Stadt des Hercules:* Der vertriebene Tyndareos wird von Hercules wieder als König eingesetzt, worauf die Heracliden später Sparta als ihr Eigentum beanspruchen.

121–122 Anrede an Telemachus (V. 130: Wechsel zu Penelope). Die Angaben treffen nur ungenau zu: Ulixes ist bereits beim Schweinehirten in einiger Entfernung von der Küste und hat sich mit Telemachus über das Vorgehen, auch über die Geheimhaltung seiner Ankunft, abgesprochen, was Penelope eben nicht wissen darf.

125–126 *Nicht mit Gewalt:* anders Tiresias (Hom. Od. 11,119), der vorschlägt, «listig oder unverhohlen, mit spitzem Erz die Freier zu töten». Die Änderung dient Penelopes Beruhigung.

127–128 *des Rächers Pfeil:* Ulixes wird die Freier zuerst mit Pfeil und Bogen bekämpfen, was er (im Gegensatz zum Leser) noch nicht weiß.

2 DEMOPHOON AN PHYLLIS

Briefsituation
Ovid, Brief 2: Phyllis, Königin von Thracien, wartet sehnsüchtig auf ihren Geliebten Demophon (mit epischer Dehnung: Demophoon), den Sohn des Theseus und der Phaedra, dem sie bei seiner Heimkehr vom Trojanischen Krieg, offenbar nach einem Schiffbruch, Zuflucht geboten hat. Dieser schwört ihr Treue, kehrt aber zuerst nach Athen zurück, um seine Angelegenheiten zu regeln. Inzwischen sind vier Monate vergangen, und Phyllis ist entschlossen, sich umzubringen, sie weiß nur noch nicht wie.

Sabinus: Politischer Umsturz in Athen (Vertreibung und Ermordung des Theseus, Entmachtung seiner Söhne) und Familienangelegenheiten (Tod des Hippolytus und Selbstmord Phaedras) hindern Demophon zur Zeit, zu Phyllis zurückzukehren, die er deshalb um Geduld bittet. Das Begräbnis des Theseus steht noch bevor. Phyllis wird sich erhängt haben, wenn der Brief am Bestimmungsort eintrifft.

Quelle: erst in hellenistischer Zeit nachweisbar; Kallimachos, s. fr. 556 Pfeiffer, aus einem unbekannten Werk (früher wurden die *Aitia* vermutet). Anspielungen bei vielen antiken Autoren (manchmal erscheint statt Demophon sein Bruder Acamas).

5–8 Während der Unterweltsfahrt von Theseus und Pirithous reißt Menestheus die Herrschaft in Athen an sich, vertreibt die Söhne des Theseus, Demophon und Acamas (nach Euböa), und ebenso Theseus selbst, als er aus dem Hades zurückkehrt. Dieser begibt sich nach Scyrus, wird aber dort von König Lycomedes ermordet (Plut. Thes. 35). Menestheus, Nachkomme des attischen Urkönigs Erechtheus, vertritt in der *Ilias* (2,552) Athen; hier wird er polemisch als *Fremdling* bezeichnet, da er, nach einer seltenen Version, mit seinem Vater Peteos von Aigeus aus Athen vertrieben worden ist (Paus. 10,35,8).

9–10 Gemeinsamer Amazonenzug von Theseus und Hercules. Theseus erhält als Kampfpreis die Königin Antiope (Plutarch, *Theseus* 26). Das Gebiet um die *Maeotis* (Asowsches Meer) gilt u. a. als Heimat der Amazonen.

11–12 Minos verlangt nach einem Sieg über Athen als jährlichen Tribut 14 Kinder, die der Minotaurus fressen soll. Theseus, als Opfer vorgesehen, wird Sieger; Minos ist zweimal sein *Schwäher*, als Vater der von Theseus entführten Ariadne (hier beschönigt, s. V. 47–52), später als Vater Phaedras, der Mutter Demophons (s. V. 57–62).

13–22 Vorwürfe des Bruders Acamas: Demophon hätte Theseus' Vertreibung aus Athen verhindern können. – *Rhodope:* Gebirge im westl. Thracien.

23–26 Vorwürfe Aethras, der Mutter des Theseus (nicht erwähnt bei Ov. Her. 2), die Demophon auch die Schuld am Tod des Vaters (s. V. 65) zuschiebt. Vorgeschichte des Trojanischen Krieges: Die kleine Helena wird von Theseus entführt und in Aphidna gefangen gehalten. Die Dioskuren Castor und Pollux holen ihre Schwester zurück und entführen Aethra, ihre Betreuerin, die nun als Dienerin Helenas mit Paris nach Troja kommt. Aethra wird beim Fall Trojas von ihren Enkeln befreit, doch bleibt Demophon unterwegs bei Phyllis «hängen», während Aethra nach Athen zurückkehrt und nun bedauert, erst nach ihrem Sohn Theseus sterben zu müssen.

39–52 Die *freimütigen* Rechtfertigungen gegenüber Theseus sind illusorisch, da dieser bereits tot ist (V. 65).

45–46 Wörtlich: «Schließlich kam ich auf *thracischem* Schiff. Phyllis, welche das Schiff (genauso gut) hätte verweigern (*non dare*) können, befahl, daß es ziemlich langsam langsam/spät fuhr.» Die Stelle widerspricht scheinbar Ovid (Her. 2, 45 f.), wo Phyllis die *athenischen* Schiffe lediglich reparieren läßt, aber «Ruderer» (*remigium*, besser als «Ruderwerk») mitgibt, denen hier eingeschärft wird, langsam oder spät zu fahren. Mit dieser Ausrede will Demophon Phyllis gegenüber dem Vater entlasten (so Loers).

47–52 Ariadne (s. V. 11–12 und Her. 10) wird von Theseus auf Naxos zurückgelassen, darauf von Bacchus zur Geliebten gemacht, wovon es verschiedene Versionen gibt: (1) Theseus verläßt sie aus Untreue (so auch Ov. Fast.); (2) Bacchus schickt Theseus fort (mehrere Darstellungen auf attischen Vasen des 5. Jh.s v. Chr.), so die von Demophon gewählte, für Theseus schmeichelhaftere Variante. Nach ihrem Tod wird Ariadne als das Sternbild Krone an den Himmel versetzt: Ov. Fast. 3,459–516.

54 *Sithonierin:* Phyllis als Thracerin. Sithonia ist die mittlere Halbinsel der thracischen Chalcidice.

57–62 *Wirrnisse:* Geschichte von Phaedra und Hippolytus als Rechtfertigung. Phaedra, Mutter von Acamas und Demophon, verliebt sich in ihren Stiefsohn Hippolytus und verleumdet ihn bei Theseus (Potiphar-Motiv); Hippolytus, vom Vater verflucht, wird vom eigenen Gespann zu Tode geschleift, Phaedra erhängt sich: Euripides, *Hippolytos*; Ovid, Her. 4; Seneca, *Phaedra*.

65–66 Theseus wird im Exil auf Scyrus begraben (s. V. 5–8). Auf Anraten eines Orakels holte man 476/475 v. Chr. die Gebeine aus dem «wieder gefundenen» Grab und bestattete sie mitten in Athen (Plutarch, Theseus 36).

69 *Pergama:* Troja.

71 *Thrace:* Thracien.

74 *cecropisch:* attisch, nach dem Urkönig Cecrops. Auf der Akropolis befand sich ursprünglich die Königsburg.

77–78 *phoebeïsch:* Trojas Mauern für den König Laomedon werden von Phoebus Apollo (Ov. Her. 1,67; 5,139; 16,182) oder von Neptun oder von beiden (Met. 11,199 ff.) erbaut. Der Trojanische Krieg dauerte zehn Jahre.

79–84 *Penelope:* Die treue Gattin des Ulixes verspricht erst wieder zu heiraten, wenn sie ihr Gewand fertig gewoben hat (Ov. Her. 1; Sab. 1,47–56).

85–96 Demophons Vorwurf besteht zu Recht: Bei Ovid (Her. 2,81–84) bedauert Phyllis, daß sie von den Thracern verschmäht werde.

100 *Gewalt:* Nach Livius (42,52,11) sind Gallier und Thracer die «wildesten, gewalttätigsten» Völker (*ferocissimas gentes*).

102 *doppelte Schmach:* Selbstmord Phaedras und der Phyllis. Von den Todesarten, die Phyllis androht, «errät» Demophon die richtige: Sie erhängt sich mit ihrem Gürtel im Wald auf dem Weg zum Strand, was Ovid, Rem. 591–604, erzählt.

104 *Gnosierin:* Ariadne aus Gnosus (Knossos), wo der Palast des Minos stand. Ariadnes Klagen stehen in Ovids Brief Her. 10.

3 PARIS AN OENONE

Briefsituation
Ovid, Brief 5: Oenone, Wassernymphe aus dem Ida-Gebirge im Hinterland von Troja, wird die Geliebte des Hirten Paris. Dieser ist als Säugling aufgrund eines Alptraums der Mutter (Ov. Her. 16,43–50) von seinen Eltern, dem trojanischen Königspaar Priamus und Hecuba, in den Bergen ausgesetzt worden, wird aber von einem Hirten gerettet und aufgezogen (vgl. Oedipus). Als Schiedsrichter im Schönheitswettstreit der Göttinnen Juno, Minerva und Venus entscheidet sich Paris für Venus, die ihm als Lohn Helena versprochen hat. Paris verläßt Oenone und entführt Helena. Der Raub ist Anlaß für den Trojanischen Krieg. Oenone versucht ihn zur Rückkehr zu bewegen, bevor der Krieg mit den Griechen ausbricht, schätzt aber ihre Aussichten auf Erfolg nur gering ein. Zu ihrem Ende s. V. 145–152.

Sabinus: Der Brief ist im ereignisreichen 10. Jahr des Trojanischen Krieges (Tod Penthesileas, Achills, des Ajax) geschrieben, kurz vor Trojas Untergang. Zum Sieg der Griechen wird Philoktet benötigt, der Giftpfeile und Bogen des Hercules besitzt. Im Zweikampf wird Paris von Philoktet mit einem vergifteten Pfeil verwundet, aber von Aphrodite (Venus) entrückt. Einzig Oenone könnte Paris noch retten. Der Brief wird wirkungslos bleiben: Paris stirbt, Oenone erhängt sich verzweifelt.

Quellen: Hellenistische Erzählung, die auf den nachhomerischen *Kypria* fußt, welche die Vorgeschichte des Trojanischen Krieges enthielten, insbesondere das Paris-Urteil, dazu die *Kleine Ilias* des Lesches von Lesbos (Apollodor 3,154 f.) und die *Iliupersis* mit der Fortsetzung der *Ilias.* Eine literarische Behandlung ist sonst nur in den *Posthomerica* (10,259–489) des Quintus von Smyrna (3. Jh. n. Chr.) erhalten. Der Brief des Paris an Oenone ist von Ovid, Am. 2,18, unter den Sabinus-Briefen zwar nicht eigens erwähnt, doch handelt es sich dort ohnehin nur um eine Auswahl (anders Heldmann).

7 *Cupido:* Verkörperung der erotischen Begierde; gewöhnlich mit Amor gleichgesetzt, darum geflügelt.

11–16 Jugend des Paris als Hirt; wegen eines unheilverkündenden Traums seiner Mutter Hecuba wird er im Gebirge ausgesetzt, s. Her. 5,9–30. – *Stolz ... auf den Vater* konnte der seine Herkunft nicht kennende Paris kaum sein. – *Deiphobus:* wie Hector Bruder des Paris. Nach Paris' Tod zum Gatten für Helena bestimmt (was Paris hier nicht wissen kann), vgl. Her. 5,93.

19–20 *Satyrn und Pane:* bocksfüßige, bzw. gehörnte Walddämonen, oft zusammen genannt (Her. 4,171). Freie Wiederholung der Vorlage: Bei Ovid (Her. 5,134–138) sind es Satyrn und Faunus, die ihr nachstellen und mit denen sie Paris eifersüchtig machen will.

22 *hellsichtige Schwester:* die Seherin Cassandra, die bei Ovid (Her. 5,115–120) tatsächlich die Ankunft Helenas, aber auch das Blutbad voraussagt, was Paris hier klug verschweigt.

23–24 *Tyndareus:* Helenas irdischer Vater; doppelte Vaterschaft bei Heroen ist weder ungewöhnlich noch ehrenrührig; Theseus: Neptun und Aegeus. Hercules: Amphitryon und Jupiter. – *grajisch:* griechisch.

29–32 *Seherin:* wieder Cassandra, die prophezeit, daß Paris Oenones Opfer werden wird, aber hier ohne Vorbild bei Ovid.

35 Jupiter als Stier bei Europa, der Tochter Agenors.

36–39 Jupiter als Schwan bei Leda; ihre Tochter ist Helena.

40 Jupiter als Goldregen bei Danaë, der Mutter des Perseus.

41 *Ida:* Gebirge bei Troja, wo Jupiter als Adler Ganymed raubt.

42 *Agenor:* Europas Vater (s. V. 35).

43–46 *Alcide:* Hercules, Enkel des Alceus, bei der lydischen Königin Omphale; bei ihr dient Hercules wegen des Mordes an Iphitus

als Sklave und muß ihr beim Wollespinnen helfen: Ov. Her.
9,73–80. – *coïsch:* Auf der Insel Cos wurde durchsichtige Seide produziert. Hercules in Frauengewändern (Her. 9,101: im Purpurge-
wand) ist ein Thema der Komödie. Ein pompejanisches Fresko in
Neapel zeigt Hercules mit prunkvollem Frauenschmuck, daneben
Omphale mit Keule und Löwenfell. – *cleonaeisch:* statt nemeïsch, da
Nemea zur Stadt Kleonai gehörte.

47–50 Bezug auf die angebliche Interpolation in Ovids Oenone-
Brief, 5,140–145 (s. Jacobson 1974, 185): Oenone wird von Apollo
(*Phoebus*) verführt, aber *Cupido* (s. V. 7) ist stärker.

51–54 *Rivalin:* Helena, Tochter Jupiters und Ledas.

55–58 Das Parisurteil: Paris hatte über die Schönheit von Juno,
Minerva (*Pallas*) und Venus (*Cytherea:* aus dem Schaum des Meeres
geboren, taucht Venus bei der Insel Cythera südlich der Peloponnes
auf) zu befinden. – *Pegasa:* Heimatstadt Oenones in der Landschaft
Troas, von Achill zerstört (Her. 5,3).

60 *Waffen des Sohns:* Pfeile Amors.

63–68 Ares (Mars, Mavors) und Aphrodite (Venus) werden von
Hephaistos (Vulcanus) im Bett überrascht, gefesselt und dem Ge-
lächter der Götter preisgegeben: Hom. Od. 8,266–366. Venus betrügt
darauf Vulcanus mit dem Trojaner Anchises; ihr Sohn ist Aeneas.

71–78 Trojanischer Krieg: Die *Atriden* Menelaus und Agamemnon ziehen gegen Troja (*Pergama*).

79–82 Oenone erbittet sich nach ihrer Vergewaltigung durch
Phoebus die Heilkunst (Her. 5,145–148); diese Fähigkeit wird hier
erweitert um *Sprüche* (Zaubersprüche), Wahrsagekunst und Traum-
deutung, wie sie auch Apollos Schwester Hecate (mit Phoebe, Diana
gleichgesetzt) zur Verfügung stehen.

83–90 Oenones Zauberkunst:

1. Fähigkeit, den Mond herabzuziehen und in ein Futteral zu
   stecken wie Medea und die thessalischen Hexen: Her. 6,85;
   Met. 7,207; 12,263 f.; Hor. Epod. 17,77; Tib. 1,8,21; Sen. Med.

790 ff..; Plinius (Nat. hist. 30,6–7) betont, es handle sich um Aberglauben.

2. Beherrschung des Wetters.

3. Herrin der Tiere (wie Orpheus, vgl. Pamino in der *Zauberflöte*).

4. Herrin des Wassers. Die Vorstellung vom verkehrten Flußlauf oft als Schwurformel gebraucht («erst wenn das Unmögliche geschieht»), so gerade von Oenone und Paris bei Ovid selbst (Her. 5,30 f.), oder als Bild der verkehrten Welt.

89–90 *Cebren:* Oenones Vater ist ein Flußgott (Her. 5,10), der Fluß Kebren in der Troas (Apollodor 3,154; geniale Konjektur von D. Heinsius).

92 *Feuer:* Wenn Oenone das Feuer ihres Zorns nicht löscht, wird sie Paris das Lebensfeuer löschen.

PSEUDO-OVID
NUX – DER NUSSBAUM

Einführung

Das parodistische Klagelied *Nux* hat die Form eines Rollentextes:
Ein Nußbaum, eigentlich eine Baumnymphe und darum weiblich
wie alle Bäume, beklagt sich über die schlechte Behandlung durch
Wanderer und den Bauern, auf dessen Land er steht.

Quelle

Grundlage bildete offenbar ein Epigramm in der *Anthologia
Palatina* (9,3), das ANTIPATROS VON SIDON (170–100 v. Chr.) oder
ANTIPATROS VON THESSALONIKE (nach 10 v. Chr. in Rom) zuge-
schrieben wurde:

> *Εἰνοδίην καρύην με παρερχομένοις ἐφύτευσαν*
> *παισὶ λιθοβλήτου παίγνιον εὐστοχίης·*
> *πάντας δ' ἀκρεμόνας τε καὶ εὐθαλέας ὀροδάμνους*
> *κέκλασμαι πυκιναῖς χερμάσι βαλλομένη·*
> *δένδρεσιν εὐκάρποις οὐδὲν πλέον· ἦ γὰρ ἔγωγε*
> *δυσδαίμων ἐς ἐμὴν ὕβριν ἐκαρποφόρουν.*

An der Straße pflanzte man mich, einen Nußbaum, als Spielzeug:
  Kommen die Jungen vorbei, zielt man mit Steinen nach mir.
Alles Geäst ist geknickt und die üppig sprießenden Zweige
  sind mir zersplittert, da stets Feldstein auf Feldstein mich trifft.
Nichts hilft's den Bäumen, fruchtbar zu sein. Wahrhaftig, ich brachte
  nur zum eigenen Hohn unselig Früchte hervor.

Eine freie Nachbildung davon findet sich in der um 400 n. Chr.
entstandenen Sammlung aus dem Kloster Bobbio (*Epigrammata
Bobiensia* 44):

Rusticus imprudens plantam nucis hic posuit me
    saxorum iaculis ludibrium pueris.
namque omnes oculi generosaque bracchia pomis
    iactibus et crebro fragmine rupta mihi.
ferre quid immensas fruges iuvat? has ego gratis,
    in mea damna ferax, pro meritis tetuli.

Unbedacht hat mich ein Landmann, den Sproß eines Nußbaums,
        gepflanzt hier,
    diene der Jugend zum Spott, die mich mit Steinen bewirft.
Denn die Knospen und Zweige, mit Früchten üppig beladen,
    sind mir vom häufigen Wurf alle zersplittert, zerknickt.
Zahllose Früchte zu tragen, was freut's mich? Ich brachte umsonst sie,
    fruchtbar zum eignen Verderb, allen verdienstvoll hervor.

Autor und Datierung

Nux wurde unter dem Namen Ovids überliefert. Bereits Angelo
Poliziano erkannte die Verbindung zum Epigramm der *Anthologia
Palatina*. Erasmus, der *Nux* für echt ovidisch hielt, widmete ihr 1524
eine Ausgabe. Zweifel an der Authentizität finden sich, wie im Fall
der Sabinus-Briefe, allerdings schon bei Aldus Manutius im Vorwort
seiner ersten Ovid-Ausgabe von 1502. Trotz der umstrittenen Autorschaft wurde für Ausgabe und Kommentierung der 182 Verse bis
in jüngste Zeit erstaunlich viel Fleiß, wenn nicht gar «blödsinniger
Eifer» (Kenney über Lenz), aufgewendet. Die Autorfrage blieb kon-
trovers. Die Kritiker bemängelten Sprache, Aufbau, Inhalt, Metrik
(diese zu Unrecht), doch fehlte es nicht an Versuchen, das «fein geschliffene Kabinettstück» (Lenz) für Ovid zu retten, bald als Ju-
gendgedicht, bald als Spätwerk (Lenz, Baligan, Pulbrook). Bei allen
Anklängen an Ovid, besonders an seine Spätwerke, spricht die Qualität des hübschen, unterhaltsamen, nicht besonders anspruchsvollen
Gedichtes eher für einen Nachahmer (Wartena, Richmond). Da der

Text in deutscher Sprache seit langem nicht mehr zugänglich ist (zuletzt Wölffel, 1867), rechtfertigt sich die Aufnahme in eine Ausgabe der Ovid nahestehenden Gedichte.

Als Datierung empfiehlt sich aufgrund der deutlichen Anspielungen auf Augustus am ehesten die frühe Kaiserzeit.

Metrik

Elegische Distichen nach klassischem Muster, die Hexameter fast ausschließlich mit Mittelzäsur, der Pentameterschluß zweisilbig und nie mit kurzem Endvokal. Auch die gelegentlich beanstandete Prosodie folgt ovidischem Muster (*ergo* mit langem -*o:* V. 53.149; Platnauer 52; gelegentliche Elision von Länge: V. 25.127; beides bei Ovid nicht unüblich). Die Binnenreime im Pentameter (z. B. V. 4: *lentam – moram*) liegen unter dem Durchschnitt (10 statt 20%).

Ausgaben, Kommentare, Übersetzungen

Wartena, S., Nux elegia, Groningen 1928 (Komm.).

Baligan, G., Appendix Ovidiana, Bari 1955, 93–140 (lat./ital.).

Lenz, F. W., Ovidii Nasonis Halieutica, Fragmenta, Nux. Incerti Consolatio ad Liviam, Turin ²1956, 73–156 (Krit. Ausg.).

Ripert, E., Ovide, Les Tristes, Les Pontiques, Ibis, Le Noyer, Halieutiques, Paris 1937, 450–461 (lat./frz.).

Mozley, J. H. / Goold, G. P., Ovid, Bd. 2. Cambridge (Mass.) 1929/1979, 294–307 (lat./engl.).

Pulbrook, R. M., Ovid, Nux, Maynooth 1985 (lat./engl., krit. Ausg.).

Literatur

U. v. Wilamowitz-Moellendorff, ‹Liber Nucis›, in: Commentationes philologae in honorem Th. Mommseni, Berlin 1877, 390–401 (mit

Text). – Schanz-Hosius 2, 254. – F. W. Lenz, in RE 17/2 (1937) 1502–1508, s. v. Nux. – A. G. Lee, ‹The authorship of the Nux›, in: Ovidiana. Recherches sur Ovide, ed. N. I. Herescu, Paris 1958, 457–471. – E. J. Kenney, *Classical Review* 8, 1958, 134. – Richmond 1981, 2759–67. – Zu den Nußspielen: W. Helbig / H. Speier, Führer durch die öffentlichen Sammlungen der klassischen Altertümer in Rom, Bd. 1, Tübingen ⁴1963, Nr. 309; A. Rieche, Römische Kinder- und Gesellschaftsspiele, *Schriften des Limesmuseums Aalen*, 34, Aalen 1984, 10–13, Abb. 1–6 (grundlegend); G. Coulon, L'enfant en Gaule romaine, Paris 1994.

Text

Handschriften: Die Überlieferung erfolgte in zwei Gruppen, von denen die eine am besten durch den Codex Laurentianus Marcianus 223 (F, sonst als M bezeichnet), 11. Jh., vertreten ist, der auch *Tristia* und *Medicamina* enthält. In der handschriftlichen Tradition ist *Nux* immer mit dem Namen Ovids verbunden.

Editio princeps in den beiden gleichzeitigen Ovid-Ausgaben: Johannes Andrea, bei Conrad Sweynheym und Arnold Pannartz, Rom 1471; Franciscus Puteolanus, bei Balthasar Azoguidus, Bologna 1471.

Lesarten (Abweichungen von Mozley/Goold): 95 est dum *coni.*: dum *Ripert*: est in *codd. alii aliter*

Erläuterungen

1–6 Prolog
3–4 Steinigung als Form der Lynchjustiz (vgl. Stephanus-Legende).

7–32 Früher und heute

11–12 *Liber* (Bacchus) als Weingott, *Minerva* als Patronin der Oliven.

15–16 Anspielung auf die Sittengesetze und die Familienpolitik des Augustus in den Leges Iuliae *De maritandis ordinibus* (standesgemäße Verheiratung) und *De adulteriis cohibendis* (Verhinderung von Ehebruch) vom Jahr 18 v. Chr., s. V. 23.

17–18 *Platanen:* Von ihrer Pflege und ihrer hohen Wertschätzung berichtet Plin. Nat. hist. 12,6–12. Berühmte Platanen standen in Athen in der Akademie, bei Heroengräbern u. ä. und dienten z. B. als natürliche Bedachung bei Gastmählern. Man begoß ihre Wurzeln gelegentlich mit ungemischtem Wein.

23–24 *Abtreibung:* Das für die Familienpolitik des Augustus heikle Thema wurde von Ovid mehrfach aufgegriffen, ausführlich behandelt in Am. 2,14, erwähnt Her. 6,61; 11,39–42; Trist. 2,415 f., wo das Gedicht eines Eubius über das Thema angeführt ist.

25–26 *Clytaemestra* wird das Opfer ihrer eigenen Kinder: Elektra und Orest planen die Ermordung ihrer Mutter, um den Mord an ihrem Vater Agamemnon zu rächen, Orest führt ihn aus. – *certe ego:* Elision von langem Endvokal (*certe*) ist selten, die Verbindung *certe ego* bei Ovid aber häufig (s. V. 127; Platnauer 74).

27–32 futurischer Konditionalsatz nach griechischer Syntax (Ind. Fut. mit Konj. Praes.).

28 *Baum der Pallas:* Ölbaum, s. V. 12.

33–56 Ungerecht behandelt

35–36 Der Nußbaum steht in einer Allee mit unfruchtbaren Bäumen, z. B. Platanen.

56 *Sünder(in):* Die Sprecherin ist als Baum eigentlich eine Nymphe.

57–72 Anspruchslos

57–58 Ironie: Die große Mühe für den Bauern besteht darin, herauszufinden, was er dem Nußbaum außer dem fast wertlosen Boden bisher geboten hat.

61–62 Schädigung der Ernte durch Nußbäume beschreiben Varro, Res rust. 1,16,6 («Eine große Anzahl angrenzender Nußbäume macht den Rand des Grundstücks unfruchtbar»), und Plinius, Nat. hist. 17,89 («Der Schatten der Nußbäume ist ungesund und schädlich»).

63 *saturnisch:* Saturn, Gott des Goldenen Zeitalters und des Ackerbaus, von den Römern mit Kronos gleichgesetzt, der mit einer Sichel seinen tyrannischen Vater Uranos kastriert: Hesiod, Theogonie 126–210; Ov. Ib. 273. Die Sichel, mit der Saturn dargestellt wird, paßt als Attribut zum Ackergott wie zu seiner mythischen Vergangenheit.

71–72 *Nachspeise:* Beim frugalen Mahl von Philemon und Baucis werden zum Nachtisch (*mensis secundis*) u. a. Nüsse gereicht: Ov. Met. 8,673–677.

73–86 Spiele mit Nüssen

Nußspiele waren bei Kindern allgemein beliebt, so daß «die Nüsse verlassen» soviel hieß wie «der Kindheit entwachsen» (Pers. 1,10). Spielsucht deutet Martial an (14,19): «Nichtig erscheint das Spiel mit Nüssen und nicht sehr gefahrvoll; Kindern trug's Schläge jedoch oft auf den Hintern schon ein.» Für die (mit Textvarianten belastete) Beschreibung der Spiele liegen in älterer Literatur und von archäologischer Seite Lösungen vor, die inzwischen in Vergessenheit gerieten oder noch nicht zur Kenntnis genommen wurden (z. B. von Ripert, Baligan, Goold, Pulbrook).

73 Geschicklichkeitsspiel: Eine mit dem stumpfen Teil auf dem Boden stehende Nuß ist mit einem einzigen Schlag einer Klinge (*lamina*) zu spalten (*dilaminare*).

74 Kraftprobe: Mit dem Druck eines Fingers eine liegende Nuß knacken, wobei man es mehr als einmal versuchen darf. Dieses scheinbar unmögliche Kunststück beschreibt Wilamowitz: «Ob ich es mit Daumen oder Zeigefinger versuchte, es überstieg meine Kräfte, ich sah jedoch (auf dem Lande?), daß es äußerst tüchtige Hausfrauen mit sehr feinen Händen fertigbrachten.»

75–76 Glücks- und Geschicklichkeitsspiel (*alea* OLD 2a, kein Würfelspiel), meist mißverstanden, da es im Text nicht beschrieben, sondern als allgemein bekannt nur angedeutet ist. In der älteren Literatur wird es als *Nuces Castellatae* oder *Türmchenspiel* bezeichnet und war gemäß Darstellungen im 17. Jh. noch verbreitet: Die Kinder bilden, was leicht zu bewerkstelligen ist, mehrere pyramidenfömige Häufchen aus je vier Nüssen und versuchen mit gezieltem Wurf von Nüssen die Türmchen zu zerstören. Der Text ist erst verständlich dank einem besonders illustrativen Kindersarkophag in den Vatikanischen Museen aus dem 3. Jh. n. Chr. (präzise Beschreibung bei Helbig/Speier, abgebildet Rieche Abb. 2; Pulbrook faßt fälschlich V. 75–78 zusammen), auf dem ein werfender Knabe und mehrere, teils bereits getroffene «Schlösser» zu sehen sind. Eine ähnliche Szene findet sich auf einem etwa gleich alten Sarkophag in London (Rieche Abb. 3).

77–78 Glücksspiel: In einigem Abstand von einem schief aufgestellten Brett liegen die Nüsse, welche die Mitspieler bezeichnen. Wer mit der vom Brett herunter und über eine ebene Strecke rollenden Nuß die eines Mitspielers trifft, verliert. Das Spiel ist archäologisch belegt: Ein (weiterer) Kindersarkophag im Vatikan aus dem 3. Jh. zeigt neben dem Türmchenspiel Knaben, die Nüsse von einem sehr steil (60°, wohl nicht realistisch gemeint) aufgestellten Brett rollen lassen (Rieche Abb. 6a, mit umgekehrter Erklärung: Ziel sei es, die Nüsse zu treffen, entsprechend einem Osterbrauch mit Ostereiern).

79–80 Ratespiel: Wer errät, ob der Mitspieler 1 oder 2 Nüsse in der hinter dem Rücken verborgenen Hand hält, gewinnt die Anzahl der verborgenen Nüsse.

81–84 Geschicklichkeitsspiel nach einfacher Spielregel: Das Spielfeld ist der «vierte Buchstabe im griechischen Alphabet» (Delta), der gleichzeitig dem Sternbild Triangulum (griech. *trígonon* oder *deltotón*) entspricht, also ein Dreieck. Die Figur, in parallel zur Basis verlaufende Streifen unterteilt, wird mit Kreide auf den (harten) Boden gezeichnet; die Basis liegt auf der Seite der Spieler. Die rollende Nuß muß innerhalb des Dreiecks landen. Der unterste Streifen, mit 1 bezeichnet, ist am leichtesten zu treffen, weil am nächsten und größten. Durchläuft die Nuß mehrere Felder und «berührt» damit mehrere Linien (*virgas*, OLD 5), wächst die Punktzahl bis zum Maximum an der Spitze, wo das Risiko der Überschreitung des Spielfeldes am größten ist (richtig Wartena, Rieche). Folgt man den Deutungen, die am überlieferten Text festhalten (*virgas*, mit der Bedeutung «Stecken», statt *virga* «Linie»), müßte der Spieler verschieden große, mit mehr oder weniger Nüssen gefüllte Felder mit einem lanzenähnlichen Stock treffen (Ripert), wobei am meisten gewönne, wer das größte Feld trifft, oder er müßte die Nüsse mit einem Stock berühren (Baligan, Pulbrook), was keinerlei Geschicklichkeit erfordert. Die richtige Lösung beruht auf der klugen Verbesserung Senftlebs (1727 in Burmans Ausgabe).

85–86 Geschicklichkeitsspiel mit Zielwürfen auf ein Gefäß mit engem Hals, sog. Orca-Spiel.

87–116 Opfer der Habgier

95 *Haut (lamina):* die Haut der Nußkerne, die bei unreifem Zustand eine milchige Flüssigkeit einschließt.

100 *Wanderer:* typische Anrede in Grabepigrammen.

109–110 sog. elegische Anrede (Apostrophe) an eine im Text erwähnte Person, beliebtes Stilmittel in Epos und Elegie (s. Ov. Ib. 361). – *Polydorus,* Sohn von Hecuba und Priamus, wird während des

Trojanischen Krieges Polymnestor, dem König von Thrakien, anvertraut. Dieser ermordet ihn aber, um seine Schätze an sich zu bringen: Ov. Ib. 267; Met. 13,429 ff.; 532 ff. Schon bei Verg. Aen. 3,41–57 klagt Polydorus über die *auri sacra fames*, den «verfluchten Hunger nach Gold». – *aonisch:* böotisch, nach den Ureinwohnern, den Aonern, vgl. Ov. Her. 9,133; Met. 9,112. *Mann:* Der Seher Amphiaraos, der aus Argos mit den «Sieben» gegen Theben zieht, wird im böotischen Oropos von einem Erdspalt verschlungen und dort als Orakelheros verehrt. Seine Gattin ist Eriphyle, die ihn, von Polyneikes mit einem goldenen Halsband bestochen, dazu überredet, in den Krieg zu ziehen, obwohl sie weiß, daß er dort umkommen wird: Ov. Ib. 353; Aischylos, *Sieben gegen Theben*.

111–112 *hesperischer König:* Atlas, Vater der Hesperiden und Urkönig Hesperiens, des «Abendlandes». In seinem Obstgarten wachsen an einem Baum goldene Äpfel, die Hercules holen muß. Dabei ist ihm Atlas behilflich.

115 *freche Steine:* statt «Steine frecher Knaben»; kühne Vertauschung (Enallage) des Adjektivs.

117–132 Sommer und Winter

118 *icarischer Hund:* der Hund Maera, welcher den von den Bauern erschlagenen Icarius findet, und dessen Tochter Erigone hinführt: Ov. Ib. 611. Alle drei werden an den Himmel versetzt, der Hund als Hundsstern. An den trockenen «Hundstagen» (23. Juli bis 23. August) spaltet sich der Boden.

133–146 Friedensreich des Augustus

133–134 Bereits das Zwölftafelgesetz (7,10) regelt nachbarrechtliche Fragen: Auf das Nachbargrundstück gefallene Früchte (Überfall) darf der Eigentümer jeden zweiten Tag abholen (M. Kaser, *Römisches Privatrecht*, München ¹¹1989, 110). Der Vergleich, den der Nußbaum mit dem Pflücken von Gemüse anstellt, ist also nach rö-

mischem Recht nicht unangemessen, da es zudem nicht um das Auflesen, sondern um das Herunterschlagen der Nüsse geht.

136 Anrede an den Wanderer, s. V. 100.

138 Elegische Anrede, s. V. 109.

143–146 Lob des Friedensreiches des Augustus (Caesar). – *Gott*:
Der Kaiser wird in den Provinzen als Gott verehrt, vgl. *Consolatio*
245 (Ovidiana).

147–168 *Lebensüberdruß*

155–158 Die stark färbende Rinde von Nüssen wurde zum Färben von Wolle verwendet: Plin. Nat. hist. 15,87.

165–166 Elegische Anrede, s. V. 109, hier mit komischer Pointe. –
Biber wurden nicht nur wegen der Felle, sondern zur Gewinnung des
Bibergeils (*castoreum*) gejagt, das als Universalheilmittel galt. Besonders begehrt war das pontische (Verg. Georg. 1,58). Die Legende be-
hauptete, daß der Biber bei Bedrohung sich selbst kastriere, um für
den Jäger die Attraktivität zu verlieren. In Wirklichkeit wird das
Sekret nicht von den Hoden, sondern von einer daneben liegenden
Drüse produziert, was schon der antiken Fachwissenschaft bekannt
war: Plin. Nat. hist. 8,109; 32,26.

169–182 *Epilog: Bitte um Schonung*

171–172 Die Hinrichtung von Verbrechern oder überhaupt von
zum Tode Verurteilten im Amphitheater konnte die verschiedensten
Formen annehmen, z. B. mit Pfeilen (vgl. Sebastians-Legende), wobei hier an die Mitwirkung des Publikums bei Begnadigung oder
deren Verweigerung zu denken ist. Derartige Szenen schildert ein-
drücklich Seneca im 7. Brief an Lucilius.

PSEUDO-OVID
CONSOLATIO AD LIVIAM VEL EPICEDION DRUSI
TROSTGEDICHT AN LIVIA
ODER TRAUERGEDICHT AUF DRUSUS

Einführung

Biographisches

NERO CLAUDIUS DRUSUS, Drusus «der Ältere» (maior), wurde am 11. April 38 v. Chr. als zweiter Sohn des Tiberius Claudius Nero und der Livia Drusilla geboren. Der Vater hatte drei Monate zuvor die hochschwangere LIVIA als Gattin an Octavian, den späteren Augustus, abgetreten. Nach dem Tod des Vaters wächst Drusus im Hause Octavians auf und erhält später den offiziellen Ehrentitel «Stiefsohn des Augustus». Er heiratet früh die Tochter des Triumvirn Antonius, die jüngere Antonia (um 16 v. Chr.). Ihrer Ehe entstammen Germanicus, Livilla und der spätere Kaiser Claudius. Als Feldherr in Rätien und Germanien ist er bis zu seinem legendenumwobenen Tod außerordentlich erfolgreich; erst eine Vision soll ihm Einhalt geboten haben (Suet. Claud. 1,2): «In vielen Schlachten schlug er den Feind, trieb ihn bis zuinnerst in die Wildnis zurück und ließ erst von der Verfolgung ab, als eine Barbarenfrau von übermenschlicher Größe in lateinischer Sprache dem Sieger weiter vorzudringen verbot.» Im Jahre 9 v. Chr. stirbt er auf einem Feldzug in Germanien an den Folgen eines Reitunfalls oder an einer Seuche im Feldlager. Der ältere Bruder Tiberius, der spätere Kaiser, welcher Drusus noch kurz vor seinem Tod in Mainz erreicht, überführt die Leiche persönlich nach Rom, «wobei er den gesamten Weg zu Fuß an der Spitze des Zuges zurücklegt» (Suet. Tib. 7,3). Augustus und Livia reisen gemeinsam trotz strengem Winter bis Ticinum (Pavia) dem Zug entgegen und begleiten ihn ebenfalls bis in die Hauptstadt, wobei unterwegs an verschiedenen Orten Totenfeiern stattfinden. Drusus wird auf dem Marsfeld eingeäschert und mit pompösem Aufwand im Mausoleum Augusti beigesetzt. In Mainz, seinem ehemaligen Amtssitz, erhält er ein Kenotaph.

Datierung

Der Text gibt sich als Gelegenheitsgedicht, das unmittelbar nach dem Tod des Drusus 9 v. Chr. zum Trost der Mutter Livia verfaßt sein soll. Gegen diese Datierung spricht, daß zwei Verse der *Consolatio* (120.362) mit solchen in Ovids *Tristia*, die zwischen 8 und 9 n. Chr. verfaßt wurden, identisch sind. Anleihen aus Senecas Trostschriften (z. B. *Consolatio ad Polybium* vom Jahr 46) und chronologische Widersprüche ließen an eine weit spätere rhetorische Übung denken oder an politische Propaganda in historischer Verkleidung. Neuerdings wurde eine Datierung nach dem Tod des Claudius im Oktober 54 und vor der Ermordung des Britannicus im Februar 55 erwogen, da der Text verschlüsselt für Britannicus werbe, den Enkel des Drusus, der gegen Nero ausgespielt werden solle (Scho.; nach Senecas Trostschriften: Bickel; unter Claudius: Kraus 1968, 153–156; nach 12, vor 37 n. Chr.: Richmond 1981). Einigkeit herrscht darin, daß der Text noch ins 1. Jahrhundert n. Chr. gehört, da er später weder aktuell noch inhaltlich verständlich gewesen wäre.

Als Anhaltspunkte für eine genauere Abfassungszeit gelten die *vaticinia ex eventu*. Eine knappe Auswahl soll für eine kritische Prüfung genügen:

1. Livia prophezeit ihre eigene Bestattung im gleichen Grabmal wie ihr Sohn (V. 161–162), was im Jahr 29 eintraf.
2. Der Autor wünscht Tiberius und Livia ein hohes Alter (V. 411–416), was für beide zutraf.
3. Der Tempel der Dioskuren auf dem Forum, der 6 n. Chr. geweiht wurde, wird als sichtbar erwähnt (V. 283–288).
4. Die Parzen prophezeien die Apotheose des Augustus vom Jahre 14 n. Chr. (V. 245).

Die Argumentation greift indessen zu kurz (s. zu den einzelnen Stellen), denn (1) Das Mausoleum Augusti war seit 28 v. Chr. die offizielle Grabstätte des Kaiserhauses, die Bestattung Livias hier also voraussehbar. (2) Wünsche für ein hohes Alter und Glückwünsche überhaupt sind naturgemäß ein Topos des Trostgedichts (sie können, wie die Schlußverse zeigen, auch ins Leere zielen). (3) Die Stiftung des Neubaus ging der Einweihung um Jahre voraus. (4) Die Apotheose des Augustus war von langer Hand seit 12 v. Chr., gerade auch durch Drusus, vorbereitet. Da die historischen Umstände des Jahres 9 v. Chr. in allen vier Fällen durchaus gewahrt sind, besteht kein zwingender Grund, über den Termin der *Tristia*-Zitate weit hinauszugehen.

Gattung

Wir kennen den emsigen Betrieb der zahlreichen Dichter in Rom, wenn es galt, Ereignisse des Tages dichterisch zu verarbeiten, aus Ovids *Briefen vom Pontus* (s. Fr. 9.3). Ovid selbst nahm an diesem Wettbewerb, so weit er aus der Ferne konnte, mit Triumphgedichten und Epicedien teil, von denen er zwei selber nennt, die Epicedien auf Messalla und auf Augustus (s. Fr. 9–12). Wie der Hymenaios, das Hochzeitslied, gehört das Epicedion, das Trauergedicht, zur ältesten Gattung der Gebrauchsliteratur, die schon für Hesiod bezeugt ist, und ist inhaltlich verwandt einerseits mit Grabepigramm und Trauerelegie, anderseits mit der in Prosa verfaßten populärphilosophischen Konsolationsliteratur, die den Hinterbliebenen Trost spenden soll. Andere Verbindungen führen zur Rhetorik: Das *genus demonstrativum*, der Sammelbegriff für Fest- und Gelegenheitsrede, lateinisch auch als *laudatio* bezeichnet, umfaßt sowohl Nekrolog wie Panegyricus.

Die vorliegende *Consolatio* besteht aus zwei Teilen, einem threnetischen (Klage, 1–328) und einem paramythetischen (Trost, 329–474). Ihrem literarischen Charakter entsprechend, ist sie mit vielen Topoi aus der Konsolationsliteratur ausgestattet, enthält aber auch panegyrische Züge wie die mehrfache Verherrlichung des Augustus als Jupiter (s. zu V. 245). Zur elegischen Gattung zählt die hier geradezu exzessiv verwendete Apostrophe, die Anrede an erwähnte Personen oder Gegenstände (an Drusus, Augustus, Livia, Tiberius, Mars usw.). Wenn es sich um ein Beispiel verbreiteter Gebrauchsliteratur mit auswechselbaren Motiven handelt (Schanz-Hosius), erklärt sich auch die Ähnlichkeit mit späteren Trostschriften.

Autor

Die Handschriften bezeichnen als Autor der *Consolatio* Ovid. Das wäre aufgrund der Ovid-Zitate, die dem Text zur Aufnahme in das Corpus Ovidianum verholfen haben dürften, erstaunlich (s. Datierung). Man könnte eher sagen: Der Autor verrät sich oder will sich als Kenner oder Freund Ovids verraten. Aus der Vielzahl der zeitgenössischen Dichter schlug Scaliger seinerzeit Albinovanus Pedo vor, andere hielten sich an das Zeugnis der pseudo-vergilischen Maecenas-Elegien, wo sich der Verfasser zu einem *Epicedion Drusi* bekennt.

Der Autor verfügte unbestritten über weitreichende, präzise und entlegene historische Kenntnisse, sei es als Zeitgenosse oder aufgrund von Quellenstudien (Feldzüge des Tiberius: V. 383–390; Begräbnis des Marcellus: V. 227–230; Begräbnis Octavias im Mausoleum Augusti, nur hier erwähnt, aber durch den Fund der Grabschrift bestätigt: V. 70); er gehörte, wenn das nicht fingiert ist (V. 202), wie viele Dichter seiner Zeit dem Ritterstand an und war dann, wie Ovid als Ritter übrigens auch, persönlich bei der Trauerfeier für Drusus anwesend, jedoch nicht am Sterbebett des Drusus in Mainz (s. zu V. 89).

Falls die Beurteilung der *Consolatio* als echte Gebrauchsliteratur und weder als rhetorische Fingerübung noch als politische Propagandaschrift zutrifft und die Datierung dennoch nach 9 n. Chr. anzusetzen ist, war sie an Livia und wohl auch an Antonia gerichtet, als späte Huldigungs- und Gedenkpoesie an Mutter und Gattin. Man hat sich gewundert, daß von Julias Söhnen Gaius und Julius, die als Thronfolger von Augustus adoptiert waren, nirgends die Rede ist (Scho. 25 f.), doch standen diese in Konkurrenz zu den Machtansprüchen von Livias eigener Familie, der Gens Claudia, zu den Söhnen des Drusus wie zu Tiberius, und waren zudem 9 n. Chr. nicht mehr am Leben (s. zu V. 473 f.). Als unterer Zeitpunkt der Abfassung wäre dann der Tod des Augustus 14 n. Chr. anzusehen.

Metrik

Elegische Distichen nach klassischem Muster (gegen Platnauer 118). Hexameter meist mit Zäsur nach der 3. Hebung (87%, davon 13% mit Binnenreim; sonst nach der 2. und 4., mißraten V. 307.379); Ende zwei- oder dreisilbig (nie zwei zweisilbige Wörter). Pentameter: Ende zweisilbig (außer 390: *Pannonii*), selten offene Kürzen (58.208.384); 24% mit Binnenreim; altertümliche Elision in Mittelzäsur V. 34 wie Prop. 1,5,32; 3,22,10. Prosodie: u statt v (370: *per-so-lu-enda*); metrische Dehnung kurzer Endsilbe (235: *periit*, vgl. Ib. 341).

Ausgaben, Kommentare, Übersetzungen

Witlox, A., Consolatio ad Liviam, Maastricht 1934 (Komm.)

Baligan, G., Appendix Ovidiana, Bari 1955, 163–184 (lat./ital.).

Lenz, F. W., Ovidii Nasonis Halieutica, Fragmenta, Nux. Incerti Consolatio ad Liviam, Turin ²1956, 157–213 (Krit. Ausg.)

Schoonhoven, H., The pseudo-ovidian Ad Liviam de morte Drusi, Groningen 1992 (Krit. Ausg., Komm., zit. als: Scho.)

Mozley, J. H. / Goold, G. P., Ovid, Bd. 2. Cambridge (Mass.) 1929/1979, 324–357 (lat./engl.).

Literatur

Schanz-Hosius 2, 254–256. – M. Fuhrmann, KlP s. v. Consolatio ad Liviam. – E. Bickel, *Rheinisches Museum* 93, 1950, 193–227. – R. Kassel, Untersuchungen zur griechischen und römischen Konsolationsliteratur, München 1958 (Zetemata 18). – J. Estève-Forriol, Die Trauer- und Trostgedichte in der römischen Literatur, untersucht nach ihrer Topik und ihrem Motivschatz, München 1962. – R. Lattimore, Themes in Greek and Latin epitaphs, Urbana 1962. – Richmond 1981, 2768–2783. – Zu Drusus maior: KlP s. v. Claudius II Nr. 20. Kienast 1990, 68 f. – Zu Livia: KlP s. v. Nr. 1. Kienast 1990, 83 f. – Zur Datierung: H. Schoonhoven, Elegiae in Maecenatem, Groningen 1980, 57–62; 19–20 n. Chr.: P. H. Schrijvers, *Mnemosyne* 41, 1988, 381–384; P. Pinotti, *Gnomon* 68, 1996, 500 f.

Text

Handschriften: Keine Handschrift vor dem 15. Jh. erhalten (teils jünger als der Erstdruck).

Editio princeps: Johannes Andrea, bei Conrad Sweynheym und Arnold Pannartz, Rom 1471 (fehlt noch in der Ausgabe Bologna 1471).

Lesarten (Abweichungen von Mozley/Goold): 34 os oculosque *CD:* hoc oculos *Heinsius* – 75 vocantur *ZH:* levantur *codd.; apte interp. in fine versus Scho.* – 144 suum *Helm:* suum? *edd.* – 236 funera ... levet *Ehwald Scho.:* funere ... latet *codd.* – 319 Andromachae (-e) *codd.:* -e *edd.* – 321 Euadnae (-e) *codd.:* -e *edd.* – 386 Isarcus *Vollmer Scho.:* Isargus *Zeuß* (isurgus *M*) – 395 quique dolor *codd. Scho.:* qui dolor et *alii* – 409 obitus *codd. sc. acc. pl. (nom. sg. Scho. vix recte):* obitum *Francius sapienter* – 416 velit *codd.:* volet *CD* – 417 tantum *Burmannus Scho.:* tanto *codd.* – 418 ali? *interp. Scho.* – 445 nebulosi litore *Heinsius:* nebulosum litus (-si in litus) *codd.* – 451 tui *corr.* *Scho.:* mei *codd.* – 472 est *Francius:* sit *codd.*

Erläuterungen

1–328 Klage

1–20 Klage des Dichters

1–2 *Neronen:* Beide Brüder tragen den Namen, *Nero* Claudius Drusus und Tiberius Claudius *Nero*. Tiberius war vier Jahre älter (* 16. Nov. 42 v. Chr.).

7 *Trauer:* Für Frauen war die Trauerzeit nach dem Tod ihres Gatten gesetzlich auf zehn Monate begrenzt: Seneca, Helv. 16,1. Für andere Angehörige ist sie nicht bekannt.

15–16 Drusus zog 15 v. Chr. über Brenner und Reschen und führte in den rätischen Alpen Krieg gegen Breuner und Genaunen (im Inntal), gegen Stämme der Vindeliker (Vorarlberg und Südbayern), während gleichzeitig sein Bruder Tiberius über Julier oder Septimer und Lenzerheide an den Bodensee zog, wo er in einer Seeschlacht die Räter besiegte. Danach drang Drusus bis zu den Donauquellen vor und beendete den Feldzug mit einer großen Schlacht am 1. August 15 v. Chr. (B. Overbeck, ‹Raetien zur Prinzipatszeit›, in: ANRW II 5, 2 [1976] 668). Nochmals erwähnt V. 385–387. Horaz widmete diesen Feldzügen noch zu Lebzeiten des Drusus zwei Gedichte (Carm. 4,4 und 14).

17–18 Die Feldzüge gegen die Germanen, die Drusus postum zum Beinamen Germanicus verhalfen, fanden 12–9 v. Chr. statt. – *Sueven (oder Sueben):* Sammelbegriff für mehrere germanische Völker rechts des Rheins, hier für ein den Sicambrern benachbartes Volk. – *Sicambrer (Sigambrer oder Sugambrer):* germanischer Volksstamm am rechten Ufer des Rheins in der Gegend von Xanten (erwähnt in der Drusus-Ode, Hor. Carm. 4,14,51 und 4,2,36). 16 v. Chr. hatten sie zusammen mit Usipetern und Tenkterern dem Legaten Lollius (Auftraggeber der 1. Elegie auf Maecenas, s. dort) eine Niederlage beigebracht. Beide Völker, zusammen rund 40000 Menschen, wurden nach langen vorausgehenden Kämpfen im Jahr 8 v. Chr., also kurz nach dem Tod des Drusus, von Tiberius endgültig besiegt und ans linke Rheinufer deportiert (Suet. Aug. 21,1; Tib. 9,2). Beide Stämme sind nochmals V. 311f. erwähnt. Falls dieser letzte Feldzug gemeint ist, würde hier ein *terminus post quem* vorliegen (übersehen von Scho.).

19–20 Drusus erhielt nach zwei Jahren Kriegführung in Germanien, wobei er erfolgreich in unbekanntes Gebiet bis an die Elbe vorstieß, im Herbst 11 v. Chr. die Triumphabzeichen und das Recht des kleinen Triumphs, der *ovatio* (Cassius Dio 54,33,5), s. V. 329–340.

21–58 *Zerstörte Hoffnungen*

21–24 Livias Gelübde für die glückliche Heimkehr des Drusus galten Jupiter Redux, für militärischen Erfolg der *waffenbewehrten* Minerva und Mars Gradivus.

25–28 Der triumphale Einzug erfolgte auf dem Wagen und führte auf die «Burg» (h. S. Maria in Aracoeli), in deren Nähe der Tempel des Jupiter Capitolinus stand: Ov. Trist. 4,2,55.

34 Der Text der Handschriften (*osque oculos, os oculosque*) wurde aus inhaltlichen und formalen Gründen geändert: Der Kuß (der Mutter) auf den Mund (des Sohnes) wurde als zu erotisch (auch der Nacken erweckte Bedenken), die metrische Besonderheit als zu exotisch eliminiert. Wir halten beides für tragbar. Kuß: vgl. V. 138 und die Trauersitte V. 97.158. – Zur Metrik: Elision in der Zäsur des Pentameters findet sich bei Properz 1,5,32; 3,22,10.

37–38 *Werk des Caesar:* Drusus als Zögling des Augustus. Mit Caesar ist hier und im folgenden immer Augustus gemeint (so auch bei Ovid und bei vielen Historikern), der darauf bedacht war, mit

dem Namen seines Adoptivvaters benannt zu werden. Der alte Caesar ist nur V. 245 gemeint, wo auf seine Vergöttlichung hingewiesen
wird. – *löse dein schuldloses Haar:* Trauergebärde als Zeichen zer-
störter Ordnung, s. V. 86.295.

41–50 *Was hilft:* Topos der Trauergedichte (z. B. Prop. 3,18).

41–42 *sittsam:* Die Betonung von Livias Sittlichkeit soll den Verdacht abwehren, Drusus könnte ehebrecherisch mit Augustus gezeugt worden sein. Sueton (Claud. 1,1) teilt den Spottvers mit, den
man in Rom deswegen herumbot: «Der Glückliche bekommt auch
ein Dreimonatskind.»

51–52 *Rad Fortunas:* die später verbreitete Verbindung von
Schicksal und Rad zuerst bei Sophokles (fr. 871) und hellenistischen
Autoren, im römischen Bereich seit Cicero, Pis. 22, s. I. Kajanto,
‹Fortuna›, in: ARNW II 17, 1 (1981) 530.

57–58 Der Gedanke ist: Fortuna hätte erst recht gewütet, wenn
Livia sich nicht beneidenswert vorbildlich verhalten hätte.

59–82 Augustus

65–70 Todesfälle im Kaiserhaus: (1) M. Claudius Marcellus, Sohn
der Octavia minor, der Schwester des Augustus, 42–23 v. Chr., 25 v.
Chr. verheiratet mit seiner Kusine Julia. Nachrufe bei Vergil (Aen.
6,860–885) und Properz (3,18). – (2) M. Vipsanius Agrippa, Feldherr
und Architekt, 64–12 v. Chr., 21 v. Chr. geschieden von Marcellus'
Schwester Marcella (maior) und verheiratet mit seiner Schwägerin
Julia, der Witwe des Marcellus. – (3) Octavia minor, zuerst mit Marcellus, dann mit dem Triumvir Antonius verheiratet, um 69–11 v.
Chr.; den Tod des Marcellus konnte sie nie verwinden. Das gemeinsame Grabmal, in dem alle drei bestattet wurden, ist das Mausoleum
Augusti auf dem Marsfeld in großzügigen, öffentlich zugänglichen
Parkanlagen, ein monumentaler Grabtumulus mit Marmorverklei-
dung (Ø 87 m, H. 44 m), der bereits 28 v. Chr. als offizielle Grabstätte
der julischen Familie begonnen wurde (Suet. Aug. 100,4; Neufunde:

E. Buchner, *Antike Welt* 27, 1996, 161–171). Die Bestattung Octavias im Mausoleum ist nur an dieser Stelle belegt, wurde aber durch den Fund des gemeinsamen Epitaphs von Marcellus und Octavia bestätigt (D. Earl, *Augustus und seine Zeit*, Wiesbaden 1969, 116, Abb. 16), s. V. 441–442. – Zur elegischen Anrede an Marcellus s. Einführung.

73–74 Die drei Parzen, Atropos, Clotho und Lachesis, spinnen den Lebensfaden, s. V. 164.239.247.

75–78 *vergebens:* Der Name des Toten wird vor der Verbrennung dreimal angerufen. Die *letzte* Klage (am Grab) soll die Reihe der Schicksalsschläge beenden. Die Staatstrauer um Drusus soll für alle Zeiten genügen.

83–94 Tiberius

85–86 *Nero:* Der Name Tiberius ist regelmäßig ersetzt, weil er metrisch nicht paßt (drei Kürzen am Wortanfang). – *mit strähnigem Haar:* ungekämmtes, nicht mehr geschnittenes Haar als Trauergebärde, s. V. 38.295.

89–90 Die Anwesenheit des Tiberius am Totenbett ist mehrfach bezeugt: Cassius Dio 55,2,1; Sen. Polyb. 15,5; Val. Max. 5,5,3. Der Autor des Textes behauptet nicht, wie man ihm unterstellen wollte, daß er ebenfalls Augenzeuge gewesen sei.

95–118 Livia

97–98 Verwandte oder Freunde nehmen mit dem letzten Hauch gleichsam die ausgehauchte Seele des Verstorbenen in sich auf: s. V. 158; Verg. Aen. 4,684; Ov. Ars 3,745; Trist. 4,3,41. – *Haare:* Vernachlässigung der Körperpflege und das Ausreißen der Haare – hier ritualisiert als Abschneiden – ist Ausdruck der Trauer, s. V. 38.86.

104 *Alter:* Livia, im Januar 58 v. Chr. geboren, war damals nicht ganz 50 Jahre alt.

105–112 Mythologische Exempla untröstlicher Trauer.

105–106 Progne, Tochter des attischen Königs Pandion, setzt ihrem Mann Tereus, der ihre Schwester Philomele vergewaltigt und verstümmelt hat, zur Rache ihren Sohn Itys zum Mahl vor. Sie wird zur Schwalbe mit dem Ruf «itys», Philomele zur Nachtigall, Tereus zum Wiedehopf: Ov. Met. 6,423–670; Her. 15,153–155. – *daulisch:* Die Geschichte spielt im ursprünglich thracischen (*threïcischen*) Daulis in Phokis nordöstlich von Delphi. Sophokles, *Tereus*, verlegte die Geschichte ins eigentliche Thracien.

107–108 Ceyx, König von Trachis am Oeta, begibt sich auf eine Seereise und ertrinkt. Seine Gattin Alcyone ist untröstlich, als sie den Tod des Ceyx erfährt. Die Verwandlung der beiden in Eisvögel (*alcyones*) erzählt Ov. Met. 11,410–748; Her. 18,81–82. Wegen des ähnlichen Gezwitschers (*querela*) werden die beiden Sagen oft miteinander erwähnt: Prop. 3,10,9 f.; Ov. Trist. 5,1,60.

109–110 Meleager, Sohn des Oeneus in Aetolien, Anführer in der Jagd auf den kalydonischen Eber, wird von seiner Mutter getötet (Althaea verbrennt das Scheit, an dem sein Leben hängt). Seine Schwestern sind untröstlich und werden, während sie in Trauer ihre Brüste schlagen, in Perlhühner verwandelt: Ov. Met. 8,533–546.

111–112 Clymenes Sohn Phaëthon stürzt mit dem Sonnenwagen ab, den ihm sein Vater Sol versprochen hat (Ov. Met. 1,747 – 2,339). Seine Schwestern, die Heliaden, trauern vier Monate lang unablässig, bis sie in Bernstein weinende Bäume verwandelt werden: Ov. Met. 2,340–366.

119–166 Livias Klage

120 Der Vers (nicht das Distichon, wie Scho. behauptet) ist identisch mit Ov. Trist. 1,3,42 (verfaßt 8 n. Chr.).

129–130 Der Zweifel an den Göttern im Unglück ist verbreitet:

Buch Hiob; Reaktionen beim Ausbruch des Vesuvs im Jahr 79 (Plin. Ep. 6,20,15).

131–132 *Verehrung:* Gelübde für glückliche Heimkehr, s. V. 21–24.283–288.

135–136 *Verfluchte:* Der Bedeutungswandel von *sceleratus* «verbrecherisch» zu «unheilvoll», «verflucht» ist an der im gleichen Zusammenhang erfolgten Benennung von Drusus' Sommerlager in *castra Scelerata* «verfluchtes Lager» ablesbar: Suet. Claud. 1,3. – *salben:* nicht einbalsamieren, sondern mit Myrrhen, Balsam und anderen Duftstoffen übergießen.

137–138 *betrachte:* seltene altlat. Form *tuor* «sehen» (OLD 1a), dazu Sueton (fr. 176): *tuor video, tueor custodio.* – *Mund:* zur Frage der Küsse s. V. 34.

139–142 *Konsul:* Drusus wurde im Herbst 10 v. Chr. mit T. Quinctius Crispinus zum *consul ordinarius* gewählt, war aber beim Amtsantritt am 1. Januar 9 v. Chr. nicht in Rom anwesend. – *Rutenbündel:* Die hohen Magistraten wurden von den Liktoren begleitet, die ihnen die *Fasces*, Rutenbündel und Richtbeil, als Zeichen der Amtsgewalt vorantrugen. Die Konsuln wurden von 12 Liktoren begleitet. Bei Trauerfeierlichkeiten wurden die Fasces gesenkt, s. V. 177–178.

145–146 *Neronen:* s. V. 1–2. – *Großvater:* Livias Vater, M. Livius Drusus Claudianus, Geschäftsfreund des Cicero (u. a. erwähnt Att. 12,21, 45 v. Chr.), als Anhänger der Senatspartei 43 v. Chr. proskribiert, kämpfte er 42 bei Philippi und beging nach der Niederlage Selbstmord (Cassius Dio 47,44,1).

157–158 *Augen schließen:* Glücklich ist nach Solon nur, wer keinen seiner Nachkommen begraben muß (Herodot 1,30). – *Seele auffangen:* V. 97.

161–162 *Grabmal:* Livia wurde im Jahr 29 im Mausoleum Augusti beigesetzt, wie es ohnehin für die ganze Kaiserfamilie vorgesehen war, also keine Prophezeiung, s. Einführung. – *Ahnen:* Das Mauso-

leum Augusti war eigentlich für die Julier bestimmt, Drusus gehörte
hingegen zu den Claudiern.

163–164 Der Wunsch nach Vereinigung im Tod ist ein Topos der
Liebesdichtung und der Grabepigramme: Lattimore 247–250; Prop.
4,7,94; Ov. Ars 3,21; ebenso der Wunsch zu sterben: Lattimore
203–205; Ov. Trist. 1,3,93–100 (Fabia nach Ovids Abreise ins Exil);
auch in hellenistischer Dichtung: Leonidas von Tarent, *Anthologia
Palatina* 7,466 (Klage der Mutter über den Tod des 18jährigen
Sohnes).

167–198 Überführung der Leiche

169–172 Die Soldaten in Mainz wollten, wie auch Seneca (Polyb.
15,5) berichtet, den Leichnam nicht hergeben und errichteten ihm
schließlich ein Kenotaph (Suet. Claud. 1,6; Cassius Dio 55,2,3).

173–176 Zur Besiegung der Räter s. V. 15–16. Die Reiseroute
führte durch die Schweiz über den Septimer, Chiavenna, Comersee
nach Ticinum (Pavia): «Im strengsten Winter ging (Augustus) persönlich bis Ticinum entgegen, wich nicht von der Leiche und zog mit
ihr in die Stadt ein» (Tac. Ann. 3,5). Begleitung durch Livia: Sen.
Marc. 3,2. Vergleichbar ist der Leichenzug des Germanicus von Brin-
disi nach Rom im Jahr 20 n. Chr., den Tacitus (Ann. 3,2) anschaulich
schildert.

177–178 Die Liktoren (s. V. 139–142) begleiteten einen Trauerzug
in schwarzem Gewand (Hor. Epist. 1,7,6) und mit umgekehrten
Rutenbündeln, den Fasces (*versi fasces:* Tac. Ann. 3,2). Zerbrechen
der Fasces im Zorn über den Verlust, wohl in Anklang an andere zer-
störerische Trauerhandlungen (Zerreißen des Gewandes, Schlagen
der Brüste, Raufen der Haare u. ä.), vgl. Stat. Theb. 7,685, wo die
Thyrsen (mit Weinlaub oder Binden umwickelte Stäbe im Dionysos-
Kult) des Bacchus aus Trauer zerbrochen werden. Die Fasces werden
sonst bei Amtsenthebung eines Magistraten oder bei der Niederlage
eines Feldherrn zerbrochen. Damit wird hier verglichen: Das Para-

dox besteht nun darin, daß ein siegreicher Feldherr einzieht, als ob er besiegt wäre, was ja nicht der Fall ist.

179–180 Das Aufhängen der erbeuteten Waffen am Wohnsitz des siegreichen Feldherrn ist vielfach bezeugt: Tib. 1,1,53 f.; Prop. 3,9,26 f.; Ov. Trist. 3,1,33; Suet. Nero 38. – *mit eigener Hand:* Darauf liegt besonderer Nachdruck, da Drusus Rüstungen von Gegnern persönlich erbeutete (Suet. Claud. 1,4). Diese *spolia opima* wurden sonst dem Jupiter Feretrius geweiht.

182 *gleich ergehen:* Dem Gegner wird der gleiche Unglücksfall gewünscht (*forma* «Zustand»: OLD 2c).

183–190 Zeichen der Staatstrauer, die spontan vor dem amtlichen Edikt erfolgen konnte, war der Stillstand der Gerichte (*iustitium*), das Schließen der Läden und öffentlichen Gebäude, auch der Tempel, und das Ablegen der Amtszeichen: Liv. 9,7,7–8; Tac. Ann. 2,82 (nach dem Tod des Germanicus).

186 *Purpurstreifen:* Der breite Purpursaum (*latus clavus*) als Zeichen des Senatorenstandes und sogar der goldene Ring (der Ritter und Senatoren) werden bei Staatstrauer abgelegt (Liv. 9,7,8).

188 *Weihrauch:* Bei der Überführung des Germanicus verbrannte man in den Städten, durch die der Zug führte, «Gewandstoffe, Duftstoffe und was sonst bei Totenfeiern üblich ist» (Tac. Ann. 3,2).

199–264 Bestattungsfeier

202 *Wir Ritter:* Der Autor gibt sich als Ritter zu erkennen. Die Stelle dient als Argument für die Fälschung des ganzen Textes: Als Autor solle man Ovid erkennen. Die meisten Dichter gehörten aber ohnehin den oberen beiden Ständen an, wie Ovids Dichterkatalog Pont. 4,16 und später die Briefsammlung des jüngeren Plinius zeigt.

204 *ausonisch:* italisch, römisch.

205–206 *Trauerbüste:* Im Trauerzug wird die Wachsbüste des Verstorbenen (und die seiner Verwandten) mitgetragen. Der Triumpha-

tor legt den Lorbeerkranz im Tempel des Jupiter Capitolinus nieder;
vgl. V. 25–28.

209–210 *Zögling:* Drusus trug den Titel *privignus Augusti* «Stiefsohn des Augustus». Die Trauerrede des Augustus vor der Volks-
versammlung im Circus Flaminius und die Abfassung eines Grabepigramms ist durch Sueton (Claud. 1,5) und Cassius Dio (55,2,2)
bezeugt. – *unter Tränen:* so auch V. 441 f. 466, kaum als Topos auf-
zufassen (trotz Scho.): W. Kierdorf, *Laudatio Funebris*, Meisenheim
am Glan 1980, 138 f.; F. Kudlien, ‹Berufsmäßige Klageweiber in der
Kaiserzeit›, *Rheinisches Museum* 138, 1995, 177–187.

211–212 Suet. Claud. 1,5 (Augustus): «bat die Götter, ihm einst
einen ebenso ehrenvollen Tod zu gönnen, wie sie (Drusus) gegeben
hätten.»

213 *mächtig:* im lat. Text auf «Palast» bezogen statt auf Jupiter
(Enallage).

217–218 *Kohorten:* Die Heeresformationen liefen oder ritten in
der sog. *decursio* dreimal rings um den Scheiterhaufen (Verg. Aen.
11,188–192; Ov. Met. 13,610 f.). Der Umgang fand danach als jähr-
liches Ritual statt: Suet. Claud. 1,5; ähnlich wurde auch Augustus bestattet: Cassius Dio 56,42,2. Der dreifache Umritt ist (evtl. später
wiederbelebter) Brauch aus homerischer Zeit: Hom. Il. 23,13 (Umritt um die Leiche des Patroklos).

219–220 Der dreifache letzte Anruf an den Toten, die *ultima
conclamatio*, erfolgte während der *decursio* zu Beginn der Verbrennung der Leiche (Textänderung Scho. *ter* in *te* ist pleonas-
tisch).

221–252 *Exkurs: Tiber und Mars*
221 *Tiberinus:* dichterischer Name für den Tiber (wie 233. 246),
einigen Quellen zufolge ein latinischer König, nach dem der Fluß
heißt. Tiberinus ist auch für die Gebetsformel der Auguren und damit als Kultname bezeugt: Cic. Nat. deor. 3,52.

224 *blauschwarz:* Haarfarbe der Wassergottheiten seit Homer.

227–230 Der ganze Exkurs beruht auf der Idee, daß der Tiber ge-
willt sei, den Scheiterhaufen zu löschen. Dahinter steht die Über-
schwemmung des Marsfeldes beim Begräbnis des Marcellus im Jahr
23 v. Chr., von der Cassius Dio 53,33,5 berichtet; von Vergil, Aen.
6,872–874, dichterisch verarbeitet.

231–232 *Mavors:* altertümliche Form von Mars. Es gab mehrere
Mars-Tempel in Rom: (1) den Tempel vor der Porta Capena seit 388
v. Chr., (2) den Tempel des Mars Ultor auf dem Kapitol seit 20 v. Chr.,
(3) den auf dem Forum Augusti seit 2 v. Chr. und (4) den hier gemeinten am Circus Flaminius am Rande des Marsfeldes seit 138 v.
Chr. Auf dem Marsfeld stand ein ihm geweihter Altar.

233 *Zorn:* Wenn die Flüsse zornig sind, schwellen sie an.

235–236 *Verehrer:* eigtl. «der meinige», als Feldherr gehört er
dem Kriegsgott. – *Ursache:* Beschwichtigung des Tibers mit dem
Hinweis auf den ehrenvollen Grund von Drusus' Tod (Textverbesserung *funera levet* Ehwald).

239–240 *Clotho:* eine der drei Parzen, s. V. 73. – *streng:* eigtl.
strenge Fäden (Enallage).

241–242 *Remus:* Söhne der Ilia und des Mars sind Romulus und
Remus. Im Streit um das neu gegründete Rom erschlägt Romulus
seinen Bruder. – *Gewässer: stagnum* bezeichnet stehende Gewässer,
Tümpel, Teiche, aber auch langsame Flüsse, oft die Flüsse der Unterwelt: Prop. 4,7,91: *Lethaea ad stagna*; Verg. Aen. 6,323: *Cocyti stagna
alta.*

245–246 *Götter:* Die Parzen verkünden die Vergöttlichung von
Romulus, Caesar und Augustus. Romulus wurde als Gott Quirinus
verehrt und hatte seit 293 v. Chr. auf dem Quirinal einen Tempel.
Seine Apotheose schildert Ov. Fast. 2,475–512. Caesar wurde nach
Senatsbeschluß als Divus Iulius verehrt, nachdem an den Spielen zu
seinen Ehren (Juli 44 v. Chr.) ein Komet erschienen war, den man als
seine Seele deutete (Suet. Caes. 88; Ov. Met. 15,840–851). Die Ver-

ehrung des Augustus als Gott kündigte sich schon vielfach zu seinen Lebzeiten an (daher kein Anhaltspunkt für die Datierung unseres Textes). Obschon er sich dagegen wehrte, wurden ihm in den Provinzen, gemeinsam mit Roma, Tempel errichtet (Suet. Aug. 52). Bereits am 1. August 12 v. Chr. wird eine *Ara Romae et Augusti* in Lyon gerade durch Drusus geweiht (Cassius Dio 54,32,1), 6 n. Chr. eine *Ara Numinis Augusti* in Rom (Fasti Praen.). Ovid kann deshalb schon 8 n. Chr. unschwer die Himmelfahrt des Augustus prophezeien (Met. 15,870), die später von einem Augenzeugen bestätigt wird (Suet. Aug. 100,4). Augustus als Gott s. auch V. 380.404.466. Zu den Vorbereitungen der Apotheose: S. Weinstock, *Divus Julius*, Oxford 1971, 304 ff.; Steudel 1992, 178.

247 *Göttinnen:* die Parzen, s. V. 73.

251–252 *Haus:* Flußgötter bewohnen Grotten, z. B. Achelous, Ov. Met. 8, 562.

253–264 Bestattungsfeier (Fortsetzung)

253 *Haupt:* Wie oft, schon in griechischer Dichtung, ist die ganze Person gemeint, hier ihre Leiche.

256 *Zungen:* eigtl. Haare, Locken; diese bildliche Vorstellung liegt der Bezeichnung für Komet («Haarstern») zugrunde, der lat. als *stella crinita* («behaarter Stern») bezeichnet wird.

257–258 Hercules stirbt, von dem mit dem Blut des Kentauren Nessos getränkten Gewand vergiftet, in Trachis am Oeta-Gebirge und läßt sich dort verbrennen: Sophokles, *Trachinierinnen*, Ps.-Seneca, *Hercules Oetaeus*. Danach wird er in den Himmel (oder Olymp) aufgenommen. «Gott» bezeichnet regelmäßig auch Halbgötter oder götterähnliche Gestalten wie die Parzen (V. 247) oder die Nereiden (V. 435).

265–298 Nachruhm, Rache, Verlust

269–270 *Rostra:* die Rednerbühne auf dem Forum, an der die in

Seeschlachten erbeuteten Schiffsschnäbel angebracht waren. Gemeint ist die Ehrung mit Bronzestatue und Ehreninschrift, wie sie Cicero in der neunten Philippica dem Senat für Ser. Sulpicius Rufus vorschlug.

271–282 Die blutrünstige Partie paßt zur allgemeinen Roheit gegenüber «Barbaren» und zur Abgestumpftheit der Öffentlichkeit beim Strafvollzug. Man vergleiche etwa die Liste der Grausamkeiten des Tiberius bei Sueton (Tib. 60 f.) oder die Schilderung der Gladiatorenspiele bei Seneca (Brief 7). Die Leichen der Hingerichteten wurden auf die Gemonische Treppe, die vom Kerker auf die Burg (s. V. 25) führte, geworfen.

271 *Germania:* als allegorische Figur im Triumphzug des Tiberius *De Germanis* (16. Jan. 13) mitgeführt: Ov. Trist. 4,2,43, vgl. auch Fr. 10.

281–282 *safranfarbig:* sonst die Farbe von Auroras Bett, Verg. Georg. 1,447, vgl. Eleg. Maec. 133 f., oder ihres Gewandes: Hom. Il. 8,1; 19,1.

283–288 *Brüderpaar:* die Dioskuren Castor und Pollux, Söhne Ledas, Brüder Helenas, als Sternbild Zwillinge (Gemini). Die Erwähnung ihres Tempels als bereits «sichtbar» (*conspicienda*) begründete eine Datierung des Textes nach 6 n. Chr. Da der Tempel aber seit dem 5. Jh. v. Chr. bestand (Stiftung 496 v. Chr.), war er immer sichtbar; es muß sich folglich um eine Stiftung zugunsten einer Renovation handeln. Die Weihe des renovierten Tempels, dessen markante Säulen noch heute auf dem Forum zu sehen sind, fand am 27. Januar 6 n. Chr. «aus der Kriegsbeute im Namen von Drusus und Tiberius» (Cassius Dio 55,27,5; Suet. Tib. 20) statt. Zwischen Stiftung und Weihe vergingen naturgemäß mehrere Jahre, wie der Fall des gleichzeitig renovierten Concordiatempels zeigt, der ebenfalls von Tiberius finanziert wurde – Stiftungsdekret 7 v. Chr. (Cassius Dio 55,8,1), Weihe 16. Januar 10 n. Chr. – oder des neu erbauten Marcellustheaters (Stiftung 23 v. Chr., Weihe 11 v. Chr.). Die Dauer der Arbeiten von 14 Jahren für den Dioskurentempel, wenn man für die Stiftung spätestens 9 v. Chr. voraussetzen will, ist deshalb nicht ungewöhnlich, und es besteht kein Grund, den Abschluß der Bauarbeiten vorauszusetzen (so auch Scho. 1992, 16–18), im Gegenteil: Wenn der Text behauptet, Drusus werde seine «Stiftung» (*munera*) und die Stifterinschrift an der Tempelfront nicht mehr erblicken können, setzt das voraus, daß die Arbeiten noch im Gange sind.

289–290 Die Stiftung von Drusus und Tiberius scheint als Votivgabe für glückliche Heimkehr aus dem Krieg gemeint gewesen zu sein, um so größer die Enttäuschung über die *göttlichen Brüder*.

291–292 *Sieger:* im Germanenkrieg 12/11 v. Chr., s. V. 19–20.

295–296 *zerzaust:* als Zeichen der Trauer wird das Gesicht zerkratzt, das Haar gerauft, s. V. 38.86.

299–328 *Klage um Antonia*

299–300 Gattin des Drusus war Antonia minor, geb. 39 v. Chr., die jüngere Tochter des Triumvirs Antonius und der kurz zuvor (11 v. Chr.) verstorbenen Octavia minor, somit eine Nichte des Augustus. Ihr Schwiegervater war Tiberius Claudius Nero, der 38 v. Chr. seine Gattin Livia an Augustus abgetreten hatte.

301–302 Der auffällige Anklang an Ovid, Met. 4,55: *iuvenum pulcherrimus alter, altera* (Pyramus und Thisbe), erklärt sich wohl als epische Formel.

303–304 *Tochter Caesars:* im Sinn der engen Verbindung mit dem Hause des Augustus, s. V. 299–300.

305 *letzte Liebe:* Antonia verheiratete sich nicht mehr; ihren Gatten überlebte sie 45 Jahre; im Jahr 31 deckte sie die Verschwörung des Sejan gegen ihren Schwager Tiberius auf, im Jahr 37 wurde sie von ihrem Enkel Caligula 75jährig ermordet.

309–310 *Sicambrer und Sueven:* s. V. 17–18.

314 *Wunder:* allgemeiner Hinweis auf den Reiz des Exotischen.

317–318 *gleich einer Rasenden:* homerische Formulierung für Andromache, die im folgenden genannt ist, Il. 22,460.

319 Verschiedene unnötige Textvorschläge, hier und V. 321, obschon bereits der italienische Humanist Francesco Filelfo die einfache Lösung gesehen hatte (Andromache mittelalterliche Schreibweise für -*ae*): «Dies war bezeichnend für ...».

319–320 *Andromache:* Klage um Hektor, dessen Leiche von Achill an einen Wagen gebunden und täglich um die Stadt Troja geschleift wird: Hom. Il. 22,460–465. Ein Wunder verhindert die Verstümmelung: 24,18–21.410–423. Bei Homer nicht erwähnt ist das Scheuen der Pferde; auffällig ist daher die Übereinstimmung mit Ov. Her. 1,35, die auf Abhängigkeit oder gemeinsame Quelle schließen läßt.

321–322 *Euadne:* Capaneus, einer der Sieben gegen Theben, prahlt, er werde auch gegen den Willen des Zeus die Stadt einäschern, und wird darauf vom Blitz erschlagen. Beliebter Tragödienstoff: Aischylos, *Sieben gegen Theben*; Euripides, *Die Bittflehenden*. Capaneus' Gattin Euadne folgt ihm in den Tod, indem sie sich bei der Bestattung auf den brennenden Scheiterhaufen stürzt (Eur. Suppl. 983 ff.).

323–324 *Kinder:* Germanicus, * 15 v. Chr., Claudius, * 10 v. Chr. (der spätere Kaiser), Livilla (Geburtsjahr unbekannt).

329–474 Trost

329–342 Triumphzug im Jenseits

331–334 Schilderung des Triumphzugs, bei dem der Triumphator, mit Lorbeer (*Laub*) bekränzt, auf dem mit vier Schimmeln bespannten, mit Elfenbein verzierten Wagen auf das Kapitol fährt: E. Künzl, *Der römische Triumph*, München 1988. – *Gold:* eigtl. golden (gleiche Formulierung Ov. Am. 1,2,42: Triumphzug des Cupido; Ars 1,214: Triumph Caesars), mit vergoldetem Panzer über der Purpurtoga. – *Vorfahren: mütterlicherseits* der V. 146 genannte Vater Livias, ferner M. Livius Drusus und sein gleichnamiger Sohn, beide Vertreter der Nobilität zur Zeit der Gracchen, um 100 v. Chr., schließlich am berühmtesten M. Livius Salinator, der als Konsul zusammen mit C. Claudius Nero 207 v. Chr. Hasdrubal am Metaurus besiegte (über seine Verwandtschaft mit Drusus s. V. 441 f.); *väterlicherseits:* neben dem Vater, der zu den Gegnern Octavians gehörte, ist namhaft der genannte C. Claudius Nero als Mitkonsul Salinators.

335–336 *Siegeszeichen:* Nach Cassius Dio 55,1,2 errichtete Drusus im Jahr seines Todes Siegesdenkmäler in Germanien, an denen die erbeuteten Waffen der Feinde aufgehängt waren. Darstellung solcher «Trophäen» z. B. auf der Gemma Augustea oder auf der Trajanssäule. Hier kommt Drusus mit den Waffen selbst. – *Konsul:* Drusus war in diesem Jahr *consul ordinarius.*

337–338 *Beiname:* Der Senat beschloß noch im gleichen Jahr für Drusus und seine Nachkommen den Beinamen Germanicus (Suet. Claud. 1,3; Cassius Dio 55,2,3: im Jahr 9 v. Chr.). Der berühmte Germanicus, Sohn des Drusus, war damals 6 Jahre alt.

342 *Mutter:* Nach dem Hinweis auf die Vorfahren kann nur Livia gemeint sein (nach Scho. 18–21, der die eigentliche *Consolatio* erst hier beginnen läßt, Antonia als Mutter von Germanicus, Livilla und Claudius).

343–356 *Ermahnung zur Würde*

343–344 *begrub:* Anspielung auf Hesiods Formulierung für das Ende des Goldenen und Silbernen Zeitalters, *Erga* 121.140 (Hinweis von Gorallus; OLD 4a). – *Lager:* des Augustus.

355–356 *Beispiel:* Diplomatische Formulierung für: «Wie sollen wir uns an dir ein Beispiel nehmen, wenn du versagst?»

357 *Fährmann:* Charon, der die Seelen über die Styx fährt; *gierig:* nicht wegen des Fährlohns, sondern weil er unersättlich ist wie der Tod; charakteristisches Beiwort für Acheron und Hades (V. 440; Verg. Georg. 2,492; Sen. Herc. fur. 782).

357–376 Schicksal

359 Der Vers stimmt fast wörtlich mit Ov. Met. 10,33 f. überein: *(sedem) properamus ad unam / tendimus huc omnes.*

361–362 Den Blick auf die Vergänglichkeit der Welt überhaupt empfiehlt Lukrez (97–55 v. Chr.) als Trostgrund im dritten Buch von *De rerum natura.* Den allmählichen Verfall der Welt stellt er nach epikureischer Lehre in Buch 2, 1105–74 dar. Nach stoischer Lehre werden Sintflut und Ekpyrosis (Weltbrand) eintreten, wie es Seneca in *Naturales Quaestiones* (3,27–30) schildert. – Vers 362 ist fast identisch mit Ov. Trist. 2,425 (verfaßt 9 n. Chr.), s. V. 120.

363–364 Ironische Aufmunterung zum Selbstmitleid.

369–370 Der Vergleich des Lebens mit Kapital und Zinsen war ein verbreiteter Gedanke der Trostliteratur: Cic. Tusc. 1,93: «Die Natur hat uns das Leben geliehen wie Geld, ohne den Rückzahlungstermin festzulegen»; Lucr. 3,971: «Das Leben ist niemandem zu Eigentum gegeben, allen nur zur Nutznießung.» – *nützen* ist hier in diesem ökonomischen Sinn verwendet.

377–392 Glück

377–378 Die nun folgende Behandlungsmethode von Livias Schmerz beschreibt (und kritisiert) Cicero als epikureisch, Tusc. 3,33: «Die Erleichterung von Kummer beruht bei Epikur auf zwei Punkten: der Ablenkung (*avocatio*) vom Gedanken an das Unglück und die Hinwendung (*revocatio*) zur Betrachtung der (vergangenen und künftigen) Genüsse.»

380 *Jupiter:* hier panegyrisch für Augustus, somit ist Livia Juno. Augustus als Gott s. V. 245.404.466.

383–386 *Neronen:* Drusus und Tiberius, s. V. 1–2. – *Führung der beiden:* der gemeinsam unternommene Räterfeldzug, s. V. 15–16. – *Isarcus:* der Fluß Eisack (ital. Isarco) im Südtirol.

385 Die zufällige Ähnlichkeit mit Ov. Pont. 3,4,108 veranlaßte die Datierung der *Consolatio* nach 12 n. Chr. (Richmond 1981).

387–390 Feldzüge des Tiberius. *Donau:* Nicht der Zug an die Donauquellen im Räterkrieg, sondern mehrere aufwendige Unternehmungen an der unteren Donau in den Jahren 15, 12, 10 und 9 v. Chr. führten Tiberius von Pannonien aus nach Dakien (J. Fitz, Die Eroberung Pannoniens, in: ANRW II 6 [1977] 738; Scho. 208). – *Apuler:* Bewohner von Apulum (h. Alba Julia in Rumänien), der späteren Hauptstadt Dakiens. Die Entfernung vom Schwarzen Meer (Pontus) beträgt allerdings 500 km (Luftlinie)! Feldzüge gegen die Daker erwähnt Augustus im *Monumentum Ancyranum*, ebenso Suet. Aug. 21,1. – *Armenier:* Im Jahr 20 v. Chr. führt er den König Tigranes nach Armenien zurück und bringt die von Crassus 53 v. Chr. an die Parther verlorenen Feldzeichen nach Rom; *fluchtgewohnt* bezieht sich auf die gefürchtete Kampftaktik der armenischen und parthischen Reitervölker, die im Wegreiten den Feind mit Pfeilen beschießen: Ov. Ars 1,209–211; 3,786; Rem. 155 (Parther); Stat. Silv. 1,4,78 (Armenier). – *Dalmater und Pannonier:* 12–9 v. Chr. war Tiberius *legatus Augusti pro praetore* in Pannonien und Dalmatien und erhielt für seine Erfolge Triumphalinsignien und eine Ovatio (Liv. per. 141; Suet. Tib. 9,2; Cassius Dio 55,2,4). – *Germanen:* Daß Drusus Neuland betreten hat, wird auch V. 19 f. betont.

393–410 Wunderzeichen

397–400 Man hat hier an die Methode stoischer *praemeditatio* erinnert: Man wappnet sich gegen das Schicksal, indem man die Schicksalsschläge vorausbedenkt. Doch gerade dies hat Livia, wie das Folgende zeigt, versäumt.

401–404 *Zeichen:* Vorzeichen für bedeutsame Ereignisse werden von den Historikern regelmäßig berichtet. Hier geht es um den in Rom als Vorzeichen besonders beachteten Blitzschlag, der *drei Tempel* getroffen hat, welche als die der Kapitolinischen Trias kenntlich sind: Juno, Minerva und Jupiter unter dem Namen des Caesar (Au-

gustus' eigenes Haus auf dem Palatin brannte erst 3 n. Chr. ab: Suet.
Aug. 27,3). Zu Augustus als Gott s. V. 245.380.466.

405 *Sterne:* Sternschnuppen, deren rasche Bewegung als
«Flucht» bezeichnet wird (im Gegensatz zu Kometen: Sen. Nat.
quaest. 7,23,3). Auch Cassius Dio 55,1,5 nennt unter den Vorzeichen
für den Tod des Drusus Sternschnuppen und berichtet von weiteren
Wundern.

406–408 *Lucifer:* Morgenstern, der dem Tag *voraufgeht,* also
Venus, als Mutter des Aeneas Stammutter der Julier. – *praeeunte: -ae-*
wie üblich als kurze Silbe bemessen (Verg. Aen. 5,186: *praeeunte*
carina), correptio s. Metrik.

409–410 *Untergang:* des Drusus; *stygisch:* in der Unterwelt; über
die Vorstellung der Seele als Stern s. V. 245.

411–426 Zukunftswünsche. Livias Rettung

411–416 *Trost:* Die Wünsche für ein langes Leben (negative Wer-
tung durch Drusus wenig später, V. 450) richten sich an Tiberius, der
auch die nicht verlebten Jahre seines Bruders übernehmen soll; sie erfüllten sich: Tiberius wurde fast 78, Livia 86 Jahre alt. – *gutmachen*
(excusare OLD 1b): Die gewünschte Zukunft wurde alles andere als
freudvoll, s. auch V. 474.

417–426 *Rettung:* Die Darstellung des Autors kontrastiert mit
derjenigen Senecas in der im Jahr 39 n. Chr. verfaßten *Trostschrift an*
Marcia (Kap. 2–5), wo Livia in ihrer vorbildlich gefaßten Haltung der
völlig verzweifelten, bis zu ihrem Tod trauernden Octavia gegenübergestellt wird, wobei mit starker Stilisierung bei Seneca zu rechnen ist (so auch Scho. 191). – *Recht:* des Augustus als Ehegatte.

426 Zur Metrik: Die Regel, daß das Ende des Pentameter zweisilbig sein soll, ist hier nicht durchbrochen, da Aphärese nicht als
Wortgrenze gilt (*ope es*).

427–444 Unausweichlicher Tod

427–428 Schiffer: Charon, der die schattenhaften Seelen über die Styx (V. 432) fährt.

429–432 Hector: der große Held der Trojaner, mit seiner großen Verwandtschaft, dem Vater Priamus, der Gattin Andromache, seinem Sohn Astyanax, der Mutter Hecuba. Priamus kauft die Leiche seines von Achill getöteten Sohnes um hohes Lösegeld von Achill zurück, um sie zu verbrennen: Homer, *Ilias*, 24. Buch.

433–440 Achilles: Gegenstück zu Hector. *Städtezerstörer* ist Achills homerisches Beiwort (*ptoliporthos*, Il. 15,77, lat. mit *populator* wiedergegeben). Auch seine Mutter, die Nereide Thetis, kann seinen Tod nicht verhindern. Trauer der Nereiden und Begräbnis vor Troja (*auf ilischem Boden*) schildert Homer, Od. 24,43–94. – *Panope:* als Nereide Schwester der Thetis, erwähnt im Katalog der Nereiden, die bei Achills Klage um Patroklos erscheinen, Hom. Il. 18,45. – *Oceanus:* Quelle aller Quellen, Hom. Il. 21,195–197; sein Gattin ist Tethys.

435 blauschwarz: Haarfarbe der Meeresgottheiten, s. V. 224.

440 gierig: Beiwort für den unersättlichen Hades, s. V. 357.

441–442 Octavia und ihr Sohn *Marcellus*, s. V. 65–70. Augustus hielt für beide 23 und 11 v. Chr. die Leichenrede, wie für Drusus, unter Tränen; kaum ein Topos, s. V. 209 f. 466.

443 unausweichlich: Lieblingsgedanke in Grabepigrammen, z. B. *Anthologia Palatina* 7,483.

445–468 Trostrede des toten Drusus

447–450 Rechtfertigung des frühen Todes ist ein erfülltes Leben. Sen. Ep. 93,4: «An den Taten sollen wir das Leben messen, nicht an der Zeit.» Im Gegensatz zu den positiv gemeinten Wünschen für ein hohes Alter (V. 411–414) wünscht Drusus (d. h. der Autor in der Rolle des Drusus) seinen Feinden ein *langes Alter*, d. h. ein mühsames, gebrechliches Leben. Diese andere Perspektive war sprichwörtlich verbreitet: «Das Beste ist, nicht geboren zu werden.» Menander, übersetzt von Plautus: «Jung stirbt, wen die Götter lieben» (Bacch. 816). Die beiden Standpunkte gegenübergestellt: *Anthologia Palatina* 7,603 (Julianos, 6. Jh. n. Chr.).

451–452 *deine Ahnen und meine Vorfahren:* Den Sinn der Stelle erkannte Gorallus (Text von Scho. verbessert): Die beiden Feldherren, die Drusus als Vorbild dienen, Vertreter der Gens Claudia und der Gens Livia (vgl. V. 331 f.), sind die Konsuln des Jahres 207 v. Chr., die zusammen am Metaurus Hasdrubal schlugen und die entscheidende Wende des Zweiten Punischen Krieges herbeiführten, C. Claudius Nero und M. Livius Salinator. Die Familie der Drusi geht tatsächlich auf Salinator zurück (bei Scho. nicht nachgewiesen): C. Livius Drusus, Konsul 147 v. Chr., einer der ersten Träger des Namens Drusus, war ein Enkel Salinators. Sein Sohn M. Livius Drusus und sein gleichnamiger Enkel waren prominente Politiker in der Zeit der Gracchen. Der letztere adoptierte Livias Vater.

453 *dein Haus:* Die Gens Livia, zu der Drusus dank seiner Mutter gehört, ist durch die Heirat Livias auch mit Augustus verbunden.

457–458 Grabepigramm wie üblich in Form elegischer Distichen; vielleicht zählt auch das folgende bis V. 466 zum Epigramm.

459 *apollinisch:* formelhaftes Beiwort. Der Kranz des Triumphators bestand aus Lorbeer, dem Attribut Apolls (Ov. Trist. 4,2,51).

460 *erlebte:* Die Seele des Toten ist beim Begräbnis anwesend.

461 *Umzug:* zu *decursio* oder *decursus* s. V. 217–220. – *Tribute der Könige:* Die Beute wurde im Triumphzug mitgetragen (z. B. der siebenarmige Leuchter aus dem jüdischen Tempel, dargestellt am Titusbogen).

462 *Schilder:* Darstellungen von Städten mit beschrifteten Tafeln wurden im Triumphzug mitgeführt (Ov. Trist. 4,2,20 ff.; Pont. 2,1,37 f.).

463 *Jugend:* s. V. 207 f.

465–466 *weihevoll:* Augustus war am 6. März 12 v. Chr. zum Pontifex maximus gewählt worden. Er hielt die Trauerrede für Drusus unter Tränen: s. V. 209–210, vgl. V. 441 f. (Marcellus und Octavia). – *Gott:* Augustus als Gott s. V. 245.380.404.

469–474 *Epilog*

469 Ob die Toten etwas fühlen oder denken, war eine alte Streitfrage, vgl. Ov. Pont. 1,2,113; 2,2,100.

471–472 *wie viele:* der gleiche Gedanke V. 79. – *älter:* Tiberius war vier Jahre älter als Drusus.

473–474 *keine Trauer:* Der Wunsch erfüllte sich, vom fingierten Zeitpunkt aus gesehen, nicht: Augustus und Livia überlebten ihre Enkel Gaius und Lucius Caesar, Söhne der Julia, die vorgesehenen Thronfolger, die 4 und 2 n. Chr. starben.

PSEUDO-VERGIL
ELEGIAE IN MAECENATEM – ELEGIEN AUF MAECENAS

Einführung

In einer Gruppe von Gedichten in Hexametern unter dem Namen Vergils ist ein Text in elegischen Distichen erhalten, der in den Handschriften als Titel den Namen des berühmten Förderers der Künste und der Dichtung *Maecenas* trägt. Der Text besteht aus zwei gesonderten, erst spät als zwei Gedichte erkannten Teilen, einer Klage um den toten Maecenas und einer Abschiedsrede des Sterbenden. Die heutige Bezeichnung *Elegiae in Maecenatem*, Trauergedichte auf Maecenas, trifft offenbar nur auf das erste Gedicht zu, während das zweite sich thematisch zwar eng damit verbindet, aber halb dramatischen, halb erzählenden Charakter hat. Man muß daran erinnern, daß das «elegische» Versmaß für die verschiedensten Inhalte eingesetzt wurde, wie Ovids Schmähgedicht *Ibis*, die Liebesbriefe der *Heroides*, die Liebeselegien (*Amores*) und die Lehrgedichte (*Ars amatoria*, *Remedia amoris*) zeigen, und daß es seit der griechischen Frühzeit auch erzählenden Gattungen diente. Aufgrund ihres Titels wurden die Elegien Vergil zugeschrieben, doch ist er als Autor von vornherein auszuschließen, da er bereits 19 v. Chr., elf Jahre vor seinem Gönner, gestorben war. Eine Zuschreibung an Ovid oder an Albinovanus Pedo wurde verschiedentlich ohne zureichende Begründung erwogen. Gegen Ovid spricht der Mangel an Vertrautheit des Autors mit Maecenas, wie er es selbst darstellt, und die Tatsache, an der man nicht zweifeln sollte, daß es sich im Falle der ersten Elegie um ein Auftragswerk des MARCUS LOLLIUS handelt.

Gattung
Elegie 1 gehört zur verbreiteten Gattung des Epicedions, wie sie auch von Ovid selbst (Fr. 11 auf Messalla, Fr. 12 auf Augustus) und

von vielen Zeitgenosssen wie dem Autor der *Consolatio ad Liviam*
gepflegt wurde, Elegie 2 gleicht eher einem dramatischen Fragment.
Beide Elegien verbinden mit der Klage den Rückblick auf Maecenas'
öffentliches und privates Leben, Verdienste, Karriere, Charakter,
wobei der ersten eher die Funktion eines verherrlichenden Nekro-
logs zukommt, die zweite den Bericht über eine Szene am Totenbett
darstellt, in der Maecenas zum Abschied eine Dankesrede an Augustus hält («So sprach Maecenas ...»). Beide enthalten direkte oder ver-
schlüsselte biographische Informationen, die sich weitgehend, aber
nicht völlig mit anderen Quellen decken, und beide geben vor, aus einer unmittelbaren Beziehung zum Verstorbenen entstanden zu sein,
Elegie 1 im Auftrag des zum Freundeskreis des Horaz zählenden
Marcus Lollius und kurz nach der Abfassung einer Trauerelegie auf
Drusus, womit wir auf die erhaltene, Ovid zugeschriebene *Consolatio ad Liviam* verwiesen werden, während Elegie 2 von Maecenas'
Betroffenheit über den Tod des Drusus ausgeht und darin wieder mit
den beiden anderen Epicedien verbunden ist. Die drei Texte gehören
also rezeptionsgeschichtlich zusammen, auch wenn die Elegien
schon früh in das Corpus vergilischer Texte gerieten.

Stil

Von den beiden Elegien ist die zweite, die vielleicht unvollständig
erhalten ist, die kürzere, aber auch schwächer durchdachte, ein
Monolog, um den ein äußerst dürftiger Rahmen gelegt ist. An-
spruchsvoller, mit dem Gehabe eines alexandrinischen Gelehrten
vorgetragen, aber nicht sehr inspiriert ist die erste, die in ihrer Dunkelheit und ihrem etwas gequälten Gedankengang geradezu eine
Imitation oder Parodie dessen darstellt, was Seneca als maecenati-
schen Stil tadelt: rätselhaft, bilderreich, gekünstelt. Die Formulierungen sind teilweise recht unbeholfen, bald trocken, bald über-
schwenglich, der Gedankengang nicht immer leicht nachvollziehbar.
Vieles deutet auf nicht genau benannte Zusammenhänge hin und be-

reitet darum den Interpreten einiges Kopfzerbrechen (bes. die Bacchus-Partie V. 57 ff.).

Die panegyrische Seite des Textes zeigt sich stilistisch an den übersteigerten, geradezu realitätsfremden Schilderungen (Flucht zu den Nilquellen u. ä., auch die wohl absichtliche Überschätzung von Maecenas' Rolle bei den Schlachten von Actium und beim Peloros zählt dazu). Eine weitere Eigenart ist die zur Gattung gehörende elegische Anrede, die hier aber gehäuft auftritt und wenig motiviert scheint (ans Publikum, an Bacchus, an Hercules, an das Gebirge Erymanthus, an Ganymed, s. V. 25). Trotz ihrer fragwürdigen Qualität, die immer wieder an rhetorische Übungen denken läßt (Schoonhoven), haben beide Texte, die nicht vom gleichen Autor stammen müssen, über Jahrhunderte hin ihre Anziehungskraft bewahrt, der erste mit größerem Recht.

Datierung

Seneca hat Maecenas' Persönlichkeit, besonders in den Briefen an Lucilius, mehrfach kritisch dargestellt: die epikureische Grundhaltung, mit der er alle Leiden und jede Schande in Kauf nähme, nur um weiterleben zu können (Ep. 101,10–14), seinen schlechten, verworrenen, rätselhaften, verweichlichten, geschmacklosen Stil, der zu seinem äußeren Auftreten passe (Ep. 19,9; 114,1–8), die Widerspenstigkeit Terentias gegenüber ihrem Mann (De prov. 3,10). Die Übereinstimmungen des Charakterbildes, das der Autor von Maecenas zeichnet, mit dem des Seneca, sind jedenfalls so auffällig, daß man annahm, der Autor sei von Senecas Darstellung ausgegangen und gehöre erst in neronische Zeit. Man kann jedoch gemeinsame Quellen annehmen. Die erste Elegie ist laut der Aussage des Autors im Auftrag des Lollius verfaßt (s. zu V. 10), also bezahlte Gelegenheitsdichtung, an die man nicht zu hohe dichterische Ansprüche stellen sollte, folglich, wenn die Annahme zutrifft, unmittelbar nach Maecenas' Tod verfaßt. Als spätester Zeitpunkt muß dann der Tod des

Lollius im Jahr 2 n. Chr. gelten. Im Falle einer Fiktion waren vom Autor nicht nur präzise Kenntnisse über Leben und Charakter des Maecenas verlangt, sondern auch über Lollius. Auch dieser Umstand verbietet es, die Entstehung des Textes zu weit vom vorgegebenen Anlaß abzutrennen. Ferner stellt sich der Autor als der einer kurz zuvor verfaßten *Consolatio ad Liviam* vor, die man gerne mit der erhaltenen pseudo-ovidischen identifizieren möchte.

Schwieriger ist die Beurteilung der zweiten Elegie. Verdacht erregt deren prophetisches Ende, das auf die Machtübernahme durch Tiberius im Jahr 14 hinzuweisen scheint. Zur angeblichen Zeit der Abfassung stand aber die Thronfolge keineswegs fest. Augustus hatte vielmehr seine direkten Enkel Gaius und Lucius (s. zu V. 173) 17 v. Chr. durch Adoption bevorzugt und Tiberius erst nach dem Tod der beiden, am 26. Juni 4 n. Chr., widerwillig adoptiert. Somit wäre die zweite Elegie erst nach 14 anzusetzen. Die Aktualität zu jenem Zeitpunkt hätte dann darin bestanden, daß das Volk nicht Tiberius, sondern dessen Neffen Germanicus, den Sohn des Drusus, am liebsten als Kaiser gesehen hätte, und daß es darum das Gedächtnis an Drusus wachzuhalten galt. Mit der Datierung wird man im 1. Jh. n. Chr. bleiben (Schoonhoven). Für eine Zuweisung der dichterisch bescheidenen Texte kommt keiner der großen Autoren in Betracht; andere gab es genug.

Metrik

Die Elegien folgen geradezu mustergültig den ovidischen Regeln für elegische Distichen: Zwei- und dreisilbige Wörter (oder doppeltes Monosyllabon nach Interpunktion: V. 3.139) am Ende des Hexameters, Zäsur nach 3. oder 4. Hebung, am Pentameterende ausschließlich zweisilbige Wörter und kaum offene Kürzen (nur *-a* und *-e*, V. 62: *nive*, 68: *nova*; s. Platnauer 64–66: im Gesamtwerk Ovids 110 Fälle auf 11 010 Verse, davon 39 *-a*, 71 *-e*), Binnenreim im Pentameter im üblichen Rahmen (20% wie Ovid, Platnauer 49; z.B. 34:

paucaque pomosi iugera certa poli), doch kaum Elisionen (6%, Ovid 12%: Platnauer 72) und nur solche von kurzen Vokalen. Von dieser Seite besteht kein Grund für die Annahme einer späteren Abfassung.

Maecenas

GAIUS CILNIUS MAECENAS, geboren in Arretium (Arezzo) um 70 v. Chr., stammte aus einer etruskischen Königsfamilie, die aber lediglich dem römischen Ritterstand angehörte. Als Anhänger Octavians nahm er an der Schlacht von Philippi 42 v. Chr. teil und erhielt danach einen Teil des bei den Proskriptionen konfiszierten Vermögens des Marcus Favonius, der als einer der entschiedensten Vertreter der Senatspolitik nach der Niederlage ermordet wurde. In den folgenden Jahren wurde Maecenas von Augustus mit wichtigen diplomatischen Missionen betraut. Er war maßgebend beteiligt am Abschluß der Verträge von Brundisium im Jahr 40 und von Tarent (37) und führte im Jahr 38 die Verhandlungen mit Antonius. Auch im privaten Bereich war er als Verhandlungspartner eingesetzt, indem er im Namen Octavians um Scribonia warb (40 v. Chr.). Mindestens zweimal war er Stellvertreter des neuen Machthabers in Rom und Italien (36 und 31/30), blieb aber trotz seiner hohen Stellung zeitlebens im Ritterstand.

Nach 23 kühlte sich Maecenas' Freundschaft mit Augustus merklich ab, angeblich wegen Indiskretionen gegenüber seiner Frau Terentia, als die Verschwörung des Fannius Caepio, in die Terentias Bruder Licinius (Terentius) Murena im Jahr 23 verwickelt war, aufgedeckt und blutig niedergeschlagen wurde, aber auch wegen Terentias zeitweiligen Verhältnisses mit Augustus. Nach seinem Rückzug aus der Politik förderte Maecenas bekanntlich großzügig die Künste, namentlich die Dichter Vergil, Horaz und Properz. Er starb nach langer Krankheit 8 v. Chr., kurz nach Horaz. Wenn er Augustus sein Vermögen vermachte, wie wir aus anderer Quelle wissen, dann muß

er sich mit dem alten Freund inzwischen ausgesöhnt haben. So stellt
es auch die zweite Elegie dar.

Ausgaben, Kommentare, Übersetzungen

Ellis, R., Appendix Vergiliana, Oxford 1907.

Vollmer, F. / Morel, W., Poetae Latini Minores, Bd. 1, Leipzig ³1935,
143–155.

Duff, J. W. /A. M., Minor Latin Poets, Cambridge (Mass.) ²1935,
113–139 (lat./engl.).

Miller, Mary C., The Elegiae in Maecenatem, Diss. Philadelphia 1941
(lat./engl., Komm.).

Schoonhoven, H., Elegiae in Maecenatem. Prolegomena, text and
commentary, Groningen 1980.

Meineke, J. H. F., Drei dem C. Pedo Albinovanus zugeschriebene
Elegien, Quedlinburg 1819, 82–121 (deutsch).

Literatur

Schanz-Hosius 2, 256 f. (Pseudoovidiana). – Schoonhoven 1983,
1788–1811. – Zu Drusus: KlP s. v. Claudius II 20; Kienast 1990, 68 f.
– Zu Maecenas: KlP s. v.; Schanz-Hosius 2, 17 ff.; A. Fougnies,
Mécène, Paris 1947; R. Avallone, Mecenate, Neapel 1963; J. M.
André, Mécène, Paris 1967.

Text

Rund 20 Handschriften überliefern den Text ganz oder teilweise zusammen mit den pseudovergilischen Gedichten *Aetna, Ciris* usw. Die

wichtigsten Handschriften sind B, Bruxellensis 10675-6, 12. Jh., und U, Vaticanus lat. 3269, 15. Jh. Der Titel ist meist *Maecenas*. Die beiden Elegien sind als eine einzige überliefert, seit Joseph Scaliger abgetrennt, darum abweichende Verszählung (hier nach Ellis, OLD: 1–144, 145–178; Miller u. a.: 1,1–144; 2,1–34). Der Verbesserung des schlecht erhaltenen Textes galt die Mühe der Gelehrten seit der Renaissance. – *Editio princeps* im ersten Vergil-Druck, Rom 1469, bei Conrad Sweynheym und Arnold Pannartz.

Lesarten (Abweichungen von Miller): 21 nimium *Ruhnken:* -o *Miller* – 22 tui *Chatelain:* tua *codd.* – 34 culta *Ald. 1534 Baehrens:* certa *codd.* – 37 sic animi *coni.:* temnentur *Riese Miller:* minaei *SP:* timinei *D* – 44 quam *codd.:* tam *B* – 50 otia *Meineke:* omnia *codd.* – 80 praeripiebat *Burman:* percutiebat *codd.* – 81 premeret cum iam *Ald. 1517:* cum rumperet *codd.* – 109 agno *Ald. 1517:* agni *codd.* – 114 et cur *Ald. 1534:* ergo *codd.* – 116 in quorum *Baehrens:* si quorum in *codd.* – 141 quid *MV:* quod *BZHR* – 143 odores *plerique:* honores *B* – 148 angustam ... fidem *codd. cf. Caes. Civ. 3, 1, 2:* angustum ... diem *Miller* – 149 aevi *Heinsius, cf. Verg. Aen. 2, 638; 9, 255. Ov. Met. 9, 441:* aevo *codd.* – 178 patrio *codd.:* proprio *edd.*

Erläuterungen

Elegie 1: Klage über den Tod des Maecenas
1 *Schicksal eines jungen Mannes:* Der gegen Ende 9 v. Chr. an den Folgen eines Reitunfalls in Germanien verstorbene Sohn Livias, Nero Claudius Drusus. Maecenas starb im Jahr darauf. Der Verfasser gibt sich hier und andeutungsweise zu Beginn der zweiten Elegie als der eines Trauergedichts auf den Tod des Drusus, z. B. der *Consolatio ad Liviam*, zu erkennen.

5 *nie verankerte Barke:* der Nachen Charons, mit dem er ohne Unterlaß die Verstorbenen über die Styx fährt.

9 Elegische Anrede (Apostrophe) an den Verstorbenen.

10 *Lollius:* Der Auftraggeber Marcus Lollius (Nachname unbekannt), Sohn des Marcus, war eine bekannte Persönlichkeit, befreundet mit Horaz und Maecenas, um 60 geboren, im Lauf der Bürgerkriege auf die Seite Octavians getreten, später ein treuer Parteigänger des Augustus, der jedenfalls nach Actium in dessen Gunst stand und zur Prätur aufstieg. Im Jahr 25 war er Provinzstatthalter (*legatus Augusti pro praetore*) der neu geschaffenen prätorischen Provinz Galatia, 21 v. Chr. wurde er in Abwesenheit des Augustus *consul ordinarius* mit diesem zusammen; als Augustus ablehnte, rückte bei der Nachwahl Q. Aemilius Lepidus nach. Die beiden Konsuln ließen auf Senatsbeschluß den Pons Fabricius wieder instand setzen, wie die erhaltene Inschrift an Ort und Stelle noch heute belegt (Cassius Dio 54,6,2). 16 v. Chr. erlitt er eine schwere Niederlage gegen die Sigambrer und verlor den Adler der 5. Legion (Cassius Dio 54,20; Tac. Ann. 1,10). Horaz widmete ihm das Gedicht 4,9 (publiziert 13 v. Chr.). Später fiel Lollius in Ungnade und beging 2 n. Chr. Selbstmord (Plin. Nat. hist. 9,117).

13 *Aus königlichem Geschlecht:* Von väterlicher und mütterlicher Seite hatte Maecenas etruskische Könige unter den Vorfahren, s. zu 19.

14 *Wächter der Stadt Rom:* Maecenas als Stellvertreter Octavians.

16 *schaden:* Maecenas war berühmt für seine Milde und deshalb in der Öffentlichkeit sehr beliebt (Cassius Dio 55,7,2: Verhinderung von Todesurteilen).

19 *Beryll:* scherzhafter Spottname des Maecenas, den ihm Augustus u. a. wegen seiner Vorliebe für Edelsteine gegeben haben soll. Macrob. Sat. 2,4,12: *Cilniorum smaragde ... berylle Porsennae* (mit Anspielung auf Abstammung vom Etruskerkönig Porsenna).

21–26 *ohne Gürtel:* Das beanstandete Auftreten in der Öffentlichkeit schildert ausführlich Seneca im 114. Brief an Lucilius (62–65

n. Chr.), was zur Vermutung führte, Seneca habe als Quelle gedient. Schon an Julius Caesar wurde die schlechte, allzu lockere Gürtung bemängelt (Suet. Caes. 45,3).

23 *goldene Jungfrau:* Die Sternen-Jungfrau Astraea (Dike, Iustitia), Verkörperung der Gerechtigkeit, die im Goldenen Zeitalter unter den Menschen lebt, verläßt die Erde im Eisernen Zeitalter als letzte (Ov. Met. 1,149 f.).

25 Für die Elegie typische Anrede an abwesende Personen oder Gegenden (Apostrophe), hier an das schmähsüchtige Publikum, vgl. V. 57 an Bacchus, 69 an Hercules, 72 an das Gebirge Erymanthus, 91 an Ganymed.

33–34 *fallende Nymphen:* Wasserfälle. Seneca (De prov. 3,10) berichtet, Maecenas habe sich «mit dem Rauschen des Wassers» von seinem Liebeskummer wegen der Untreue seiner Frau Terentia abgelenkt. Die hier als bescheiden beschriebene Idylle war in Wirklichkeit eine der prunkvollsten Park- und Palastanlagen der frühen Kaiserzeit. Maecenas besaß außerdem Ländereien in Ägypten (zum panegyrischen Sinn dieser Untertreibung vgl. V. 41: Peloros, 45: Actium, 48: Flucht zu den Nilquellen, 56: Pfeilschüsse bis zum Sonnenaufgang, 62: Arme weißer als Schnee). Die Gärten waren ein Geschenk des Augustus, die ihm Maecenas testamentarisch vermachte; später waren sie Residenz des kaiserlichen Prinzen Tiberius (Suet. Tib. 15,1). Die Schilderung des Obstgartens parodiert die von Ov. Fast. 1,392 (*iugeraque inculti pauca tenere soli*) geschilderte Frühzeit Roms.

35–36 *Pieriden:* Die Musen nach der Landschaft Pieria nördl. des Olymp, Heimat des Orpheus und Lieblingsort der Musen. – *geistreich (zwitschernd):* Doppelbedeutung von *argutus*. Maecenas sitzt als Dichter in seinem Dichterkreis von «geistreichen Vögeln».

41 *Peloros:* NW-Ecke Siziliens. Entscheidende Schlachten Agrippas gegen Sextus Pompeius im August 36 v. Chr. bei Mylae (h. Milazzo) und am 2. Sept. unweit davon bei Naulochus (Suet. Aug. 16,1).

Nach Appian. Bell. civ. 5,99.112; Cassius Dio 49,16 wurde Maecenas damals vom sizilischen Feldzug wegen ausgebrochener Unruhen nach Rom zurückgesandt, war also vermutlich bei den Schlachten nicht anwesend (wohl eher eine Übertreibung des Autors als ein Irrtum, s. zu V. 45: Actium).

43–44 *Emathia:* makedonischer Bezirk bei Pella, dann ganz Makedonien, hier für Philippi, wo die Schlacht Octavians gegen die Mörder Caesars am 23. Okt. 42 v. Chr. stattfand. – *verweichlicht:* doppeldeutig, s. V. 62.89–92.

45–48 *Flotten aus dem Nilland:* von Antonius und Cleopatra bei Actium, 2. Sept. 31 v. Chr. Der hier bezeugten Anwesenheit des Maecenas und seiner angeblich prominenten Rolle in der Schlacht widerspricht Cassius Dio 51,3,5, wonach Maecenas als Stellvertreter Octavians in Rom war.

47 *eoische Truppen:* aus dem Osten, wo die Morgenröte, Eos, aufgeht.

48 *zur Quelle des Nils:* maßlose Übertreibung, s. 33–34.41. Schon im Altertum versuchte man erfolglos die Nilquellen zu finden (z. B. Expedition Neros).

50 *Mars setzt sich:* Der Krieg legt sich.

51 *Gott von Actium:* Apollon soll bei der Schlacht von Actium persönlich erschienen sein und auf der Seite Octavians mitgekämpft haben. Danach blieb er der Schutzgott des Kaiserhauses (zum Auftritt des Augustus als Apollo s. zu V. 57–68); in Rom wurde er mit der Erweiterung und Ausschmückung des Apollo-Tempels auf dem Palatin geehrt; alle vier Jahre sollten gymnische, hippische und musische Spiele, die *Actia*, zum Gedenken an die Schlacht abgehalten werden. Der bereits bestehende Apollo-Tempel in Actium wurde vergrößert (Cassius Dio 51,1,2).

55–56 *zu den fernsten Pferden:* eigentlich bis in den fernen Osten, z. B. nach Indien. Übertriebene Darstellung des Sieges über Antonius und Cleopatra, die bis nach Aegypten verfolgt wurden, wo beide

Selbstmord begingen (am 1. und 12. Aug. 30; eindrückliche Schilderung bei Plutarch, Ant. 75 ff.; Cassius Dio 51,10–14). – *Ehebruch:* Antonius hatte im Jahr 32 seine rechtmäßige Gattin Octavia, Octavians Schwester, wegen der damals 37jährigen Cleopatra verstoßen. Großzügige Schenkungen ganzer Länder an sie und vor allem das Testament des Antonius, das Octavian im gleichen Jahr im Vestatempel gewaltsam behändigte und veröffentlichte, gaben den offiziellen Anlaß zum Krieg gegen Cleopatra.

57–68 Vergleich mit Bacchus: Die scheinbar rätselhafte Passage forderte die verschiedensten Deutungen heraus (ausführlich Miller 121–125). Daß der Text auf die mythologische Ebene beschränkt bleibt und als Rollentext Apollos zu verstehen ist (Ageno), ist weniger einleuchtend als die Verbindung mit einem Bericht Suetons (Aug. 70,1). Danach hatte Augustus zu einem geheimen, aber bald allgemein bekannt gewordenen und verspotteten Gastmahl der zwölf Götter gebeten, wo die eingeladene Prominenz als Götter verkleidet auftrat, Augustus selbst als Phoebus Apollo. Den hier geschilderten Bacchus identifizierte man mit Augustus (trotz Sueton), Antonius, dem Auftraggeber Lollius oder Maecenas selbst. Tatsächlich sind die biographischen Parallelen zu Maecenas geradezu überdeutlich eingestreut: Vorliebe für Edelsteine (s. V. 19), Trunkenheit, lockere Gewänder (s. V. 21–26), verweichlichtes, weibisches Auftreten, weichlicher Stil und Freude an Neologismen in seinen eigenen Werken, s. u. – Zur Anrede an Bacchus s. zu V. 25.

57–58 *wir:* Der Sieg der Römer über die Inder entspricht der Übertreibung in V. 48 und 56. Angespielt wird auf den Triumphzug des Bacchus über die Inder, der oft mit dem Alexanderzug verglichen wurde (zuerst in den *Indika* des Megasthenes um 300 v. Chr., FGrHist 715 F 11–12; vgl. Sen. Oed. 114; Komm. Häuptli, 1983, Taf. 11; Komm. Töchterle, 1994, 222). Der Indienzug erscheint häufig auf römischen Sarkophagen. – *trankst du mit Hilfe des Helms:* Siegerpose, wie sie für Alexander überliefert ist (Arrian. An. 6,26).

59–60 Das Lob zweier Tuniken wäre für einen wirklichen Gott kaum angebracht. Daß man gelegentlich zwei Tuniken übereinander trug, berichtet Varro (bei Nonius 542,24). Augustus trug im Winter sogar vier Tuniken und ein Unterhemd unter der Toga (Suet. Aug. 82,1).

61–64 *Arme weißer als Schnee:* Ovid braucht das gleiche Lob für ein schönes Mädchen (Am. 3,7,8). Bacchus wird überhaupt gern mit jungen Frauen verglichen (Sen. Oed. 418: *virgineus* «jungfräulich») und entsprechend dargestellt, s. LIMC, s. v. Dionysos. Das Lob für Maecenas ist zweideutig, wenn man die Gerüchte über seine päderastischen Neigungen bedenkt, doch spricht schon Horaz offen davon (Carm. 4,11,21–24), s. zu V. 89–92. – *Thyrsus:* an der Spitze mit Pinienzapfen versehener und dort mit Efeu verzierter Stab, den Bacchus und die Maenaden bei ihren Orgien tragen. Die kostbare Verzierung des Thyrsus (wohl goldene Efeublätter, dazwischen Juwelen), mit dem Maecenas bei der Maskerade aufgetreten zu sein scheint, weist wieder auf seine Vorliebe für Juwelen (V. 19) hin, dies im Gegensatz zur zuvor V. 31 ff. gerühmten Bescheidenheit.

67–68 *neue Worte:* Maecenas' Hang zu Neologismen und sein «schlechter» Stil sind Zielscheibe von Senecas Kritik im 114. Brief.

69–72 *so deine Sorgen abgelegt:* mit dem Weinrausch. Hercules ruht nach seinen Taten aus wie Maecenas nach Actium. Die Trunkenheit des Hercules bei dem *zarten Mädchen*, der lydischen Königin Omphale, ist ein häufiges Bildmotiv der pompejanischen Wandmalerei und steht dort ebenfalls im Zusammenhang mit dem Triumph des Bacchus. Bei Omphale dient Hercules als Sklave für den Mord an Iphitus, vgl. Ovid im Deïanira-Brief, Her. 9,53–118 (doch fehlt hier das Motiv des Rausches). – *Nemea:* Stadt in der Argolis, wo Hercules mit dem Löwen kämpft, sein erstes Abenteuer. – *Erymanthus:* Gebirge in Arkadien, wo Hercules den Eber fängt, das dritte Abenteuer. Zur Anrede an Hercules und an Erymanthus s. zu V. 25.

79–80 Den überlieferten Text (*pede suspenso percutere* «auf den

Zehenspitzen stampfen») hat Burman glänzend verbessert: Amor, resp. Amoretten stehlen (*praeripere*) dem betrunkenen Hercules die Keule, wie zahlreiche pompejanische Bilder zeigen (K. Schefold, *Vergessenes Pompeji*, Bern 1962, 81.121, Taf. 100.165, s. LIMC).

81–82 Hercules erwürgt in der Wiege zwei Schlangen, die Juno sendet, um ihn zu töten: Ov. Met. 9,280–323. In Her. 9,85 f. verwendet Ovid die gleiche Szene als Gegenbild zum Aufenthalt bei Omphale.

83–86 Weitere Taten: Hydra von Lerna (2. Abenteuer), menschenfressende Stuten des thracischen Königs Diomedes (8.), der dreileibige Rinderhirt Geryones (10.).

87 *Aloïden* (oder: *Aloaden*): Die Giganten Otos und Ephialtes, Zwillingssöhne der Iphimedea. Ihr irdischer Vater ist Aloeus, ihr göttlicher Neptunus (solche doppelte Vaterschaft ist im Mythos häufig: Theseus als Sohn des Aegeus und des Neptunus). Nach Homer (Od. 11,302–320) goß die Mutter Meerwasser in ihren Schoß, bis sie schwanger war. Die Zwillinge wachsen jährlich neun Klafter in die Höhe, neun Ellen in die Breite. Aus Übermut drohen sie den Ossa auf den Olymp, den Pelion auf den Ossa zu türmen, um den Himmel zu erstürmen, werden aber zuvor von Apollon erschossen oder, nach anderer Quelle, von Jupiter mit dem Blitz erschlagen.

89–92 *schöner Priester*: Ganymedes, der «schönste der Sterblichen» (Hom. Il. 20,231), Sohn des trojanischen Königs Tros, nur hier als Priester bezeichnet, nach Verg. Aen. 5,252–254 auf der Jagd im Ida-Gebirge vom Adler des Zeus geraubt. Deutliche Anspielung auf Maecenas' Knabenliebe wie V. 62. Das Motiv war in einer berühmten Bronzegruppe des Leochares (um 340 v. Chr.), die Plinius (Nat. hist. 34,79) beschreibt, dargestellt (Marmorkopie im Vatikan). – Zur Anrede an Ganymed s. zu V. 25.

93–94 *genießen*: im Sinne des Beischlafs wie Ov. Ars 1,711. – *auf duftenden Rosen*: Sich auf Rosen betten gilt als großer Luxus: Cic. Verr. 5,11,27.

105 *ist nicht unbesonnen:* Augustus (Miller: Maecenas) hat es sich wohl überlegt, mit wem er befreundet sein will. Zu beachten ist das Praesens: Abfassungszeit des Gedichts zu Lebzeiten des Augustus.

106 *wir haben gesiegt:* vgl. 57–58. Ausruf beim Triumph, parodiert von Ovid (Am. 2,12,2) für den Liebeskampf. – *verdiente es:* unbeschwert in Muße zu leben.

107–108 *scylleïsche Felsen:* Die Meeresungeheuer Scylla und Charybdis waren bei der Straße von Messina lokalisiert. Wie Odysseus passierten auch die Argonauten diese Stelle. – *cyaneïsche Gefahren:* cyaneïsche Inseln oder Symplegaden oder Plankten waren zusammenstoßende und auseinanderdriftende Felsen, von denen die eine Gruppe am Bosporus nach der Durchfahrt der Argo fixiert blieb; die andere lag bei Scylla und Charybdis und wurde mit den liparischen Inseln gleichgesetzt: Ap. Rhod. 4,922–925.

109–112 *Tochter des Aeetes:* Medea, Tochter des Königs von Colchis, verliebt sich bei der Ankunft der Argonauten in Jason, verhilft ihm zum goldenen Widderfell und kehrt mit den Griechen heim. In Jolcus verspricht sie Jasons Onkel Pelias, der die Herrschaft nicht an Jason abtreten will, Verjüngung, wie sie sie an einem Widder (*ar-je-tis:* dreisilbig) vorgeführt hat, worauf Pelias sich von den eigenen Töchtern zu seinem Verderben schlachten läßt.

115–116 Der Vergleich des kurzen Menschenlebens mit dem langen von Krähen und Hirschen geht direkt auf Theophrast, den Schüler des Aristoteles, zurück, wie Cicero (Tusc. 3,26,69) berichtet; allgemeiner schon Aristoteles (Sen. Brev. vit. 1,2). *Langlebig* ist darum Beiwort für Hirsche (Verg. Ecl. 7,30; Ov. Med. 95; Met. 3,194; 7,273); ähnlich die Krähe: «bejahrt» (Hor. Carm. 3,17,13), «stirbt kaum nach neun Jahrhunderten» (Ov. Am. 2,6,35 f.).

119–122 *Tithonus:* Bruder des trojanischen Königs Priamus, von Aurora entführt, die für ihn Unsterblichkeit erlangt, aber (wie der Autor der Elegie) vergißt, auch ewige Jugend zu erbitten. Im Alter schrumpft Tithonus zur Zikade und wird von Aurora in eine Kammer gesperrt, damit sie sein lästiges Zirpen nicht mehr hört. – *safran-farben:* s. zu *Consolatio* V. 281–282. – *bei fortschreitendem Tag:* Aurora kehrt zurück, wenn die Sonne aufgeht.

129–132 *Hesperos:* Die astronomische Identität von Hesperos als Abendstern, Lucifer als Morgenstern und Venus war längstens bekannt. Als mythische Gestalten sind Hesperos und Lucifer kaum erwähnt. Ovid (Met. 11,275.291) nennt Lucifer Vater von Ceyx und Daedalion; nach Hesiod, Theog. 378–381, wo er Eosphoros (Morgenröte-Bringer) heißt, ist er Sohn von Eos und Astraios (Hygin. Astr. 2,42: Cephalus). Die hier berichtete Klage um das Verschwinden des jungen Hesperos nach seiner Fesselung «mitten im Feuer», seine Befreiung durch Venus und seine Verwandlung in Lucifer entstammt einem sonst nicht überlieferten Text, hat aber Parallelen bei Hesiod, Theog. 987–991, wo Aphrodite Phaëthon, Sohn von Eos und Kephalos, raubt und zu ihrem Tempeldiener macht.

129 *Chöre:* als Trauer-, Hochzeitschöre oder als Sternenschwarm, der Lucifer begleitet, gedeutet.

131–132 *Den siehst du:* Maecenas ist nun zu den Sternen erhoben (so Joseph Scaliger, trotz V. 135, wo Maecenas bei den Schatten weilt; darum Corallus: Anrede an Venus). – *mit dunklen Pferden:* Wagenfahrt oder poetischer Plural? Nach Ovid erscheint Lucifer mit weißem (!) Pferd (Met. 15,189) oder mit dunklem Pferd (Fast. 2,314) wie hier, also scheinbar als Reiter, doch ist hier umgekehrt Deutung als kollektiver Singular möglich.

133–134 *Dieser schenkt dir:* Lucifer als Morgenstern bringt Maecenas symbolisch aus dem Osten die dortigen Produkte, die als Grabspenden verwendet zu werden pflegten (die wirklichen Spenden erfolgen erst 143 f.): 1. Safran (so zu ergänzen, nach Hor. Serm. 2,4,68) aus Corycos in Cilicien, wo nach Plin. Nat. hist. 21,31 der beste Safran wuchs. Safran wurde zum Parfümieren von Honig, Salben, Essenzen, Gewürzwein verwendet. – 2. Zimt, nach Ov. Fast. 3,731 für Rauchopfer von Bacchus eingeführt. – 3. Balsam. Duft-

stoffe aller Art waren als Spenden am Scheiterhaufen und an Gräbern
beliebt. Properz nennt Nardenöl (4,7,32), syrisches Parfum (2,13,30),
Ps.-Tibull (3,2,23–24) indische, arabische und assyrische «Waren» als
Begräbnis- oder Grabspenden, Tibull 1,3,7 assyrische Essenzen für
das Grab.

139 *Nestor aus Pylos:* Nestor aus dem peloponnesischen Pylos ist
der älteste Kämpfer vor Troja, da er schon in der «dritten Generation» herrscht (Hom. Il. 1,252), daraus werden später drei Jahrhunderte (Ov. Met. 12,188). Sein Alter war darum sprichwörtlich, z. B.
Ov. Fast. 3,533 «die Jahre Nestors austrinken», d. h. endlos trinken.

141–144 Die abschließenden Verse richten sich an die Erde, die
auf den Gebeinen des Toten liegt: Sie soll nach der gängigen Formel
Sit tibi terra levis! nicht auf ihm lasten. Weniger verständlich, aber
sprachlich eindeutig ist, daß auch die Grabspenden, wie sie schon bei
den Griechen üblich waren, ihr und nicht direkt dem Verstorbenen
gelten sollen: Kränze, Duftstoffe, Trankspenden. Die Flüssigkeiten –
üblich war mit Honig vermischte Milch, Wein, Wasser, Parfum, Öl –
sollen dafür sorgen, daß die Erde nicht austrocknet, sondern stets
blühen kann.

Elegie 2: Maecenas auf dem Sterbebett

145 Am Sterbebett als anwesend gedacht ist einzig Augustus,
s. zu V. 151.

147–148 *Drusus:* s. V. 1 und *Consolatio.* Für den hier richtigen
Namen Drusus ist einheitlich Brutus überliefert (korrigiert von
Francius). Die geschwundene Hoffnung (*fides angusta*, vgl. Caes.
Civ. 3,1,2 für «geschwundenen Kredit»; der überlieferte Text ist zu
halten) richtete sich auf die Thronfolge von Livias Sohn. – *blühender
Jüngling:* Die Schilderung der Jugendzeit ist als Rückblick zu verste-
hen (anders Miller), denn Drusus starb erst mit 29 Jahren.

149–150 *als Junge:* Zum Lob der Frühreife vgl. Plinius, Ep. 5,16,
der an der früh verstorbenen 12jährigen Minicia Marcella «Klugheit

einer alten Dame, Würde und Ernst einer reifen Frau» (*anilis pru-
dentia, matronalis gravitas*) rühmt. – *Caesar (Augustus):* Drusus war
als Sohn der Livia aus erster Ehe mit Claudius Nero nach dem Tod
seines Vaters 34/32 v. Chr. bei seinem Stiefvater Octavian aufge-
wachsen.

151 *Trennung:* zweideutige Formulierung. Angespielt wird, wie
aus den folgenden Versen deutlich wird, auf das gestörte Verhältnis
des Maecenas zu seiner von ihm schwärmerisch geliebten Gattin
Terentia (s. zu V. 33–34), die hier nicht anwesend ist, nach der er sich
aber sehnt. Der Autor des Textes will Terentia (d. h. dem Leser) wohl
eine peinliche Begegnung mit ihrem ehemaligen Liebhaber am
Totenbett des Gatten ersparen.

159 *gnädig:* andere Formulierung für den auf Grabinschriften
verbreiteten Wunsch des oder für den Verstorbenen, die Erde möge
leicht sein (*Sit mihi/tibi terra levis*), s. zu V. 141–144.

170 *Herz deines Herzens:* Parodie des an Maecenas gerügten
schwülstigen Stils, vgl. Sen. Ep. 19,9. Die Verbundenheit mit Augustus zeigte sich auch darin, daß dieser als Erbe eingesetzt wurde
(Cassius Dio 55,7,5).

171–178 Prophetische Wünsche an das Kaiserhaus.

171 *erst spät:* Augustus starb 14 n. Chr. im Alter von 76 Jahren.
Am Sterbebett des Maecenas war er schon 55 Jahre alt.

173 *doppelt würdig:* mit Recht als Anspielung auf die beiden
Söhne der Augustustochter Julia verstanden, die 17 v. Chr. von Augustus als Caesares adoptiert wurden, Gaius (20 v. – 4 n. Chr.) und
Lucius (17 v. – 2 n. Chr.). Beim Tod des Maecenas waren sie 12 und
9 Jahre alt, starben aber in jungen Jahren.

175–178 *Schwiegersohn:* Tiberius, wie der verstorbene Drusus
Sohn der Livia aus erster Ehe, Stiefsohn des Augustus, der ihn 12 v.
Chr. zwang, sich von Vipsania Agrippina scheiden zu lassen und
seine Tochter Julia zu heiraten. Prophezeiung der kaiserlichen Nachfolge im Jahre 14 n. Chr.? – *bei deinem göttlichen Vorfahren:* Caesar,

der durch Senatsbeschluß zum Gott erhoben wurde (Suet. Caes. 84,3). Als im Juli nach seinem Tod 44 v. Chr. ein Komet erschien, hielt man diesen für die Seele des verstorbenen Caesar (Suet. Caes. 88); er wurde deshalb als Divus Julius bezeichnet. Augustus war sein Adoptivsohn; dessen *consecratio* als Gott am 17. Sept. 14 ist hier vorweggenommen (s. zu *Consolatio* V. 245). Die Julier führten ihr Geschlecht auf Aeneas, den Sohn der Venus, und auf dessen Sohn Julus-Ascanius zurück. – Der abrupte Schluß deutet auf Versausfall hin.

PSEUDO-TIBULL
PANEGYRICUS MESSALLAE –
PANEGYRICUS AUF MESSALLA

Einführung

Das Corpus der Gedichte Tibulls enthält einen längeren Anhang von
Texten aus dem Umkreis dieses Dichters: von der Dichterin Sulpicia
und von Lygdamus. Darin befindet sich ferner ohne besonderen Titel
als siebtes Gedicht von Buch 3 (oder in den italienischen Früh-
drucken als erstes Gedicht von Buch 4) ein Panegyricus auf den
Politiker, Redner und Schriftsteller MARCUS VALERIUS MESSALLA
CORVINUS (zum Biographischen s. Ovid, Fr. 11). Nach den Hin-
weisen auf dessen militärische Erfolge in Dalmatien und Pannonien
(35–33 v. Chr.), auf sein gemeinsames Konsulat mit Octavian (31 v.
Chr.) und auf den Triumph über Gallien am 25. Sept. 27 v. Chr. kann
das Gedicht frühestens in dieser Zeit verfaßt sein. Die dichterische
Qualität wurde seit je bemängelt, weil man es an Texten mit hohen
literarischen Ansprüchen zu messen pflegte; so gilt es etwa als «elen-
des, rhetorisches Machwerk eines Bettelpoeten» (Helm) oder als rhetorische Stilübung, die besser in die spätere Kaiserzeit passe (Tränkle). Für eine Datierung ins späte 1. oder frühe 2. Jahrhundert n. Chr.
sind nicht genügend Anhaltspunkte gegeben (s. zu V. 151.161). Vielmehr sollte man ein Gelegenheitsstück darin sehen, das uns das
Durchschnittsmaß der damaligen Produktion für den Tagesgebrauch
vor Augen führt, und damit, trotz allen Mängeln, ein in anderem
Sinne wertvolles Zeitdokument. Man muß sich sogar die Frage stellen, ob die Schilderung des biographischen Hintergrundes, der angeblichen Armut, was allzu sehr an Vergil und Tibull erinnert, nicht
als literarisches Spiel und die Endpartie mit ihrer übersteigerten Hin-
gabefreudigkeit als komische Pointe gemeint ist. Dann wäre dem
Text doch einiges mehr an Attraktivität abzugewinnen.

Quellen und Gattung

Der Panegyricus, ob in Form des Hexameters wie hier oder im elegischen Versmaß wie der nachfolgende Text, war eine beliebte Form der Gelegenheitsdichtung, die auch Ovid pflegte und die einen Teil des von ihm geschilderten Literaturbetriebs ausmachte. Gelehrte Exkurse lassen sich u. a. auf die *Aitia* des von allen augusteischen Dichtern hochgeschätzten KALLIMACHOS zurückführen.

Metrik

Hexameter nach klassischem Muster: das Ende ein zwei- oder dreisilbiges Wort (außer V. 59, homerisierend). Zäsuren überwiegend Penthemimeres (87%; 12% nach 2./4. Longum; nach 4. Longum V. 168, 190; nach 3. Trochäus V. 11). Wenige Elisionen (32), nur von kurzen oder gekürzten Vokalen (43 *quando*, 148 *tibi*, 175 *ergo*) oder von Monosyllaba (75 *si*, 179 *se*, 182 *me*, analog 148 *sese*).

Ausgaben, Kommentare, Übersetzungen

Helm, R., Tibull, Gedichte, Berlin ²1959, 110–121 (lat./deutsch).

Luck, G., Albii Tibulli aliorumque carmina, Stuttgart 1988, 84–96 (Krit. Ausg.).

Tränkle, H., Appendix Tibulliana. Texte und Kommentare, Bd. 16, Berlin / New York 1990.

Literatur

Schanz-Hosius 2, 188 f. – Richmond 1981, 1112–54. – Schoonhoven 1983, 1681–1709.

Text

Handschriften: maßgebend ist Ambrosianus R. 26 sup., 14. Jh. (A); wichtige Exzerpte stammen aus dem 9.–14. Jh. Z faßt die Handschriften AGVX zusammen.

Lesarten (Abweichungen von Luck): 21 et Z: ut *Livineius* – 22 et contextus Z: circumtextus *Heinsius* – 68 discurreret Z: ius diceret (i.e. Minos) *Postgate* – 72 cum Z: quin *Barth*; fera G¹: freta Z; serperet Z: curreret *ed. pr.* – 78 erroris F: errorum Z; miseri Z: misero *ed. Ald. a. 1515* – 94 brevius convertere (contendere Z) *Huschke:* breviore inflectere *Luck* – 97 amplior FZ, *cf. OLD 5:* aptior *Francken* – 98 veniant *Scaliger ex f:* veniunt Q – 99 parent FZ: parant *ed. Ald. a. 1502* – 127 ulla Z: nulla Q – 129 sunt Z: sint *Voss* – 142 aret (*Lachmann:* ardet *Scaliger*) arecteis (*Scaliger*) haud una per ostia *Heinsius:* creteis ardet aut unda carystia Z, *varii temptaverunt varia* – 143 Tomyris G¹ *ed. Plant. a. 1569, cf. Her. 1, 204:* Tamyris AVX *edd.* – 151 consistit Z, *cf. OLD 5a:* considit E *Heinsius* – 169 vertitur Z, *cf. OLD 1c:* labitur PQ – 183 cum Z: cui *Riegler* – 193 rapidas Z: rabidas C *Baehrens* – 195 densis solus Z: solus densis *ed. Ven. a. 1491* – 201 minusve Z: minorve *Heinsius* – 205 fato Z: fati *Huschke* – 207 rigidos Z: virides *Cornelissen*.

Erläuterungen

1–17 Bescheidene Gabe

1–17 Das Versagen des Dichters angesichts der großen historischen Taten ist ein Topos der panegyrischen Literatur, s. Ovid, Fr. 2; 8; 9; Pan. Mess. 2,55–59.

5 Messalla war als Redner und Schriftsteller tätig, u. a. als Verfasser einer Geschichte der Bürgerkriege, an denen er auf der Seite der Republikaner teilnahm.

8 *Creter:* Die Kreter galten als Lügner und Räuber, werden aber im (pseudo-) homerischen Hymnus (3, 388 ff.) auf Apollo (Phoebus) als Priester nach Delphi geholt.

10 *Icarus* (oder: *Icarius*): Eponym des attischen Demos Icaria, wird von Bacchus in den Rebbau eingeweiht, aber von den betrunkenen attischen Bauern erschlagen, weil sie sich vergiftet glauben, vgl. Prop. 2,33,27–30; Ov. Met. 10,450; Ib. 611. Der Hund Maira (Maera) bewacht den Leichnam seines Herrn, die Tochter Erigone erhängt sich; alle werden an den Himmel versetzt, Icarus als Bootes, Erigone als Jungfrau, Maera als Canis oder Sirius (Hundsstern). Quelle ist Kallimachos (fr. 178, 3–4 Pf.).

13 *Molorchus:* Taglöhner in Kleonai bei Nemea, bei dem Herakles, Enkel des Alkeus, vor dem Kampf mit dem Löwen einkehrt; behandelt von Kallimachos im Buch 2 der *Aitia*, fr. 54–59 Pf.

15 Die Hörner der Opfertiere wurden jeweils vergoldet.

18–27 Widmung

18–23 Topos der *recusatio*, der Weigerung, einen «großen» Stoff zu behandeln, denn die Schilderung des Kosmos ist dem großen Epos vorbehalten; zu denken ist an *De rerum natura* des Lukrez. Angedeutet werden hier die vier klassischen Elemente: Erde, Luft, Wasser (als die Erde umfließender Oceanus), Feuer.

24 *Camenen:* Musen, ursprünglich Quellnymphen (also im Plural); sie besaßen vor der Porta Capena einen heiligen Bezirk, aus dem die Vestalinnen das Wasser für den Kult holten; später wurden sie mit den Musen identifiziert (somit auch Einzahl).

28–38 Ehrgeiz

29 *Ahnen:* Die Valerii zählten zu den prominentesten Patriziern; sie galten als besonders volksfreundlich (Beiname Poplicola); bis zum Jahr 44 v. Chr. stellten sie 66 Konsuln.

30 *Liste:* Die Ahnenbilder waren im Atrium aufgestellt und wie

die Gräber mit Inschriften versehen, welche die Leistungen auf-
zählten.

36 gebunden und frei: in Versen und in Prosa.

39–47 Messalla als Redner

45–47 Messalla war unbestritten einer der größten Redner seiner
Zeit, wie Tacitus (Dial. 18,2), Quintilian (Inst. 10,1,113) und Sueton
(Tib. 70,1) bezeugen.

48–81 Irrfahrten des Ulixes

48–51 *Nestor*, König von *Pylos*, Ratgeber vor Troja. – *Ithace
(Ithaka):* Heimat des Ulixes (Odysseus); das Stichwort gibt Anlaß zu
einem Exkurs über dessen Irrfahrten, die genau der Abfolge bei Homer entsprechen. – *Titan:* Sonnengott, Sohn des Titanen Hyperion
(oft werden beide gleichgesetzt).

54 *Ciconen:* thracisches Volk, von Odysseus fast ganz vernichtet
(Hom. Od. 9,39–66).

56 *Sohn Neptuns:* Polyphem, der am Aetna wohnt (Hom. Od.
9,105–566).

57 *Maronea:* thracische Stadt, für ihren Wein berühmt, der hier als
Bacchus bezeichnet wird (Metonymie).

58 *Aeolus:* Der König der Winde gibt Odysseus die stürmischen
Winde in einem Schlauch mit, damit er ruhige Fahrt hat, aber die Gefährten öffnen den Schlauch (Hom. Od. 10,1–77). – *Nereus:* Meeres-
greis, Vater der Nereïden.

59–60 *Antiphates:* König der *Laestrygonen,* kannibalischer Riesen
(Hom. Od. 10,80–132). Die Quelle heißt bei Homer Artakie.

61–63 *Circe:* Zauberin, Tochter des Helios (*Sol*), verwandelt die
Gefährten des Odysseus in Schweine (Hom. 10,133–574).

64–66 *Cimmerier:* iranisches Reitervolk am Schwarzen Meer, für
Homer in einer Gegend ohne Sonne (*Phoebus*) beim Eingang zur
Unterwelt (Od. 11,14–19).

67–68 *Pluto:* Odysseus' Fahrt in die Unterwelt (Hom. Od. 11,20–640). – *Sproß:* Achill, Sohn von Peleus und Thetis.

69 *Sirenen:* Frauen mit Vogelleib, welche die Seefahrer betören und umbringen (Hom. Od. 12,39–200).

70–75 *Scylla und Charybdis:* zwei Ungeheuer an der Meerenge von Messina, Scylla, mit Hunden als Unterleib, auf der Westseite, Charybdis gegenüber, mit riesigem Schlund (Hom. Od. 12,222–259).

76 *Sol:* Die Gefährten des Odysseus schlachten die Rinder des Sonnengottes und werden Opfer seines Zorns (Hom. Od. 1,8).

77 *Calypso:* Tochter des Atlas, verliebt sich in den schiffbrüchigen Odysseus und hält ihn sieben Jahre auf ihrer Insel fest (Hom. Od. 5).

78 *Phaeacen:* Bewohner von Scheria (Korfu), geleiten Odysseus, der ihnen seine Irrfahrten erzählt, nach Ithaka (Hom. Od. 6–13).

82–105 Messallas Kriegskunst

84 *spanische Reiter:* sich gabelnde Baumstämme, die als militärische Sperre in den Boden gerammt wurden; von Caesar vor Alesia verwendet (Bell. Gall. 7,72,4).

98–105 Messalla war nicht nur als Feldherr mit den Landtruppen erfolgreich (vgl. die folgende Passage), sondern befehligte in der Schlacht von Actium am 2. Sept. 31 v. Chr. ein Geschwader im Zentrum (Plut. Brut. 53,3).

106–117 Messallas Siege

108 *Japydien:* Die Japyden (Japoden, Japuden), ein illyrisches Volk (in Dalmatien), wurden im illyrischen Krieg 35–33 v. Chr. von Octavian unterjocht (Appian. 3,16); Messalla kämpfte als Legat mit (Cass. Dio 49,38,3); der Triumph über sie gehörte zum dreifachen Triumph des J. 29 v. Chr. (Illyrien, Actium, Ägypten: Cass. Dio 51,21,5).

109 *Pannonier:* im Gebiet von Ungarn, Slawonien, Bosnien, meist illyrisch sprechende Kelten; 9 v. Chr. als nördlicher Teil der Provinz

Illyrien organisiert; hier zu den Erfolgen Messallas im illyrischen Krieg zu rechnen.

110–117 *Greis:* Der hier geschilderte rüstige Greis, ein japydischer Führer, ist aus anderen Quellen nicht bekannt.

110 *arupinisch:* Arupium (bei Otocac in Dalmatien), Stadt der Japyden, die Octavian erobert, aber verschont (Appian. Illyr. 16).

113 *Titan:* Sonnengott als Herr der Zeit.

118–134 *Wunderbare Vorzeichen*

120 *Melampus:* Seher, Sohn Amythaons, verstand die Stimmen der Vögel, von Homer erwähnt (Od. 15,225 ff.).

121–122 *Tag:* Der 1. Januar 31 v. Chr., als Messalla als neuer Konsul (mit Octavian zusammen, bis 1. Mai) die mit Purpurstreifen (*tyrische Fäden*) verzierte Toga anzog.

123–128 Naturwunder (sog. Adynata) als literarischer Topos, wie sie bei Schwurformeln («erst wenn das Unmögliche geschieht») und Zauberei geschildert werden (z. B. Seneca, Medea 754–769; Ov. Her. 5,29–32).

134 Aufflammen des Feuers gilt als günstiges Vorzeichen.

135–150 *Künftige Triumphe*

138 *Gallien:* Im Herbst 27 v. Chr. feierte Messalla einen Triumph *ex Gallia* (hier also ein *vaticinium ex eventu*), den auch Tibull schildert (1,7). – *Hispanien:* Messalla kämpfte 30 v. Chr. in Gallien und Nordspanien (Tib. 1,7,9–12).

139–149 Von den aufgezählten Weltgegenden erreichte Messalla Syrien als Statthalter 28 v. Chr. Auf einen Orientzug durch Cilicien bis Ägypten spielt Tibull (1,7,13 ff.) an.

139 *Thera:* Die Kykladeninsel Thera war die Mutterstadt von Kyrene in Libyen.

140 *Choaspes:* persischer Fluß bei Susa, «der einzige, von dessen Wasser der Großkönig trinkt» (Herod. 1,188).

141 *Gyndes:* Von Herodot 1,189–190 erwähnter Nebenfluß des unteren Tigris, den der persische Großkönig Kyros II. bei seinem Feldzug gegen Babylon 539 v. Chr. im Zorn in 360 Kanäle aufteilen ließ, weil eines seiner heiligen weißen Pferde darin ertrank.

142 *Arecte:* Stadt bei Babylon (nur hier erwähnt); der stark zerstörte Vers nach Herodot verbessert (Lachmann, Scaliger, Heinsius).

143 *Araxes:* armenischer Fluß (h. Aras), *unstet* nach Herodot 1,202, der ihn mit dem Oxos verwechselt. – *Tomyris:* Königin der skythischen Massageten, von welcher Kyros II. 529 v. Chr. besiegt und getötet worden sein soll (Herodot 1,204 ff.).

144–145 *Padäer:* indisches Volk, das die Kranken und Alten schlachtet und auffrißt (Herodot 3,99; vgl. V. 59–60; Ib. 425 ff.). Indien liegt nach antiker Vorstellung näher bei der Sonne (*Phoebus*) als Europa.

146 *Geten:* thracisches Volk am *Hebrus* (h. Maritza), dessen Todesverachtung sprichwörtlich war. – *Magynen:* offenbar sarmatisches Volk am *Tanais* (h. Don), das aber sonst in den Völkerlisten nicht erscheint.

149 *Britanne:* Die Eroberung Britannien wurde erfolglos versucht von Caesar (55 und 54 v. Chr.), geplant von Augustus (34 und 26 v. Chr.) und Caligula 40 n. Chr., durchgeführt von Claudius, der 43 den Triumph über Britannien feierte.

150 *hinter der Sonne:* jenseits der heißen Zone, entsprechend der nachfolgenden Einteilung in Zonen liegt dort eine zweite gemäßigte Zone, die bewohnbar, also auch zu erobern ist. Die Vorstellung von der Erdscheibe, die vom Oceanus umflossen ist (V. 147), überschneidet sich hier mit der von der Kugelgestalt.

151–176 Die Erdzonen

151–176 Die Lehre von den Erdzonen setzt die Vorstellung von der Kugelgestalt der Erde voraus, die von Parmenides (1. Hälfte 5. Jh. v. Chr.) begründet wurde. Die Zonenlehre erscheint voll ausgebildet in der *Meteorologie* des Aristoteles: Von den 5 Zonen sind nur die beiden gemäßigten bewohnbar, also weder Äquator noch Polzonen, eine Lehre, die immer mehr im Widerspruch zu den Ergebnissen von Expeditionen stand, aber literarisch noch lange weiterlebte.

151 Auffällige Übereinstimmung mit Ov. Met. 1,12 *nec circumfuso pendebat in aere tellus.* Bei Abhängigkeit des Panegyricus, was aber nicht zwingend ist, wäre dieser nach 8 n. Chr. zu datieren.

157–158 *Titan, Phoebus:* Apollo als Sonnengott, s. V. 51.

161 *heben sich:* Die banale Beobachtung, daß sich die Schollen beim Pflügen heben, findet sich auch bei Plin. Ep. 5,6,10. Abhängigkeit von Plinius und damit Datierung nach 107 n. Chr. (Tränkle 181) ist wenig wahrscheinlich.

173 *Bronze:* bronzene Verstärkungen an Kiel und Schiffsschnabel.

177–189 Schwäche und Not des Dichters
178 *Phoebus:* Apollo als Gott der Dichtkunst.

180 *Valgius:* Gaius Valgius Rufus, geb. um 65 v. Chr., war ein vielseitiger Dichter und Schriftsteller, der mit Maecenas, Messalla und Horaz befreundet war (Hor. serm. 1,10,81 ff.; carm. 2,9). Die senatorische Karriere führte ihn 12 v. Chr. zum Suffektkonsulat. Ob Valgius das hier angedeutete Epos auf Messalla je ausgeführt hat, ist nicht bekannt.

182–189 Von ihrer Verarmung (im Lauf der Bürgerkriege) sprechen auch Vergil (Ecl. 1) und Tibull (1,1,19).

184 *goldene Furchen:* Enallage (Verschiebung des Adjektivs), d. h. Furchen voll goldgelbem Korn.

187 *Dieb und Wolf:* Anspielung auf Tibull (1,1,33).

190–211 Ewig der Deine
191 *Camenen:* Musen, s. V. 24.
192 *Pierien:* makedonische Landschaft nördl. des Olymp, Heimat des Orpheus und Sitz der Musen.

193–197 Die Versicherung der Treue bis in den Tod ist sonst ein Topos des Liebesgedichts, was hier wohl parodistisch zu verstehen ist.

196 *Aetna:* Der Philosoph Empedokles (483–423 v. Chr.) soll sich in den Aetna gestürzt haben, um seine Himmelfahrt zu fingieren; hier als Parodie eines Opfertodes eingesetzt.

199 *Lydien:* das Königreich des sagenhaft reichen Croesus. – *Gylippus:* spartanischer Feldherr, 415 v. Chr. von Syrakus zu Hilfe gerufen, besiegte die Athener und trug damit entscheidend zur Vorherrschaft der Spartaner bei.

200 *meleteïsch:* Homer soll ursprünglich Melesigenes nach dem Fluß Meles bei seiner Geburtsstadt Smyrna geheißen haben. Nach dem bescheidenen Hinweis auf den neuen Homer, Valgius (V. 180), neue (nun offensichtlich ironische) Steigerungen (die auch der Adressat nicht zum Nennwert genommen haben kann): nicht Reichtum, nicht Kriegsruhm, nicht Dichterruhm, sondern lieber Messallas Gunst gewinnen (als Homer übertreffen).

206–212 Die letzte, nun vollends komische Steigerung besteht in dem wohl einmaligen Versprechen, Messalla auch nach der Rückkehr von der Seelenwanderung (als Pferd, Stier oder Vogel), also nach einigen hundert Jahren, weiter besingen zu wollen. Parodie der Dichterweihe des Ennius, der am Anfang der *Annalen* (fr. 2–11 Skutsch) berichtet, Homer habe ihm im Traum eröffnet, seine Seele sei zuerst in einen Pfau und jetzt in Ennius übergegangen (Tränkle z. St.).

207 *Plätze:* ‹hart› meint den festgetretenen Boden der Rennbahn.

PSEUDO-VERGIL
(CATALEPTON 9)
PANEGYRICUS MESSALLAE –
PANEGYRICUS AUF MESSALLA

Einführung

In einer Gruppe kleinerer Gedichte recht verschiedenen Inhalts, die
in der Überlieferung unter dem Titel *Catalepton* Vergil zugeschrieben wurden, aber weder von ihm noch wohl von einem einzigen Autor stammen, hat sich als Gegenstück zum pseudo-tibullischen Panegyricus ein Text erhalten, der in recht verallgemeinernder Weise
von den militärischen und dichterischen, nur andeutungsweise von
den politischen und überhaupt nicht von den rhetorischen oder
schriftstellerischen Qualitäten Messallas redet. Gepriesen werden
Hirtengedichte im Stile THEOKRITS VON SYRAKUS (1. Hälfte 3. Jh.
v. Chr.), des bedeutendsten hellenistischen Vertreters dieser Gattung,
auf den Vergil in seinen *Eclogen* zurückgegriffen hat. Auf diese wird
mit den beiden Hirtennamen Moeris und Meliboeus, die bei Theokrit fehlen, hingewiesen. Messallas Gedichte waren auf griechisch
abgefaßt, was für römische Autoren, die alle zweisprachig waren,
nicht ungewöhnlich war (über den Spott des Horaz s. zu V. 14). Der
Autor scheint sie ins Lateinische übersetzt zu haben, auch dies kein
Einzelfall, wie wir vom jüngeren Plinius wissen, der von seiner Übersetzung griechischer Epigramme seines Freundes Arrius Antoninus
berichtet (Epist. 4,3.18; 5,15). Der vorliegende Text wurde, wie die
Schlußworte zeigen, dem Gönner als eine Art Grußadresse zusammen mit der Übersetzung überreicht.

Wir erfahren ferner, daß Messalla Liebesgedichte schrieb, die
einer hier nicht namentlich genannten Geliebten galten, welche die
aufgelisteten mythischen Schönheiten an Ruhm in den zweiten Rang
verwiesen haben soll. Von den militärischen Erfolgen ist der Feldzug

des Jahres 30 in Aquitanien und Nordspanien angedeutet (V. 52), der mit dem hier wohl gemeinten Triumph vom 25. Sept. 27 v. Chr. belohnt wurde. Von einem Zug nach Afrika (V. 51) oder gar «über den Oceanus hinaus» (V. 54), womit Britannien gemeint scheint, wissen wir sonst nichts, hingegen waren in den Jahren 27 und 26 v. Chr. Pläne für einen Feldzug nach Britannien bekannt geworden (Cass. Dio 53,22,5; 25,2), die dann aber wegen eines neuen Kriegsherdes in Spanien (Aufstand der Kantabrer) im Sande verliefen und auch später von Augustus nicht mehr aufgegriffen wurden.

Titel

Der Text führte keinen eigenen Titel. Der Sammeltitel *Catalepton* bezeichnet Gedichte in Kleinform, im «feinen» (*leptós*), spitzfindigen alexandrinischen Stil, der mit dem Verweigerungs-Topos der epischen Form gegenüber (V. 55–59) unterstrichen wird.

Datierung und Autor

Vorauszusetzen ist außer den *Eclogen* Vergils, die dem Autor bekannt waren, der Triumph des Jahres 27 v. Chr.; im gleichen Jahrzehnt muß das Gedicht entstanden sein, da Messalla erst einen einzigen Sohn hat (s. zu V. 44). Ist die Kombination mit den gescheiterten Britannienplänen des Augustus richtig, verschiebt sich die zeitliche Grenze nach oben bis in die Mitte des Jahres 26. Vergil kommt als Autor (über ein Jahrzehnt nach den *Eclogen*) aus zeitlichen und qualitativen Gründen, aber auch aufgrund der geschilderten Situation, nicht in Frage, sondern man muß auch hier an einen der vielen Dichter denken, die um die Gunst des reichen Gönners buhlten. Das Gedicht imitiert oder parodiert den pseudo-tibullischen Panegyricus (Richmond, Schoonhoven u. a.). Es ist deshalb eine hübsche Idee, sich den Text in einer Art Dichterstreit, wie ihn Ovid schildert (Pont. 3,4,53 f.), im Kreis der mehr oder minder begabten Dichter um Messalla zu denken, die sich nicht ganz

frei von Ironie (Schoonhoven 1983, 1705) in Lobeshymnen überbieten.

Metrik

Elegische Distichen, doch findet man nicht leicht ein Gedicht, das
so regelmäßig gegen die klassischen Regeln verstößt wie das vorliegende, besonders in den Pentametern, die wie noch bei Tibull
und Properz öfters mit viersilbigen Wörtern enden (meist Namen,
V. 2.14.26.38.40.42.54.60), oder gar mit den später verpönten dreisil-
bigen (V. 4.20.44.46.48.56.58.64), vereinzelt auch mit ausgehendem
kurzem Vokal (V. 4.46). Die Hexameter enden fünfsilbig (V. 33) oder
viersilbig spondeisch (V. 11). Regelmäßig hingegen ist als Zäsur die
Penthemimeres und der gedankliche Einschnitt nach dem Pentameter.

Ausgaben, Kommentare, Übersetzungen

Richmond, J. (et al.), Appendix Vergiliana, Oxford 1966 (Catalepton
9).
Baligan, G., Appendix Ovidiana, Bari 1955, 37–50 (lat./ital.).
Götte, J. u. M., Vergil, Landleben. Catalepton, Bucolica, Georgica,
Zürich ⁶1995, 14–17 (lat./deutsch).

Literatur

Schanz-Hosius 2, 85–87. – Richmond 1981, 1112–54. – Duret 1983,
1453–61. – Schoonhoven 1983, 1681–1709.

Text

Handschriften: Der wichtigste Codex ist Bruxellensis 10615–729,
12. Jh., der die Pseudo-Vergiliana Ciris, Catalepton, Priapeen, Ele-

gien auf Maecenas u. a. enthält. – *Editio princeps:* Giovanni Andrea de' Bussi, Rom 1471 (2. Vergil-Ed.).

Lesarten (Abweichungen von Götte): 8 impiger *coni.:* maximus *codd.* – 30 Graiae *Ald. 1534:* gravidae *codd.* – 32 Eleis *edd.:* similis *codd.* – 43 solito *coni:* solitos *M:* te castra *Bücheler* – 45 frigora *Ald. 1517:* sidera *codd.* – 59 his *coni.:* ea *codd.*

Erläuterungen

1–12 Kriegsheld und Musenfreund

1 *Phoebus bekannt:* Messalla ist dank seinen Gedichten Apollo bekannt. – *schneeweiß (niveus):* in weißem Gewand (OLD 2e; Juv. 10,45 *Quirites*).

2 *Pegasiden:* die Musen auf dem Helikon an der Quelle Hippokrene («Pferdequell»), die durch Hufschlag des Flügelpferds Pegasus entstanden sein soll.

3 *Triumph:* der Triumph zusammen mit Augustus 29 v. Chr. über Illyrien, Actium und Ägypten oder Messallas eigener über Gallien 27 v. Chr. (s. zu Pan. Mess. 1,108.137).

6 *Oenide:* Meleager, Sohn des Oeneus, Sieger in der Jagd auf den Kalydonischen Eber. – *Eryx:* auf dem Berg Eryx (NW-Spitze Siziliens) lokalisierter Heros, der von Hercules im Ringkampf getötet wird. Was er dort (wie Messalla) erbeutet haben soll, ist unbekannt.

13–20 Hirtengedichte

13 *zu meinen Büchern:* in die Bibliothek des Autors gelangt.

14 *cecropisch:* attisch (nach dem Urkönig Cecrops), d. h. geistreich und in klassischem Stil, das höchste Lob für einen römischen Autor. *Bene dicere, id est Attice dicere,* «Gut reden heißt attisch reden», sagt Cicero (*De optimo genere oratorum* 3), s. zu Fr. 3.2. Ähnlich Plinius, der die griechischen Epigramme und Jamben seines Freundes Arrius

in den Rang eines Kallimachos erhebt (Ep. 4,3,5). Messalla schrieb also griechisch wie viele Römer, worüber Horaz (Serm. 1,10,34) spottet: «Holz in den Wald tragen».

15 *Phryger:* Homer.

16 *Greis von Pylos:* Die Gedichte sollen länger «leben» als der sagenhaft alte Nestor.

18 *Moeris und Meliboeus:* Hirten in Vergils Hirtengedichten (Ecl. 8; 9; bzw. 1; 3; 5; 7), die Messalla und dem Autor bekannt waren, da die Namen bei Theokrit nicht erscheinen.

19 *prahlten:* Streitgedichte, in denen die Sänger einander im Wechselgesang prahlerisch überbieten, sind eine typische Gattung der bukolischen Dichtung, wie wir sie von Theokrit (1; 5–7; 10) und Vergil (Ecl. 3; 5; 7) kennen.

20 *Jüngling aus Trinacria:* Theokrit stammte aus Sizilien.

21–40 Liebesgedichte – Katalog der Schönheiten

21 *Heldin:* das besungene Idol, das im folgenden in der rhetorischen Form der Priamel (Beispielreihung mit Schlußpointe) als unvergleichlich hingestellt wird.

25–26 Die Läuferin Atalanta, von Hippomenes besiegt, weil sie sich nach den goldenen Äpfeln der Hesperiden (der Venus: Ov. Met. 10,560 ff.) bückt, die er ihr zuwirft.

27 Helena, Tochter des Tyndareus und der Leda, aus einem Schwanenei geboren, das ihre von einem Schwan (Jupiter) verführte Mutter legt.

28 *Cassiopea*, Mutter Andromedas, rühmt sich, so schön wie die Nereiden zu sein; sie wird später zum Sternbild.

29–32 *Wettlauf:* Hippodamia, von allen griechischen (*grajischen*) Helden umworben; ihr Vater Oinomaus, König von Elis, zwingt die Freier seiner Tochter («Schwiegersöhne») zum Wagenrennen in Olympia. Wenn er sie einholt, tötet er sie auf der Fahrt mit dem Speer.

33–34 *Semele*, Tochter des thebanischen Königs Cadmus, Mutter des Bacchus, verlangt von Jupiter, daß er als Gott erscheint und wird vom Blitz verbrannt. – *Tochter des Acrisius:* Danaë, Enkelin des *Inachus*, Mutter des Perseus von Jupiter, der sie in Form eines Goldregens schwängert.

36–40 *Tarquinier:* Tarquinius Superbus, der letzte «überhebliche» König von Rom und sein Sohn Sextus werden vertrieben, nachdem Sextus die schöne Lucretia vergewaltigt hat. Daran knüpft der Autor das Lob der Gens Valeria: Die Valerii Messallae führten ihr Geschlecht auf P. Valerius Poplicola («Volksfreund») zurück, der nach dem Sturz der Tarquinier das Konsulat bekleidete (angeblich 509 v. Chr.).

41–54 Harter Kriegsdienst
44 *Sohn:* M. Valerius Messalla Messallinus, geboren 39 v. Chr., der später mit Ovid befreundet war (Pont. 1,7; 2,2), cos. ord. 3 v. Chr. Der Text ist also vor der Geburt seines gegen zwei Jahrzehnte jüngeren Bruders M. Aurelius Cotta verfaßt, von dem wir zwar nicht das genaue Geburtsjahr (von Ovid, Pont. 2,3,55, als *iuvenis* bezeichnet, d. h. um 14 n. Chr. noch unter 40 Jahren), aber die Karriere kennen (cos. ord. 20 n. Chr.), d. h. vor 20 v. Chr.

51 *Afrer:* Libyer oder Karthager. Von einem solchen Feldzug Messallas ist sonst nichts bekannt.

52 *Tagus:* Aus dem Tajo wurde Gold gewonnen (Pomponius Mela 3,8). Ob Messalla auf seinem Feldzug in Nordspanien (s. Pan. Mess. 1,138) tatsächlich bis zum Tajo gelangte, ist unbekannt.

54 *über die Grenze des Oceanus hinaus:* Schoonhoven (1983) hat wahrscheinlich gemacht, daß der Autor künftige Erfolge Messallas im geplanten Britannienfeldzug des Augustus prophezeien will. Ab Mitte 26 v. Chr. ist Augustus in Spanien festgehalten und ist sogar gezwungen, sein Konsulat in Tarragona anzutreten (Suet. Aug. 26,3).

55–64 Begleitadresse

55–59 Verweigerungs-Topos wie Pan. Mess. 1,1–17, Ovid, Fr. 2;
8; 9.

60 Cynthius: Apollo, vom Berg Cynthus auf der Insel Delos,
Apollos Geburtsort. – *Bacchus:* vertritt die enthusiastische Dichtung. – *Aglaie:* als eine der drei Chariten, die «neben Apollon ihren
Thron setzen» (Pindar, Olymp. 14,10 f.), zuständig für anmutige Liebesdichtung.

61–62 Cyrene: Geburtsort des Kallimachos, des meistbewunder-
ten hellenistischen Dichters (s. Einf. Ovid, *Ibis;* Pan. Mess. 1), d. h.
Ziel des Autors ist es, mit der Übersetzung ins Lateinische helleni-
schen (*grajischen*) Geist und Tonfall der «kallimacheischen» Gedichte Messallas zu treffen.

LITERATURHINWEISE

Ausgaben, Kommentare, Übersetzungen
Die bibliographischen Angaben zu den im vorliegenden Band edierten Texten finden sich bei den Erläuterungen zu den einzelnen Werken.

Benützte und zitierte Ausgaben und Kommentare anderer Werke Ovids
Publius Ovidius Naso, Liebesgedichte/Amores, lateinisch-deutsch, herausgegeben von W. Marg und R. Harder, München/Zürich 1956, ⁷1992.

Ovid, The second book of Amores, edited with translation and commentary by J. Booth, Warminster 1991.

Publius Ovidius Naso, Liebeskunst · Heilmittel gegen die Liebe / Ars amatoria · Remedia amoris, lateinisch-deutsch, herausgegeben und übersetzt von N. Holzberg, München/Zürich ³1991.

Publius Ovidius Naso, Liebesbriefe/Heroides – Epistulae, lateinisch-deutsch, herausgegeben und übersetzt von B. W. Häuptli, München/Zürich 1995.

Ovid, Heroides XVI–XXI, edited by E. J. Kenney, Cambridge 1996 (Komm.).

P. Ovidius Naso, Metamorphosen. Kommentar von F. Bömer, Heidelberg 1969–86.

P. Ovidi Nasonis Metamorphoses, rec. W. S. Anderson, Leipzig 1977, ⁶1993.

P. Ovidi Nasonis Tristium liber secundus, edited with an introduction, translation and commentary by S. G. Owen, Oxford 1924.

Publius Ovidius Naso, Briefe aus der Verbannung: Tristia · Epistulae ex Ponto, lateinisch-deutsch, übertragen von W. Willige, eingeleitet und erläutert von G. Luck, Zürich/Stuttgart 1963.

P. Ovidius Naso, Tristia, Bd. 1: Text und Übersetzung, Bd. 2: Kommentar, herausgegeben, übersetzt und erklärt von G. Luck, Heidelberg 1967–1977.

Ovide, Pontiques, texte établi et traduit par J. André, Paris 1977.

Publii Ovidii Nasonis Epistularum ex Ponto liber quartus, a commentary on poems 1 to 7 and 16 by M. Helzle, Hildesheim / Zürich / New York 1989.

P. Ovidi Nasonis Ex Ponto libri quattuor, rec. J. A. Richmond, Leipzig 1990.

P. Ovidi Nasonis Tristia, rec. J. B. Hall, Stuttgart/Leipzig 1995.

Ovidii Nasonis Epistularum ex Ponto liber secundus, a cura di L. Galasso, Florenz 1995.

Publius Ovidius Naso, Briefe aus der Verbannung: Tristia · Epistulae ex Ponto, lateinisch-deutsch, übertragen von W. Willige, eingeleitet und erläutert von N. Holzberg, München/Zürich 1995.

Ovidius Naso, Die Fasten, Bd. 1: Text und Übersetzung, Bd. 2: Kommentar, herausgegeben, übersetzt und kommentiert von F. Bömer, Heidelberg 1957–1958.

P. Ovidi Nasonis Fastorum libri VI, rec. E. H. Alton, D. E. W. Wormell und E. Courtney, Leipzig ³1988.

Publius Ovidius Naso, Fasti/Festkalender, lateinisch-deutsch, auf der Grundlage der Ausgabe von W. Gerlach neu übersetzt und herausgegeben von N. Holzberg, München/Zürich 1995.

Lexika, Konkordanzen, Sammelwerke

R. J. Deferrari (u.a.), A concordance of Ovid, Washington 1939.

Der Kleine Pauly. Lexikon der Antike, Stuttgart 1964 ff. (zit. als: KlP).

Lexikon der Alten Welt, Zürich/München 1965 (zit. als: LAW).

Aufstieg und Niedergang der Römischen Welt, hg. von H. Temporini und W. Haase, II 30–32, Berlin / New York 1980 ff. (zit. als: ANRW).

Oxford Latin Dictionary, ed. P. G. W. Glare, Oxford 1982 (zit. als: OLD).

C. Purnelle-Simard / G. Purnelle (Hg.), Ovide: Ars amatoria, Remedia amoris, De medicamine faciei. Index verborum, listes de fréquence, relevés grammaticaux, Lüttich 1987.

Thesaurus Linguae Latinae, Leipzig 1900 ff. (zit. als: TLL).

Mythologische Nachschlagewerke

H. Hunger, Lexikon der griechischen und römischen Mythologie, Wien [6]1969, Nachdr. Reinbek bei Hamburg 1974.

Lexicon Iconographicum Mythologiae Classicae, Zürich 1981–97 (zit. als: LIMC).

R. v. Ranke-Graves, Griechische Mythologie. Quellen und Deutung, Reinbek bei Hamburg 1960/1992.

E. Tripp, Reclams Lexikon der antiken Mythologie, Stuttgart 1974.

Gesamtdarstellungen, Einzeluntersuchungen

Albrecht, M. v. / Zinn, E. (Hg.), Ovid, Darmstadt 1968 (Wege der Forschung, 92).

Barsby, J. A., Ovid, Oxford 1978.

Bernhardt, U., Die Funktion der Kataloge in Ovids Exilpoesie, Hildesheim 1986.

Binns, J. W. (Hg.), Ovid, London 1973.

Döpp, S., Werke Ovids, Eine Einführung, München 1992.

Duret, L., Dans l'ombre des plus grands: 1, Poètes et prosateurs mal connus de l'époque augustéenne, in: ANRW II 30, 3 (1983) 1447–1560.

Fränkel, H., Ovid. A poet between two worlds, Berkeley 1945,

Nachdr. 1956. – Deutsch: Ovid. Ein Dichter zwischen zwei Welten. Darmstadt 1970.

Fuhrmann, M. (Hg.), Römische Literatur. Neues Handbuch der Literaturwissenschaft, Bd. 3, Frankfurt a. M. 1974.

Giebel, M., Ovid, Reinbek bei Hamburg 1991.

Herber, F.-R., Ovids elegische Erzählkunst in den «Fasten», Saarbrücken 1994.

Herbert-Brown, G., Ovid and the «Fasti». An historical study, Oxford 1994.

Holzberg, N., Die römische Liebeselegie. Eine Einführung, Darmstadt 1990.

ders., Ovids erotische Lehrgedichte und die römische Liebeselegie, *Wiener Studien*, N. F. 15, 1981, 185–204.

Jacobson, H., Ovid's Heroides, Princeton (N. J.) 1974.

Kienast, D., Römische Kaisertabelle, Darmstadt 1990, [2]1996.

Kraus, W., Ovidius Naso, in: Albrecht/Zinn (Hg.), Ovid, Darmstadt 1968, 67–166 (rev. RE-Artikel).

Mack, S., Ovid, New Haven 1988.

Miller, J. F., Callimachus and the Augustan aetiological elegy, in: ANRW II 30, 1 (1982) 371–417.

Richmond, J. A., Doubtful works ascribed to Ovid, in: ANRW II 31, 4 (1981) 2744–83.

ders., Recent works on the Appendix Vergiliana (1950–1975), in: ANRW II 31, 2 (1981) 1112–54.

Schanz, M. / Hosius, C., Geschichte der römischen Literatur, Bd. 2, München 1935.

Schoonhoven, H., The «Elegiae in Maecenatem», in: ANRW II 30, 3 (1983) 1788–1811.

ders., The Panegyricus Messallae: Date and relation with Catalepton 9, in: ANRW II 30, 3 (1983) 1681–1709.

Steudel, M., Die Literaturparodie in Ovids «Ars Amatoria», Hildesheim 1992.

Stroh, W., Tröstende Musen: Zur literarhistorischen Stellung und Bedeutung von Ovids Exilgedichten, in: ANRW II 31, 4 (1981)
2638–84.

Syme, R., History in Ovid, Oxford 1978.

ders., The Augustan aristocracy, Oxford 1986.

Verdière, R., Le secret du voltigeur d'amour ou le mystère de la relé-
gation d'Ovide, Brüssel 1992.

Wimmel, W., Kallimachos in Rom, Wiesbaden 1960.

Wissmüller, H., Ovid. Einführung in seine Dichtung, Neustadt a. d.
Aisch 1987.

Rezeptionsgeschichte

Dörrie, H., Der heroische Brief. Bestandesaufnahme, Geschichte,
Kritik einer humanistisch-barocken Literaturgattung, Berlin
1968.

Hexter, R. J., Ovid and Medieval Schooling, München 1986.

Klopsch, P. (u. a.) in: Lexikon des Mittelalters, Bd. 6, Mün-
chen/Zürich 1993, 1592–99 (zit. als: LMA).

Martindale, Ch., Ovid renewed. Ovidian influences on literature and
art from the Middle Ages to the twentieth century, Cambridge
1988.

Stroh, W., Ovid im Urteil der Nachwelt, Darmstadt 1969.

Metrik

Mastandrea, P. / Tessarolo, L., De fine versus. Repertorio di clausole
riccorrenti nella poesia dattilica latina dalle origini a Sidonio
Apollinare, 2 Bde., Hildesheim 1993.

Meyer, W., Zur Geschichte des griechischen und lateinischen Hexameters, in: *Sitzungsberichte der königlichen Bayerischen Akademie der Wissenschaft*, München 1884, 979–1089.

Platnauer, M., Latin elegiac verse, Cambridge (Mass.) 1951, Nachdr.
Hamden (Conn.) 1971.

Raven, D. S., Latin metre, London 1965.

Shackleton Bailey, D. R., Homoeoteleuton in Latin dactylic verse, Stuttgart/Leipzig 1994.

NAMENREGISTER

Umschreibungen in Klammern (Auswahl). – Nähere Angaben finden
sich in den Erläuterungen (an der ersten verzeichneten Stelle)

OVID

Hal.: *Halieutica – Fischfang*
Ib.: *Ibis*
Med.: *Medicamina – Schönheitsmittel*
(Fragmente: nicht aufgenommen)

Ulixes, Odysseus: Ib. (277.568.
617)

Venus: Ib. 211.577
Vulcanus: Ib. 111

Zmyrna, Buchtitel: Ib. 539

OVIDIANA

Cons.: *Trostgedicht an Livia*
Eleg. Maec.: *Elegien auf Maecenas*
Nux: *Nußbaum*
Pan. Mess. 1: Ps.-Tibull, *Panegyricus auf Messalla*
Pan. Mess. 2: Ps.-Vergil, *Panegyricus auf Messalla*
Sab.: Sabinus, *Briefe*

Acamas, Sohn des Theseus: Sab. 2,23

Achilles: Cons. 433; Sab. 1,25

Achiver, Griechen: Sab. 1,23

Acrisius, Danaës Vater: Pan. Mess. 2,33

Actium, Schlacht 31 v. Chr.: Eleg. Maec. 51

Aeetes, Vater Medeas: Eleg. Maec. 110

Aeolus, Windgott: Pan. Mess. 1,58; Sab. 1,90

Aethra, Mutter des Theseus: Sab. 2,23

Aetna: Pan. Mess. 1,56.196

Afrer, Punier oder Afrikaner: Pan. Mess. 2,51

Agenor, Vater Europas: Sab. 3,42

Aglaie, Grazie: Pan. Mess. 2,60

Agrippa, M. Vipsanius: Cons. 67.69

Alcide, Hercules, Enkel des Alceus: Eleg. Maec. 69; Pan. Mess. 1,12;
 Sab. 2,10; 3,43

Aloïden, Riesen: Eleg. Maec. 87

Alpen: Cons. 15. 385; Pan. Mess. 1,109

Amor: Eleg. Maec. 80; Sab. 1,32; 3,34.44.69

Amythaon, Vater des Melampus: Pan. Mess. 1,120

Anchises, Vater des Aeneas: Sab. 3,66.67

Andromache, Gattin Hectors: Cons. 319

Antinous, Freier Penelopes: Sab. 1,47

Antiphates, König der Laestrygonen: Pan. Mess. 1,59; Sab. 1,35

Antonia, Gattin des Drusus: Cons. 299–328

aonisch, boeotisch (Amphiaraos): Nux 110

Apollo: Cons. 459, s. Cynthius, Phoebus, Sol

Apuler, dacisches Volk: Cons. 388

Araxes, armenischer Fluß (h. Aras): Pan. Mess. 1,143

Arecte, Stadt bei Babylon: Pan. Mess. 1,142

Argo, Schiff der Argonauten: Eleg. Maec. 107

Armenier: Cons. 389

Artacie, Quelle bei den Laestrygonen: Pan. Mess. 1,60

arupinisch, Arupium, Stadt in Dalmatien: Pan. Mess. 1,110

Asius, thracischer König: Sab. 1,15

Astraea, Göttin der Gerechtigkeit: Eleg. Maec. (23)

Astyanax, Hectors Sohn: Cons. 430

Atlas, König in Hesperien: Nux (111); Vater Calypsos: Pan. Mess. 1,77

Atriden, Agamemnon und Menelaus: Sab. 1,74; 3,77

Augustus, s. Caesar: Eleg. Maec. 40.105

Aurora, Morgenröte: Cons. 281; Eleg. Maec. 119.122

ausonisch, italisch: Cons. 204

Avernus, Unterwelt: Cons. 445

Bacchus, Weingott, Dionysos: Eleg. Maec. 56. 66; Pan. Mess. 1,9.163; 2,60; Sab. 2,51; Wein: Pan. Mess. 1,57; s. Liber

Britannen: Pan. Mess. 1,149

Caesar: 1. Julius Caesar: Eleg. Maec. 174; Cons. 245. – 2. Octavian, Augustus: Cons. 39.59.72.129.209.245 (Caesar und Augustus). 303.381.404 (Jupiter). 420.442.453.465; Eleg. Maec. 11.12.13.27.103.104.145.150.155.173.174; Nux 143

Calypso, Nymphe: Pan. Mess. 1,77; Sab. 1,45

Gradivus, Beiname des Mars: Cons. 23

grajisch, griechisch: Pan. Mess. 2,30.62; Sab. 1,13; 3,24

Griechen: Nux 82

Griechenland: Sab. 1,7

Gylippus, spartanischer Feldherr: Pan. Mess. 1,199

Gyndes, Nebenfluß des Tigris: Pan. Mess. 1,141

Hebrus, thracischer Fluß: Pan. Mess. 1,146

Hecate, Göttin der Unterwelt: Sab. 3,82

Hector, Sohn des Priamus, Held vor Troja: Cons. 429; Sab. 1,15.68.82; 3,13

Hecuba, Gattin des Priamus: Sab. 1,83; 3,15

Hercules: Cons. 257; Sab. 1,118

Hesperiden, Töchter des Atlas: Pan. Mess. 2,25

hesperisch, Atlas: Nux 111

Hesperos, Abendstern: Eleg. Maec. 129

Hippolytus, Sohn des Theseus: Sab. 2,61

Hippomenes, Geliebter der Atalante: Pan. Mess. 2,26

Hispanien, Spanien: Pan. Mess. 1,138

Homer: Pan. Mess. 1,180

Hydra, Schlangenungeheuer: Eleg. Maec. 83

icarisch, Maera, Hund des Icarius: Nux 118

Icarus (Icarius), attischer Heros: Pan. Mess. 1,10

Ide, Ida, Gebirge bei Troja: Eleg. Maec. 91; Sab. 3,41.56

Ilia, Mutter von Romulus und Remus: Cons. 241

ilisch, trojanisch: Cons. 434

Inachus, Danaës Großvater: Pan. Mess. 2,33

Isarcus, Fluß im Tirol (h. Eisack): Cons. 386

Ismaros, Stadt in Thracien: Sab. 1,60

Ithace, Ithaca, Heimat des Ulixes: Pan. Mess. 1,48

Itys, Sohn der Progne: Cons. 106

Japydien: Pan. Mess. 1,108
Juno, Gattin Jupiters: Cons. 380 (Livia). 403; Sab. 3,57
Jupiter Redux: Sab. 1,78
Jupiter: Cons. 21.28.196.214.304.380 (Augustus). 401; Eleg. Maec.
    90.147; Pan. Mess. 1,130; 2,34; Sab. 3,36.39.52.53.64

Lachesis, Parze: Sab. 1,71
Laestrygonen, Volk von Riesen: Pan. Mess. 1,59
Leda, Mutter von Castor und Pollux: Cons. 283
Liber, Bacchus: Nux 11
Livia, Gattin des Augustus, Mutter von Tiberius und Drusus: Cons.
    3.40.56.168.195.350.426.474; Eleg. Maec. 175
Lollius, Auftraggeber der 1. Maecenas-Elegie: Eleg. Maec. 10
Lucifer, Morgenstern: Cons. 406.407; Eleg. Maec. 132
Lyderin (Omphale): Eleg. Maec. 75.77
Lydien, Reich des Croesus: Pan. Mess. 1,199

Maecenas: Eleg. Maec. 9.111.145.168 et passim
maeotisch, Maeotis, Asowsches Meer: Sab. 2,9
Magynen, sarmatisches Volk: Pan. Mess. 1,146
Marcellus, Sohn der Octavia minor: Cons. 67. 441
Maronea, thracische Stadt: Pan. Mess. 1,57
Mars, Kriegsgott: Cons. 246; Eleg. Maec. 50
Marsfeld: Cons. 231
Mavors, Mars: Cons. 231; Sab. 3,63. 65
Medon, Freier Penelopes: Sab. 1,47
Melampus, Seher: Pan. Mess. 1,120
meleteïsch, Bücher Homers: Pan. Mess. 1,200
Meliboeus, Hirtenname: Pan. Mess. 2,18
Menelaus, Helenas Gatte: Sab. 3,71
Messalla, Widmungsträger der Panegyrici: Pan. Mess. 1,1. 2,40
Minerva, Athene: Cons. 403; Nux 12

Parthenope, Sirene: Sab. 1,36

Parzen, Schicksalsgöttinnen: Cons. 73.164

Pegasa, Heimat Oenones: Sab. 3,56

Pegasiden, Musen: Pan. Mess. 2,2

Pelorus, Schlacht 36 v. Chr.: Eleg. Maec. 41

Penelope, Gattin des Ulixes, Adressatin von Brief 1: Sab. 1,2; 2,79

Pergama, Troja: Sab. 2,69; 3,74

Phaeacen, Bewohner von Scheria: Pan. Mess. 1,78

Philippi, Schlacht 42 v. Chr.: Eleg. Maec. 43

phoebeïsch, Troja: Sab. 2,77

Phoebus, Apollo, Sonnengott, Gott der Dichtung: Eleg. Maec. 17.35;
    Pan. Mess. 1,8.66.145.158.178; 2,1; Sab. 3,47.49.81.82;
    s. Sol, Titan

Phryger, Homer: Pan. Mess. 2,15

Phrygien, Landschaft Trojas: Sab. 1,19

phrygisch, trojanisch: Sab. 1,24

Phylacide (Protesilaus aus Phylace): Sab. 1,67

Phyllis, Geliebte des Demophoon, Adressatin von Brief 2: Sab.
    2,1.5.15.31.41.45.57.86.98

Pieriden, Musen: Eleg. Maec. 35

Pierien, Land der Musen: Pan. Mess. 1,192

Plisthenide, Sohn des Plisthenes (Agamemnon): Sab. 1,107

Pluto, Hades, Gott der Unterwelt: Pan. Mess. 1,67

Polybus, Freier Penelopes: Sab. 1,47

Polydorus, Sohn des Priamus: Nux 109

Polyphem: Sab. 1,57

pontisch, vom Schwarzen Meer (Biber): Nux 166

Pontus, Schwarzes Meer: Cons. 388

Poplicola, Beiname der Messalla: Pan. Mess. 2,40

Punische Kriege: Cons. 452

Pylos, Wohnsitz Nestors: Eleg. Maec. 137.139; Pan. Mess. 1,48.112;
    2,16; Sab. 1,118

Raeter, Volk in den Alpen: Cons. 175
Remus, Bruder des Romulus: Cons. 241
Rhein: Cons. 385
Rhesus, thracischer König: Sab. 1,17
Rhodope, Gebirge in Thracien: Sab. 2,21
Rom: Cons. 246; Eleg. Maec. 14.53; Pan. Mess. 2,37
Römer, römisch: Cons. 19.173.284.356.391; Pan. Mess. 1,117.149
Romulus, Stadtgründer Roms: Cons. (241); Nux 138

saturnisch (Saturns Sichel): Nux 63
Satyr: Sab. 3,19
Scylla, Meeresungeheuer: Eleg. Maec. 107; Pan. Mess. 1,71
Semele, Mutter des Bacchus: Pan. Mess. 2,33
Sicambrer, Volk am Niederrhein: Cons. 17.311
Simoeis, Fluß bei Troja: Sab. 3,87
Sirenen, Vogelfrauen: Pan. Mess. 1,69
Sithonierin, Thracerin (Phyllis): Sab. 2,54
Sol, Sonnengott: Pan. Mess. 1,62.76.123; s. Phoebus, Titan
Sparta: Sab. 1,118
Styx, Unterweltsfluß: Cons. 410.432; Sab. 1,40.62
Sueven, germanisches Volk: Cons. 17. 312

Tagus, Fluß in Spanien (h. Tajo): Pan. Mess. 2,52
Tanais, Don: Pan. Mess. 1,146
Tarquinier, römische Könige: Pan. Mess. 2,36
Telamon, Vater von Ajax und Teucer: Sab. 1,105
Telemachus, Sohn des Ulixes: Sab. 1,115
Teucer, Sohn des Telamon, Bruder des Großen Ajax: Sab. 1,105
Teucrerin, Trojanerin: Sab. 1,81
Thera, Insel: Pan. Mess. 1,139
Theseus: Sab. 2,5.58.65
Thetis, Nereide, Mutter Achills: Cons. 433.439; Sab. 1,26.89

Thrace, Thracien: Sab. 2,71

Thracer: Sab. 1,17; 2,85

threïcisch, thracisch: Cons. 106; Sab. 1,59; 2,28.45

Tiberinus, Tiber: Cons. 221.233.247

Tiresias, Seher: Sab. 1,93

Titan , Sonnengott: Pan. Mess. 1,51.113.157; s. Phoebus, Sol

Tithonus, Gatte Auroras: Eleg. Maec. 120

Tod, Todesgöttin, Mors: Cons. 360.443

Tomyris, scythische Königin: Pan. Mess. 1,143

Trinacria, Sizilien: Pan. Mess. 2,20

Tritonis, Athene: Sab. 1,19.

Troer, Trojaner: Sab. 1,22

Troja: Sab. 1,13.14.75.99; 2,77

Tydide, Diomedes: Sab. 1,103

Tyndareus, Vater Helenas: Sab. 1,79; 3,23.38

Tyndaris, Helena, Tochter des Tyndareus: Pan. Mess. 2,27

tyrisch, aus Tyrus, purpurrot: Pan. Mess. 1,121

Ulixes, Odysseus: Pan. Mess. 1,49; schreibt Brief 1 an Penelope:
    Sab. 1,1.129

Valgius Rufus, römischer Dichter: Pan. Mess. 1,178

Venus: Cons. 245; Eleg. Maec. 130.178

Xanthus, Fluß bei Troja: Sab. 3,87